20회로 끝내는

요양 보호사

합격마침표 모의고사

20회로 끝내는

요양보호사

합격마침표 모의고사

초판 인쇄   2026년 4월 27일
초판 발행   2026년 4월 30일

편 저 자 | 자격시험연구소
발 행 처 | (주)서원각
등록번호 | 1999-1A-107호
주   소 | 경기도 고양시 일산서구 덕산로 88-45(가좌동)
대표번호 | 031-923-2051
팩   스 | 031-923-3815
교재문의 | 카카오톡 플러스 친구 [서원각]
홈페이지 | goseowon.com

고령화가 빠르게 진행되고 있는 현대 사회에서 요양보호사는 노인의 일상생활을 지원하고 삶의 질을 유지하는 데 중요한 역할을 수행하는 전문 인력이다. 신체적·정서적 돌봄을 제공하는 요양보호사의 역할은 개인의 건강과 안녕을 넘어 사회 전체의 복지 수준을 제고하는 일과도 밀접하게 연결되어 있다. 이에 따라 시간이 지날수록 요양보호사의 전문성과 책임감은 더욱 강조되고 있으며, 이러한 역량을 갖추기 위한 체계적인 지식과 학습이 요구됨을 이해해야 할 것이다.

요양보호사 자격시험은 기본 이론에 대한 이해뿐 아니라 실제 상황에 적용할 수 있는 문제 해결 능력까지를 전반적으로 평가한다. 이는 요양보호사가 단순한 서비스 제공자를 넘어 대상자의 삶을 지키는 전문 인력임을 방증한다. 따라서 수험생은 해당 시험을 준비하며 전문 지식을 체계화함은 물론, 대상자의 안전과 안녕을 책임질 수 있는 실천적 역량을 함께 갖추어야 한다.

이에 본서는 수험생들이 요양보호사 자격시험의 출제 과목인 필기와 실기를 균형 있게 대비할 수 있도록, 기출 유형을 반영하여 구성한 동형 모의고사 20회분을 수록하였다. 실제 시험과 유사한 형식의 문제를 충분히 풀어보면서 자연스럽게 자신의 현재 수준을 점검하고 실전 유형에 익숙해질 수 있을 것이다.

또한 최신 요양보호사 양성 표준교재를 철저히 분석하여 시험에 자주 나오는 핵심 이론을 문제에 담아내고, 반복적으로 출제되는 유형을 파악하여 자신이 취약한 부분을 효율적으로 보완하고 학습 효율을 높일 수 있도록 하였다.

요양보호사를 목표하는 수험생 여러분의 꾸준한 노력이 결실을 맺을 수 있도록, 합격을 진심으로 기원합니다.

요양보호사 시험 정보

01 개요

① **시행 목적** : 노인성 질환으로 독립적인 일상생활을 수행하기 어려운 노인에게 신체 및 가사 지원 서비스를 제공하는 전문 인력 양성
② **응시자격** : 「노인복지법 시행규칙」 제2조의2에 따라 요양보호사 교육기관에서 소정의 교육과정을 이수한 자

02 시험 일정

구분		내용	비고
응시원서 접수	기간	시험 개시일로부터 시험일 7일 전까지	응시수수료 35,000원
	방법	상시(기간제) 홈페이지 [응시 원서접수] 메뉴	
응시표 출력 기간		응시원서 결제 완료 시점부터 당일까지	
시험시행	일시	상시(시행계획 공고 참고)	• 응시표 및 신분증 지참 • 생수 제공하지 않음
	장소	전국 시험센터	
합격자 발표	일시	시험 시행일 다음날 오전 10시 이후 발표 예정	휴대전화번호가 기입된 경우에 한하여 SMS 통보
	방법	상시(기간제) 홈페이지 [합격자 조회] 메뉴	

03 시험 형식

① CBT(컴퓨터 시험)
② 과목

구분	내용
필기시험	요양보호와 인권, 노화와 건강증진, 요양보호와 생활지원, 상황별 요양보호기술
실기시험	신체활동지원 서비스, 가사 및 일상생활지원 서비스, 상황별 요양보호지원 서비스

③ **문제 수** : 80문제(필기35, 실기45)
④ **문제 유형** : 객관식(5지 선다형)
⑤ **시험 시간** : 90분
⑥ **합격 기준** : 필기시험과 실기시험에서 각각 만점의 60% 이상 득점

04 유의사항

① 「노인복지법」 제39조의13에 따라 일부 정신질환자, 향정신성의약품 중독자, 피성년후견인 등은 요양보호사가 될 수 없다.

② 시험 응시 시 주민등록증, 운전면허증, 청소년증, 여권, 영주증, 외국인등록증, 외국국적동포 국내거소신고증, 장애인등록증 중 하나를 반드시 지참하여야 하며, 미지참 시 시험에 응시할 수 없다.

③ 시험 중 통신기기 및 전자기기(휴대폰, MP3, 전자사전, 계산기 등) 사용 또는 소지 적발 시 부정행위로 간주하여 처리될 수 있다.

④ 응시자격이 없는 것으로 확인된 경우에는 합격자 발표 이후에도 합격을 취소할 수 있다.

⑤ 국민내일배움카드를 통한 국비지원이 가능하다.

05 시험 전 미리알기

Q. 시험 합격률은 어느 정도인가요?
A. 전반적인 문제 난도가 높지 않아 합격률은 비교적 높은 편이다. 시간을 들여 기본 이론을 충실히 학습하고 기출 유형을 익히면 어렵지 않게 합격할 수 있을 것이다.

Q. 문제 난도와 출제 방식은 어떤가요?
A. 문제은행 방식을 채택하므로 기존 기출문제를 변형해 출제하는 경향을 보인다. 최근에는 이전에 비해 난도가 조금은 상승하는 추세인데, 전체 문항 중 변별력을 위한 고난도 문제가 일부 포함된다.

Q. 컴퓨터 시험에 익숙하지 않은데 어떻게 해야 하나요?
A. 시험 시행 방식 및 답안 제출 방법은 현장에서 충분히 안내되며, 모니터 위에도 답안 제출 절차가 부착되어 있으므로 이를 참고할 수 있다. 컴퓨터 사용에 자신이 없다면 관련 교육기관에서 CBT 시험에 대한 사전 연습을 병행하는 것도 좋은 방법이다.

06 합격을 위한 가이드

① 요양보호사 양성 표준교재 중심으로 기본 개념 학습하기

② 수록된 모의고사를 통해 기출 유형을 학습하며 실전 감각 익히기

③ 자주 틀리는 취약 영역을 중심으로 반복 학습하기

④ 한국보건의료인국가시험원 홈페이지의 CBT 튜토리얼을 수강하여 시험 형식 체험하기

이 책의 **특징 및 구성**

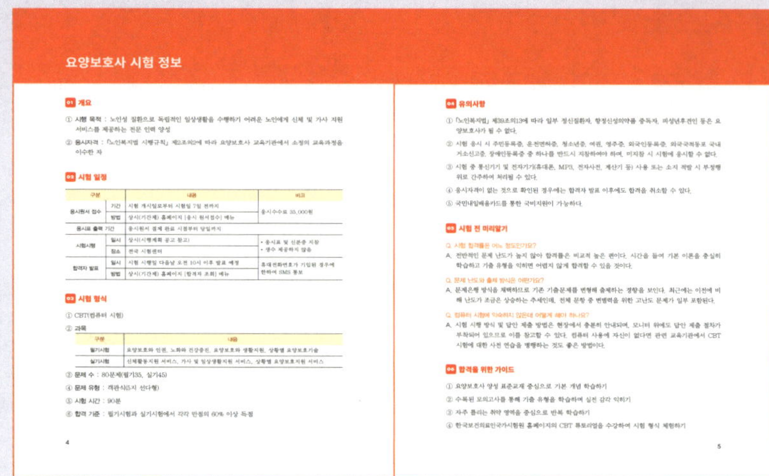

시험 준비를 돕는 개요

요양보호사 자격시험 정보 수록

시험 일정, 응시 절차, 합격 기준 등 수험에 필요한 기본 정보를 체계적으로 정리하여 시험 준비에 필요한 요소를 한눈에 파악할 수 있도록 하였다.

합격을 위한 전략 제시

실제 시험 후기를 바탕으로 핵심적인 학습 방향을 제시하여 누구나 어려움 없이 실전에 대비할 수 있도록 하였다.

양성 표준교재에 충실한 구성

실전 감각을 높이는 기출동형 모의고사

실제 시험과 유사한 형식의 필기+실기 유형으로 구성하고, 빈출 이론을 집중적으로 반영하였다.

이해를 돕는 그림 자료

텍스트만으로는 이해하기 어려운 다양한 실기 문제를 그림으로 제시하여 보다 직관적으로 문제를 풀이하고 실전에 대비할 수 있도록 하였다.

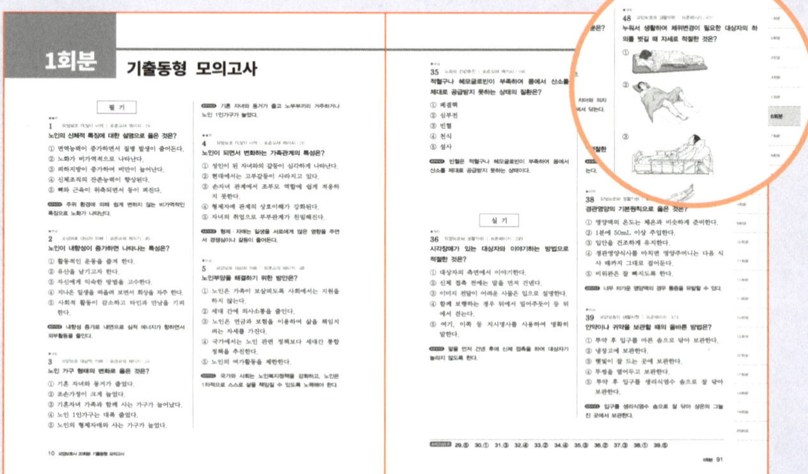

요점 중심의 문제별 해설

핵심만 담은 압축 해설

꼭 알아야 할 지식만 습득할 수 있도록 해설을 구성하였다. 문항에 따라 알아두어야 하는 지식을 해설로 수록하여 이해를 돕는다.

풀이에 꼭 필요한 이론 연계

문제별로 해당하는 표준교재의 챕터명과 페이지를 수록하여 이론 기반 학습에 도움이 되도록 하였다.

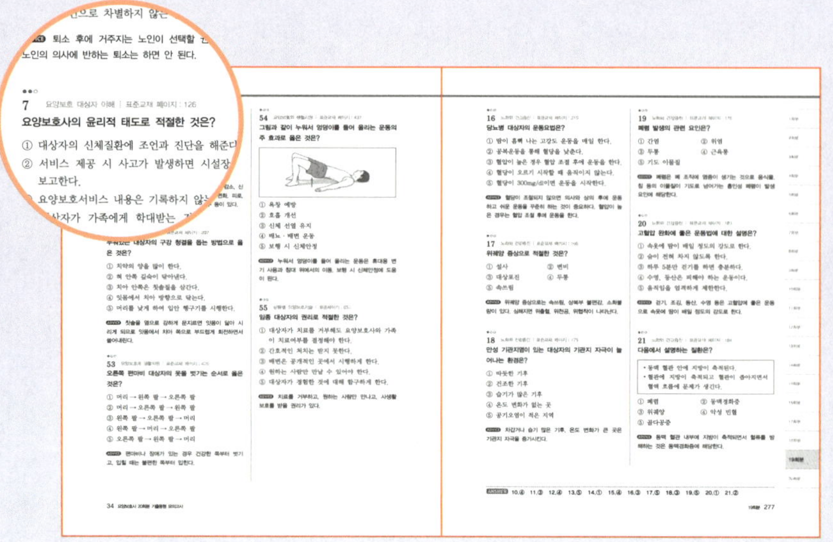

이 책의 **차례**

요양보호사 20회분 기출동형 모의고사

요양
보호사

20회분

기출동형
모의고사

필 기

1 요양보호 대상자 이해 | 표준교재 페이지 : 19

노인의 신체적 특징에 대한 설명으로 옳은 것은?

① 면역능력이 증가하면서 질병 발생이 줄어든다.
② 노화가 비가역적으로 나타난다.
③ 피하지방이 증가하여 비만이 늘어난다.
④ 신체조직의 잔존능력이 향상된다.
⑤ 뼈와 근육이 위축되면서 등이 펴진다.

ADVICE 주위 환경에 의해 쉽게 변하지 않는 비가역적인 특징으로 노화가 나타난다.

2 요양보호 대상자 이해 | 표준교재 페이지 : 20

노인이 내향성이 증가하면 나타나는 특성은?

① 활동적인 운동을 즐겨 한다.
② 유산을 남기고자 한다.
③ 자신에게 익숙한 방법을 고수한다.
④ 지나온 일생을 떠올려 보면서 회상을 자주 한다.
⑤ 사회적 활동이 감소하고 타인과 만남을 기피한다.

ADVICE 내향성 증가로 내면으로 심적 에너지가 향하면서 외부활동을 줄인다.

3 요양보호 대상자 이해 | 표준교재 페이지 : 24

노인 가구 형태의 변화로 옳은 것은?

① 기혼 자녀와 동거가 줄었다.
② 조손가정이 크게 늘었다.
③ 기혼자녀 가족과 함께 사는 가구가 늘어났다.
④ 노인 1인가구는 대폭 줄었다.
⑤ 노인의 형제자매와 사는 가구가 늘었다.

ADVICE 기혼 자녀와 동거가 줄고 노부부끼리 거주하거나 노인 1인가구가 늘었다.

4 요양보호 대상자 이해 | 표준교재 페이지 : 25

노인이 되면서 변화하는 가족관계의 특성은?

① 성인이 된 자녀와의 갈등이 심각하게 나타난다.
② 현대에서는 고부갈등이 사라지고 있다.
③ 손자녀 관계에서 조부모 역할에 쉽게 적응하지 못한다.
④ 형제자매 관계의 상호이해가 강화된다.
⑤ 자녀의 취업으로 부부관계가 친밀해진다.

ADVICE 형제 · 자매는 일생을 서로에게 많은 영향을 주면서 경쟁심이나 갈등이 줄어든다.

5 요양보호 대상자 이해 | 표준교재 페이지 : 28

노인부양을 해결하기 위한 방안은?

① 노인은 가족이 보살피도록 사회에서는 지원을 하지 않는다.
② 세대 간에 의사소통을 줄인다.
③ 노인은 연금과 보험을 이용하여 삶을 책임지려는 자세를 가진다.
④ 국가에서는 노인 관련 정책보다 세대간 통합 정책을 추진한다.
⑤ 노인의 여가활동을 제한한다.

ADVICE 국가와 사회는 노인복지정책을 강화하고, 노인은 1차적으로 스스로 삶을 책임질 수 있도록 노력해야 한다.

●○○

6 요양보호 대상자 이해 | 표준교재 페이지 : 149

요양보호사가 결핵에 걸린 대상자를 서비스하는 경우 관리법은?

① 술과 흡연을 한다.

② 어패류는 익혀서 준다.

③ 모자를 공동으로 사용해서는 안 된다.

④ 침구를 일광소독한다.

⑤ 처방받은 약제를 온몸에 바르고 씻어낸다.

ADVICE 결핵균은 햇볕에 약하므로 직사광선으로 물품을 소독한다.

●●○

7 요양보호 대상자 이해 | 표준교재 페이지 : 50

장기요양인정 신청에 대한 설명으로 옳은 것은?

① 대상자는 60세 이상인 자 또는 60세 미만이지만 노인성 질병을 가진 자이다.

② 구청장이 지정하는 자가 대리로 신청할 수 있다.

③ 요양보호사가 신청인 거주지를 방문하여 장기요양급여 내용을 조사한다.

④ 의사가 발급하는 소견서만이 인정된다.

⑤ 등급판정은 신청서를 제출한 날로부터 7일 이내에 완료한다.

ADVICE 신체적 · 정신적 사유로 직접 신청할 수 없을 때에는 시장 · 군수 · 구청장이 지정하는 자가 대리 신청이 가능하다.

●○○

8 요양보호 대상자 이해 | 표준교재 페이지 : 42

건전한 취미생활 · 노인 건강유지 · 소득보장 · 기타 일상생활과 관련한 학습프로그램을 제공하는 곳은?

① 노인의료나눔재단　　② 공립요양병원

③ 치매안심센터　　　　④ 노인교실

⑤ 양로시설

ADVICE 시 · 군 · 구에서 사업을 수행하며 노인의 사회활동 참여욕구를 충족시키기 위한 것을 제공한다.

●○○

9 요양보호 대상자 이해 | 표준교재 페이지 : 64

노인장기요양보험 표준서비스 분류를 바르게 연결한 것은?

① 신체활동지원 – 입욕준비

② 일상생활지원 – 텃밭 매기

③ 정서지원 – 말벗

④ 인지지원 – 의사소통 도움

⑤ 기능회복훈련 – 응급서비스

ADVICE 정서지원에 의사소통 도움, 말벗, 격려 등이 있다.

●○○

10 요양보호 대상자 이해 | 표준교재 페이지 : 75

다음과 같은 사례의 대상자에 대한 요양보호사의 대처방안은?

> 귀가 잘 들리지 않는 대상자가 가까이에서 이야기를 듣는다며 요양보호사에게 다가와서 몸을 만진다.

① 참고 다른 일을 한다.

② 가족들에게 말하겠다고 협박한다.

③ 대상자를 경찰에 신고한다.

④ 그 자리를 신속하게 벗어난다.

⑤ 몸을 만지지 말라고 단호하게 말한다.

ADVICE 대상자의 보청기 작동 상태를 확인하고 신체 접촉을 하지 말라고 단호하게 말한다.

●○○

11 요양보호 대상자 이해 | 표준교재 페이지 : 104

학대행위자에 가장 높은 비율을 차지하는 유형은?

① 배우자　　　　　② 아들

③ 기관　　　　　　④ 딸

⑤ 요양보호사

ADVICE 학대행위자의 가장 높은 비율을 차지하는 자는 학대피해노인의 배우자이다.

ANSWER　1.②　2.⑤　3.①　4.④　5.③　6.④　7.②　8.④　9.③　10.⑤　11.①

다음 상황에 맞는 학대유형은?

> 이씨 할머니에게 화가 난 며느리는 "저 노친네 때문에 힘들어서 못 살겠네! 빨리 들어와요!" 라며 이씨 할머니에게 고함을 질렀다.

① 신체적 학대　　② 정서적 학대
③ 유기　　　　　④ 방임
⑤ 경제적 학대

ADVICE 비난을 하고 모욕을 주는 정서적 학대이다.

노인일자리전담기관에 해당하는 시설은?

① 노인요양시설
② 재가노인복지시설
③ 중앙노인보호전문기관
④ 학대피해노인전용쉼터
⑤ 노인인력개발기관

ADVICE 노인인력개발기관은 노인일자리개발 · 보급사업, 조사사업, 교육 · 홍보 및 협력사업, 프로그램인증 · 평가사업 등을 지원하는 기관이다.

다음과 같은 상황에 요양보호사가 수행하는 역할은?

> 맥박, 호흡, 체온의 변화와 대상자의 심리적인 변화를 확인한다.

① 상담자　　　　② 동기 유발자
③ 옹호자　　　　④ 관찰자
⑤ 치료자

ADVICE 맥박, 호흡, 체온 등의 변화와 심리적인 변화를 관찰하는 것은 요양보호사의 역할이다.

요양보호사의 자격 취소 사유에 해당하는 것은?

① 요양보호서비스를 불성실하게 하는 경우
② 영리를 목적으로 노인에게 불필요한 요양서비스를 알선하는 경우
③ 업무범위 이외의 서비스를 거부하는 경우
④ 대상자 가족만을 위한 서비스를 제공하는 경우
⑤ 미숙한 요양보호서비스를 제공하는 경우

ADVICE 영리를 목적으로 노인 등에게 불필요한 요양서비스를 알선 · 유인하거나 조장하는 경우 「노인복지법」에 의해 자격 취소 사유가 된다.

급성 위염의 증상으로 적절한 것은?

① 명치에 통증
② 식사 전에 위가 무거움
③ 공복상태에 심한 명치통증
④ 하복부 불편감
⑤ 새벽에 나타나는 속쓰림

ADVICE 급성 위염의 경우는 명치 통증, 구토가 나타나고 식사 후에는 위에 팽만감이 나타난다.

노화에 따라 소화기계에 나타나는 특성은?

① 쓴맛과 신맛에 둔해진다.
② 후각기능이 예민해진다.
③ 지방 흡수력이 증가한다.
④ 췌장에서 소화효소 생산이 증가한다.
⑤ 타액과 위액의 분비가 줄어든다.

ADVICE 타액과 위액 분비가 줄어들면서 소화능력이 저하된다.

●●○

18 노화와 건강증진 | 표준교재 페이지 : 241

말기 치매 대상자에게 나타나는 증상은?

① 의심을 하는 증상이 심해지기 시작한다.
② 정신행동증상이 점차 줄어든다.
③ 말을 할 때 간단한 단어를 떠올리지 못한다.
④ 간혹 시간을 헷갈려 한다.
⑤ 새로운 것을 외울 때 어려워한다.

ADVICE 말기 치매가 되면 대부분의 기억이 소실된다. 사람을 알아보지 못하고 의미 있는 대화도 거의 불가능하다.

●○○

19 노화와 건강증진 | 표준교재 페이지 : 192

고관절 골절이 발생하면 나타나는 증상은?

① 서혜부 통증
② 무증상
③ 가려움
④ 요실금
⑤ 피부저림

ADVICE 고관절 골절이 되면 서혜부와 대퇴부에 통증이 있고, 거동이 어려워지고, 뼈가 부러지는 소리가 난다.

●○○

20 노화와 건강증진 | 표준교재 페이지 : 195

다음 증상에 해당하는 질환은?

> • 기침을 하면 소변이 나온다.
> • 복부 내에 압력이 증가하면 소변이 누출된다.

① 절박성 요실금
② 복압성 요실금
③ 역류성 요실금
④ 전립선 비대증
⑤ 무뇨증

ADVICE 기침, 재채기 또는 복압이 증가하면 소변이 나오는 것은 복압성 요실금이다.

●●●

21 노화와 건강증진 | 표준교재 페이지 : 219

당뇨병 대상자의 발 관리 원칙은?

① 혈압 관리는 필요하지 않다.
② 발의 상태는 확인하지 않아도 된다.
③ 발을 씻고 나서 잘 말려준다.
④ 발이 건조해도 로션을 바르지 않는다.
⑤ 흡연과 음주는 질병과 무관하므로 해도 된다.

ADVICE 발을 씻고 깨끗하게 잘 말려주며 금연을 해야 한다.

●●○

22 노화와 건강증진 | 표준교재 페이지 : 218

당뇨병 대상자가 고혈당인 경우 나타나는 증상은?

① 체중의 증가
② 땀을 많이 흘림
③ 배뇨 증가
④ 식사량 감소
⑤ 활동량 증가

ADVICE 당뇨병 대상자가 고혈당인 경우 배뇨가 증가하며 피로감이 나타난다. 식욕이 증가하며 체중은 감소한다.

●○○

23 노화와 건강증진 | 표준교재 페이지 : 224

섬망과 치매에 대한 설명으로 옳은 것은?

	섬망	치매
①	갑자기 나타남	서서히 나타남
②	만성질환	급성질환
③	회복 불가	대체로 회복
④	의식변화 적음	의식변화 심각
⑤	신체·생리적 변화 없음	신체·생리적 변화 급격

ADVICE 섬망은 갑자기 나타나고 치매는 서서히 나타난다.

ANSWER 12.② 13.⑤ 14.④ 15.② 16.① 17.⑤ 18.② 19.① 20.② 21.③ 22.③ 23.①

위암 발병에 관련된 요인은?

① 싱거운 음식 섭취
② 시력 저하
③ 변비
④ 청력 손실
⑤ 위축성 위염

ADVICE 염장 식품 섭취, 위축성 위염, 악성빈혈 등이 관련 요인이 된다.

고혈압이 발생하면 나타나는 증상으로 적절한 것은?

① 뒷머리 뻐근함
② 치질
③ 소화불량
④ 지루성 피부염
⑤ 비염

ADVICE 고혈압 증상으로는 뇌동맥류 파열로 인한 뇌졸중, 뒷머리 뻐근함, 아침에 두통, 이명, 팔다리 저림, 심장 기능 장애, 코피, 가슴 답답함, 숨이 참 증상이 있다.

고혈압 대상자의 치료 및 예방 방법은?

① 고강도 운동을 규칙적으로 한다.
② 두통이 있을 때에만 고혈압 약을 먹는다.
③ 고염식이를 규칙적으로 한다.
④ 혈압약을 꾸준히 복용한다.
⑤ 혈압은 1회만 측정하고 그 이후에 변화를 관찰하지 않는다.

ADVICE 혈압약은 임의로 중단하지 않고 꾸준히 먹어야 한다.

동맥경화증 대상자의 치료 및 예방 방법은?

① 고염식이
② 고혈압 관리
③ 체중 증가
④ 운동 제한
⑤ 수분 섭취 제한

ADVICE 고혈압이면 동맥 혈관이 쉽게 손상되기 때문에 동맥경화증 대상자는 고혈압 관리가 필요하다.

다음에서 설명하는 질환은?

- 심장의 수축력이 저하되면서 혈액을 충분히 내보내지 못하는 상태이다.
- 식욕이 상실하고 현기증이 나타난다.
- 지속적으로 기침이 나온다.

① 위염　　　　　② 신부전
③ 심부전　　　　④ 폐결핵
⑤ 천식

ADVICE 심부전은 심장의 수축력이 저하되면서 혈액을 충분히 내보내지 못하는 상태이다.

빈혈이 발생한 경우 기관별 증상으로 적절한 것은?

① 중추신경계 – 지남력 저하
② 심혈관계 – 빈맥
③ 피부계 – 대상포진
④ 소화기계 – 대장암
⑤ 비뇨 · 생식기계 – 성욕 증가

ADVICE 빈혈에 의해 심혈관계에는 빈맥, 저혈압, 호흡곤란이 나타난다.

●○○

30 노화와 건강증진 | 표준교재 페이지 : 189

다음에서 설명하는 질환은?

> • 뼈세포가 상실되면서 골밀도가 낮아지면서 나타난다.
> • 골절 발생률이 증가한다.
> • 여성호르몬 부족이 주요 원인이다.

① 류마티스 관절염　　② 요실금
③ 퇴행성 관절염　　④ 골다공증
⑤ 십이지장궤양

ADVICE 골다공증은 뼈세포가 상실되어 골밀도가 낮아지면서 나타난다.

●○○

31 노화와 건강증진 | 표준교재 페이지 : 201

욕창 대상자에게 도넛베개를 적용하지 않는 이유는?

① 피부 압력부위의 순환을 막음
② 화상 위험 증가
③ 자세 변경의 어려움
④ 청결한 환경 유지
⑤ 호흡곤란 유발

ADVICE 도넛베개가 닿는 부위에 압력을 받아 피부 순환을 막을 수 있기 때문이다.

●○○

32 노화와 건강증진 | 표준교재 페이지 : 220

노화에 따라 심리 · 정신적으로 증가하는 특성은?

① 능동성　　　　② 의존성
③ 과감성　　　　④ 수용성
⑤ 외향성

ADVICE 노화에 따라 수동성, 의존성, 조심성, 경직성, 내향성이 증가한다.

●●○

33 노화와 건강증진 | 표준교재 페이지 : 176

다음에서 설명하는 질환은?

> • 기도의 만성 염증성 질환
> • 기관지 벽의 부종, 기도 협착으로 기도가 과민반응
> • 쌕쌕거리는 호흡음
> • 기관지 확장제 사용으로 증상완화

① 비염　　　　　② 폐렴
③ 천식　　　　　④ 중이염
⑤ 폐부종

ADVICE 천식은 기도의 만성 염증성 질환에 해당한다. 자극에 기도가 과민반응을 나타나는 상태이다.

●○○

34 노화와 건강증진 | 표준교재 페이지 : 194

노화에 따라 남성 노인에게 나타나는 특성은?

① 남성호르몬이 증가한다.
② 음경이 발기하는 데 소요되는 시간이 감소한다.
③ 방광용적이 증가하여 소변량이 늘어난다.
④ 잔뇨량이 감소한다.
⑤ 전립선이 비대해진다.

ADVICE 남성에게만 있는 전립선이 비대해지는 것은 대부분 남성 노인이 경험한다.

●○○

35 노화와 건강증진 | 표준교재 페이지 : 195

노인에게 요실금의 발생 관련 요인은?

① 호르몬 과다 생산
② 수분 섭취량의 증가
③ 방광 저장능력 증가
④ 골반 근육 조절능력의 약화
⑤ 복압의 감소

ADVICE 골반 근육 조절능력이 약화가 요실금 발생 관련 요인이다.

ANSWER　24.⑤　25.①　26.④　27.②　28.③　29.②　30.④　31.①　32.②　33.③　34.⑤　35.④

실 기

대상자와의 바람직한 비언어적 의사소통으로 옳은 것은?

① 대상자와 눈을 마주치지 않고 말을 한다.
② 얼굴표정은 큰 변화 없이 말을 한다.
③ 손을 적절하게 움직이면서 의사소통을 한다.
④ 높고 빠른 목소리로 말을 한다.
⑤ 옷차림은 최대한 집 안에서 입는 것처럼 편안하게 입고 온다.

ADVICE 눈 맞춤, 적절한 얼굴표정, 자세, 어조, 옷차림과 외양은 비언어적 소통을 위해 필수적인 것이다.

노인의 여가활동을 돕는 방법으로 적절한 것은?

① 어렵지 않고 흥미가 느끼는 프로그램을 진행한다.
② 달리기, 등산, 암벽등반과 같은 활동을 한다.
③ 개인의 욕구보다 획일적인 여가활동을 진행한다.
④ 대상자의 동의가 없어도 가족이 동의하면 지원한다.
⑤ 무리가 가더라도 꾸준히 진행한다.

ADVICE 노인의 여가활동은 어렵지 않고 노인이 흥미를 느끼는 프로그램으로 진행해야 한다.

기저귀가 젖었을 때 신속히 갈아주어야 하는 이유로 옳은 것은?

① 혈압 관리
② 배설 기능 조절
③ 원활한 배설 활동
④ 배변 습관 교정
⑤ 욕창 예방

ADVICE 기저귀를 사용하면 피부 손상과 욕창이 잘 생긴다. 자주 살펴보고 젖었으면 속히 갈아주어 문제가 생기지 않도록 한다.

노인의 영양부족을 초래하는 위험 요인으로 옳은 것은?

① 과식
② 식탐
③ 체중 증가
④ 약물 사용
⑤ 잡곡 섭취

ADVICE 영양부족을 초래하는 요인으로는 너무 적은 식사량, 영양 불균형 식사, 약물 사용, 고령, 급성 또는 만성 질환, 사회적 고립, 빈곤, 우울, 알코올 의존증, 인지장애, 식욕부진, 오심, 연하장애 등이 있다.

대상자의 경구약 돕기 방법으로 옳은 것은?

① 약물을 만지기 전 손을 씻지 않는다.
② 침상 머리를 낮추고 앙와위를 취하게 한다.
③ 약을 삼키기 어려울 경우 반으로 쪼개어 준다.
④ 약을 잃어버릴 우려가 있으므로 한 번에 투약한다.
⑤ 위장관에서 약 흡수가 잘 되도록 물을 충분히 제공한다.

ADVICE 약을 잘 삼키고 위장관에서 잘 흡수하기 위해 물을 충분히 제공한다.

대상자의 침상 청결 및 관리 방법으로 옳은 것은?

① 두껍고 무거운 이불을 사용한다.
② 이불커버는 면제품이 좋다.
③ 침구가 더러워지면 대상자 동의 없이 세탁한다.
④ 전기코드는 침상 주변에 둔다.
⑤ 오리털 이불은 햇볕에 말린다.

ADVICE 침구는 부드럽고 땀 흡수가 잘 되며 감촉이 좋은 면제품이 가장 좋다.

42 요양보호와 생활지원 | 표준교재 페이지 : 371

대상자에게 안연고 투여 시 주의사항으로 옳은 것은?

① 눈꺼풀 위에 짜서 올려둔다.
② 눈을 감고 안구를 움직이지 않도록 한다.
③ 처음 나오는 안연고는 거즈로 닦아 버린다.
④ 안연고 투여 후 관자놀이를 잠시 가볍게 눌러 준다.
⑤ 눈꺼풀 밖으로 나온 연고는 멸균 생리식염수에 적신 멸균 솜으로 밀어 넣어준다.

ADVICE 안연고를 사용할 때 처음 나오는 것은 외부 공기에 오염되었을 수 있기 때문에 거즈로 닦아 버린다.

43 요양보호와 생활지원 | 표준교재 페이지 : 359

대상자에게 음식을 제공할 때 사레를 예방하는 방법으로 옳은 것은?

① 신맛이 강한 음식을 제공한다.
② 김, 뻥튀기 등 마른 음식을 제공한다.
③ 배 부위와 가슴을 압박하는 옷을 입힌다.
④ 식사 전 물, 차, 국 등으로 입을 축이게 한다.
⑤ 식사 중인 대상자에게 수시로 질문을 하며 상태를 확인한다.

ADVICE 삼키기 쉽도록 식사 전에 물, 차, 국 등으로 입을 축이고 음식을 먹게 한다.

44 요양보호와 생활지원 | 표준교재 페이지 : 466

오른쪽 편마비 대상자가 지팡이를 짚고 버스에 승차할 때 순서로 옳은 것은?

① 지팡이 → 왼쪽 다리 → 오른쪽 다리
② 지팡이 → 오른쪽 다리 → 왼쪽 다리
③ 왼쪽 다리 → 지팡이 → 오른쪽 다리
④ 오른쪽 다리 → 지팡이 → 왼쪽 다리
⑤ 오른쪽 다리 → 왼쪽 다리 → 지팡이

ADVICE 건강한 쪽 손으로 잡고 있는 지팡이를 먼저 내밀어 지지한다. 건강한 쪽 다리를 올리고 체중을 실어 불편한 쪽 다리를 올린다.

45 요양보호와 생활지원 | 표준교재 페이지 : 467

요양보호사가 왼쪽 다리가 약한 대상자와 보행기로 이동할 때 주의할 사항은?

① 대상자의 오른쪽에서 지지한다.
② 대상자로부터 두 걸음 앞에 서서 걷는다.
③ 왼쪽 다리와 보행기를 함께 앞으로 한 걸음 정도 옮기도록 한다.
④ 팔꿈치가 90°로 구부러지도록 보행기 손잡이를 조절한다.
⑤ 체중을 오른쪽 다리에 실으면서 왼쪽 다리를 앞으로 옮기도록 한다.

ADVICE 왼쪽 다리가 약한 대상자와 보행기로 이동할 경우, 왼쪽 다리와 보행기를 앞으로 함께 한 걸음 정도 옮기고, 체중을 보행기에 실으면서 오른쪽 다리를 앞으로 옮기도록 돕는다.

46 요양보호와 생활지원 | 표준교재 페이지 : 404

침상에 누워있는 대상자의 머리를 감기는 방법으로 옳은 것은?

① 공복 또는 식후에 머리 감기기를 시행한다.
② 헤어드라이어 대신 수건으로 머리를 말려준다.
③ 머리 장신구는 그대로 두고 솜으로 귀를 막는다.
④ 머리와 두피를 손톱이 아닌 손가락 끝으로 마사지한다.
⑤ 베개를 지지대 삼아 침대 모서리에 머리가 오도록 몸을 비스듬히 한다.

ADVICE 손가락 끝으로 머리와 두피를 마사지한 후 35℃ 정도의 따뜻한 물로 머리를 헹군다.

ANSWER 36.③ 37.① 38.⑤ 39.④ 40.⑤ 41.② 42.③ 43.④ 44.① 45.③ 46.④

오른쪽 편마비 대상자를 침대에서 휠체어로 옮기는 방법으로 옳은 것은?

① 휠체어를 대상자의 오른쪽에 비스듬히 놓는다.
② 발 간격을 좁게 벌리고 왼쪽 발을 지지하도록 한다.
③ 대상자의 오른쪽 손으로 침대 바닥을 지지하도록 한다.
④ 대상자의 왼손으로 오른팔을 잡아 배 위에 모아준다.
⑤ 오른쪽 다리를 축으로 삼아 휠체어 쪽으로 몸을 돌린다.

ADVICE 대상자의 건강한 손으로 마비된 팔을 잡아 배 위에 모아주고, 무릎을 약간 세우게 한다.

사례회의의 목적으로 옳은 것은?

① 기관의 경영성과 향상
② 서비스 제공 시간 조정
③ 직원 간 친목 관계 강화
④ 요양보호사의 근무 만족도 향상
⑤ 서비스 제공 계획의 타당성 검토 및 조정

ADVICE 사례회의 목적
㉠ 대상자에게 제공되는 서비스의 질을 지속적으로 관리한다.
㉡ 대상자에 대한 정보를 교환하고 요양보호의 목표를 공유하여 서비스의 질을 높인다.
㉢ 대상자에 대한 서비스 제공 계획의 타당성을 검토하여 서비스 내용을 조정한다.
㉣ 대상자와 관계된 직종들의 역할 분담을 명확히 한다.

휠체어로 도로 턱을 내려갈 때 조작법으로 옳은 것은?

① 휠체어를 지그재그로 내려간다.
② 휠체어를 약간 뒤로 젖힌 상태에서 이동한다.
③ 정면을 확인하면서 뒷걸음질로 내려간다.
④ 앞바퀴를 들어 올린 상태에서 뒤로 천천히 이동하면서 앞바퀴를 내려놓는다.
⑤ 양팔에 힘을 주고 휠체어 뒤쪽을 발로 살짝 눌러 기울인다.

ADVICE 도로 턱이나 문턱을 먼저 내려와 뒤에 서서 뒷바퀴를 내려놓는다. 또는 앞바퀴를 들어 올린 상태에서 뒤로 천천히 이동하면서 앞바퀴를 조심히 내려놓는다.

당뇨병 대상자의 식사관리로 옳은 것은?

① 간헐적 단식을 권장한다.
② 식물성 지방의 섭취를 제한한다.
③ GI 지수가 높은 식품을 활용한다.
④ 닭고기 조리 시 껍질을 벗겨낸다.
⑤ 설탕이나 꿀 등 단순당의 섭취를 늘린다.

ADVICE 고기류는 눈에 보이는 기름을 떼어내고 닭고기는 껍질을 벗겨 조리한다.

대상자의 안전한 주거환경으로 옳은 것은?

① 문고리를 막대형으로 설치한다.
② 다리 간격이 좁은 식탁을 사용한다.
③ 화장실이나 욕실은 가급적 침실과 멀게 한다.
④ 암막커튼으로 실내에 햇빛을 차단한다.
⑤ 조명은 머리 위를 비출 수 있게 설치한다.

ADVICE 현관문을 열고 닫기가 용이하도록 막대형 문고리를 설치한다.

●○○

52 요양보호와 생활지원 │ 표준교재 페이지 : 562

재가 대상자의 쾌적하고 청결한 주거환경을 조성하는 방법으로 옳은 것은?

① 여름철 실내온도는 20℃로 유지한다.

② 실내 청소 시 마른 걸레로 먼지를 제거한다.

③ 쓰레기통에서 냄새가 나는 경우 섬유탈취제를 뿌려준다.

④ 하루 2 ~ 3시간 간격으로 3번씩 창문을 열어 환기시킨다.

⑤ 이물질이 눈에 띄지 않도록 어두운 색의 식탁보를 사용한다.

ADVICE 환기는 하루에 2 ~ 3시간 간격으로 3번, 최소한 10 ~ 30분 창문을 열어 환기한다.

●○○

53 요양보호와 생활지원 │ 표준교재 페이지 : 400

대상자의 의치 관리 방법으로 옳은 것은?

① 의치 보관 시 표백제에 담가 변형을 막는다.

② 식사 때마다 칫솔질을 하여 청결하게 유지한다.

③ 세면대 안에 마른 면수건을 깔고 의치를 꺼내 놓는다.

④ 일주일에 하루 정도는 의치를 빼놓아 잇몸의 압박을 줄인다.

⑤ 의치 세척 시 뜨거운 물에 삶는다.

ADVICE 의치로 인해 잇몸과 치아 사이에 음식물 찌꺼기가 남기 쉽고, 염증이 생길 우려가 높다. 식사 때마다 칫솔질을 하여 의치를 청결하게 유지한다.

●○○

54 요양보호와 생활지원 │ 표준교재 페이지 : 442

식사 또는 위관 영양을 할 때 자세로 옳은 것은?

① 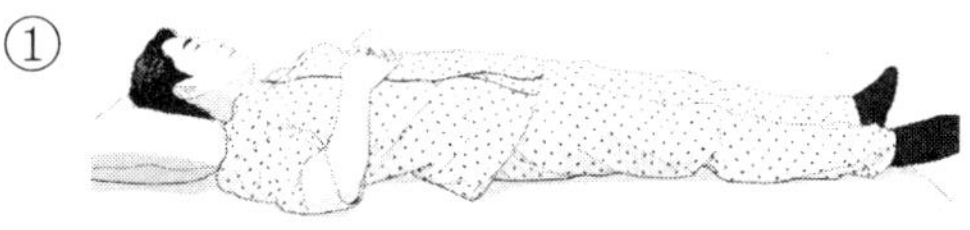

② 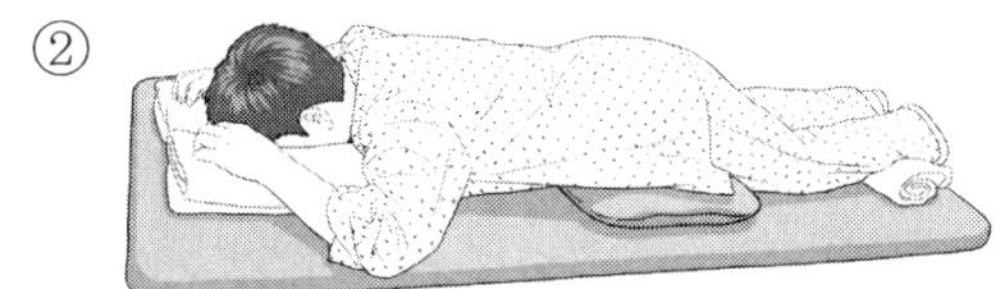

③ 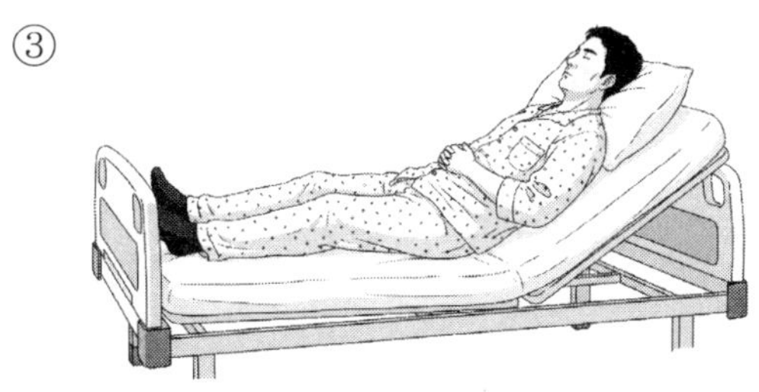

④ 

⑤ 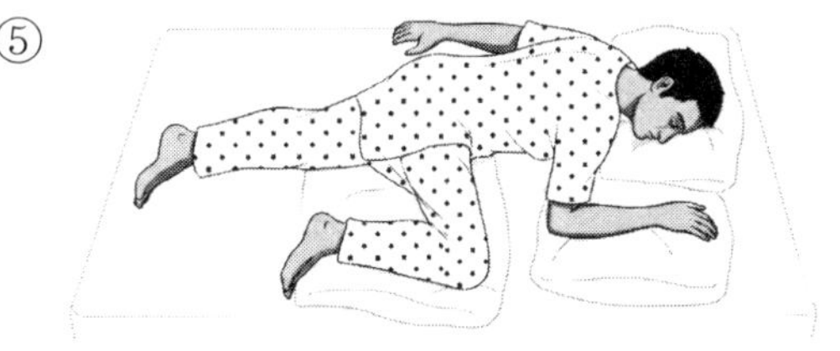

ADVICE 천장을 보며 누운 상태에서 침상머리를 45°올린 자세로, 숨이 차거나 얼굴을 씻을 때 또는 식사 시나 위관 영양을 할 때 취한다.

ANSWER 47.④ 48.⑤ 49.④ 50.④ 51.① 52.④ 53.② 54.③

이동변기를 사용하는 대상자를 돕는 방법으로 옳은 것은?

① 따뜻한 물로 이동변기를 미리 데워둔다.
② 사람이 많은 공간에 설치하여 사용하게 한다.
③ 몸에 찬물을 끼얹어서 변의를 자극한다.
④ 대상자의 두 발이 바닥에 닿지 않도록 한다.
⑤ 침대 높이보다 이동변기 높이가 더 높도록 맞춘다.

ADVICE 변기가 너무 차가우면 피부에 닿았을 때 놀라므로 미리 따뜻한 물이나 따뜻한 수건으로 데워둔다.

경관영양을 도울 때 주의사항으로 옳은 것은?

① 불시에 시작한다.
② 차가운 영양액을 준비한다.
③ 최대한 빠르게 영양액을 주입한다.
④ 영양주머니는 매번 깨끗이 씻고 말린다.
⑤ 식사가 끝나면 곧바로 대상자를 눕힌다.

ADVICE 경관영양이 끝나면 대상자가 상체를 높이고 30분 정도 앉아 있도록 돕는다.

재가 대상자와 병원 동행 시 돕는 방법으로 옳은 것은?

① 요양보호사가 아는 병원으로 예약한다.
② 진료시간은 요양보호사의 스케줄에 맞춘다.
③ 필요시 기저귀, 여벌옷, 약, 물 등을 준비한다.
④ 대상자가 혼자 진료를 받도록 진료실 밖으로 나가 있는다.
⑤ 대상자가 증상을 잘 설명하지 못하더라도 대신 말하지 않고 차분히 기다려준다.

ADVICE 병원 진료 시 신분증, 진료비와 함께 필요한 경우 기저귀, 여벌옷 등을 준비한다.

노인장기요양보험 복지용구 중 대여품목으로 옳은 것은?

① 전동침대　　　　② 이동변기
③ 간이변기　　　　④ 안전손잡이
⑤ 욕창예방 방석

ADVICE 노인장기요양보험 복지용구 중 대여품목은 수동휠체어, 전동침대, 수동침대, 이동욕조, 목욕리프트, 배회감지기로 총 6종이다.

휠체어를 접는 순서로 옳은 것은?

> ㉠ 잠금장치를 잠근다.
> ㉡ 팔걸이를 접는다.
> ㉢ 시트를 들어 올린다.
> ㉣ 발 받침대를 올린다.

① ㉠ → ㉣ → ㉢ → ㉡　　② ㉠ → ㉡ → ㉣ → ㉢
③ ㉡ → ㉢ → ㉣ → ㉠　　④ ㉡ → ㉣ → ㉢ → ㉠
⑤ ㉣ → ㉡ → ㉢ → ㉠

ADVICE 휠체어를 접을 때, 잠금장치를 잠그고 → 발 받침대를 올리고 → 시트를 들어 올리고 → 팔걸이를 접는다.

손 씻기에 대한 설명으로 적절한 것은?

① 손등은 닦지 않는다.
② 가장 잘 씻기지 않는 손 부위는 손바닥이다.
③ 손을 씻지 않으면 세균이 순식간에 증식한다.
④ 물만 묻혀서 손을 씻는 것으로 감염예방에 충분하다.
⑤ 손을 닦아내고 젖은 손으로 대상자와 접촉한다.

ADVICE 손을 씻지 않으면 순식간에 세균이 증식하므로 꼼꼼하게 닦는 것이 필요하다.

●○○
61 상황별 요양보호 기술 | 표준교재 페이지 : 657

전문적인 치료가 필요하다고 판단할 수 있는 위기 징후로 옳은 것은?

① 단순 미열 ② 피부색 변화
③ 식사량 감소 ④ 국소적 출혈
⑤ 일시적 피로감

ADVICE 위기징후로는 상당한 출혈, 의식의 변화, 불안정한 호흡, 피부색의 변화, 신체 일부가 부풀어 오름, 심한 통증 등이 있다.

●○○
62 상황별 요양보호 기술 | 표준교재 페이지 : 659

재가 대상자의 집에 화재가 발생했을 때 요양보호사의 대처 방법으로 옳은 것은?

① 문을 걸어 잠그고 실내에 머무른다.
② 불길이 커져도 끝까지 진화를 시도한다.
③ 연기 발생 시 자세를 낮추고 이동한다.
④ 엘리베이터를 이용하여 신속히 대피한다.
⑤ 시야가 확보되지 않을 때는 움직이지 않는다.

ADVICE 뜨거운 연기는 천장으로 올라가므로 최대한 자세를 낮추면서 움직인다.

●○○
63 상황별 요양보호 기술 | 표준교재 페이지 : 573

치매 대상자 가족이 경험하는 정서적 부담으로 적절한 것은?

① 가족이 치매진단을 처음 받으면 주어진 현실에 분노를 한다.
② 치매 대상자에게 화를 내고서 고양감을 느낀다.
③ 평온한 상태가 오랜 시간 지속적으로 나타난다.
④ 사회적 만남이 늘어나면서 활력이 생긴다.
⑤ 고혈압, 요통, 관절염 등의 질환을 앓는다.

ADVICE 치매 대상자를 돌보면서 불안, 소외감, 우울, 분노, 무기력감, 죄책감, 소외감 등의 정서적 부담을 경험한다.

●○○
64 상황별 요양보호 기술 | 표준교재 페이지 : 583

치매 대상자 식사 시 고려사항으로 옳은 것은?

① 대상자가 즐겨먹던 반찬을 제공한다.
② 식탁에 앉으면 그때부터 식사 준비를 시작한다.
③ 식사 중 라디오나 텔레비전을 켜두어 집중력을 높인다.
④ 식사 시간과 장소를 매번 바꾸며 새로운 자극을 준다.
⑤ 큰 소리로 대화를 나누며 즐거운 식사 분위기를 조성한다.

ADVICE 즐겨먹던 반찬과 간식을 제공하는 등 대상자의 식사 습관과 음식에 대한 기호를 최대한 반영한다.

●○○
65 상황별 요양보호 기술 | 표준교재 페이지 : 593

치매 대상자가 휴지를 찾아다니며 주머니에 모아 올 때 대처 방법은?

① 그만 하라고 단호하게 경고한다.
② 모아온 휴지를 직접 버리게 한다.
③ 아무 반응을 보이지 않고 무시한다.
④ 대상자가 좋아하는 노래를 함께 부른다.
⑤ 함께 휴지를 모으며 공감대를 형성한다.

ADVICE 반복 질문이나 행동 시 좋아하는 음식을 주거나 좋아하는 노래를 함께 부르는 등 관심을 다른 곳으로 돌린다.

ANSWER 55.① 56.④ 57.③ 58.① 59.① 60.③ 61.② 62.③ 63.① 64.① 65.④

치매 대상자에게 나타나는 파괴적 행동의 특징으로 옳은 것은?

① 질병 후기에 나타난다.
② 난폭한 행동이 자주 일어난다.
③ 행동이 수개월 동안 지속된다.
④ 파괴적 행동은 분노로 시작된다.
⑤ 에너지가 소모되도 쉬지 않고 나타난다.

ADVICE 난폭한 행동은 초기에 분노로 시작한다. 질병 초기에 나타나서 수개월 내에 사라진다.

●○○

67 요양보호와 생활지원 | 표준페이지 : 439

침대 위에서 대상자의 몸을 옆으로 눕힐 때 순서로 적절한 것은?

> ㉠ 엉덩이와 어깨를 지지하면서 돌려 눕힌다.
> ㉡ 아래쪽의 어깨를 살짝 뒤로 옮긴다.
> ㉢ 무릎을 세우고 팔을 가슴 위에 올린다.
> ㉣ 엉덩이를 뒤로 이동시킨다.

① ㉠ → ㉡ → ㉢ → ㉣
② ㉡ → ㉢ → ㉠ → ㉣
③ ㉡ → ㉣ → ㉠ → ㉢
④ ㉢ → ㉠ → ㉣ → ㉡
⑤ ㉣ → ㉢ → ㉡ → ㉠

ADVICE ㉢ 무릎을 세우고 팔을 가슴 위에 올린 후 ㉠ 엉덩이와 어깨를 지지하여 돌려 눕힌다. 그리고 ㉣ 엉덩이를 옮기고 ㉡ 어깨를 뒤로 움직인다.

치매 대상자가 실금한 경우 적절한 반응으로 옳은 것은?

① 낮시간부터 기저귀를 착용한다.
② 벨트나 단추달린 바지를 입힌다.
③ 뒤처리 후 다시는 그러지 말라고 교육한다.
④ 배설상황을 기록하여 배설리듬을 확인한다.
⑤ 손바닥으로 배를 마사지 한다.

ADVICE 실금 사건, 매일의 수분과 음식물 섭취 내용, 배변에 대한 치매 대상자의 요구 등과 배설상황을 기록한다.

●○○

69 상황별 요양보호 기술 | 표준교재 페이지 : 596

밤낮이 바뀌어 밤에 자지 않고 낮에 조는 치매 대상자를 돕는 방법으로 옳은 것은?

① 밤에는 음악을 크게 틀어 자극을 준다.
② 오후에 카페인 음료를 제공한다.
③ 낮잠을 짧게 잘 수 있도록 한다.
④ 졸고 있는 대상자에게 말을 건다.
⑤ 밤에 산책이나 운동을 하게 한다.

ADVICE 밤낮이 바뀌어 낮에 꾸벅꾸벅 조는 경우 말을 걸어 자극을 준다.

●○○

70 요양보호와 생활지원 | 표준페이지 : 438

침대 위에서 이동을 도울 때 주의사항으로 적절한 것은?

① 대상자를 끌어당겨서 옮긴다.
② 한꺼번에 많이 이동하지 않는다.
③ 대상자를 움직이지 않게 정자세로 고정시키고 옮긴다.
④ 이동방향은 임의로 정한다.
⑤ 자신의 신체에 무리가 가도 최대한 힘을 써서 옮긴다.

ADVICE 대상자를 조금씩 이동하면서 옮긴다.

●○○
71 노화와 건강증진 | 표준교재 페이지 : 673

식사 중이던 치매 대상자가 갑자기 목을 조르며 괴로운 표정을 짓고 있을 때 대처 방법으로 옳은 것은?

① 조용히 하라고 훈계한다.
② 기침을 유도한다.
③ 손가락을 넣어 이물질을 꺼낸다.
④ 도움을 요청하기 위해 자리를 비운다.
⑤ 등을 세게 두드려 이물질이 내려가도록 한다.

ADVICE 대상자가 의식이 있고 숨도 쉬고 있다면 강하게 기침을 하여 뱉어내도록 격려해야 한다.

●○○
72 상황별 요양보호 기술 | 표준교재 페이지 : 674

대상자에게 급성 저혈압이 발생했을 때 대처 방법으로 옳은 것은?

① 대상자가 진정되면 119에 신고한다.
② 바닥을 보고 엎드리는 자세로 눕힌다.
③ 물이나 음식을 주면서 상황을 살핀다.
④ 입에서 혈액이 나오는 경우 고개를 젖혀준다.
⑤ 발 아래에 베개를 받쳐 다리가 올라가도록 한다.

ADVICE 발 아래 베개나 이불 등으로 받쳐서 다리가 30cm 정도 올라가도록 한다.

●○○
73 상황별 요양보호 기술 | 표준교재 페이지 : 675

대상자가 경련을 일으킬 경우 대처 방법으로 옳은 것은?

① 온몸을 압박한다.
② 차가운 물을 마시게 한다.
③ 입에 손수건 등을 물려준다.
④ 경련이 발생한 시각을 기록해둔다.
⑤ 머리 밑에 단단한 베개를 받쳐준다.

ADVICE 경련이 발생한 시각을 기록해둔다. 대부분 15분 이내에 경련이 멈춘다.

●○○
74 상황별 요양보호기술 | 표준페이지 : 605

치매 대상자와 언어적인 의사소통을 할 때 지켜야 하는 원칙은?

① 불편해 하는 대상자에게 어디가 불편하느냐고 물어본다.
② 협조적으로 일을 수행하더라도 격려의 말은 하지 않는다.
③ 인격적으로 대하지 않는다.
④ 원거리에서 큰 소리로 대화한다.
⑤ 대상자의 고향말을 사용하면서 의사소통을 한다.

ADVICE 대상자의 고향말을 쓰면서 과거를 회상하게 한다.

●○○
75 상황별 요양보호 기술 | 표준교재 페이지 : 645

다음에 해당하는 임종의 적응 단계는?

> 죽음을 피할 수 없다는 사실을 인정하면서도, "우리 아이가 결혼할 때가지만 살게 해주세요." 라고 말하며 삶의 연장을 희망한다.

① 타협
② 분노
③ 부정
④ 우울
⑤ 수용

ADVICE 타협의 단계에 있는 사람들은 자신이 아무리 죽음을 부정해도 피할 수 없는 상황임을 이해하지만, 삶이 얼마간이라도 연장되기를 희망한다.

ANSWER 66.④ 67.④ 68.④ 69.④ 70.② 71.② 72.⑤ 73.④ 74.⑤ 75.①

대상자가 넘어져 골절이 의심될 때 대처방법으로 옳은 것은?

① 통증 부위를 마사지 해준다.
② 통증 부위에 더운 물주머니를 대준다.
③ 산책을 격려한다.
④ 손상 부위 장신구를 유지한다.
⑤ 절대 스스로 움직이지 못하게 한다.

ADVICE 대상자를 안정시키고 스스로 움직이지 않도록 한다.

자동심장충격기를 사용하는 방법으로 옳은 것은?

① 패드는 왼쪽 빗장뼈 아래에 부착한다.
② '분석 중' 음성 지시가 나오면 가슴압박을 시행한다.
③ 정상적인 호흡이 있는 환자에게만 사용해야 한다.
④ 패드와 자동심장충격기 본체를 분리해서 사용한다.
⑤ 심장충격 버튼을 누르기 전에는 다른 사람이 환자와 떨어져 있는지 확인한다.

ADVICE 심장충격이 필요한 경우에 심장충격 버튼이 깜박인다. 심장충격 버튼을 누르기 전에는 반드시 다른 사람이 환자에게서 떨어져 있는지 확인해야 한다.

대상자가 유리를 밟아 발에 출혈량이 많을 때에 대처 방법으로 옳은 것은?

① 출혈부위를 심장보다 낮게 유지한다.
② 맨손으로 출혈부위를 누른다.
③ 장갑을 착용하고 깨끗한 수건으로 지혈한다.
④ 지혈하고 있는 거즈를 수시로 교체한다.
⑤ 상처 부위를 흐르는 물에 씻으며 출혈이 멈출 때까지 기다린다.

ADVICE 장갑을 착용하고 출혈부위를 노출한다. 출혈량이 많을 경우 깨끗한 수건이나 옷을 활용하여 상처를 압박한다.

사전연명의료의향서에 대한 설명으로 옳은 것은?

① 비위관이나 산소 공급도 연명의료에 해당한다.
② 60세 이상만 작성할 수 있다.
③ 한 번 등록하면 변경 또는 철회가 불가능하다.
④ 사전연명의료의향서를 작성하면 아무 때나 치료를 거부할 수 있다.
⑤ 한글을 모르거나 글씨를 쓸 수 없는 상황에도 사전연명의료의향서를 작성할 수 있다.

ADVICE 사전연명의료의향서는 상담사가 작성자 본인이 자발적 의사에 따라 작성하고자 하는지 여부를 확인하고, 녹화나 녹취 등으로 작성자 본인의 뜻임을 확인할 수 있는 경우에 한하여 대필을 통한 작성이 가능하다.

임종이 임박했을 때 나타나는 징후로 옳은 것은?

① 동공 축소　　② 체온 저하
③ 혈압 증가　　④ 촉각 증가
⑤ 정상 맥박

ADVICE 동공이 확대되며 혈압이 감소한다. 촉각 감소와 맥박이 약해지는 징후가 나타난다.

2회분 기출동형 모의고사

필 기

1 요양보호 대상자 이해 | 표준교재 페이지 : 20

다음 설명하는 내용과 관련된 노인의 심리적 특성은?

> • 오랫동안 사용하던 자신의 물건에 친근함을 느낀다.
> • 지나온 과거를 회상하면서 안락함을 찾는다.

① 내향성
② 우울성
③ 경직성
④ 회고성
⑤ 애착심

ADVICE 노인의 대표적인 심리적인 특성으로 오래된 자신 물건과 과거에 친근감과 애착을 느끼는 것이다.

2 요양보호 대상자 이해 | 표준교재 페이지 : 26

자녀의 결혼으로 부부만 남게 되면 나타나는 것은?

① 빈 둥지 증후군
② 자녀와의 갈등
③ 활기와 탄력
④ 도전정신의 증가
⑤ 부부의 취미 활동 증가

ADVICE 자녀가 결혼을 하면서 독립을 하게 되면 부부는 슬픔, 외로움, 상실감과 같은 감정을 경험하는데, 이를 빈 둥지 증후군이라 한다.

3 요양보호 대상자 이해 | 표준교재 페이지 : 27

노인의 4고에 해당하지 않는 것은?

① 병고
② 빈고
③ 갈등고
④ 무위고
⑤ 고독고

ADVICE 노인의 4고(四苦)에는 병고, 빈고, 고독고, 무위고 가 있다.

4 요양보호 대상자 이해 | 표준교재 페이지 : 38

유엔총회에서 채택한 노인복지 원칙으로 옳은 것은?

① 의존의 원칙
② 차별의 원칙
③ 거주의 원칙
④ 존엄의 원칙
⑤ 학습의 원칙

ADVICE 독립의 원칙, 참여의 원칙, 보호의 원칙, 자아실현 의 원칙, 존엄의 원칙이 있다.

5 요양보호 대상자 이해 | 표준교재 페이지 : 45

양로시설이 포함된 노인복지시설은?

① 노인의료복지시설
② 노인여가복지시설
③ 재가노인복지시설
④ 노인보호전문기관
⑤ 노인주거복지시설

ADVICE 「노인복지법」 제32조에 따라 양로시설은 노인주 거복지시설이다.

ANSWER 76.⑤ 77.⑤ 78.③ 79.⑤ 80.② / 1.⑤ 2.① 3.③ 4.④ 5.⑤

6 요양보호 대상자 이해 | 표준교재 페이지 : 52

장기요양인정 신청서 제출 시 첨부해야 하는 것은?

① 한의사의 소견서
② 요양보호사의 서비스 내용
③ 간호사의 소견서
④ 치매안심센터의 장의 허가서
⑤ 가족 동의서

ADVICE 공단에 의사 또는 한의사가 발급하는 소견서를 첨부하여 장기요양인정 신청서를 제출한다.

●●○

7 요양보호 대상자 이해 | 표준교재 페이지 : 57

장기요양급여의 재원조달에 대한 설명으로 옳은 것은?

① 건강보험료를 내는 사람은 장기요양보험료를 내지 않는다.
② 국가는 보험료 예상 수입액의 20%를 국고에서 부담한다.
③ 급여 대상자가 시설급여를 이용하면 15%를 본인이 부담한다.
④ 국민긴초생활수급권자는 법정 본인부담금의 40 ~ 60%를 경감하여 준다.
⑤ 저소득층은 법정 본인부담금이 경감되지 않는다.

ADVICE 국가는 보험료 예상 수입액의 20%를 국고에서 부담하고 국가와 지방자치단체는 의료급여수급권자의 장기요양급여비용, 의사소견서 발급비용, 방문간호지시서 발급비용 중 공단이 부담하여야 할 비용 및 관리운영비의 전액을 부담한다.

●○○

8 요양보호 대상자 이해 | 표준교재 페이지 : 57

방문요양에 관한 업무를 수행하는 장기요양요원은?

① 장기요양기관의 장   ② 치과 위생사
③ 간호조무사   ④ 요양보호사
⑤ 간호사

ADVICE 방문요양에 관한 업무를 수행하는 장기요양요원은 요양보호사 또는 사회복지사이다.

●○○

9 요양보호 대상자 이해 | 표준교재 페이지 : 64

노인장기요양보험 표준서비스에서 인지지원에 해당하는 것은?

① 말벗   ② 환경관리
③ 물리치료   ④ 간호관리
⑤ 인지자극 활동

ADVICE 인지관리 지원은 행동 변화 감소에 도움을 주거나 대처를 한다.

●●○

10 요양보호 대상자 이해 | 표준교재 페이지 : 76

요양보호사가 장기요양서비스를 제공하는 과정에서 수급자 중심의 급여를 제공하는 업무는?

① 매년 건강검진을 받고 평소 건강관리를 통해 감염을 예방하고자 노력한다.
② 수급자별로 급여제공내용을 충실하게 기록한다.
③ 제공인력이 변경되더라도 급여 수준을 성실하게 인수인계한다.
④ 기관의 운영규정과 최신 급여제공기준을 충분히 숙지한다.
⑤ 수급자와 상담을 실시하고 제공할 급여내용을 상세하게 설명한다.

ADVICE 수급자 또는 보호자 상담, 급여내용 설명, 수급자 욕구 파악, 개별적인 욕구 반영 등이 해당한다.

11 요양보호 대상자 이해 | 표준교재 페이지 : 114

다음 사례에 해당하는 노인학대 유형은?

> 아들은 타박상과 감기증상으로 누워있는 어머니를 병원에 데려갈 생각을 하지 않고 하루 종일 방 안에 방치하였다.

① 신체적 학대　② 방임
③ 정서적 학대　④ 자기방임
⑤ 유기

ADVICE 부양 의무자로 책임을 다하지 않고 노인에게 의료를 적절하게 제공하지 않은 것은 방임에 해당한다.

12 요양보호 대상자 이해 | 표준교재 페이지 : 42

노인교실, 노인복지관, 경로당의 사업주체는?

① 시·군·구　② 한국노인인력개발원
③ 보건소　④ 사회보장정보원
⑤ 보건복지부

ADVICE 노인교실, 노인복지관, 경로당의 사업주체는 시·군·구이다.

13 요양보호 대상자 이해 | 표준교재 페이지 : 81

다음에 해당하는 요양보호사의 역할은?

> 대상자가 능력을 최대한 발휘할 수 있도록 일상생활에서 든든한 지원을 한다.

① 숙련된 수발자　② 정보 전달자
③ 관찰자　④ 옹호자
⑤ 동기 유발자

ADVICE 동기를 유발하여 대상자가 능력을 최대한 발휘할 수 있도록 한다.

14 요양보호 대상자 이해 | 표준교재 페이지 : 95

다음과 같은 상황에서 시설 생활노인이 보장받지 못한 권리는?

> 거동이 불편한 최씨 할아버지는 시설을 배회하다가 다리가 골절되었다. 그런 최씨 할아버지의 움직임을 방지하기 위해서 요양보호사는 최씨 할아버지를 매일 억제하고 있다.

① 사회적 관계에 참여할 권리
② 신체구속을 받지 않을 권리
③ 시설운영과 서비스에 대한 개인적 견해를 표현하고 해결을 요구할 권리
④ 소유물을 스스로 관리할 권리
⑤ 기호품 사용에 관한 자기 결정의 권리

ADVICE 시설은 급여제공과정에서 생활노인을 격리하거나 억제대 등을 사용하여 묶는 등 신체를 제한하면 안 된다.

15 요양보호 대상자 이해 | 표준교재 페이지 : 100

노인주거시설에 생활하는 노인의 인권영역과 항목을 바르게 연결한 것은?

① 여가활동 – 사생활 보호권
② 종교활동 – 시설에서 요구하는 종교를 믿어야 하는 의무
③ 입소계약 – 적절한 의료 서비스를 받을 권리
④ 시설정보에 대한 접근 – 거주 이전과 선택의 자유권
⑤ 의사소통 및 고충처리 – 종사자의 인권을 존중할 의무

ADVICE 시설정보에 대한 접근의 인권영역은 거주 이전과 선택의 자유권과 시설에 관한 정보접근권이다.

ANSWER　6.①　7.②　8.④　9.⑤　10.⑤　11.②　12.①　13.⑤　14.②　15.④

위궤양에 대한 설명으로 옳은 것은?

① 치료를 위해서는 금식을 해야 한다.
② 헬리코박터균에 의한 위 내에 감염으로 발생
한다.
③ 발생한 경우 방사선 치료를 받는다.
④ 설사약을 복용해야 한다.
⑤ 하복부에 심한 불편감이 나타난다.

ADVICE 위궤양은 헬리코박터균에 의한 감염 또는 소화효
소에 의한 위 점막 손상으로 발생하는 것이다. 위벽의 점
막과 근육층까지 손상된 질환이다.

노인성 질환의 특성은?

① 하나의 질병이 단독으로 발생한다.
② 정상적인 노화과정과 뚜렷한 차이가 있다.
③ 수분과 전해질 불균형으로 의식장애가 발생한다.
④ 원인이 뚜렷한 질병이 대부분이다.
⑤ 경과가 짧고 재발이 없다

ADVICE 노인성 질환은 하나의 질병이 다른 질병을 동반
하고, 정상적인 노화과정과 구분하기 어려워 단순한 허약
감에도 주의가 필요하다.

만성 기관지염의 증상은?

① 체중 증가
② 신장기능 장애
③ 호흡곤란
④ 이명
⑤ 의식혼돈

ADVICE 만성 기관지염의 경우 심한 기침이 나타나고 호흡
곤란이 심해진다. 체중이 감소하고 전신 쇠약감을 느낀다.

노화에 따라 호흡기계에 나타나는 특성은?

① 콧속 점막이 습하여 공기순환이 불편해진다.
② 폐 순환량이 늘어나면서 쉽게 숨이 찬다.
③ 기관지 내에 분비물이 감소한다.
④ 섬모운동이 저하되면서 미세물질을 걸러내지 못
한다.
⑤ 폐포에 탄력성이 저하되면서 폐활량이 늘어난다.

ADVICE 콧속 점막은 건조해지고, 폐포의 탄력성 저하로
폐순환량은 줄어들어 폐활량이 줄어들게 된다.

치매 대상자의 치료에 대한 설명으로 옳은 것은?

① 아세틸콜린 분해효소 억제 약물을 복용한다.
② 정신행동증상에 약물은 복용하지 않는다.
③ 환경을 자주 변경한다.
④ 대상자가 어려워하는 행동으로 활동 자극을 준다.
⑤ 병원치료는 받지 않는다.

ADVICE 3 ∼ 6개월 간격으로 병원 진료를 진행하고 인지기
능 개선제나 아세틸콜린 분해효소 억제 약물을 복용한다.

다음 증상에 해당하는 질환은?

> 최씨 할머니는 소변을 보고 싶다고 생각했다.
> 그 순간 바로 소변이 누출되었다.

① 역류성 요실금 ② 야뇨증
③ 빈뇨증 ④ 무뇨증
⑤ 절박성 요실금

ADVICE 소변을 보고 싶다는 생각을 하자마자 소변이 누
출되는 것은 절박성 요실금에 해당한다.

●○○
22 노화와 건강증진 | 표준교재 페이지 : 218

당뇨병 대상자가 저혈당인 경우 나타나는 증상은?

① 땀을 많이 흘림　　② 식욕의 감소
③ 과도한 각성　　　④ 흥분
⑤ 활동량 감소

ADVICE 활동량이 증가하면서 나타나는 저혈당은 땀이 많아지고 두통, 배고픔, 어지럼증이 나타난다.

●○○
23 노화와 건강증진 | 표준교재 페이지 : 224

섬망과 치매에 대한 설명으로 옳은 것은?

	섬망	치매
①	만성 질환	급성 질환
②	초기에 사람을 못 알아봄	나중에 사람을 못 알아봄
③	의식의 변화가 없음	의식 변화가 심각
④	수면양상 규칙적	수면양상 변화 없음
⑤	주의집중 변화없음	주의집중 매우 떨어짐

ADVICE 섬망은 초기에 사람을 알아보지 못하지만 채매는 서서히 알아보지 못한다.

●○○
24 노화와 건강증진 | 표준교재 페이지 : 182

고혈압 증상으로 적절한 것은?

① 욕창
② 대상포진
③ 뒷머리 뻐근함
④ 천식
⑤ 기억력 감퇴

ADVICE 고혈압 증상으로는 뇌동맥류 파열로인한 뇌졸중, 뒷머리 뻐근함, 아침에 두통, 이명, 팔다리 저림, 심장 기능 장애, 코피, 가슴 답답함, 숨이 참 증상이 나타난다.

●○○
25 노화와 건강증진 | 표준교재 페이지 : 190

골다공증 증상으로 적절한 것은?

① 발목 통증
② 키가 커짐
③ 등이 굽음
④ 빈번한 발등 골절
⑤ 손가락 관절 경직

ADVICE 골다공증으로 허리통증, 작아지는 키, 등이 굽음, 손목 · 대퇴골의 잦은 골절이 나타난다.

●○○
26 노화와 건강증진 | 표준교재 페이지 : 212

노화에 따라 미각에 나타나는 특성은?

① 혀의 유두가 팽창한다.
② 미뢰의 개수가 증가한다.
③ 신맛을 감지하는 기능이 뛰어나진다.
④ 쓴맛을 감지하는 기능이 떨어진다.
⑤ 짠맛에 민감해진다.

ADVICE 신맛 · 쓴맛을 감지하는 기능은 상승하고, 단맛 · 짠맛을 감지하는 기능은 떨어진다.

●○○
27 노화와 건강증진 | 표준교재 페이지 : 230

노인증후군에 해당하는 문제는?

① 자유로운 움직임
② 근육의 증가
③ 체중 증가
④ 식욕 증가
⑤ 노인학대

ADVICE 노인증후군은 섬망, 노쇠, 근감소증, 실금, 변비, 낙상, 욕창, 기절, 보행기능 저하, 못움직임, 식욕부진, 연하곤란, 노인학대, 저나트륨혈증, 탈수, 많은 약물 복용(다약제복용), 우울증이 해당한다.

ANSWER　16.②　17.③　18.③　19.④　20.①　21.⑤　22.①　23.②　24.③　25.③　26.③　27.⑤

초기 치매 대상자에게 나타나는 인지기능장애는?

① 목적성 있는 행동능력 저하

② 장기기억능력의 저하

③ 가까운 사람을 기억하지 못함

④ 실제로 없는 것을 보는 환시의 증가

⑤ 우울감 증가로 인한 우울증

ADVICE 초기 치매 대상자의 인지기능장애는 기억력 저하, 언어능력 저하, 지남력 저하, 시공간 파악능력 저하, 실행 능력기능 저하가 있다.

●●○
29 노화와 건강증진 │ 표준교재 페이지 : 237

다음에서 설명하는 질환은?

> • 뇌혈관이 터지면서 발생한다.
> • 뇌에 공급되는 산소와 영양분이 차단되면서 뇌세포가 손상되어 나타난다.

① 혈관성 치매　　　② 알츠하이머

③ 섬망　　　④ 우울증

⑤ 대뇌병변

ADVICE 뇌혈관이 터지거나 막히면서 발생하는 것은 혈관성 치매이다.

●○○
30 노화와 건강증진 │ 표준교재 페이지 : 242

치매 대상자에 대한 설명으로 옳은 것은?

① 선천적으로 발생하는 질병이다.

② 혼자 할 수 있는 일은 직접 하게 한다.

③ 항정신병 약물은 복용하지 않는다.

④ 행동 수정을 위해서 신체를 압박한다.

⑤ 다량의 식사를 제공한다.

ADVICE 후천적으로 발생하는 치매는 대상자들의 일은 스스로 할 수 있도록 유도할 수 있어야 한다.

●○○
31 노화와 건강증진 │ 표준교재 페이지 : 238

지남력이 저하된 대상자에게 나타나는 증상은?

① 말을 할 때 적절한 단어를 떠올리지 못한다.

② 단기 기억력이 저하된다.

③ 자주 다니던 길을 헤맨다.

④ 운동화 끈을 제대로 매지 못한다.

⑤ 날짜와 계절에 대한 착각을 많이 한다.

ADVICE 지남력은 시간, 장소, 사람을 인식하는 데 사용되는 기능이다.

●○○
32 노화와 건강증진 │ 표준교재 페이지 : 232

노쇠로 인해 나타나는 부정적인 결과는?

① 인지기능 강화　　　② 흥분감

③ 활발한 사회활동　　　④ 간병인 필요

⑤ 식욕 증가

ADVICE 식욕 감소, 우울감, 인지기능 저하, 침상 의존, 간병인 필요, 요양시설 입소가 있다.

●○○
33 노화와 건강증진 │ 표준교재 페이지 : 248

다음의 관련 요인에 의해 발병하는 신경퇴행성 질환은?

> • 중뇌 이상에 의한 도파민 분비장애
> • 염색체 돌연변이
> • 다발성 신경계 위축증과 같은 퇴행성 뇌질환

① 퇴행성 디스크 질환　　　② 골다공증

③ 황반변성　　　④ 파킨슨병

⑤ 퇴행성 관절염

ADVICE 중뇌 이상에 의한 도파민 분비장애, 염색체 돌연변이, 다발성 신경계 위축증과 같은 퇴행성 뇌질환 등에 의해서 파킨슨병이 나타난다.

●○○
34 노화와 건강증진 | 표준교재 페이지 : 217

노화에 따른 내분비계 특성은?

① 뇌하수체에서 분비하는 호르몬이 감소한다.
② 공복혈당이 상승한다.
③ 췌장에서 인슐린 분비량이 충분해진다.
④ 포도당 대사능력이 증가한다.
⑤ 기초대사율이 증가한다.

ADVICE 노화에 의해서 공복혈당이 상승한다.

●○○
35 노화와 건강증진 | 표준교재 페이지 : 218

당뇨병의 치료 및 예방 방법은?

① 반찬은 싱겁게 골고루 먹는다.
② 고강도 운동을 규칙적으로 한다.
③ 혈당과 혈압이 높아도 운동을 쉬지 않는다.
④ 약국에서 혈당 관련 약물을 구입하여 복용한다.
⑤ 약물 복용 중에는 운동은 하지 않는다.

ADVICE 반찬을 싱겁게 먹고 저콜레스테롤 식이와 고섬유질 음식을 섭취한다.

실 기

●●○
36 요양보호와 생활지원 | 표준교재 페이지 : 306

요양보호 기록의 목적으로 옳은 것은?

① 불필요한 보고 감소
② 대상자 가족의 간섭 최소화
③ 서비스 제공 내용의 비밀 보장
④ 요양보호서비스의 연속성 유지
⑤ 요양보호사의 개인적인 업무 시간 단축

ADVICE 요양보호 기록은 서비스의 질 향상, 연속성 유지, 활동의 객관적 입증, 정보 공유, 가족과의 의사소통 강화, 표준화 및 책임성 제고를 위한 것이다.

●○○
37 요양보호와 생활지원 | 표준교재 페이지 : 308

요양보호 기록 중 섭취나 배설, 목욕 등의 상태를 위주로 기록하는 것은?

① 간호일지
② 상태기록지
③ 사고보고서
④ 욕구사정지
⑤ 인수인계서

ADVICE 배설, 목욕, 식사 및 수분 섭취, 체위변경, 외출 등의 상태 및 제공 내용을 기록하는 것이다. 장기요양기관에 따라 양식과 명칭, 내용은 조금씩 다르다.

●○○
38 요양보호와 생활지원 | 표준교재 페이지 364

스스로 먹을 수 없는 대상자에게 제공하는 급여제공의 기본절차에 대한 설명으로 적절한 것은?

① 숟가락 가득하게 음식을 떠서 제공한다.
② 음식은 김이 올라오는 뜨거운 음식을 제공한다.
③ 숟가락을 아래쪽에서 입으로 가져간다.
④ 숟가락 뒤쪽을 내려서 스스로 입을 움직여 먹게 한다.
⑤ 빨대로 물을 먹는 경우 최대한 입속 깊숙하게 넣어준다.

ADVICE 숟가락을 위쪽에서 주는 경우 고개가 젖혀지면서 사레가 발생할 수 있다.

●○○
39 요양보호와 생활지원 | 표준교재 페이지 : 288

대상자가 식사를 거부할 때의 나 – 전달법은?

① "불만 있으세요?"
② "반찬이 마음에 안 드세요?"
③ "이렇게 고집부리면 정말 화낼 거예요."
④ "이따 오후에 간식 없는데 괜찮으시겠어요?"
⑤ "어르신이 식사를 안 하려고 하시니 걱정돼요."

ADVICE 나 – 전달법은 상대방을 비난하지 않고 상대방의 행동이 나에게 미친 영향에 초점을 맞추어 이야기하는 표현법이다.

ANSWER 28.① 29.① 30.② 31.⑤ 32.④ 33.④ 34.② 35.① 36.④ 37.② 38.③ 39.⑤

장기요양서비스 제공 순서로 옳은 것은?

① 방문 → 일정관리 → 사전확인 → 서비스제공 →
　기록 → 확인 및 서명 → 퇴실
② 일정관리 → 사전확인 → 방문 → 서비스제공 →
　기록 → 확인 및 서명 → 퇴실
③ 사전확인 → 일정관리 → 기록 → 방문 → 서비스
　제공 → 확인 및 서명 → 퇴실
④ 사전확인 → 일정관리 → 확인 및 서명 → 방문
　→ 서비스제공 → 기록 → 퇴실
⑤ 서비스제공 → 기록 → 사전확인 → 일정확인 →
　방문 → 확인 및 서명 → 퇴실

ADVICE 요양보호사가 담당하는 장기요양서비스(방문요양)
는 '방문 → 일정관리 → 사전확인 → 서비스 제공 → 기록
→ 확인 및 서명 → 퇴실' 순서로 진행한다.

대상자와의 의사소통 원칙으로 옳은 것은?

① 대상자들을 집단화하여 파악한다.
② 대상자의 자기결정을 돕고 존중한다.
③ 심판적 태도로 대상자를 대해야 한다.
④ 대상자의 감정이 제한적인 경우 교정을 해준다.
⑤ 대상자의 개인적인 정보는 가족이나 시설장과
　공유한다.

ADVICE 대상자가 결정한 내용이 자신 또는 타인에게 해
를 주지 않고 공공복지에 위반이 되지 않는다면 대상자의
능력이나 내용의 타당성을 판단하여 결정하는 데 필요한
정보를 제공한다. 대상자의 결정을 돕고 그 결과를 존중
하며 지켜본다.

대상자의 안전한 거실 환경을 조성하는 방법으로 옳은 것은?

① 출입구의 문턱을 높인다.
② 전기코드는 침상 주변 바닥에 고정해둔다.
③ 거실 바닥에 가능한 한 물건을 두지 않는다.
④ 가족들의 모습과 목소리를 차단할 수 있는 곳
　이 좋다.
⑤ 거실의 넓이는 좁은 보폭으로 다닐 수 있도록 한다.

ADVICE 거실 바닥은 평편하게 하고, 가능한 한 물건을 두
지 않는다.

대상자와 외출 시 동행하는 방법으로 옳은 것은?

① 최대한 빠르게 이동한다.
② 외출 후 대상자의 만족 정도를 확인한다.
③ 요양보호사의 개인 업무 시에도 동행한다.
④ 대상자에게 교통 정보 및 교통수단 등을 숙지
　시킨다.
⑤ 외출 시 필요한 준비물은 대상자가 직접 챙기
　도록 한다.

ADVICE 외출 시 착용한 소지품 및 의복 등을 제자리에 보
관하고, 외출 동행이 의도대로 만족스러웠는지 확인한다.

대상자의 의복과 신발을 선택할 때 주의사항으로 옳은 것은?

① 무겁고 꽉 조이는 신발이 좋다.
② 가급적 어두운 옷을 입어야 한다.
③ 장식은 화려하면 화려할수록 좋다.
④ 신발은 굽이 낮고 폭이 넓어야 한다.
⑤ 체형보다 조금 큰 옷을 고르는 것이 좋다.

ADVICE 신발은 굽이 낮고, 폭이 좁지 않으며 뒤가 막혀있
는 것은 미끄럼방지 처리가 되어 있어야 한다.

●○○
45 요양보호 대상자 이해 | 표준교재 페이지 : 666

감염 예방에 가장 경제적이고 효과적인 방법은?

① 손 씻기　　② 영양제 섭취

③ 장갑 착용　　④ 가운 착용

⑤ 마스크 착용

ADVICE 감염 예방을 위해 가장 경제적이고 효과적인 방법은 올바른 손 씻기이다.

●○○
46 요양보호와 생활지원 | 표준교재 페이지 : 546

대상자 의복 관리 기본 원칙으로 옳은 것은?

① 늘 입는 옷은 수납장 깊이 정리해둔다.

② 감염이 의심되는 대상자의 의류는 처분한다.

③ 속옷은 2 ~ 3일에 한 번 갈아입는 것이 좋다.

④ 단추가 떨어졌거나 뜯긴 자리가 없는지 점검한다.

⑤ 얼룩이나 더러움이 심한 것은 모아두었다가 한 번에 세탁한다.

ADVICE 단추가 떨어졌거나 옷이 뜯긴 자리가 없는지 점검하고, 필요시 수선해둔다.

●○○
47 요양보호와 생활지원 | 표준교재 페이지 : 537

식중독 예방 6대 수칙으로 옳은 것은?

① 조리음식은 상온 보관한다.

② 냉장고는 10℃ 이하로 유지한다.

③ 조리기구는 구분하여 따로 사용한다.

④ 채소와 과일은 물에 최소 30초가량 담근 후 먹는다.

⑤ 냉장고에 보관했던 죽이나 미음은 실온 해동 후 먹는다.

ADVICE 칼, 도마 등 조리기구는 육류용, 어류용, 채소·과일용, 조리음식용으로 구분하여 따로 사용한다.

●○○
48 요양보호와 생활지원 | 표준교재 페이지 : 360

좌측 편마비 대상자의 식사를 돕는 방법으로 옳은 것은?

① 왼쪽에서 음식물을 넣어준다.

② 오른쪽을 베개나 쿠션으로 지지한다.

③ 침대머리를 30 ~ 60°가량 올려 상반신을 높인다.

④ 음식물은 대상자보다 높은 곳에서 입에 넣어준다.

⑤ 대상자가 오른쪽으로 고개를 젖히고 식사할 수 있도록 한다.

ADVICE 침대를 약 30 ~ 60° 높이고 머리를 앞으로 약간 숙여 턱을 당기면 음식을 삼키기가 쉬워진다.

●○○
49 요양보호와 생활지원 | 표준교재 페이지 : 366

대상자의 경관영양을 도울 때 요양보호사의 행동으로 옳은 것은?

① 영양액을 위장보다 낮은 위치에 건다.

② 거동이 어려운 대상자는 왼쪽으로 눕힌다.

③ 영양액은 체온 정도의 온도로 데워 주입한다.

④ 주입이 끝나면 대상자를 바로 눕혀서 쉬게 한다.

⑤ 비위관이 새거나 영양액이 역류할 땐 즉시 중단한다.

ADVICE 영양액의 온도는 체온 정도가 적절하며, 차가운 영양액은 통증을 유발한다. 1분에 50mL 이상 주입하지 않는다.

●○○
50 요양보호와 생활지원 | 표준교재 페이지 : 365

비위관 영양액을 너무 빠르게 주입할 때 나타날 수 있는 증상은?

① 실금　　② 탈수

③ 신부전　　④ 부종

⑤ 혈변

ADVICE 너무 빠르게 주입하면 설사나 탈수를 유발할 수 있다.

51 요양보호와 생활지원 | 표준교재 페이지 : 351

대상자의 영양부족을 확인할 수 있는 지표로 옳은 것은?

① 움직임 증가　　② 피부 윤기

③ 체중 증가　　④ 수분 섭취량 증가

⑤ 상처회복 지연

ADVICE 영양부족을 확인할 수 있는 지표로 체중 감소, 신체 기능 저하, 마르고 약해 보임, 배변 양상 변화, 피로, 무감동, 인지수준 변화, 상처회복 지연, 탈수 등이 있다.

●○○

52 요양보호와 생활지원 | 표준교재 페이지 : 397

누워있는 대상자의 구강 청결을 돕는 방법으로 옳은 것은?

① 치약의 양을 많이 한다.

② 혀 안쪽 깊숙이 닦아낸다.

③ 치아 안쪽은 칫솔질을 삼간다.

④ 잇몸에서 치아 방향으로 닦는다.

⑤ 머리를 낮게 하여 입안 헹구기를 시행한다.

ADVICE 칫솔을 옆으로 강하게 문지르면 잇몸이 닳아 시리게 되므로 잇몸에서 치아 쪽으로 부드럽게 회전하면서 쓸어내린다.

●○○

53 요양보호와 생활지원 | 표준교재 페이지 : 425

오른쪽 편마비 대상자의 옷을 벗기는 순서로 옳은 것은?

① 머리 → 왼쪽 팔 → 오른쪽 팔

② 머리 → 오른쪽 팔 → 왼쪽 팔

③ 왼쪽 팔 → 오른쪽 팔 → 머리

④ 왼쪽 팔 → 머리 → 오른쪽 팔

⑤ 오른쪽 팔 → 왼쪽 팔 → 머리

ADVICE 편마비나 장애가 있는 경우 건강한 쪽부터 벗기고, 입힐 때는 불편한 쪽부터 입힌다.

●○○

54 요양보호와 생활지원 | 표준교재 페이지 : 437

그림과 같이 누워서 엉덩이를 들어 올리는 운동의 주 효과로 옳은 것은?

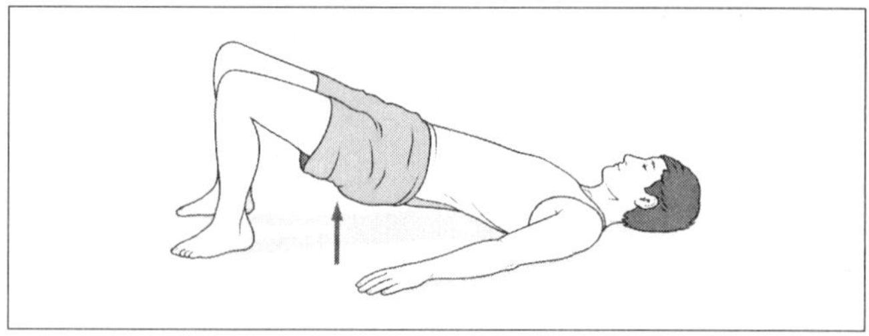

① 욕창 예방

② 호흡 개선

③ 신체 선열 유지

④ 배뇨 · 배변 운동

⑤ 보행 시 신체안정

ADVICE 누워서 엉덩이를 들어 올리는 운동은 휴대용 변기 사용과 침대 위에서의 이동, 보행 시 신체안정에 도움이 된다.

●○○

55 상황별 요양보호기술 | 표준페이지 : 652

임종 대상자의 권리로 적절한 것은?

① 대상자가 치료를 거부해도 요양보호사와 가족이 치료여부를 결정해야 한다.

② 간호적인 처치는 받지 못한다.

③ 배변은 공개적인 곳에서 시행하게 한다.

④ 원하는 사람만 만날 수 있어야 한다.

⑤ 대상자가 경험한 것에 대해 함구하게 한다.

ADVICE 치료를 거부하고, 원하는 사람만 만나고, 사생활 보호를 받을 권리가 있다.

휠체어 사용 중 휠체어를 이동시키기 위해 잠금장치를 해제하는 올바른 조작 방법은?

① 휠체어 옆 손잡이를 바퀴 반대쪽으로 밀어 푼다.
② 휠체어 옆 손잡이를 바퀴 쪽으로 밀어 푼다.
③ 시트를 들어 올린다.
④ 발 받침대를 내린다.
⑤ 팔걸이를 접은 후 잠금장치를 푼다.

ADVICE 이동을 할 때에는 휠체어 옆 손잡이를 바퀴 반대쪽으로 밀어 푼다.

유치도뇨관을 삽입하고 있는 대상자가 복부 팽만과 불편함을 호소할 때 돕는 방법으로 옳은 것은?

① 수분 섭취를 제한한다.
② 유치도뇨관을 제거한다.
③ 소변주머니를 방광보다 높게 올린다.
④ 가급적 침대에서 움직이지 않도록 한다.
⑤ 유치도뇨관이 막혀있거나 꼬여있는지 살핀다.

ADVICE 유치도뇨관이 막히거나 꼬여서 소변이 제대로 배출되지 않으면 방광에 소변이 차서 아랫배에 팽만감과 불편감이 있고 아플 수 있다.

엘리베이터를 타고 내릴 때 휠체어 조작 방법으로 옳은 것은?

① 자세를 가급적 낮춘다.
② 뒷바퀴를 들어 올려 움직인다.
③ 뒤로 들어가서 앞으로 밀고 나온다.
④ 휠체어를 약간 뒤로 젖힌 상태에서 이동한다.
⑤ 대상자가 스스로 조작하게 한다.

ADVICE 뒤로 들어가서 앞으로 밀고 나오면 엘리베이터에서 돌려야 하는 불편함을 피할 수 있다.

다음과 같은 복지용구를 고를 때 주의사항으로 옳은 것은?

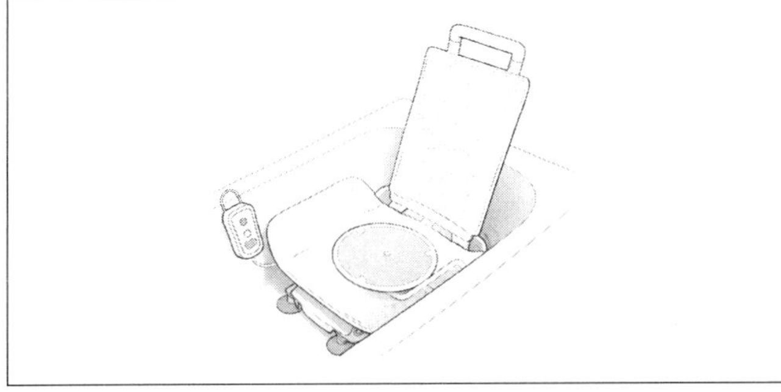

① 등받이 각도가 고정되어 있어야 한다.
② 손잡이는 부드러운 천 재질이어야 한다.
③ 대상자의 무게를 지탱할 수 있어야 한다.
④ 높낮이는 수동으로 조절할 수 있어야 한다.
⑤ 사용 시 일부 유해 물질 방출은 허용 범위 내에서 가능하다.

ADVICE 목욕리프트는 대상자를 들어 올릴 수 있어야 하므로 대상자의 체중을 안정적으로 지탱할 수 있는지 확인해야 한다.

요양보호 기록의 원칙으로 적절한 것은?

① 요양보호사의 추측과 예상을 담아서 기록한다.
② 육하원칙을 바탕으로 기록한다.
③ 서비스 과정은 생략하고 결과만 정확하게 기록한다.
④ 6개월에 한 번씩 모아서 기록을 한다.
⑤ 장황하게 작성하고 우회를 하면서 표현한다.

ADVICE 필요한 사항을 빠뜨리지 않고 정확하게 기록한다.

ANSWER 51.⑤ 52.④ 53.④ 54.⑤ 55.④ 56.① 57.⑤ 58.③ 59.③ 60.②

낮에는 유순하다가 해질 녘에 갑자기 침대 밖으로 뛰쳐나오는 등 충동적인 행동을 하는 치매 대상자를 돕는 방법으로 옳은 것은?

① 낮잠을 재운다.
② 방 안에 대상자를 혼자 둔다.
③ 신체적 제재를 가한다.
④ 어두운 환경을 조성한다.
⑤ 대상자에게 익숙한 소리를 들려준다.

ADVICE 치매 대상자는 익숙한 소리를 듣거나 좋아하는 일을 하는 것에서 위안을 받을 수 있다.

치매 대상자가 밤이 되면 안절부절못하며 계속 집안을 배회할 때 대처 방법으로 옳은 것은?

① 라디오를 크게 틀어놓는다.
② 낮 시간에 단순한 일거리를 준다.
③ 배회하는 행동 즉시 큰소리로 제지한다.
④ 집안을 어둡게 하여 자극을 최소화한다.
⑤ 대상자를 강제로 눕혀 안정시키고 외출을 금한다.

ADVICE 낮 시간에 단순한 일거리를 주고 에너지를 소모하게 하여 야간배회 증상을 줄인다.

치매 대상자와의 의사소통 기본 원칙은?

① 비판적 태도를 유지한다.
② 과거를 회상하게 유도한다.
③ 한 번에 여러 가지를 언급한다.
④ 대상자를 어린아이 대하듯 한다.
⑤ 유행어나 외래어를 섞어서 사용한다.

ADVICE 치매 대상자는 과거를 회상하면서 자신을 되찾고 불안한 감정을 가라앉힐 수 있다.

초기 치매 대상자와 의사소통을 할 때 특징으로 옳은 것은?

① 명칭 실어증을 보인다.
② 자발적 언어표현이 감소한다.
③ 대화의 주제가 자주 바뀐다.
④ 의사소통을 유지하는 데 어려움이 있다.
⑤ 불특정 다수를 지칭하는 용어 사용이 증가한다.

ADVICE 초기에 대화의 주제가 자주 바뀌다가 중기에는 대화의 주제가 제한된다.

식사를 하던 치매 대상자가 갑자기 젓가락을 휘두르며 화를 낼 때 대처 방법은?

① 온화하게 이야기한다.
② 하지 말라고 다그친다.
③ 스스로 멈출 때까지 계속 지켜본다.
④ 신체를 압박하며 행동을 제지한다.
⑤ 텔레비전을 켜서 주의를 환기시킨다.

ADVICE 온화하게 이야기하고, 치매 대상자가 당황하고 흥분되어 있음을 이해한다.

치매 대상자에게 신체적 언어를 사용하는 태도로 옳은 것은?

① 팔짱을 끼고 이야기한다.
② 뒤에서 장난을 치며 다가간다.
③ 먼 곳을 바라보며 이야기한다.
④ 부드럽게 손을 잡고 이야기한다.
⑤ 위에서 아래로 내려다보며 이야기한다.

ADVICE 신체적인 접촉을 사용하여 대상자 기분을 이해하고 있음을 표현한다.

●○○
67 상황별 요양보호 기술 | 표준교재 페이지 : 626

경증 인지기능 장애 대상자를 위한 프로그램을 진행할 때 주의사항으로 옳은 것은?

① 다른 사람을 만나지 않고 집 안에서만 활동을 한다.
② 적당한 수준의 운동을 할 수 있게 격려한다.
③ 운동을 하기 싫어하더라도 억지로 운동에 참여시킨다.
④ 일상생활 약속은 보호자가 모두 관리하고 알려준다.
⑤ 전문용어를 사용하여 지시를 전달한다.

ADVICE 새로운 활동에 참여하고 사람들을 많이 만나는 목표지향적 활동을 추천하며 집단 프로그램에 참여하는 것을 권고한다.

●○○
68 상황별 요양보호 기술 | 표준교재 페이지 : 581

치매 대상자의 일상생활 돕기 기본 원칙으로 옳은 것은?

① 정면에서 야단친다.
② 주기적으로 새로운 환경을 조성한다.
③ 할 수 있는 일은 스스로 하도록 한다.
④ 습관을 점차 변화시킬 수 있도록 한다.
⑤ 보호자의 생활패턴에 맞추어 대상자의 일과를 조정한다.

ADVICE 할 수 있는 일은 스스로 하도록 하여 남아있는 기능을 유지하게 한다.

●○○
69 상황별 요양보호 기술 | 표준교재 페이지 : 573

치매 대상자 가족이 경험하는 정서적 부담에 해당하는 것은?

> 치매 대상자를 돌보던 가족은 "이젠 아무리 해도 달라질 게 없어요."라며 돌봄에도 점점 의욕을 잃어가는 모습을 보인다.

① 분노
② 우울
③ 죄책감
④ 소외감
⑤ 무기력감

ADVICE 무기력감은 치매 대상자가 나아질 것 같지 않다는 허무한 생각이다.

●○○
70 상황별 요양보호 기술 | 표준교재 페이지 : 659

집 근처 하천이 범람하여 침수가 우려되는 상황에서 치매 대상자를 보호하기 위한 대처 방법으로 옳은 것은?

① 상황이 잠잠해질 때까지 집 안에서 대기한다.
② 대상자와 함께 하천 근처로 이동하여 흐름을 직접 확인한다.
③ 지대가 낮은 곳으로 대상자와 함께 몸을 피한다.
④ 가로등 옆에 서서 신속하게 이동한다.
⑤ 전기차단기를 내리고 가스 밸브를 잠근 후, 대상자를 안전한 장소로 대피시킨다.

ADVICE 이차적인 사고를 예방하기 위해 전기차단기를 내리고 가스 밸브를 잠근다.

ANSWER 61.⑤ 62.② 63.② 64.③ 65.① 66.④ 67.② 68.③ 69.⑤ 70.⑤

치매 대상자가 뜨거운 물을 팔에 쏟았을 때 요양보호사의 대처 방법으로 옳은 것은?

① 상온에서 물기를 마르게 한다.
② 화상 부위에 마른 수건을 단단히 감싼다.
③ 화상 부위를 찬물에 15분 이상 담근다.
④ 통증을 줄이기 위해 얼음이나 얼음물을 직접 댄다.
⑤ 화상 부위에 간장이나 기름을 발라 통증을 완화시킨다.

ADVICE 화상 부위의 통증이 없어질 때까지 15분 이상 찬물에 담근다.

치매 대상자의 운동 돕기 기본 원칙은?

① 짧은 시간에 높은 강도로 자극을 준다.
② 심장에 가까운 작은 근육부터 시작해 빠르게 진행한다.
③ 혈압이 높거나 심장질환이 있는 경우에도 가벼운 운동을 시킨다.
④ 대상자의 현재 운동기능을 평가하고, 운동량은 점차 늘린다.
⑤ 치매 대상자가 혼자 운동할 수 있도록 격려하여 자율성을 높인다.

ADVICE 현재의 운동기능을 평가하고 운동량은 서서히 늘려가야 한다.

치매 대상자가 식사를 하지 않으려고 할 때 확인할 사항으로 옳은 것은?

① 입안의 상처가 있는지 살펴본다.
② 최근 체중의 변화가 있었는지 점검한다.
③ 담당하고 있는 요양보호사를 교체한다.
④ 가족들과 불화가 있었는지 확인한다.
⑤ 청력에 문제가 있는지 확인한다.

ADVICE 치매 대상자가 식사를 하지 않으려고 할 때 입안 상처를 확인해본다.

일회용 방수성 가운 착용 순서로 옳은 것은?

① 머리 → 팔 → 어깨 → 허리끈
② 머리 → 어깨 → 팔 → 허리끈
③ 어깨 → 팔 → 머리 → 허리끈
④ 어깨 → 머리 → 팔 → 허리끈
⑤ 팔 → 머리 → 어깨 → 허리끈

ADVICE 일회용 방수성 가운은 '손 위생 후 비닐 가운 꺼내기 → 가운 안쪽이 몸을 향하게 펼치기 → 머리에서 팔로 넣어 입기 → 어깨 정리 후 허리끈 묶기 → 비닐장갑 착용'의 순서로 착용한다.

사전연명의료의향서를 등록한 말기환자가 받을 수 있는 처치는?

① 수혈　　　　　② 진통제
③ 혈액 투석　　　④ 인공호흡기
⑤ 심폐소생술

ADVICE 연명의료결정법에서는 심폐소생술, 혈액 투석, 항암제 투여, 인공호흡기 착용, 체외생명유지술(ECLS), 수혈, 혈압상승제 투여 등을 명시하고 있다. 단 진통제 투여나 영양분 · 물 · 산소 공급 등 기본적인 돌봄에 해당하는 의료행위는 계속해서 제공된다.

76 상황별 요양보호 기술 | 표준교재 페이지 : 645

임종을 앞둔 대상자가 종교적 신념을 가지고 있을 때 상담하는 방법은?

① 가족에게 종교 이야기를 삼가 달라고 요청한다.

② 종교적 이야기보다 현실적인 문제에 집중하도록 한다.

③ 종교 활동은 혼란을 유발하므로 제한한다.

④ 요양보호사가 믿는 종교를 전도한다.

⑤ 대상자가 원할 경우 평소 신뢰하는 종교 지도자와의 면담을 주선한다.

ADVICE 종교적 믿음을 갖고 있는 사람들은 임종과 애도 과정에서 다른 행동방식을 취할 수 있다. 평소에 신뢰하는 종교 지도자와 면담을 주선하는 것은 도움이 된다.

●○○

77 상황별 요양보호 기술 | 표준교재 페이지 : 681

심장의 심실에서 이상 신호가 발생하여 심실의 각 부분이 무질서하게 불규칙적으로 수축하는 상태는?

① 심정지　　　　② 뇌졸중

③ 심근경색　　　　④ 심실세동

⑤ 급성 저혈압

ADVICE 심실세동이 나타나면 정상적인 수축과 이완을 하지 못해 심장이 정지한 것과 같은 상태가 된다.

●○○

78 상황별 요양보호 기술 | 표준교재 페이지 : 601

부적절한 성적 행동을 하는 치매 대상자를 대하는 기본 원칙은?

① 성 자체에 관심이 점점 더 활발해진다.

② 행동을 교정하지 않고 방치한다.

③ 행동 관련 요인을 관찰한다.

④ 경찰에 인계한다.

⑤ 옷을 벗어 성기를 노출하는 경우 소리를 지른다.

ADVICE 부적절한 성적 행동을 하는 관련 요인에 대해서 관찰한다.

●●○

79 상황별 요양보호 기술 | 표준교재 페이지 : 681

자동심장충격기 사용 방법으로 옳은 것은?

① 119 구급대가 현장에 도착할 때까지 계속 사용한다.

② 정상 호흡을 하는 심정지 환자에게 사용한다.

③ 심장충격 버튼이 깜박이면 심장충격을 종료한다.

④ 심장충격을 실시한 뒤에는 가슴압박을 하지 않는다.

⑤ 분석 중이라는 지시가 나오면 심폐소생술을 시작한다.

ADVICE 자동심장충격기는 2분마다 심장리듬을 반복해서 분석한다. 자동심장충격기의 사용 및 심폐소생술의 시행은 119 구급대가 현장에 도착할 때까지 지속되어야 한다.

●○○

80 상황별 요양보호 기술 | 표준교재 페이지 : 680

심폐소생술에 대한 설명으로 적절한 것은?

① 환자를 내리막길에 등을 대고 눕힌다.

② 쇄골 아래에 깍지 낀 손바닥으로 압박을 한다.

③ 가슴압박은 1회만 진행하고 119 구급대를 기다린다.

④ 가슴압박은 5cm 깊이로 강하고 빠르게 한다.

⑤ 심폐소생술 후 회복된 경우 환자를 엎드려서 눕게 한다.

ADVICE 가슴압박은 분당 100 ~ 120회 속도와 5cm 깊이로 강하고 빠르게 한다.

ANSWER 71.③　72.④　73.①　74.①　75.②　76.⑤　77.④　78.③　79.①　80.④

필 기

1 요양보호 대상자 이해 | 표준교재 페이지 : 22

다음에서 설명하는 노년기의 특성은?

> 노인이 되어 은퇴를 하면 역할에 변화가 생긴다. 가정 내에서도 가장으로서의 역할이나 어머니로서의 역할을 잃으며 위축된다.

① 사회적 특성　　② 신체적 특성
③ 심리적 특성　　④ 환경적 특성
⑤ 경제적 특성

ADVICE 사회적 역할을 상실하면서 심리적으로 위축이 되는 사회적 특성이다.

2 요양보호 대상자 이해 | 표준교재 페이지 : 25

노년기 부부관계를 위한 바람직한 노력은?

① 부부의 관계를 독립적으로 전환한다.
② 활발한 성생활을 유지한다.
③ 부부 사이에 대화를 줄인다.
④ 자녀와 함께 거주한다.
⑤ 배우자 상실에 대해 미리 고민하지 않는다.

ADVICE 활기찬 노년을 위해 활발하게 성생활을 한다.

3 요양보호 대상자 이해 | 표준교재 페이지 : 52

장기요양신청 시 방문조사가 완료된 때 심의에 필요한 자료를 제출하는 곳은?

① 공단　　　　　② 장기요양기관
③ 시·군·구　　　④ 등급판정위원회
⑤ 병원

ADVICE 공단에서 진행한 방문조사가 완료되면 심의에 필요한 자료를 등급판정위원회에 제출한다.

4 요양보호 대상자 이해 | 표준교재 페이지 : 37

다음에서 설명하는 사회보험은?

> 국민의 질병, 부상에 대한 예방, 진단, 치료, 재활과 출산, 사망 및 증진에 대하여 보험급여를 제공한다.

① 고용보험　　　② 국민연금보험
③ 국민건강보험　④ 산업재해보상보험
⑤ 노인장기요양보험

ADVICE 국민보건향상과 사회보장 증진에 기여하는 것은 국민건강보험이다.

5 요양보호 대상자 이해 | 표준교재 페이지 : 37

국민의 노령, 장애 또는 사망에 대하여 연금보험을 지급하는 방식의 제도는?

① 사회서비스　　② 사회보험
③ 공공부조　　　④ 요양보호서비스
⑤ 보건복지

ADVICE 국민의 노령, 장애 또는 사망에 대한 연금보험은 사회보험에 해당한다.

6 요양보호 대상자 이해 | 표준교재 페이지 : 58

장기요양 급여대상자가 시설급여를 이용하면 본인이 부담하는 비율은?

① 20%　　　　　② 15%
③ 9%　　　　　　④ 6%
⑤ 8%

ADVICE 급여 대상자가 시설급여를 이용하면 20%를 본인이 부담한다.

●○○

7 요양보호 대상자 이해 | 표준교재 페이지 : 81

요양보호사에게 요구가 금지되는 업무는?

① 수급자의 얼굴, 발을 씻기는 것을 돕는다.
② 수급자의 머리를 단장시킨다.
③ 수급자가 장을 볼 때 동행한다.
④ 수급자의 부업을 돕는다.
⑤ 수급자를 격려하고 위로한다.

ADVICE 수급자 또는 그 가족의 생업을 지원하는 행위를 요구해서는 안 된다.

●○○

8 요양보호 대상자 이해 | 표준교재 페이지 : 61

개인별 장기요양이용계획서에 포함되는 내용은?

① 관리지사
② 관리지사 전화번호
③ 장기요양기관 주소
④ 장기요양등급 판정위원회 의견
⑤ 본인부담율(%)

ADVICE 개인별 장기요양이용계획서에는 성명, 생년월일, 장기요양등급, 인정유효기간, 재가급여, 시설급여, 본인부담율(%)이 포함되어 있다.

●●○

9 요양보호 대상자 이해 | 표준교재 페이지 : 103

다음 상황에 해당하는 노인학대의 발생 요인은?

> 사회적으로 고립된 노인을 이웃이 학대를 하고 있다.

① 사회문화적 요인　　② 사회관계망 요인
③ 가족상황적 요인　　④ 경제적 요인
⑤ 인구사회학적 요인

ADVICE 사회에 지지망이 없는 경우 학대가 발생하는 요인이 된다.

●○○

10 요양보호 대상자 이해 | 표준교재 페이지 : 116

다음 상황에서 요양보호사가 보장받지 못하고 있는 인권은?

> 요양보호사 A씨는 대상자의 요청으로 휴식과 여가를 누리지 못하고 매일 대상자의 연락을 받고 있다.

① 소통권　　　　　② 자유권
③ 평등권　　　　　④ 노동권
⑤ 정보접근권

ADVICE 휴식과 여가를 누릴 권리, 노동시간의 합리적 제한, 노동 관련 의견을 표현할 권리 등은 요양보호사의 기본적인 인권인 노동권에 해당한다.

●○○

11 요양보호 대상자 이해 | 표준교재 페이지 : 118

안전과 보건에 관한 보호에 대한 것은?

① 요양보호사의 건강문제는 예방을 위해 스스로 노력해야 한다.
② 산재를 당한 경우 해고를 당할 수 있다.
③ 반복 작업으로 발생하는 신체적 재해는 산업재해에 포함되지 않는다.
④ 장기요양기관의 장은 요양보건사가 안전을 이유로 작업을 중지하면 처벌할 수 있다.
⑤ 장기요양기관의 장은 요양보호사에게 안전 교육을 해야 한다.

ADVICE 장기요양기관의 장은 안전 교육을 해야 하며, 안전·보건상의 이유로 중단한 작업에 처벌을 할 수 없다.

ANSWER 1.① 2.② 3.④ 4.③ 5.② 6.① 7.④ 8.⑤ 9.② 10.④ 11.⑤

12 요양보호 대상자 이해 | 표준교재 페이지 : 120

성희롱에 대한 장기요양기관장의 대처는?

① 성희롱 예방교육을 자체적으로 할 수 있도록 고지한다.
② 가해자에게 서비스 중단 조치를 할 수 없다.
③ 성희롱 피해가 있는 경우 행위자를 징계한다.
④ 피해자가 원치 않더라도 업무배치 조치를 한다.
⑤ 피해자에게 처리를 일임한다.

ADVICE 장기요양기관의 장은 성희롱 예방교육을 1년에 1번 이상 해야 하며 행위자를 징계하는 등의 대처를 해야 한다.

●○○

13 요양보호 대상자 이해 | 표준교재 페이지 : 55

노인장기요양보험법상 장기요양급여의 현금급여에 해당하는 것은?

① 방문요양
② 노인요양시설
③ 특례요양비
④ 주 · 야간보호
⑤ 방문간호

ADVICE 장기요양급여는 현물급여로 재가급여, 시설급여가 있고 현금급여에는 특별현금급여인 가족요양비, 특례요양비, 요양병원 간병비가 있다.

●○○

14 요양보호 대상자 이해 | 표준교재 페이지 : 123

요양보호사의 직업윤리 원칙은?

① 신체적 장애가 있는 대상자에게 서비스를 하지 않을 수 있다.
② 더 나은 서비스를 위해서 대상자에게 물질적인 보상을 요구할 수 있다.
③ 업무와 관련하여 가족과는 협력하면 안 된다.
④ 업무의 경과는 관리책임자에게 보고하지 않는다.
⑤ 대상자의 학대를 발견하면 반드시 신고한다.

ADVICE 대상자의 학대를 발견하면 반드시 신고해야 한다.

●○○

15 요양보호 대상자 이해 | 표준교재 페이지 : 134

근골격계 질환이 발생되는 작업적 상황에 해당하는 것은?

① 대상자와 함께 오랜 시간 걷는 경우
② 가벼운 물건을 들거나 이동하는 경우
③ 꾸준히 근력운동을 해온 경우
④ 반복적으로 같은 동작을 하는 경우
⑤ 지나치게 밝은 환경에서 일하는 경우

ADVICE 반복적으로 같은 동작을 하거나, 무리하게 힘을 주거나, 무거운 물건을 들거나 이동하는 경우 근골격계 질환이 발생할 수 있다.

●○○

16 노화와 건강증진 | 표준교재 페이지 : 166

위암에 대한 설명으로 옳은 것은?

① 시력 감퇴가 나타난다.
② 유전성은 발병에 관련이 없다.
③ 장폐색이 나타난다.
④ 진행 속도가 느리고 증상이 크지 않다.
⑤ 물 설사나 혈성 설사 증상이 있다.

ADVICE 조기 위암은 위장 근육으로 암세포가 침범하지 않아 완전 회복이 가능하다.

●○○

17 노화와 건강증진 | 표준교재 페이지 : 180

결핵 감염 예방을 위한 기침 예절로 적절한 것은?

① 기침을 할 때 손수건으로 코와 입을 가린다.
② 재채기를 할 때 고개를 돌린다.
③ 입을 가린 데 사용한 휴지는 재활용한다.
④ 호흡기 감염 증상이 있는 경우 마스크 착용을 자제한다.
⑤ 일회용 마스크는 재활용하여 사용한다.

ADVICE 기침이나 재채기는 손으로 가리지 않고 손수건이나 소매로 가리며 한다.

●○○

18 노화와 건강증진 | 표준교재 페이지 : 239

다음 상황에 치매 대상자에게 나타난 정신행동증상은?

> 기억력이 저하된 윤씨 할아버지는 자신이 물건을 두었던 곳을 잊어버리고 요양보호사가 자신의 물건을 훔쳐갔다며 주장한다.

① 망상　　　　② 우울증

③ 환각　　　　④ 초조

⑤ 불안

ADVICE 기억력 저하로 현실과 다른 잘못된 믿음을 가지게 되는 도둑 망상이다.

●○○

19 노화와 건강증진 | 표준교재 페이지 : 243

치매 예방을 위한 방법으로 옳은 것은?

① 취미활동을 하지 않는다.

② 육식 위주의 식단으로 섭취한다.

③ 사회활동을 지속적으로 한다.

④ 기억력이 저하된 경우 주변에 숨긴다.

⑤ 운동을 하지 않는다.

ADVICE 성인병 관리, 균형 잡힌 식사, 취미·사회활동, 적절한 운동을 통해 치매를 예방한다.

●○○

20 노화와 건강증진 | 표준교재 페이지 : 196

요실금의 치료 및 예방 방법으로 옳은 것은?

① 기저귀를 착용하고 생활한다.

② 도뇨관으로 소변을 정기적으로 배출한다.

③ 수분을 제한하여 소변 누출을 줄인다.

④ 체중을 늘려야 한다.

⑤ 골반근육 강화운동을 한다.

ADVICE 비만은 복압을 증가시켜 요실금을 유발하므로 체중을 줄여야 하고, 골반근육 운동을 해야 한다.

●○○

21 노화와 건강증진 | 표준교재 페이지 : 197

전립선비대증 증상에 해당하는 것은?

① 소변줄기가 두꺼워져 통증을 느껴진다.

② 소변을 보고 나서 잔뇨감이 남는다.

③ 기침을 하면 소변이 흐른다.

④ 소변을 보고 싶은 생각이 사라진다.

⑤ 소변 생각을 하면 바로 소변이 누출된다.

ADVICE 소변 줄기가 가늘어지고, 잔뇨감, 빈뇨, 긴박뇨, 야뇨가 대표적인 증상에 해당한다.

●●○

22 노화와 건강증진 | 표준교재 페이지 : 219

혈당조절이 원활하지 않은 당뇨병 대상자의 약물요법은?

① 금식을 하면서 약물을 복용하지 않는다.

② 약물 복용 중에 운동을 제한한다.

③ 경구용 혈당강하제를 복용한다.

④ 인슐린 투약은 금지된다.

⑤ 식이요법은 필요하지 않다.

ADVICE 혈당강하제 또는 인슐린주사약을 이용한다.

●○○

23 노화와 건강증진 | 표준교재 페이지 : 224

섬망에 대한 설명으로 옳은 것은?

① 갑자기 증상이 나타난다.

② 만성적으로 나타나는 질환이다.

③ 대체로 회복되지 않는다.

④ 진행되고 난 이후에는 사람을 알아보지 못한다.

⑤ 의식의 변화는 나타나지 않는다.

ADVICE 섬망은 갑자기 나타나는 급성질환에 해당한다.

ANSWER　12.③　13.③　14.⑤　15.④　16.④　17.①　18.①　19.③　20.⑤　21.②　22.③　23.①

섬망의 치료 및 예방 방법은?

① 대상자가 할 일은 대신 해주면서 신체통합성을 유지한다.
② 낮에 커튼을 열어서 지남력을 유지한다.
③ 가족과 만남을 제한하여 개인의 정체성을 유지하게 한다.
④ 날카로운 고성의 목소리로 대상자의 초조를 관리한다.
⑤ 대상자의 말을 무시하여 착각을 관리한다.

ADVICE 낮에 커튼을 열어 시간의 흐름을 파악하여 지남력을 유지할 수 있도록 한다.

위암의 증상으로 적절한 것은?

① 발병하는 즉시 상복부 통증이 나타난다.
② 진단검사 시 간 비대가 나타난다.
③ 머리에 종양 덩어리가 발견된다.
④ 기억력이 감퇴한다.
⑤ 팔이나 다리 피부에 두드러기가 올라온다.

ADVICE 위암이 나타나면 초기에는 증상이 잘 나타나지 않는다. 서서히 진행되며 이후 속 쓰림, 복부 통증, 빈혈 등이 나타난다.

대장암 발생 관련 요인은?

① 가공된 저잔여식이 섭취
② 체중 감소
③ 헬리코박터균에 의한 감염
④ 위축성 위염
⑤ 식중독

ADVICE 대장 용종 과거력, 대장암 가족력, 알코올 섭취 등이 주요한 관련 요인이다.

노화에 따른 남성노인의 비뇨 · 생식기계 특성은?

① 소변줄기가 두꺼워진다.
② 소변을 자주 보러가지 않는다.
③ 발기에 짧은 시간이 걸린다.
④ 전립선 비대를 경험한다.
⑤ 밤에 화장실을 잘 가지 않게 된다.

ADVICE 야뇨증이 나타나고 잔뇨량이 늘어난다.

다음에서 설명하는 질환은?

> • 뇌에 혈액을 공급하는 혈관이 막힌다.
> • 막힌 혈관이 터지면서 뇌에 손상이 발생한다.
> • 마비, 언어장애 등 신경학적으로 이상이 생긴다.

① 퇴행성 관절염
② 파킨슨병
③ 고혈압
④ 당뇨병
⑤ 뇌졸중

ADVICE 뇌졸중은 뇌에 막힌 혈관이 터지면서 뇌에 손상이 발생한다.

뇌의 구조에서 감정, 운동, 지적능력에 관여하는 부위는?

① 두정엽
② 후두엽
③ 측두엽
④ 전두엽
⑤ 뇌간

ADVICE 감정, 운동, 지적능력에 관여하는 부위는 전두엽이다.

30 노화와 건강증진 | 표준교재 페이지 : 245

뇌졸중 환자가 좌측 뇌가 손상된 경우 나타나는 증상은?

① 좌측 얼굴 마비　　② 실어증
③ 전신마비　　④ 하반신 마비
⑤ 상반신 마비

ADVICE 좌측 뇌가 손상되면 우측에 마비가 나타나고 실어증이 나타난다.

31 노화와 건강증진 | 표준교재 페이지 : 246

뇌졸중 대상자의 특징 및 관리법은?

① 뇌경색이 발생하고 1시간이 지나면 치료해도 후유증이 남는다.
② 뇌경색 약물을 복용 중인 경우 증상이 없다면 약물을 끊어야 한다.
③ 반신마비나 어지럼증이 나타나면 재발의 증상이다.
④ 높은 혈압이 나타나는 것은 뇌출혈 전구증상이다.
⑤ 발음이 어눌해진 대상자에게 음식을 제공하지 않는다.

ADVICE 재발 증상으로 반신마비, 어지럼증, 심한 두통, 언어장애 등이 나타난다.

32 노화와 건강증진 | 표준교재 페이지 : 169

대장암 대상자의 증상은?

① 식욕과 체중이 증가한다.
② 혈변이 나타난다.
③ 혈당이 상승한다.
④ 물을 많이 마시려고 한다.
⑤ 위산이 과다하게 분비한다.

ADVICE 혈변, 설사, 변비 등의 증상이 나타난다.

33 노화와 건강증진 | 표준교재 페이지 : 162

노인성 질환의 특징은?

① 질병이 단독으로 발생한다.
② 급성 퇴행성 질환이 대부분이다.
③ 와상 상태가 되면 질환이 치유되는 경우가 많다.
④ 신체적인 측면으로만 접근해야 한다.
⑤ 가벼운 질환에도 의식장애가 나타나기 쉽다.

ADVICE 노인은 가벼운 폐렴, 설사 등으로 의식장애가 나타나기도 한다.

34 노화와 건강증진 | 표준교재 페이지 : 162

노화에 따라 신장기능이 저하되면 발생하는 현상은?

① 수분과 전해질의 균형이 맞게 된다.
② 원인이 명확한 급성질환이 나타난다.
③ 질환에 대한 초기 진단이 매우 쉽다.
④ 약물성분이 신체에 오래 남아 중독 상태가 될 수 있다.
⑤ 욕창이 빈번하게 발생한다.

ADVICE 신장기능이 저하되면 수분과 전해질 불균형으로 인해 의식장애나 심장 수축 이상이 나타날 수 있다. 또한 배설 능력이 저하되면서 약물중독 상태에 빠질 수 있다.

35 노화와 건강증진 | 표준교재 페이지 : 173

노화에 따라 호흡기계에서 미세 물질을 적절하게 걸러내지 못하는 원인은?

① 호흡근육의 이완　　② 근력의 강화
③ 섬모운동 저하　　④ 폐 순환량 증가
⑤ 폐포의 탄력성 증가

ADVICE 기침반사와 섬모운동 저하로 인해 미세물질을 적절하게 걸러내지 못한다.

ANSWER　24.②　25.②　26.①　27.④　28.⑤　29.④　30.②　31.③　32.②　33.⑤　34.④　35.③

실 기

36 요양보호와 생활지원 | 표준교재 페이지 : 285

대상자와 신뢰를 쌓기 위한 좋은 경청 방법은?

① 대상자가 말을 할 때 미리 대답을 준비한다.
② 듣고 싶지 않은 말은 걸러낸다.
③ 의견이 다르더라도 일단 수용한다.
④ 대상자의 말을 나 자신의 경험에 맞춘다.
⑤ 단어 이외에 보이는 표현은 신경쓰지 않는다.

ADVICE 의견이 다르더라도 대상자의 말을 수용하고 적극적으로 경청한다.

37 요양보호와 생활지원 | 표준교재 페이지 : 466

지팡이가 없는 경우 대상자가 계단을 오르는 방법은?

① 지팡이 없이 계단을 오르내리지 못하게 막는다.
② 건강한 다리를 먼저 계단 위로 올린다.
③ 팔로 계단을 짚고서 천천히 올라간다.
④ 불편한 다리에 체중을 실은 뒤에 건강한 다리를 계단에 올린다.
⑤ 불편한 손으로 계단 손잡이를 잡는다.

ADVICE 건강한 다리를 먼저 올리고 체중을 실은 뒤에 불편한 다리를 계단 위로 올려준다.

38 요양보호와 생활지원 | 표준교재 페이지 : 407

대상자의 손발 청결을 돕는 방법으로 옳은 것은?

① 손톱은 둥글게 자른다.
② 로션은 사용하지 않는다.
③ 발톱은 일자 모양으로 깎는다.
④ 비누 사용을 금하고 물로만 헹군다.
⑤ 차가운 물에 손발을 10 ~ 15분간 담근다.

ADVICE 손톱은 둥글게, 발톱은 일자 모양으로 깎는다.

39 요양보호와 생활지원 | 표준교재 페이지 : 297

다음 대화에서 요양보호사의 공감적 반응으로 옳은 것은?

> 대상자 : 지난번 요양보호사가 일을 참 잘했어요.

① "그래서요? 절 존중해주세요."
② "그런 식으로 말씀하시면 곤란해요."
③ "어쩔 수 없죠. 아니면 바꿔드려요?"
④ "저도 지난번 어르신이 더 괜찮았어요."
⑤ "그러셨군요. 저도 많이 노력할게요."

ADVICE 공감은 '나는 당신의 상황을 알고, 당신의 기분을 이해한다'처럼 다른 사람의 상황이나 기분을 같이 느낄 수 있는 능력이다.

40 요양보호와 생활지원 | 표준교재 페이지 : 338

구두보고가 적절한 상황으로 옳은 것은?

① 보고 내용이 복잡한 경우
② 상황이 급하거나 사안이 가벼울 경우
③ 통계자료나 분석결과를 첨부해야 하는 경우
④ 정기 업무보고나 사건보고 등 문서로 보존해야 하는 경우
⑤ 보고 내용을 장기적으로 보관하고 공유해야 하는 경우

ADVICE 상황이 급할 때는 구두보고를 먼저 하고, 나중에 서면보고로 보완한다.

41 요양보호와 생활지원 | 표준교재 페이지 : 368

대상자의 경구약 투약을 돕는 방법은?

① 측위를 취하게 한다.
② 물은 최소한으로 제공한다.
③ 투약 후 질문을 하여 확인한다.
④ 약을 삼키지 못할 경우 약을 갈아준다.
⑤ 약이 많을 경우 섞어서 한 번에 제공한다.

ADVICE 투약 후 입을 벌리게 하거나 질문을 하여 전부 투약되었는지 확인한다.

대상자와의 라포 형성 방법으로 옳은 것은?

① 대상자가 관조상태일 때는 똑같이 관조상태로 대한다.
② 대상자의 신체언어와 상관없이 일관된 자세와 호흡을 유지한다.
③ 자신의 말만 강조하며 대상자의 언어와는 구분되는 어조를 사용한다.
④ 신체언어, 눈 맞춤, 호흡의 리듬, 언어를 대상자와 자연스럽게 맞춘다.
⑤ 대화 시 시선을 피하고, 대상자와의 신체적 거리를 유지한다.

ADVICE 라포를 형성하기 위해서는 눈을 맞추며, 호흡의 리듬을 맞추고, 언어를 맞추는 것이 필요하다.

여가활동의 필요성으로 옳은 것은?

① 단순한 시간 보내기 수단이다.
② 신체적 피로를 유발하기 위한 방법이다.
③ 일상생활을 영위하기 위해 반드시 필요한 활동이다.
④ 사회적 관계보다 개인의 고립을 유지하는 데 도움이 된다.
⑤ 신체 · 인지 기능을 유지하며 생활만족도를 높이는 데 도움이 된다.

ADVICE 여가활동은 대상자 개개인이 자신에게 흥미있고 즐거운 것을 하는 자유로운 시간이다.

귀약 투여 후 대처 방법으로 옳은 것은?

① 귀를 아래쪽으로 당겨 약물이 흘러나오게 한다.
② 귀를 앞쪽으로 당겨 약물이 귓바퀴에 머물게 한다.
③ 귀약을 투여한 후 바로 면봉으로 귀 안을 닦아낸다.
④ 귀를 후상방으로 잡아당겨 약물이 귀 안쪽으로 잘 들어가도록 한다.
⑤ 귀약 투여 후 즉시 반대쪽 귀를 아래로 향하게 하여 약을 흘려보낸다.

ADVICE 대상자의 귀 윗부분을 잡고 뒤쪽, 즉 후상방으로 당겨 외이도를 곧게 펴주면 약물이 귀 안쪽으로 잘 들어간다.

스스로 식사하는 대상자를 지켜보는 방법으로 옳은 것은?

① 한입에 너무 많이 넣진 않는지 살펴본다.
② 대상자가 부담스럽지 않게 자리를 비켜준다.
③ 식사 속도를 높이기 위해 신나는 음악을 틀어준다.
④ 식사 중 사레가 들려도 스스로 해결할 수 있도록 한다.
⑤ 편식하는 대상자에게 좋아하는 음식만 제공하여 식사 의욕을 높인다.

ADVICE 대상자가 음식을 먹을 때 한입에 너무 많이 넣는지 살펴본다.

ANSWER 36.③ 37.② 38.③ 39.⑤ 40.② 41.③ 42.④ 43.⑤ 44.④ 45.①

요양보호 기록 원칙을 지켜 올바르게 기록한 것은?

① "최근 기억력이 악화되셨다."
② "지난번보다 식사량이 증가하셨다."
③ "정오에 사과주스 500mL를 드셨다."
④ "오랜만에 동네 어르신이 놀러오셨다."
⑤ "오전에 산책을 다녀오신 후 기분이 좋아보였다."

ADVICE 기록을 할 때에는 모호한 표현은 피하고 명확하고 구체적으로 기록한다.

시설장이나 간호사에게 배설물 상태를 보고해야 하는 경우로 옳은 것은?

① 소변 색이 맑고 냄새가 거의 나지 않는다.
② 하루에 두 번 정도 정상적으로 배변하였다.
③ 대변 색이 약간 옅어졌으나 특별한 변화는 없다.
④ 대변이 평소보다 약간 단단하지만 배변에 지장은 없다.
⑤ 소변에 피가 섞여 나오거나 색이 탁하고 냄새가 심하다.

ADVICE 소변이 탁하거나, 뿌옇거나, 냄새가 심한 경우는 시설장이나 간호사에게 상태를 보고한다.

편마비 대상자의 식사를 돕는 방법은?

① 건강한 쪽으로 음식물을 넣는다.
② 음식은 숟가락 절반 이상으로 뜬다.
③ 숟가락을 위쪽에서 입으로 가져간다.
④ 대상자가 온도를 확인할 수 있도록 한다.
⑤ 빨대를 사용할 경우 목 깊숙이 위치하게 한다.

ADVICE 편마비로 혀나 목 근육을 잘 움직이지 못할 때는 건강한 쪽에 음식물을 넣어준다.

장기간 누워 지내는 대상자의 신체를 정렬하는 방법으로 옳은 것은?

① 다리와 몸통의 큰 근육을 사용하여 옮긴다.
② 대상자와 거리를 두고 허리를 굽혀 들어 올린다.
③ 다리를 모은 채 상체의 힘으로만 대상자를 이동시킨다.
④ 이동 중에는 요양보호사의 편의를 위해 중심을 높게 유지한다.
⑤ 빠른 속도로 동작하여 대상자가 불안함을 느끼기 전에 이동을 끝낸다.

ADVICE 대상자 이동 시 다리와 몸통의 큰 근육을 사용하여 척추의 안정성을 유지한다.

대상자를 바닥에서 휠체어로 이동시킬 때의 순서로 옳은 것은?

> ㉠ 엉덩이를 들어 허리를 펴게 한다.
> ㉡ 건강한 쪽 무릎을 세우게 한다.
> ㉢ 어깨와 허리를 받친다.
> ㉣ 천천히 휠체어에 앉힌다.

① ㉠ → ㉡ → ㉢ → ㉣
② ㉠ → ㉢ → ㉣ → ㉣
③ ㉡ → ㉠ → ㉢ → ㉣
④ ㉡ → ㉢ → ㉠ → ㉣
⑤ ㉢ → ㉠ → ㉡ → ㉣

ADVICE 대상자를 바닥에서 휠체어로 이동시킬 때는 ㉢ 어깨와 허리를 받치고 ㉠ 엉덩이를 들어 허리를 펴게 한다. ㉡ 건강한 쪽 무릎을 세우게 하고 ㉣ 천천히 휠체어에 앉힌다.

51 요양보호와 생활지원 | 표준교재 페이지 : 464

편마비 대상자를 부축하는 방법으로 옳은 것은?

① 대상자의 상체를 구부정하게 유지시킨다.
② 마비된 다리를 건강한 다리와 같은 방향으로 구부려 준다.
③ 요양보호사는 대상자 앞에 서서 두 손으로 팔을 잡고 일으킨다.
④ 대상자가 마비된 다리를 내밀 때 요양보호사도 발을 내딛는다.
⑤ 대상자가 일어설 때 손을 떼고 균형을 스스로 잡도록 격려한다.

ADVICE 마비된 다리는 건강한 다리와 같은 방향으로 구부려 주고, 건강한 손으로 바닥을 짚도록 하여 다리를 세워 준다.

●○○

52 요양보호와 생활지원 | 표준교재 페이지 : 376

편마비 대상자가 화장실을 안전하게 다녀올 수 있도록 돕는 방법으로 옳은 것은?

① 건강한 쪽에 휠체어를 둔다.
② 대상자 팔을 잡아당겨 세운다.
③ 대상자를 빠르게 침대에서 일으켜서 휠체어로 옮긴다.
④ 휠체어 잠금장치를 풀고 대상자를 옮긴다.
⑤ 가까운 거리는 휠체어에 걸터앉아서 이동하게 한다.

ADVICE 건강한 쪽에 휠체어를 두고, 침대 난간에 빈틈없이 붙이거나 30 ~ 45° 비스듬히 붙인다.

●○○

53 요양보호와 생활지원 | 표준교재 페이지 : 471

복지용구 중 구입 또는 대여가 모두 가능한 품목으로 옳은 것은?

① 이동변기
② 안전손잡이
③ 목욕 리프트
④ 수동 휠체어
⑤ 실내용 경사로

ADVICE 구입 또는 대여가 가능한 복지용구는 욕창예방 매트리스, 실내용 · 실외용 경사로이다.

●○○

54 노화와 건강증진 | 표준교재 페이지 : 375

거동이 불편한 대상자가 화장실을 이용할 때 낙상 위험을 줄이는 방법으로 옳은 것은?

① 기저귀를 사용한다.
② 슬리퍼를 신겨준다.
③ 변기 옆에 손잡이를 설치한다.
④ 화장실 바닥에 부드러운 매트를 깔아둔다.
⑤ 낙상 예방을 위해 처음부터 끝까지 도와준다.

ADVICE 변기 옆에 손잡이를 설치하여 필요시 대상자가 잡을 수 있게 한다.

●○○

55 요양보호와 생활지원 | 표준교재 페이지 : 472

이동식 변기 사용 방법으로 옳은 것은?

① 필요시 덮개에 기댄다.
② 변기통은 뜨거운 물로 세척한다.
③ 변기 한쪽 손잡이를 잡고 일어선다.
④ 사용하지 않을 때는 뚜껑을 열어둔다.
⑤ 세척한 변기통은 직사광선에서 보관한다.

ADVICE 사용한 변기통은 소독하거나 뜨거운 물로 세척한다.

ANSWER 46.③ 47.⑤ 48.① 49.① 50.⑤ 51.② 52.① 53.⑤ 54.③ 55.②

● ○ ○

56 요양보호와 생활지원 | 표준교재 페이지 : 475

다음 중 요실금 팬티 착용이 적합한 대상자는?

① 일회용품을 선호하는 사람

② 소변 흘림량이 500ml 이상인 사람

③ 기저귀 착용을 거부하는 사람

④ 흡수량이 많은 제품을 선호하는 사람

⑤ 세탁이 어려운 환경에서 생활하는 사람

ADVICE 요실금 팬티는 기저귀를 착용하고 싶지 않은 대상자에게 사용하기 적합하다.

● ○ ○

57 요양보호와 생활지원 | 표준교재 페이지 : 480

수동 휠체어 보관 방법으로 옳은 것은?

① 잠금장치를 풀어두어야 한다.

② 날씨와 상관없이 실외에 둔다.

③ 휠체어를 편 상태에서 보관한다.

④ 사용 후 알코올을 적신 천으로 닦는다.

⑤ 타이어 뒷바퀴 공기압은 높게 유지해야 한다.

ADVICE 소독용 알코올을 적신 천으로 깨끗하게 닦아 청결한 상태를 유지한다.

● ○ ○

58 요양보호와 생활지원 | 표준교재 페이지 : 513

저작이 불편한 대상자의 식사를 돕는 방법은?

① 식품의 크기를 작게 한다.

② 다양한 향신료를 이용한다.

③ 조금씩 자주 섭취하게 한다.

④ 아삭하거나 바삭한 질감의 식품은 엄금한다.

⑤ 국물이 있거나 재료가 촉촉하지 않도록 한다.

ADVICE 딱딱한 식재료를 부드럽게 조리하고 식품의 크기를 작게 한다.

● ○ ○

59 상황별 요양보호 기술 | 표준교재 페이지 : 591

치매 대상자에게 발생할 수 있는 화장실 사고 예방 방법은?

① 푹신푹신한 매트를 깔아둔다.

② 밤에는 화장실 전등을 꺼둔다.

③ 대상자의 방은 화장실과 떨어진 곳에 정한다.

④ 화장실 문을 밖에서도 열 수 있게 한다.

⑤ 펌프식 손세정제보다 고체비누를 이용한다.

ADVICE 화장실에 들어가서 문을 잠그고 나올 때 잠긴 문을 여는 방법을 모르는 경우가 있으므로 화장실 문은 밖에서도 열 수 있는 것으로 설치한다.

● ○ ○

60 요양보호와 생활지원 | 표준교재 페이지 : 525

대상자의 식사 준비 기본 원칙으로 옳은 것은?

① 식단은 요양보호사가 전적으로 결정한다.

② 구매한 식재료는 대상자가 직접 관리하도록 한다.

③ 식재료를 구입한 영수증과 거스름돈은 대상자에게 전달한다.

④ 대상자의 식사 특이사항은 구두로만 확인한다.

⑤ 혼자 사는 대상자의 경우 때마다 덜어먹을 수 있도록 많은 양을 준비한다.

ADVICE 식재료를 구입한 영수증과 거스름돈을 대상자에게 전달하고, 구매한 식재료의 적절한 보관 및 관리를 지원한다.

● ○ ○

61 상황별 요양보호 기술 | 표준교재 페이지 : 588

치매 대상자의 옷 입기를 돕는 방법은?

① 몸에 딱 맞는 옷을 제공한다.

② 단추를 채우는 옷을 제공한다.

③ 화려한 장식이 많은 옷으로 입힌다.

④ 앞뒤 구분을 못하면 환자복으로 갈아입힌다.

⑤ 옷 입기를 거부하면 기다린 뒤 다시 시도한다.

ADVICE 옷 입는 것을 거부하면 다투지 말고 잠시 기다린 뒤 다시 시도하거나 목욕시간을 이용하여 갈아입힌다.

62 요양보호와 생활지원 | 표준교재 페이지 : 528

대상자가 먹기 쉽게 조리하는 방법은?

① 단단하고 질긴 식재료를 활용한다.
② 튀김옷을 단단하게 만든다.
③ 수입산 강낭콩은 한 번만 불린 후에 조리를 한다.
④ 육류 요리를 할 때 키위나 배를 갈아서 넣는다.
⑤ 사태나 양지는 높은 온도로 짧은 시간만 조리한다.

ADVICE 육류 요리에 키위나 배를 넣으면 단단하고 질긴 식재료가 부드러워진다.

63 요양보호와 생활지원 | 표준페이지 : 431

똑바로 누워있어 체위변경이 필요한 대상자가 둔부를 스스로 들 수 없는 경우 바지를 내릴 때 적절한 방법은?

① 억지로 허리를 잡아당긴다.
② 누운 상태에서 바지를 당긴다.
③ 바지를 잘라낸다.
④ 옆으로 돌아눕게 하여 한쪽씩 내린다.
⑤ 마비된 다리만 강하게 당긴다.

ADVICE 둔부를 들 수 없으면 옆으로 돌아눕게 하여 한쪽씩 바지를 내린다.

64 상황별 요양보호 기술 | 표준교재 페이지 : 589

치매 대상자의 운동을 돕는 방법은?

① 매일 새로운 길을 걷게 한다.
② 운동량을 서서히 줄여나간다.
③ 대상자가 낯설어 하는 운동을 한다.
④ 서있는 자세 위주의 운동이 효과적이다.
⑤ 숨이 찬 운동 위주로 하는 것이 좋다.

ADVICE 균형을 잡을 수 있으면 앉은 자세보다 선 자세에서 운동하는 것이 효과적이다.

65 요양보호와 생활지원 | 표준교재 페이지 : 516

변비가 있는 대상자에게 제공할 식품은?

① 곡류
② 호두
③ 두부
④ 명란젓
⑤ 메추리알

ADVICE 섬유소가 풍부한 잡곡이나 채소를 제공한다.

66 상황별 요양보호 기술 | 표준교재 페이지 : 587

치매 대상자의 구강위생을 돕는 방법은?

① 옆에서 한 동작씩 시범을 보여준다.
② 필요한 도구는 직접 챙겨올 수 있도록 한다.
③ 양치한 물을 뱉지 않는 경우 등을 두드린다.
④ 매일 정해진 시간에 의치를 닦을 수 있도록 한다.
⑤ 치아가 없는 대상자는 식후 수분 섭취를 제한한다.

ADVICE 거울을 보고 칫솔질을 하게 하거나, 옆에서 한 동작씩 시범을 보여준다.

67 요양보호와 생활지원 | 표준교재 페이지 : 295

치매 대상자와 소통하는 방법으로 옳은 것은?

① 몸짓과 손짓을 이용한다.
② 대상자를 아이처럼 취급한다.
③ 환경적 자극을 최대한 늘린다.
④ 그림보다는 글로 이해를 돕는다.
⑤ 전하고자 하는 말과 내용을 크게 자주 반복한다.

ADVICE 몸짓, 손짓을 이용하여 대상자가 말하는 속도에 맞추어 천천히 이야기한다.

ANSWER 56.③ 57.④ 58.① 59.④ 60.③ 61.⑤ 62.④ 63.④ 64.④ 65.① 66.① 67.①

치매 대상자가 사타구니를 긁으며 바지를 벗으려고 할 때 요양보호사의 반응으로 옳은 것은?

① 큰 소리로 야단친다.
② 긁는 손을 내려친다.
③ 편안한 바지로 갈아입힌다.
④ 스스로 바지를 벗게끔 내버려둔다.
⑤ 라디오를 켜 주의를 돌린다.

ADVICE 옷이 너무 끼거나 불편해서 또는 사타구니가 간지러워서, 목욕탕에 가고 싶어서 바지를 벗으려고 할 수 있다.

치매 대상자가 실금한 경우 요양보호사의 반응으로 옳은 것은?

① 빠르게 씻기고 기저귀를 채워준다.
② 의료인과 상의 후 관장을 시행한다.
③ 단호하고 명확하게 잘못된 행동이라 알려준다.
④ 음식 섭취량을 줄이고 수분 섭취를 늘린다.
⑤ 낮에는 2시간, 밤에는 4시간 간격으로 배뇨하게 한다.

ADVICE 요실금이 있으면 배뇨 스케줄에 따라 계획된 배뇨 훈련을 시행해 본다. 초기에는 매 2시간마다 배뇨하게 하고, 점차 시간을 늘려 가면서 낮에는 2시간, 밤에는 4시간 간격으로 배뇨하게 한다.

치매 중기 대상자와 의사소통을 하는 방법은?

① 대화 주제를 갑자기 바꾸지 않는다.
② 길고 복잡한 문장으로 말한다.
③ 눈을 마주치지 않는다.
④ 그 사람, 그것과 같은 인칭대명사를 사용한다.
⑤ 칭찬을 하지 않는다.

ADVICE 대화 주제를 갑자기 바꾸거나 길고 복잡한 문장을 사용하지 않는다.

치매 대상자가 요양보호사를 꼬집을 때 대처 방법은?

① 천천히 안정된 태도로 움직인다.
② 빠르게 반응하며 자리를 피한다.
③ 똑같이 치매 대상자를 꼬집는다.
④ 큰 소리로 하지 말라고 말한다.
⑤ 계속 질문하면서 주의를 환기시킨다.

ADVICE 갑자기 움직여 대상자를 놀라게 하지 말고 천천히 안정된 태도로 움직인다.

치매 대상자의 음식 섭취와 관련해서 나타나는 정신행동 증상은?

① 밤에 과도하게 긴 수면시간을 가진다.
② 한 번 먹었던 음식은 다시 먹지 않으려고 한다.
③ 손에 만져지는 것은 무조건 먹으려고 한다.
④ 미각이 예민해지면서 간 조절을 과도하게 요청한다.
⑤ 해질 녘이 되면 갑자기 침대 위로 뛰어 오르는 행동을 한다.

ADVICE 같은 음식만 계속 먹거나 식사를 계속 요구하는 증상이 있다.

치매 대상자가 자신의 물건을 훔쳐갔냐고 의심할 때 요양보호사의 반응으로 옳은 것은?

① "전 아니에요."
② "경찰에 신고해드려요?"
③ "침대 위 살펴보셨어요?"
④ "무슨 소리를 하시는 거예요!"
⑤ "제가 그걸 왜 가져가겠어요."

ADVICE 요양보호사는 부정하거나 설득하려 하지 말고, 물건이 보이지 않는 것을 현실적으로 인정하고 받아들여서 함께 찾아보고 대상자를 안심시킨다.

●○○
74 상황별 요양보호기술 | 표준교재 페이지 : 647

임종이 임박했을 때 징후로 옳은 것은?

① 피부 반점　　　② 체온 상승
③ 또렷한 발음　　④ 민감한 촉각
⑤ 빠른 움직임

ADVICE 혈액순환 부전에 의해 피부 반점이 나타난다.

●○○
75 상황별 요양보호 기술 | 표준교재 페이지 : 676

치매 대상자가 락스를 마셨을 때 요양보호사의 대처 방법으로 옳은 것은?

① 상의를 느슨하게 풀러준다.
② 다리를 올리고 주물러준다.
③ 물을 먹여 구토를 유발한다.
④ 입에서 거품이 나오면 고개를 옆으로 돌린다.
⑤ 의식이 없는 상황이라면 대상자를 엎드린 자세로 눕힌다.

ADVICE 입에서 거품이나 토사물이 나온다면 고개를 옆으로 돌려 질식을 막는다.

●○○
76 상황별 요양보호기술 | 표준교재 페이지 : 649

임종 대상자의 입술과 콧구멍이 건조할 때 대처 방법은?

① 창문을 열어준다.
② 윤활제를 발라준다.
③ 담요를 덮어 따뜻하게 해준다.
④ 손을 잡고 조용히 곁에 있어준다.
⑤ 작은 얼음 조각을 입에 넣어준다.

ADVICE 바세린이나 립밤 등 윤활제를 발라준다.

●○○
77 상황별 요양보호기술 | 표준교재 페이지 : 673

기도폐색으로 숨을 쉬지 못하는 대상자에게 하임리히법을 시행할 경우 손 위치로 옳은 것은?

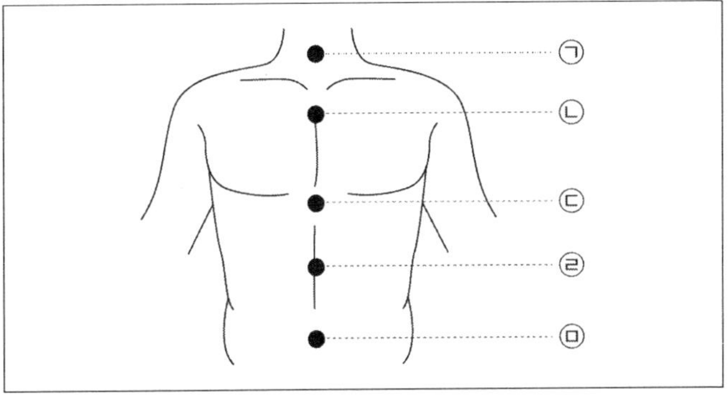

① ㉠　　　　　　② ㉡
③ ㉢　　　　　　④ ㉣
⑤ ㉤

ADVICE 복부 압력을 높여 이물질을 제거할 수 있어야 한다. 배꼽과 명치 중간에서 주먹 쥔 손을 감싸고, 복부 윗부분 후상방으로 힘차게 밀어 올린다.

●○○
78 상황별 요양보호기술 | 표준교재 페이지 : 674

대상자가 급성 저혈압으로 쓰러졌을 때 취하게 할 자세로 옳은 것은?

① 의자 위에 앉게 한다.
② 몸을 일어서서 유지하게 한다.
③ 발 아래에 베개를 두고 다리를 올려준다.
④ 바닥에 엎드리게 하여 눕혀둔다.
⑤ 몸을 옆으로 돌려서 눕혀준다.

ADVICE 발 아래 베개나 이불 등을 받쳐서 다리가 30cm 정도 올라가도록 한다.

ANSWER　68.③　69.⑤　70.①　71.①　72.③　73.③　74.①　75.④　76.②　77.④　78.③

79 상황별 요양보호기술 │ 표준교재 페이지 : 644

임종 적응 단계 중 '수용'에 해당하는 증상은?

① 돌봄을 제공하는 사람에게 화를 낸다.

② 가족들과 함께 종교적 예식을 준비한다.

③ 아무런 일이 일어나지 않은 듯 행동한다.

④ 자기와 함께 슬퍼해줄 사람을 필요로 한다.

⑤ 회복을 위한 현실적 또는 비현실적 노력을 기울인다.

ADVICE 재산관리, 상속관련 상담, 사랑하는 사람들과 함께하는 마지막 시간들을 보내는 것이 포함된다. 가족들과 함께 종교적 예식을 준비하는 경우도 있다.

●○○

80 상황별 요양보호기술 │ 표준교재 페이지 : 653

사전연명의료의향서에 대한 설명으로 옳은 것은?

① 65세 이상 성인이면 누구나 작성할 수 있다.

② 작성자 의사에 따라 변경 또는 철회가 가능하다.

③ 사전연명의료의향서 등록증은 방문하여 수령한다.

④ 연명의료를 중단하면 통증 완화를 위한 의료행위도 중단된다.

⑤ 의사능력이 있는 상태라면 담당 간호사 2인이 적법하게 작성되었는지 확인한다.

ADVICE 등록 이후에도 작성자의 의사에 따라 언제든지 변경하거나 철회할 수 있다.

기출동형 모의고사

필 기

1 요양보호 대상자 이해 | 표준페이지 : 19

점진적으로 진행되는 노화를 막을 수 없는 노인의 신체적 특성은?

① 잔존능력 저하
② 면역능력 저하
③ 비가역적 진행
④ 회복능력 저하
⑤ 합병증 발생 증가

ADVICE 환경에 따라서 쉽게 변하지 않는 노화의 과정을 의미한다.

2 요양보호 대상자 이해 | 표준교재 페이지 : 111

다음에 해당하는 학대는?

> 최씨 할머니는 의사가 지시한 의료처치나 약복용을 일체 거부하고 도움을 거부한다.

① 신체적 학대
② 정서적 학대
③ 유기
④ 자기방임
⑤ 경제적 학대

ADVICE 노인 스스로 최소한의 자기 보호와 관련된 행위를 의도적으로 포기하여 심신을 위험하게 만드는 경우이다.

3 요양보호 대상자 이해 | 표준교재 페이지 : 126

요양보호사가 법적인 소송에 휘말리지 않기 위해 준수해야 하는 것은?

① 제공해야 할 서비스가 확실하지 않더라도 정해진 절차에 따라 한다.
② 제공된 요양보호서비스의 내용을 정확하게 기록한다.
③ 대상자의 상태를 누설하지 않는다.
④ 전문가 진단이 필요한 경우 조언을 한다.
⑤ 대상자의 학대 의심이 있는 경우 확실한 증거를 확보할 때가지 지켜본다.

ADVICE 기록은 법적인 소송에 휘말리지 않기 위해 준수해야 하는 사항이다.

4 요양보호 대상자 이해 | 표준교재 페이지 : 148

요양보호사에게 감염성 질환이 발생한 경우 해야 할 일은?

① 대상자에게 마스크와 장갑을 지급한다.
② 대상자와 접촉을 하지 않는다.
③ 대상자와 감염 예방에 대한 교육을 받는다.
④ 대상자가 건강검진을 받도록 한다.
⑤ 대상자에게 예방접종을 한다.

ADVICE 요양보호사가 감염된 경우 대상자에게 전염시키지 않기 위해서 대상자와 접촉하지 않는다.

ANSWER 79.② 80.② / 1.③ 2.④ 3.② 4.②

다음 사례에 해당하는 직무스트레스 요인은?

> 거동이 불편한 장애인의 일상을 돕는 데 신체적 노동의 강도가 강한 편이다.

① 성희롱   ② 감정노동
③ 직무요구   ④ 역할모호
⑤ 조직체계

ADVICE 돌봄노동 직무에 노동강도가 강한 것은 직무요구에 해당한다.

요양보호사의 직업윤리에 해당하는 것은?

① 대상자의 자기결정보다 대상자 가족들의 결정을 최대한 존중한다.
② 피곤한 경우 대상자 앞에서 편하게 누워서 체력관리를 한다.
③ 대상자의 사생활이나 개인정보는 비밀로 유지한다.
④ 대상자보다 위에 있는 관계임을 기억하고 책임을 가지고 행동한다.
⑤ 친절함보다 단호하고 이성적인 태도로 대상자를 대한다.

ADVICE 대상자의 개인정보를 비밀로 유지하고 사생활을 존중한다.

요양보호사에게 급성 요통이 발생하는 원인은?

① 허리에 급격하게 힘을 가한 경우
② 오랜 시간 누워있는 경우
③ 모니터를 오랜 시간 보는 경우
④ 근무 후에 스트레칭을 하지 않는 경우
⑤ 한 자세로 의자에 오래 앉아 있는 경우

ADVICE 허리에 급격하게 힘을 가하면 급성 요통이 발생한다.

장기요양인정서에 대한 설명으로 옳은 것은?

① 장기요양서비스를 종료할 때 제출한다.
② 본인부담률이 적혀있다.
③ 장기요양급여의 종류 및 내용이 작성되어 있다.
④ 국민건강보험공단의 인정조사를 통한 등급판정을 받기 전에 작성하여 제출한다.
⑤ 개인별장기요양이용계획서로 대체하여 제출할 수 있다.

ADVICE 목록에는 장기요양인정번호, 장기요양등급, 유효기간, 장기요양급여의 종류 및 내용, 장기요양등급 판정위원회 의견이 있다.

장기요양 급여에서 일반 대상자의 경우 본인부담이 15%에 해당하는 급여는?

① 재가급여
② 시설급여
③ 촉탁의 진찰비용
④ 의사소견서 발급비용
⑤ 방문간호지시서 발급비용

ADVICE 재가급여, 복지용구(기타 재가급여)는 본인부담금이 15%에 해당한다.

다음 설명에 해당하는 표준서비스 분류는?

> 대상자의 양치질을 지켜보면서 도움을 주고 틀니를 손질한다.

① 건강 및 간호관리   ② 기능회복훈련
③ 시설환경관리   ④ 인지활동지원
⑤ 신체활동지원

ADVICE 신체활동지원에 세면 도움, 구강청결 도움 등이 포함된다.

다음 설명에서 시설노인이 보장받고 있지 않는 인권은?

> 노인복지시설에서 생활하는 노인이 편안하고 안락한 주거환경을 영위하지 못하고 있다.

① 경제권
② 존엄권
③ 건강권
④ 주거권
⑤ 노동권

ADVICE 쾌적한 환경에서 생활할 권리는 주거권에 해당한다.

다음 상황에서 노인에게 제공해야 하는 서비스는?

> 다리가 불편해서 다른 사람들처럼 나들이를 가지 못하여 이씨 할아버지는 불평을 하고 있다. 봉사자에게 요구해 보고 싶지만 자신이 민폐를 줄 것 같아서 여행 생각을 하지 않고 있다.

① 생활노인을 격리하여 신체를 제한한다.
② 종사자가 직무수행 중에 사고가 나지 않도록 직무안전에 최선을 다한다.
③ 노인의 자유로운 외출과 외박의 기회를 보장한다.
④ 생활노인의 개인적인 성향에 의한 퇴소를 권유한다.
⑤ 노인 개인 물품 설치나 이용을 불허한다.

ADVICE 노인에게 시설 내·외부 활동에 참여할 수 있는 권리를 제공해야 한다.

노년기에 막연하던 죽음이 현실화되면서 심한 허무감을 느끼게 되는 상황은?

① 자녀의 독립
② 성적 욕구 금기
③ 손자녀의 탄생
④ 친구의 죽음
⑤ 고부/장서 갈등

ADVICE 배우자나 친구와의 사별은 죽음이 현실화되면서 허무감, 절망감, 고독감을 느끼게 한다.

다음 상황에 해당하는 노인학대의 요인은?

> 노인에 대한 차별이 확산되면서 노인이 사회적으로 열등한 지위가 되었다. 지나가는 행인은 노인에게 발길질을 하거나 고함을 지른다.

① 사회관계망 요인
② 사회문화적 요인
③ 가족상황적 요인
④ 심리적 기능 요인
⑤ 인구사회학적 요인

ADVICE 노인에 대한 사회적인 시선에 따라서 차별을 받으면서 부적절한 노인학대를 받게 되는 것은 사회문화적 요인에 해당한다.

요양보호사가 직무상 노인학대를 알면서도 이를 신고하지 않을 경우의 법적 처분은?

① 신고 의무자가 아니므로 처벌을 받지 않는다.
② 500만 원 이하의 과태료를 부과한다.
③ 회사 차원에서 시말서를 작성한다.
④ 2년 이하의 징역에 처해진다.
⑤ 민사소송을 진행하게 된다.

ADVICE 「노인복지법」 제61조의2(과태료)에 따라 500만원 이하의 과태료가 부과된다.

ANSWER 5.③ 6.③ 7.① 8.③ 9.① 10.⑤ 11.④ 12.③ 13.④ 14.② 15.②

16 노화와 건강증진 │ 표준교재 페이지 : 169

대장암 대상자의 식사로 적절한 것은?

① 식사의 양을 늘려 자주 섭취한다.

② 가공된 저잔여식이 섭취를 줄인다.

③ 자기 전에 식사를 한다.

④ 식물성 지방의 섭취를 줄인다.

⑤ 하루 수분 섭취를 0.5L이하로 줄인다.

ADVICE 대장암 대상자는 식사를 소량씩 천천히 먹게 유도한다. 늦은 식사는 하지 않고 수분의 섭취를 늘린다.

17 노화와 건강증진 │ 표준교재 페이지 : 172

다음과 같은 상황에 적절한 요양보호사의 활동은?

> 대상자가 속이 쓰리다고 하고, 식사량이 급격히 감소하면서 대변이 콜라 색을 띠고 있다고 말한다.

① 위염 소견이 보이니 약을 먹어야 한다고 알려준다.

② 운동을 평소에 하지 않아서 그렇다고 구박을 한다.

③ 심리적인 특성이므로 놔두면 괜찮다고 알려준다.

④ 시설장이나 간호사에게 알린다.

⑤ 식사를 평소에 주던 양보다 줄여서 제공한다.

ADVICE 대상자의 질병을 예측하여 진단을 하거나 치료를 해서는 안 된다. 요양보호사는 질환에 대해서 가족과 상의하고 의료기관을 찾게 하거나, 시설장이나 간호사에게 알린다.

18 노화와 건강증진 │ 표준교재 페이지 : 180

결핵 대상자에게 해야 하는 요양보호사의 활동은?

① 결핵으로 예상되니 약을 먹으라고 가족에게 알린다.

② 호흡기 증상의 변화를 외부에 알리지 않는다.

③ 호흡곤란이 있다면 몸을 일자로 눕혀준다.

④ 호흡곤란이 올까 불안해하는 대상자에게 안정제를 제공한다.

⑤ 행동이나 증상이 평소와 다르다면 간호사에게 신속하게 보고한다.

ADVICE 요양보호사는 대상자에게 의학적인 판단이나 질병명을 예측하는 말을 하지 않고 평소와 다른 증상이 있다면 간호사에게 즉시 알린다.

19 노화와 건강증진 │ 표준교재 페이지 : 238

다음 상황에서 치매 대상자에게 저하된 인지기능은?

> • 날짜와 시간에 대한 개념이 저하되어 계절을 착각한다.
> • 오랫동안 살았던 집을 낯설어하고 자신의 집이 아니라고 한다.
> • 자주 보던 친구를 기억하지 못한다.

① 언어능력

② 지남력

③ 기억력

④ 실행능력기능

⑤ 시공간 파악 능력

ADVICE 현재 시간, 내가 있는 장소, 같이 있는 사람을 인식하는 데 사용하는 것은 지남력에 해당한다.

20 노화와 건강증진 | 표준교재 페이지 : 243

기억력 장애의 증상은?

① 자신에게 가치 있는 물건만 잘 간수한다.
② 주변 사람들은 기억력 저하에 대해 눈치채지 못한다.
③ 익숙하지 않은 곳에서는 긴장감에 기억을 잘 한다.
④ 새로 소개받은 사람의 이름을 기억하지 못한다.
⑤ 책을 볼 때 난독증이 나타난다.

ADVICE 기억력 장애가 있는 경우 새로 소개받은 사람에 대한 이름을 기억하기 어려워한다.

21 노화와 건강증진 | 표준교재 페이지 : 244

조절이 불가능한 뇌졸중의 위험요인은?

① 흡연
② 성별
③ 고나트륨 식이
④ 고혈압
⑤ 당뇨병

ADVICE 고령의 나이, 남자인 성별, 가족력 등은 조절이 불가능한 뇌졸중 위험요인에 해당한다.

22 노화와 건강증진 | 표준교재 페이지 : 197

전립선비대증의 관련 요인에 해당하는 것은?

① 저지방 식이
② 복압 상승
③ 여성호르몬 감소
④ 남성호르몬 증가
⑤ 비만

ADVICE 비만, 고지방 · 고콜레스테롤 식이, 노화에 따른 호르몬 불균형이 관련 요인이다.

23 노화와 건강증진 | 표준교재 페이지 : 218

당뇨병의 치료 및 예방 방법은?

① 아이스크림은 식후에 먹는다.
② 혈당이 조절되지 않으면 의사와 상의 후에 운동량을 조절한다.
③ 혈압이 일정한 경우 운동은 비정기적으로 한다.
④ 약물 복용 중에는 식이요법을 하지 않는다.
⑤ 인슐린은 입(경구)으로 복용한다.

ADVICE 혈당이 조절되지 않으면 운동량을 의사와 상의한다.

24 노화와 건강증진 | 표준교재 페이지 : 219

당뇨병 대상자의 발 관리 방법으로 적절한 것은?

① 발을 관찰할 때에는 발바닥만 살펴본다.
② 뜨거운 물로 발을 닦는다.
③ 수건으로 두드리듯 발가락 사이 물기를 제거한다.
④ 양말을 착용하지 않고 건조하게 다닌다.
⑤ 발톱은 최대한 깊고 둥글게 자른다.

ADVICE 발을 씻고 나서는 수건으로 꼼꼼히 물기를 말려서 유지한다.

25 노화와 건강증진 | 표준교재 페이지 : 220

노인의 우울증 관련 요인에 해당하는 것은?

① 높은 경제력
② 사회활동 증가
③ 학위 취득
④ 주변 사람의 죽음
⑤ 친근한 사물에 애착심 증가

ADVICE 치매, 주변 사람의 죽음 등이 우울증의 요인이 된다.

ANSWER 16.② 17.④ 18.⑤ 19.② 20.④ 21.② 22.⑤ 23.② 24.③ 25.④

26 노화와 건강증진 | 표준교재 페이지 : 225

섬망의 치료 및 예방 방법에 대한 설명은?

① 섬망은 예방이 불가능한 노화로 인한 질환이다.

② 섬망의 원인이 치료 가능하다면 원인 치료를 먼저 해야 한다.

③ 밤에 창문을 열고 어둡게 유지하여 야간의 혼돈을 방지한다.

④ 규칙을 알려주지 않고 스스로 할 수 있도록 하여 지남력을 유지한다.

⑤ 현실을 알아차리지 못하도록 새로운 환경에서 환각을 관리한다.

ADVICE 섬망의 원인이 되는 것을 우선으로 치료한다.

27 노화와 건강증진 | 표준교재 페이지 : 169

다음 설명과 관련된 질환은?

- 맹장 또는 직장에 발생한 악성 종양
- 장폐색, 설사, 변비 증상

① 갑상샘암   ② 간암

③ 폐암   ④ 위암

⑤ 대장암

ADVICE 대장암은 맹장, 결장, 직장에 생기는 악성 종양이다.

28 노화와 건강증진 | 표준교재 페이지 : 188

퇴행성 관절염 초기에 나타나는 증상은?

① 뼈에 돌기체가 생기기 시작한다.

② 뼈 사이 간격이 서서히 넓어진다.

③ 뼈와 뼈가 부딪히면서 소리를 낸다.

④ 대퇴부에 심각한 통증이 나타난다.

⑤ 정상과 큰 차이가 없다.

ADVICE 퇴행성 관절염 초기에는 뼈에 돌기체가 생기면서 관절 간격이 서서히 좁아진다.

29 노화와 건강증진 | 표준교재 페이지 : 192

다음과 같은 상황에 예상되는 질환은?

민씨 할머니는 골다공증이 있다. 할머니는 침대에서 내려오다가 낙상을 당했다. 낙상 이후 뼈가 부러지는 소리가 크게 들렸고 그 이후에는 서혜부와 대퇴부에 심각한 통증을 겪고 있다.

① 척추 골절   ② 발목 골절

③ 손목 골절   ④ 고관절 골절

⑤ 두개골 골절

ADVICE 서혜부와 대퇴부 통증이 있고 골다공증이 있는 경우, 고관절 골절로 예상할 수 있다.

30 노화와 건강증진 | 표준교재 페이지 : 194

노화에 따라 여성노인에게 나타나는 비뇨·생식기계 특성은?

① 난소가 작아진다.

② 질벽이 두꺼워진다.

③ 탄력성과 윤활작용이 증가한다.

④ 유방을 지지하는 근육이 늘어난다.

⑤ 질의 수축이 증가한다.

ADVICE 여성호르몬이 감소하면서 난소가 작아진다.

31 노화와 건강증진 | 표준교재 페이지 : 174

독감 대상자에게 해야 하는 적절한 치료는?

① 해열진통제를 복용하지 않는다.

② 수분 섭취량을 줄인다.

③ 충분한 안정을 취한다.

④ 사람 많은 장소에 데리고 간다.

⑤ 가벼운 운동을 한다.

ADVICE 충분한 안정, 수분 섭취량 증가 등을 통해 관리를 한다.

●○○
32 노화와 건강증진 │ 표준교재 페이지 : 175

폐렴 대상자에게 해야 하는 치료 및 예방법은?

① 실내를 건조하게 유지한다.
② 혈액 산소 농도를 적절하게 유지한다.
③ 기관지 확장제를 주기적으로 사용한다.
④ 외출을 장려한다.
⑤ 금식을 한다.

ADVICE 산소 공급이나 체위변경. 심호흡 등을 통해서 혈액에 산소 농도를 유지한다.

●○○
33 노화와 건강증진 │ 표준교재 페이지 : 180

결핵 대상자에게 요양보호사가 해야 하는 활동은?

① 결핵 증상이 심해지고 있는 것 같으니 약을 복용하라고 알려준다.
② 접촉한 경우 1주일 격리하고 출근을 한다.
③ 호흡곤란 중에는 몸을 눕혀준다.
④ 호흡변화가 관찰되면 증상이 완화될 때까지 기다린다.
⑤ 평소와 다른 상태라면 가족과 상의하여 의료기관에 데리고 간다.

ADVICE 결핵 대상자의 상태가 평소와 다르다면 가족과 상의한 후에 의료기관으로 데리고 간다.

●○○
34 노화와 건강증진 │ 표준교재 페이지 : 199

노화에 따른 피부계의 특성은?

① 피부에 검버섯이 생긴다.
② 피부탄력성이 증가한다.
③ 손톱이 얇아진다.
④ 머리카락이 두꺼워 진다.
⑤ 머리에 잔털이 많아진다.

ADVICE 피부가 회색빛으로 변하고 검버섯이 생긴다.

●○○
35 노화와 건강증진 │ 표준교재 페이지 : 193

근골격계 질환 대상자에게 해야 하는 요양보호사의 활동은?

① 침대에서 내려올 때 스스로 하도록 돕지 않는다.
② 근육 통증을 호소하면 진통제를 복용하라고 알려준다.
③ 수술을 받은 대상자의 경우는 움직이지 않도록 모든 일을 대신한다.
④ 칼슘이 충분한 식사를 하도록 돕는다.
⑤ 수술을 해야할 것 같다고 알려준다.

ADVICE 영양 섭취가 중요하므로 충분한 칼슘 섭취를 돕는다.

실 기

●○○
36 요양보호와 생활지원 │ 표준페이지 : 292

대상자에게 의사소통장애가 없는 경우 의사소통 방법으로 적절한 것은?

① 가족하고만 이야기를 시도한다.
② 작은 목소리로 소곤소곤 이야기한다.
③ 대상자를 존중하는 태도를 가진다.
④ 전문적인 언어와 영어를 사용한다.
⑤ 말의 속도를 빠르게 한다.

ADVICE 대상자를 존중하는 태도를 가지고 관심을 가지면서 의사소통을 한다.

ANSWER 26.② 27.⑤ 28.① 29.④ 30.① 31.③ 32.② 33.⑤ 34.① 35.④ 36.③

섭취 요양보호에 대한 원칙으로 적절한 것은?

① 식사 시간에는 대상자가 혼자 먹도록 나가서 기다린다.
② 대상자의 요구보다 건강에 초점을 맞춰서 식사를 제공한다.
③ 대상자에게 맞는 식사방법을 배려한다.
④ 체중이 감소하면 식사량을 줄인다.
⑤ 대상자가 스스로 할 수 있더라도 요양보호사가 전부 다 해준다.

ADVICE 식사방법, 속도, 온도 등 대상자가 원하는 것을 배려하여 식사를 제공한다.

경관영양을 하는 경우는?

① 대장암 대상자
② 파킨슨병 대상자
③ 저작능력에 문제가 있는 대상자
④ 욕창이 있는 대상자
⑤ 의식이 없는 대상자

ADVICE 의식이 없는 경우, 두부에 손상이 있는 경우, 연하곤란이 있는 경우이다.

경관영양 시 대상자를 오른쪽으로 눕히는 이유는?

① 위 모양
② 오른손잡이인 대상자
③ 요양보호사의 편리성
④ 경관영양 팩의 모양
⑤ 대상자의 왼쪽이 불편한 경우

ADVICE 위의 모양이 왼쪽으로 기울어져 있으므로 오른쪽으로 누우면 역류 가능성이 줄어든다.

대상자의 안전하고 정확한 약물 사용을 돕기 위한 요양보호사의 올바른 행동은?

① 처방된 약 이외에 대상자에게 좋다는 영양제를 섞어 준다.
② 대상자가 약을 삼키지 못해 힘들어하면 임의로 알약을 갈아 가루약으로 만들어 준다.
③ 유효기간이 지났더라도 약의 변색이 없다면 복용하도록 돕는다.
④ 되도록 약은 약국에서 가져온 상태로 투약되도록 돕는다.
⑤ 잘못 복용했을 경우 대상자에게 비밀로 하고 시설장이나 관리책임자에게는 보고한다.

ADVICE 약의 종류에 따라 그대로 투약해야 하는 경우가 많으므로 되도록 약국에서 가져온 상태로 투약되도록 돕는다.

요양보호사가 경구약 투약을 돕는 방법을 옳은 절차로 나열한 것은?

① 대상자 이름 확인 → 절차 설명 → 반좌위 취하게 하기
② 반좌위 취하게 하기 → 대상자 상태 확인 → 투약 절차 설명
③ 물과 비누로 손 씻기 → 대상자 이름 확인 → 대상자 상태 확인(삼킴, 금식, 오심/구토)
④ 대상자 상태 확인 → 준비된 약의 용량 확인 → 대상자 이름 확인
⑤ 투약 절차 설명 → 준비된 약의 용량 확인 → 입을 벌리게 하여 투약 여부 확인

ADVICE '손 씻기 → 이름 확인 → 상태 확인 → 반좌위 → 절차 설명'이다.

●○○
42 요양보호와 생활지원 | 표준페이지 : 370

안약 투여 시 아랫눈꺼풀(하안검)을 아래로 부드럽게 당겨서 노출시키는 부위는?

① 각막　　　　　　② 비루관
③ 결막낭　　　　　④ 수정체
⑤ 눈꺼풀 피부

ADVICE 아랫눈꺼풀(하안검)을 부드럽게 당겨 결막낭을 노출시킨다.

●○○
43 요양보호와 생활지원 | 표준페이지 : 371

귀약 투여를 위해 대상자에게 취하게 해야 할 자세로 옳은 것은?

① 치료할 귀가 아래쪽으로 향하게 눕힌다.
② 치료할 귀가 위쪽으로 향하게 하고 편안한 자세를 취하도록 돕는다.
③ 침상머리를 높이고 반좌위를 취하게 한다.
④ 엎드린 자세(복위)를 취하게 한다.
⑤ 선 자세를 취하게 한다.

ADVICE 대상자가 치료할 귀를 위쪽으로 하여 귀약 투여에 편안한 자세를 취하게 한다.

●○○
44 요양보호와 생활지원 | 표준페이지 : 371

귀약 투여 전 면봉으로 닦아내야 하는 부위는?

① 귓바퀴와 외이도
② 귀 안쪽의 고막
③ 귀 입구의 작은 솜
④ 귓불만 깨끗하게
⑤ 귀 전체와 목 주변

ADVICE 면봉에 용액을 묻혀 대상자의 귓바퀴와 외이도를 깨끗하게 닦는다.

●○○
45 요양보호와 생활지원 | 표준페이지 : 373

시럽제를 복용할 때 요양보호사의 올바른 방법은?

① 약용기째 대상자에게 빨아 먹게 한다.
② 지나치게 쓴 약은 빨대를 꽂아서 먹인다.
③ 물약을 컵에 담아 보관한다.
④ 잘못 담은 약은 다시 병에 넣어 보관한다.
⑤ 깨끗한 플라스틱 계량컵이나 스푼에 덜어 먹인다.

ADVICE 깨끗한 플라스틱 계량컵이나 스푼에 덜어 먹여 변질을 방지한다.

●○○
46 요양보호와 생활지원 | 표준페이지 : 382

이동변기 사용 보조의 기본 원칙은?

① 배설을 한 이동변기는 대상자 옆에 보관한다.
② 배설이 어려울 때는 미지근한 물을 항문이나 요도에 끼얹어 변의를 자극한다.
③ 이동변기는 물로만 간단하게 닦아 보관한다.
④ 요양보호사가 대상자의 모든 배설과정을 돕는다.
⑤ 배설 시 바지를 전부 벗긴다.

ADVICE 배설이 어려울 때는 미지근한 물을 항문이나 요도에 끼얹어 괄약근과 주변 근육을 이완시키고 변의를 자극한다.

●○○
47 요양보호와 생활지원 | 표준페이지 : 384

스스로 배설하는 대상자에게 요양보호사가 취해야 할 올바른 자세는?

① 배설 중에는 관찰하지 않는다.
② 서둘러 배설을 보도록 재촉한다.
③ 배설 중에는 다른 업무를 보고 온다.
④ 관찰하며 올바른 배설 방법을 훈계한다.
⑤ 배설 도중 혈압이 오르거나 쓰러지는 경우도 있으므로 관찰한다.

ADVICE 배설 도중 혈압이 오르거나 쓰러지는 경우도 있으므로 대상자의 상태를 잘 관찰해야 한다.

허리를 들 수 없는 대상자의 기저귀를 교환하는 방법은?

① 무릎을 세우고 똑바로 누운 상태에서 허리를 들어 올린다.
② 허리를 들도록 격려한 후 교환한다.
③ 몸을 세운 후에 갈아입힌다.
④ 옆으로 몸을 돌려 눕혀 기저귀를 교환한다.
⑤ 엎드리게 한 후 갈아입힌다.

ADVICE 허리를 들 수 없거나 협조가 불가능한 대상자일 경우 대상자를 옆으로 돌려 눕혀 기저귀를 교환한다.

변기 사용에 도움을 줄 때 변기에 앉힌 후에 확인 해야 하는 것은?

① 두 손이 벽에 닿는지
② 윗옷을 벗고 있는지
③ 두 발이 바닥을 딛고 있는지
④ 머리를 뒷벽에 기댈 수 있는지
⑤ 등이 변기와 닿지 않게 가장자리에 잘 걸터앉 았는지

ADVICE 변기에 앉힌 후에는 앉은 자세가 편안한지, 두 발이 바닥을 올바로 딛고 있는지 확인해야 한다.

거동이 가능한 대상자를 욕실로 이동시키고 탈의를 돕는 상황이다. 다음 중 올바른 방법은?

① 대상자의 옷을 빠르게 벗긴다.
② 가능한 한 스스로 탈의를 하도록 격려한다.
③ 일으켜 세워서 동시에 상의와 하의를 벗긴다.
④ 욕실로 이동할 때는 뛰어서 이동하게 한다.
⑤ 욕실 온도는 차갑게 하여 대상자가 각성되도 록 한다.

ADVICE 가능한 한 스스로 하도록 격려한다.

구강 청결 돕기의 일반적 원칙으로 옳은 것은?

① 입안은 혀 안쪽까지 깊숙이 닦는다.
② 입안에 염증을 세게 자극한다.
③ 상처 부위에 물이 닿지 않게 한다.
④ 칫솔질은 음식 찌꺼기 제거만 한다.
⑤ 구강 내에 헐은 부분이 있는지 세심하게 관찰 한다.

ADVICE 구강 상태를 세심하게 관찰하고 잇몸, 입천장, 혀, 볼 안쪽 등에 이상이 있으면 시설장이나 간호사에게 보고 해야 한다.

의치 보관 방법에 대한 설명으로 옳은 것은?

① 보관용기에 냉수를 넣어 보관한다.
② 뜨거운 물 안에 넣어 보관한다.
③ 의치세정제 안에 보관해서는 안 된다.
④ 실온에 건조한 상태로 보관한다.
⑤ 의치 그대로를 냉장고 안에 넣어둔다.

ADVICE 의치는 의치세정제나 물이 담겨진 보관용기에 넣 어둔다.

몸 씻기 도움에서 머리감기 방법은?

① 뒤로 젖힌 상태에서 머리를 감긴다.
② 손톱으로 두피를 문질러 때를 벗겨낸다.
③ 샤워 캡과 귀마개를 사용한다.
④ 머리는 먼저 18℃ 정도의 물로 적신다.
⑤ 린스 후에는 뜨거운 물로 짧게 헹군다.

ADVICE 머리를 앞으로 숙이기 힘들어 하는 경우에는 캡 을 씌운다.

●○○

54 요양보호와 생활지원 | 표준페이지 : 428

편마비 대상자를 앉혀서 바지를 올릴 때 올바른 동작은?

① 고개를 뒤로 젖힌다.

② 눈을 감도록 한다.

③ 상체를 등받이에 기대게 한다.

④ 엉덩이를 의자 뒤로 최대한 빼게 한다.

⑤ 고개를 앞으로 숙이고 엉덩이를 들게 한다.

ADVICE 바지를 올릴 때는 고개를 앞으로 숙이고 엉덩이를 들어 바지가 올라가도록 돕는다.

●○○

55 요양보호와 생활지원 | 표준페이지 : 428

편마비 대상자에게 옷을 갈아입힐 때 대상자를 일으켜 세우는 올바른 방법은?

① 옆에서 지지해서 갈아입게 한다.

② 등 뒤에서 몸을 들어 올린다.

③ 다리 사이에 발을 두고 팔을 목에 두른다.

④ 혼자 힘으로만 일어나게 둔다.

⑤ 상의를 잡아당겨 세운다.

ADVICE 다리 사이에 발을 두고, 팔을 목에 두르게 한 후, 허리를 잡고 천천히 일으켜 세운다.

●○○

56 요양보호와 생활지원 | 표준페이지 : 516

오메가 – 3 지방산이 풍부한 급원식품은?

① 깻잎   ② 꽁치

③ 들깻가루   ④ 후추

⑤ 소시지

ADVICE 오메가 – 3 지방산이 풍부한 식품은 고등어, 연어, 꽁치, 어유 등이 해당한다.

●○○

57 요양보호와 생활지원 | 표준페이지 : 512

다음은 대상자의 일상생활 수준이다. 요양보호사의 완전도움에 해당하는 말은?

① "어제 입으셨던 옷들은 전부 세탁했어요. 이제 옷이 깨끗하죠?"

② "날이 꽤 춥네요. 입고 싶은 옷이 있어요?"

③ "오늘은 날씨가 좋아요. 가고 싶은 곳이 있나요?"

④ "상의를 입어야 해요. 팔을 천천히 들어 옷을 입어보세요."

⑤ "이 재료로 요리를 해보세요. 제가 지켜보고 있을게요."

ADVICE 직접적으로 지원을 하는 것이 완전도움에 해당한다.

●○○

58 요양보호와 생활지원 | 표준페이지 : 513

식사관리를 할 때 고려해야 하는 것은?

① 거주지역

② 가족관계

③ 대상자 가족의 식사 기호도

④ 대상자의 건강상태

⑤ 대상자의 성격

ADVICE 식사관리를 할 때는 건강상태를 확인한다.

●○○

59 요양보호와 생활지원 | 표준페이지 : 516

콜레스테롤이 많아서 제한적으로 사용되어야 하는 급원식품은?

① 무청   ② 뱅어포

③ 간유   ④ 삼겹살

⑤ 미역

ADVICE 콜레스테롤이 많은 식품은 삼겹살, 갈비, 오리고기 등이 해당한다.

ANSWER   48.④   49.③   50.②   51.⑤   52.①   53.③   54.⑤   55.③   56.②   57.①   58.④   59.④

노인을 위한 권장 식사패턴으로 적절한 것은?

① 채소류는 식품군별 중에서 가장 적게 제공해야 한다.
② 밥이 제공되면 채소류는 제공하지 않는다.
③ 곡류는 주식인 밥으로 제공한다.
④ 과일은 한 달에 한 번만 제공한다.
⑤ 노인이 많이 섭취해야 하는 식품군은 우유에 해당한다.

ADVICE 노인의 식사에서는 식품군 중에서 채소류를 가장 많이 제공해야 한다. 주식으로는 밥을 제공한다.

당뇨병 대상자의 식사관리로 적절한 것은?

① 식사는 아침에 한 끼만 먹는다.
② 탄수화물 식품은 통곡물을 제공한다.
③ 단순당 위주로 섭취한다.
④ 생과일보다 과일주스를 제공한다.
⑤ 지방은 섭취를 엄격하게 제한한다.

ADVICE 탄수화물은 혈당조절이 잘되는 통곡물을 제공한다.

연하곤란 대상자의 식사 시 주의사항은?

① 밥을 국에 말아 먹는다.
② 45° 각도로 몸을 눕힌 후에 먹는다.
③ 떡은 작게 잘라서 먹는다.
④ 숟가락은 최대한 큰 것을 사용한다.
⑤ 식사 후에 바로 눕혀준다.

ADVICE 떡이나 국수는 작게 잘라 먹는다.

식중독 예방을 위한 수칙으로 적절한 것은?

① 물은 수돗물로 바로 마신다.
② 냉동식품은 0℃ 이하에서 보관한다.
③ 흐르는 물에 30초 이상 씻는다.
④ 식재료는 세척하지 않는다.
⑤ 육류는 익히지 않고 날로 먹는다.

ADVICE 손씻기, 익혀먹기, 끓여먹기, 세척·소독하기, 도마·조리기구 구분하여 사용하기, 보관온도 지키기 등이 예방수칙이다.

주방의 위생관리 방법으로 적절한 것은?

① 찬장은 자주 환기해야 한다.
② 냉동식품이 있는 경우 냉동실 청소를 하지 않는다.
③ 행주는 물로 헹군 다음에 보관한다.
④ 음식물은 일반쓰레기통에 같이 버린다.
⑤ 앞치마는 청소용과 조리용을 같이 사용한다.

ADVICE 찬장은 습기가 차지 않도록 자주 환기한다.

의복관리를 위한 기본원칙으로 적절한 것은?

① 옷에 얼룩이 있는 경우 버린다.
② 대상자가 늘 입는 옷은 수납하지 않는다.
③ 의류를 세탁할 때 한 번만 헹궈준다.
④ 속옷은 매일 갈아입도록 한다.
⑤ 새로 구입한 옷을 바로 입힌다.

ADVICE 속옷은 매일 갈아입히고, 대상자의 옷은 동의를 구한 후에 버려야 한다.

혈액이 옷감에 묻은 경우 얼룩을 제거하는 방법은?

① 수건으로 혈액을 닦아낸다.
② 찬물로 닦아낸 후에 따뜻한 물로 헹궈준다.
③ 화장솜을 혈액 위에 올려둔다.
④ 물기 묻은 휴지로 닦아낸 후에 말려준다.
⑤ 혈액을 말린 후에 세탁기에 돌린다.

ADVICE 혈액이나 체액은 찬물로 닦아낸 후에 따뜻한 물로 헹궈준다.

다음 다림질 표시기호에 대한 설명으로 옳은 것은?

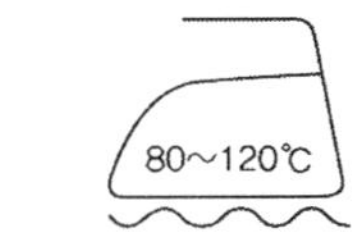

① 180 ~ 210℃로 다림질
② 다림질 할 수 없음
③ 손세탁만 가능
④ 중성세제만 사용 가능
⑤ 원단에 천을 덮고 80 ~ 120℃ 다림질

ADVICE 원단에 천을 덮고 80 ~ 120℃로 다림질하라는 표시이다.

치매 대상자를 부양하는 가족의 부양 위기 단계는?

① 실금　　　　　② 조기증상
③ 치매 진단　　　④ 사별과 애도
⑤ 섭식 곤란

ADVICE 실금이 나타나면 부양 위기 단계에 해당한다.

대상자의 안전한 주거환경을 조성하기 위한 원칙은?

① 대상자 가족의 희망사항만 고려하여 조성한다.
② 일상생활을 영위하는 데 요양보호사에게 쉽게 의지하도록 조성한다.
③ 비상사태에 대비하여 안전한 공간을 조성한다.
④ 주택 보수는 대상자가 빚을 지더라도 안전을 위해 시행한다.
⑤ 대상자의 사생활이 오픈될 수 있도록 조성한다.

ADVICE 비상사태, 화재, 자연재해에 대비할 수 있는 안전한 환경이어야 한다.

침실의 청결한 환경을 위한 청소하기 방법은?

① 실내 청소는 마른 걸레로만 한다.
② 쓰레기가 많은 경우 빗자루에 물을 묻혀서 쓸어낸다.
③ 침대 시트는 대상자가 직접 정리하게 한다.
④ 와상노인의 방은 환기를 시키지 않는다.
⑤ 진공청소기를 사용하지 않고 먼지털이로만 한다.

ADVICE 쓰레기가 많은 경우 빗자루에 물을 묻혀서 쓸어낸다.

화장실 청소를 할 때 소독제를 안전하게 사용하는 수칙은?

① 다른 소독제와 혼합한다.
② 다양한 종류의 소독제를 병행하여 사용한다.
③ 희석비율은 소독횟수에 따라 자유롭게 조절한다.
④ 사용 시 마스크는 사용하지 않는다.
⑤ 피부에 소독약이 닿으면 즉시 물로 씻는다.

ADVICE 소독약이 피부에 닿으면 즉시 씻어내야 한다.

ANSWER 60.③　61.②　62.③　63.③　64.①　65.④　66.②　67.⑤　68.①　69.③　70.②　71.⑤

치매 대상자가 식사를 하지 않으려고 하는 경우에 확인해야 하는 것은?

① 대상자 가족과 갈등이 있는지 확인한다.

② 입안에 상처가 있는지 살펴본다.

③ 약을 복용하지 않은 건지 검사한다.

④ 새로운 음식을 더 만들어야 하는지 물어본다.

⑤ 좋아하는 음식이 있는지 확인한다.

ADVICE 치매 대상자가 식사거부를 하는 경우 입안 상처를 확인해야 한다.

치매 대상자의 목욕을 도울 때 기본원칙은?

① 매번 다른 시간에 목욕을 진행한다.

② 욕조에 스스로 들어가도록 지켜본다.

③ 욕실에서 혼자 샤워하게 한다.

④ 목욕물은 가장 뜨겁게 한다.

⑤ 목욕 과정을 단순하게 한다.

ADVICE 치매 대상자의 목욕 과정은 단순화하여 시행한다.

치매 대상자의 안전과 사고 예방법으로 옳은 것은?

① 대상자가 다니는 길에 깔개를 깔아둔다.

② 야간에는 화장실 등을 반드시 꺼둔다.

③ 욕실에서 거울은 가려둔다.

④ 현관문이 조용히 열고 닫히게 한다.

⑤ 차 안에서 안전띠를 착용하지 않는다.

ADVICE 치매 대상자가 거울을 보면 놀랄 수 있으므로 가려둔다.

석양증후군을 앓는 치매 대상자를 돕는 방법은?

① 대상자를 방 안에 철저하게 혼자 둔다.

② 대상자가 좋아하는 인형을 준다.

③ 충동적으로 행동을 하면 신체적으로 구속한다.

④ 낮 시간에는 잠을 많이 재운다.

⑤ 밤에는 조명을 다 꺼서 어둡게 한다.

ADVICE 좋아하는 인형, 반려동물, 익숙한 소리를 제공하여 위안을 받게 한다.

치매 대상자가 부적절하게 성적 행동을 하는 경우 요양보호사의 행동은?

① 경찰서에 인계한다.

② 성기를 노출한 경우 소리를 치며 밀쳐낸다.

③ 노출을 하려고 하면 체벌을 한다.

④ 적절한 제한과 보상을 사용한다.

⑤ 행동을 중지할 때까지 신체를 구속한다.

ADVICE 성 자체에 관심은 없으나 부적절한 성적 행동이 나타날 수 있다. 이때 적절한 제한과 보상을 통해 교정한다.

다음과 같은 말을 한 치매 대상자에게 올바른 대응은?

> 밥을 왜 나만 안 줘. 어서 내 밥 줘!

① "배가 고프세요? 좋아하는 간식 드셔볼래요?"

② "아까 먹었잖아요."

③ "저 어르신한테 물어보세요. 어르신 식사 했나 안 했나."

④ "그걸 왜 저한테 요구하세요?"

⑤ "왜 매번 밥을 달라고 하는지 몰라."

ADVICE 대상자의 말을 인정하고 동의하는 표현을 한다.

78 상황별 요양보호기술 | 표준페이지 : 609

치매 대상자와 하는 비언어적인 의사소통은?

① 손짓과 몸짓을 사용하여 표현한다.
② 필요한 경우에는 글을 써서 의사소통을 한다.
③ 신체적인 접촉은 절대 하지 않는다.
④ 눈을 마주치지 않는다.
⑤ 대상자보다 높은 위치에서 팔짱을 끼고 말한다.

ADVICE 대상자가 위협을 느낄 만한 자세를 취하지 않고 적절한 행동으로 소통한다.

●○○

79 상황별 요양보호기술 | 표준페이지 : 647

임종 징후로 적절한 것은?

① 피부에서 열감이 느껴진다.
② 말이 어눌해진다.
③ 혈압이 증가한다.
④ 동공이 축소된다.
⑤ 근육의 긴장이 증가한다.

ADVICE 말이 어눌해지고 혈압은 감소한다. 체온이 떨어지며 동공은 확대된다.

●○○

80 상황별 요양보호기술 | 표준페이지 : 675

대상자에게 대량 출혈이 발생한 경우 요양보호사가 해야 하는 응급처치는?

① 깨끗한 수건이나 옷으로 상처를 누르며 지혈한다.
② 멸균거즈를 올려두고 지켜본다.
③ 지혈했던 수건을 수시로 교체한다.
④ 출혈부위를 물로 씻어낸다.
⑤ 대상자가 움직여서 출혈이 멎을 수 있도록 유도한다.

ADVICE 대량 출혈이 발생한 경우에는 깨끗한 수건이나 옷으로 상처부위를 누르며 지혈을 한다.

1회분
2회분
3회분
4회분
5회분
6회분
7회분
8회분
9회분
10회분
11회분
12회분
13회분
14회분
15회분
16회분
17회분
18회분
19회분
20회분

ANSWER 72.② 73.⑤ 74.③ 75.② 76.④ 77.① 78.① 79.② 80.①

필 기

1   요양보호 대상자 이해 | 표준교재 페이지 : 17

노화의 긍정적인 측면은?

① 외향성이 증가한다.
② 새로운 것을 개방적으로 수용한다.
③ 삶의 균형과 지혜를 쌓았다.
④ 다양한 정보 습득 능력이 탁월하다.
⑤ 의사결정을 빠르게 내린다.

ADVICE 젊은 세대에 비해 삶의 균형과 지혜가 높아서 일상의 균형을 안정적으로 유지한다.

2   요양보호 대상자 이해 | 표준교재 페이지 : 19

노인의 신체적 특성에 대한 설명으로 옳은 것은?

① 적응력이 증가한다.
② 면역능력이 증가한다.
③ 가역적으로 노화가 진행된다.
④ 합병증이 쉽게 나타난다.
⑤ 전신에 살이 붙고 키가 늘어난다.

ADVICE 회복능력이 저하하면서 합병증이 쉽게 나타난다.

3   요양보호 대상자 이해 | 표준교재 페이지 : 118

요양보건사가 안전 · 보건상의 이유로 작업을 중지한 경우 장기요양기관의 장이 처벌을 할 수 없는 근거가 되는 법은?

① 산업안전보건법
② 노인장기요양법
③ 노인복지법
④ 남녀고용평등과 일 · 가정 양립지원에 관한 법률
⑤ 산업재해보상보험법

ADVICE 「산업안전보건법」 제52조에 따라 안전 · 보건상의 이유로 작업을 중지한 경우 처벌을 할 수 없다.

4   요양보호 대상자 이해 | 표준교재 페이지 : 116

다음에서 설명하는 요양보호사의 기본적 인권 항목은?

> 고용형태, 연령, 성별 등에서 요양보호사를 차별하지 않아야 한다.

① 의견과 표현의 자유를 누릴 권리
② 종교의 자유를 누릴 권리
③ 노동과 관련된 의견을 자유롭게 표현할 권리
④ 여가를 누릴 권리
⑤ 평등권

ADVICE 고용형태, 연령, 성별 등의 차별 없이 평등할 것을 보장받는 것이다.

요양보호사의 성희롱 대처 방안은?

① 서비스 이용자에게 서비스 중단 조치를 한다.
② 시정 요구에도 상습적으로 하는 경우 녹취하거나 일지를 기록한다.
③ 성희롱 처리지침을 문서화하여 기관에 제출한다.
④ 행위자를 징계한다.
⑤ 행위자에게 피해사실에 대해서 적절한 조치를 취한다.

ADVICE 요양보호사는 감정적 대응을 삼가고 기관에서 적절한 조치를 취하게 해야 한다. 시정 요구에도 반복되면 녹취하거나 일지에 기록한다.

요양보호사의 윤리적 태도로 적절한 것은?

① 요양보호사의 판단으로 서비스를 제공한다.
② 간호사의 지시는 따르지 않는다.
③ 대상자를 내려다보면서 대화한다.
④ 대상자와 개인적으로 별도의 서비스 계약을 해서는 안 된다.
⑤ 대상자에게 허락을 받은 경우 감독자에게 알리지 않고 근무지를 비운다.

ADVICE 별도의 서비스 계약을 하거나 타 기관에 의뢰해서는 안 된다.

장기요양서비스 이용절차 중 ㉠에 들어가는 서비스 내용은?

> 서비스 신청접수 및 상담 → 서비스 제공 계획 수립 → (㉠) → 서비스 제공 → 모니터링 → 서비스 종료 혹은 계속

① 가정을 방문하여 대상자의 기능상태평가
② 장기요양급여제공계획서를 바탕으로 서비스 제공
③ 서비스 제공 계획을 가족과 대상자에게 설명
④ 서비스 제공 계획 수정
⑤ 계약서 서명

ADVICE ㉠에서는 서비스 이용계약 체결을 한다. 이 절차에서는 대상자 또는 가족에게 서비스 제공 계획을 설명한다.

장기요양인정서에 작성된 수급자 안내사항은?

① 장기요양급여를 받기 위해서 장기요양기관에 대상자의 신분증만 제출한다.
② 장기요양인정의 갱신신청을 하려면 유효기간이 끝나기 전까지 공단에 신청한다.
③ 거짓으로 장기요양인정을 받은 것으로 의심되더라도 등급판정은 다시 할 수 없다.
④ 장기요양보험료를 납부하지 않는다면 장기요양급여 범위가 축소된다.
⑤ 장기요양급여는 월 한도액을 초과하면 국가에서 지급한다.

ADVICE 갱신신청을 하는 경우 유효기간이 끝나기 90일 전부터 30일 전까지의 기간 동안 공단에 신청한다.

ANSWER　1.③　2.④　3.①　4.⑤　5.②　6.④　7.③　8.②

1회분
2회분
3회분
4회분
5회분
6회분
7회분
8회분
9회분
10회분
11회분
12회분
13회분
14회분
15회분
16회분
17회분
18회분
19회분
20회분

노인장기요양보험서비스에서 표준서비스 내용의 설명으로 옳은 것은?

① 세면도움에는 세면장에서 얼굴, 목을 씻기는 것만 포함된다.

② 옷 갈아입기 도움에서 속옷을 갈아입히는 것은 포함되어 있지 않다.

③ 병원에 방문할 때 부축하거나 동행하는 서비스가 개인활동지원에 포함된다.

④ 간호처치가 필요한 대상자에게 서비스를 제공한다.

⑤ 방문목욕은 설비를 갖춘 장비가 필요하여 전문적인 자격을 갖춘 자가 제공해야 한다.

ADVICE 병원에 방문하는 경우 부축 또는 동행을 하는 것이 개인활동지원에 포함된다.

다음 상황에 시설노인이 보장받아야 하는 권리는?

> 정씨 할아버지는 거동이 불편한 상황이다. 유일한 즐거움은 손자녀들과 통화를 하는 것인데, 시설에는 별도의 전화가 없고 휴대전화도 없어서 외롭게 시설에서 지내고 있다.

① 안전한 생활환경을 제공받을 권리

② 노인학대를 받지 않을 권리

③ 신체구속을 받지 않을 권리

④ 차별을 받지 않을 권리

⑤ 사생활에 대한 권리

ADVICE 입소 노인이 원할 때 유·무선 전화에 제한이 있어서는 안 되는 것은 사생활에 대한 권리이다.

노화에 따른 심혈관계의 특성은?

① 노화로 인해 심장 근육이 얇아진다.

② 심장으로 가는 혈액순환량이 급증한다.

③ 정맥이 약화되면서 항문에 치질이 나타난다.

④ 앉았다가 일어나면 어지러운 일차성 고혈압이 나타난다.

⑤ 심박동수가 증가한다.

ADVICE 노화에 따라 심장의 근육이 두꺼워지고 심박동수는 감소한다.

고혈압 치료에 대한 설명으로 옳은 것은?

① 증상이 없으면 치료하지 않아도 된다.

② 두통 증상이 나타나는 경우에만 약을 처방받아 복용한다.

③ 혈압이 조절되면 약을 중단해도 된다.

④ 의사의 처방이 있다면 약을 계속 먹어야 한다.

⑤ 혈압약을 오래 먹으면 합병증이 발생한다.

ADVICE 고혈압은 대체로 무증상이기 때문에 의사의 처방이 있다면 약을 계속 먹어야 한다.

치매 대상자에게 나타나는 인지기능장애에 해당하는 것은?

① 의심

② 망상

③ 환각

④ 기억력 저하

⑤ 과도한 공격성

ADVICE 인지기능장애에는 기억력·언어능력·지남력·시공간 파악 능력·실행능력 기능의 저하가 있다.

●○○

14 노화와 건강증진 │ 표준교재 페이지 : 244

뇌졸중의 대표적인 초기증상은?

① 전신마비 ② 청각장애

③ 삼킴장애 ④ 보행기능의 저하

⑤ 심한 두통

ADVICE 뇌졸중의 대표적인 초기증상으로 편측마비, 언어장애, 의식장애, 시각장애, 어지럼증, 심한 두통이 있다.

●○○

15 노화와 건강증진 │ 표준교재 페이지 : 198

전립선 비대증의 치료 및 예방 방법은?

① 도뇨관으로 소변 배출

② 움직임 제한

③ 고지방 식이

④ 수분 섭취 제한

⑤ 음주

ADVICE 도뇨관으로 정기적으로 소변을 배출하며, 저지방 식이로 체중을 적정하게 유지한다.

●○○

16 노화와 건강증진 │ 표준교재 페이지 : 222

우울증과 치매에 대한 특성으로 옳은 것은?

	우울증	치매
①	서서히 발병	급격한 발병
②	긴 시간	짧은 시간
③	정신과적 병력 있음	정신과적 병력 없음
④	인지기능 저하 편차	일관된 인지기능 저하
⑤	질문에 모른다 함	질문에 답하려 함

ADVICE 우울증은 정신과적 병력이 있는 경우가 있지만 치매의 경우는 병력이 없는 경우가 많다.

●○○

17 노화와 건강증진 │ 표준교재 페이지 : 169

설사의 원인에 해당하는 것은?

① 폐렴

② 스트레스

③ 위염

④ 가족력

⑤ 수분 섭취

ADVICE 설사의 원인에는 바이러스, 스트레스, 세균, 음식, 식중독, 기생충, 약물 남용 등이 있다.

●○○

18 노화와 건강증진 │ 표준교재 페이지 : 182

고혈압 증상으로 적절한 것은?

① 자세 불안정

② 보행동결

③ 연하곤란

④ 이명

⑤ 저혈당

ADVICE 고혈압 증상으로는 뇌동맥류 파열로 인한 뇌졸중, 뒷머리 뻐근함, 아침에 두통, 이명, 팔다리 저림, 심장 기능 장애, 코피, 가슴 답답함, 숨이 참 증상이 나타난다.

●○○

19 노화와 건강증진 │ 표준교재 페이지 : 245

뇌에서 시각기능에 관여하는 부위는?

① 소뇌

② 측두엽

③ 두정엽

④ 전두엽

⑤ 후두엽

ADVICE 후두엽은 시각기능에 관여한다.

ANSWER 9.③ 10.⑤ 11.③ 12.④ 13.④ 14.⑤ 15.① 16.③ 17.② 18.④ 19.⑤

20 노화와 건강증진 | 표준교재 페이지 : 246

뇌출혈 전구증상에 해당하는 것은?

① 나른함

② 팔다리 저림

③ 또렷해지는 의식

④ 소화 불량

⑤ 알레르기

ADVICE 현기증, 팔다리 저림, 뒷골 통증 등이 나타난다.

●○○

21 노화와 건강증진 | 표준교재 페이지 : 246

뇌경색의 재발 증상에 해당하는 것은?

① 전신마비

② 과한 각성

③ 반신마비

④ 각막염

⑤ 골다공증

ADVICE 갑작스럽게 나타나는 반신마비, 어지럼증, 심한 두통, 언어 · 시각장애, 쓰러짐 등이 재발 증상에 해당한다.

●○○

22 노화와 건강증진 | 표준교재 페이지 : 248

파킨슨병에 관련된 질환은?

① 골절

② 퇴행성 관절염

③ 골다공증

④ 소뇌 이상

⑤ 뇌졸중

ADVICE 뇌졸중, 약물 중독 등에 관련된 퇴행성 뇌질환이 파킨슨병과 관련이 있다.

●○○

23 노화와 건강증진 | 표준교재 페이지 : 255

균형운동의 목적으로 옳은 것은?

① 정적 · 동적 균형 유지

② 체력 유지

③ 근력 개선

④ 근지구력 유지

⑤ 관절가동범위 개선

ADVICE 균형운동은 정적 · 동적 균형 유지 및 개선이 목적이다.

●○○

24 노화와 건강증진 | 표준교재 페이지 : 264

노인의 약물복용 원칙으로 옳은 것은?

① 약이 쓰다면 자몽주스와 함께 복용한다.

② 장용 코팅제는 분쇄해서 투약한다.

③ 복용시간을 놓쳐 다음 복용시간이 된 경우 먹지 않은 약까지 함께 복용한다.

④ 약 복용시간을 놓쳤다면 생각난 시점에 복용한다.

⑤ 동일한 약품을 한 번에 대량 구입하여 보관한다.

ADVICE 약의 복용시간을 잊어버렸더라도 2배로 복용하지 않아야 한다.

●○○

25 노화와 건강증진 | 표준교재 페이지 : 274

다음의 증상과 관련된 것은?

뇌졸중, 심근경색, 낙상, 동상, 저체온증

① 폭염

② 한파

③ 가족력

④ 스트레스

⑤ 지저분한 환경

ADVICE 한랭 관련 질환으로 뇌졸중, 심근경색, 낙상, 동상, 저체온증이 있다.

26 노화와 건강증진 | 표준교재 페이지 : 269

알코올 금단증상이 나타나면 공급해야 하는 것은?

① 마약성 진통제
② 알코올
③ 비타민
④ 항생제
⑤ 커피

ADVICE 알코올 금단증상이 나타나면 영양과 비타민을 공급한다.

●○○

27 노화와 건강증진 | 표준교재 페이지 : 258

편안한 수면을 위한 방법은?

① 밤에 잠을 자지 못한 경우 낮잠을 잔다.
② 낮동안 운동량을 줄인다.
③ 사회적 교류를 줄이고 혼자 휴식을 취한다.
④ 침구는 밀폐성 좋고 선호하는 침구를 사용한다.
⑤ 일상생활 복장과 수면 복장을 구분하여 입는다.

ADVICE 편안한 수면을 위해 복장을 생활환경에 맞춰서 다르게 입는다.

●○○

28 노화와 건강증진 | 표준교재 페이지 : 254

운동의 효과로 적절한 것은?

① 심폐 기능 강화
② 근육의 발달 저하
③ 만성질환 위험요인 증가
④ 우울감 증가
⑤ 사회적 접촉의 기회 감소

ADVICE 운동의 효과로 심폐 기능 강화, 근력 및 근육의 발달, 만성질환 위험요인 감소, 우울감 감소, 사회적 접촉의 기회 증가가 있다.

●○○

29 노화와 건강증진 | 표준교재 페이지 : 252

노인의 식욕이 감소하는 이유는?

① 손자녀 탄생
② 활동량 감소
③ 예민해진 미각
④ 소화액 분비의 증가
⑤ 체 수분량의 증가

ADVICE 배우자나 친한 친구의 죽음, 활동량 감소, 만성질환, 약물복용 등으로 식욕이 감소한다.

●○○

30 노화와 건강증진 | 표준교재 페이지 : 244

뇌혈관이 터져서 뇌에 출혈이 발생하는 것은?

① 심장마비
② 퇴행성 관절염
③ 파킨슨병
④ 뇌경색
⑤ 뇌출혈

ADVICE 뇌혈관이 터지면서 발생하는 것은 뇌출혈에 해당한다.

●○○

31 노화와 건강증진 | 표준교재 페이지 : 201

욕창 대상자의 치료 및 예방 방법으로 적절한 것은?

① 의자에 앉은 경우 자세를 바꾸어주지 않는다.
② 대상자의 침대시트가 주름이 지도록 만든다.
③ 침대에서 2시간마다 자세를 바꾸어준다.
④ 이동시킬 때 피부가 밀리도록 한다.
⑤ 피부가 붉은빛이 계속되면 뜨거운 물주머니를 적용한다.

ADVICE 침대나 의자에서는 자세를 주기적으로 변경해야 한다.

ANSWER 20.② 21.③ 22.⑤ 23.① 24.④ 25.② 26.③ 27.⑤ 28.① 29.② 30.⑤ 31.③

1회분 2회분 3회분 4회분 5회분 6회분 7회분 8회분 9회분 10회분 11회분 12회분 13회분 14회분 15회분 16회분 17회분 18회분 19회분 20회분

녹내장 대상자가 일상생활에서 주의해야 하는 것은?

① 물구나무서기 운동을 한다.
② 무더운 여름에는 외출을 제한하고 추운 겨울
　에만 자주 외출한다.
③ 고개를 숙인 자세를 유지한다.
④ 한쪽 눈에 발병하면 다른 눈에도 발생할 수
　있으므로 정기검사를 한다.
⑤ 어두운 장소에서 독서를 한다.

ADVICE　한쪽에 발생한 경우 다른 눈에도 발생하기 쉬우
므로 정기검사를 받아야 한다.

당뇨병 대상자의 치료 및 예방법에서 운동요법에 대한 설명으로 옳은 것은?

① 혈당이 300mg/dl인 경우 혈당을 조절한 후
　에 운동을 시작한다.
② 식후 6시간 뒤부터 운동을 한다.
③ 혈압이 높은 경우 고강도 운동을 한다.
④ 장시간 등산을 하는 경우 고혈당을 대비한다.
⑤ 혈당이 조절되지 않는 경우 운동량을 더욱 늘
　린다.

ADVICE　혈당을 조절하고 난 이후에 운동을 시작하는 것
이 좋다

노화에 따라 증가하는 심리 · 정신적 특성은?

① 수용성　　　　② 외향성
③ 의존성　　　　④ 능동성
⑤ 충동성

ADVICE　노화에 따라 의존성, 내향성, 우울성, 조심성, 경
직성 등이 증가한다.

노인증후군의 공통된 특징은?

① 젊은 세대에게서 많이 나타난다.
② 삶의 질에 영향을 주지 않는다.
③ 한 가지 원인이 하나의 장기에 영향을 주면서
　나타난다.
④ 연관성 있는 기관이 관여하는 경우가 대부분
　이다.
⑤ 특정한 병적 상태로 설명되지 않는다.

ADVICE　노인증후군은 노쇠한 노인에게서 나타나는 것으로
여러 원인이 여러 장기에 영향을 주어 삶의 질과 기능에
영향을 미치는 것이다.

실 기

노인성 난청이 있는 대상자와 의사소통을 하는 경우 적절한 의사소통은?

① 어두운 곳에서 이야기를 한다.
② 마스크를 쓰고서 대화를 한다.
③ 말을 이해하지 못하는 경우 대화를 중단한다.
④ 보청기를 착용한 경우 입력은 크게, 출력은
　낮게 조절한다.
⑤ 자신을 속이지 말라고 말하는 대상자에게 훈
　계를 한다.

ADVICE　보청기를 사용한 경우 조절기능을 통해 입력과 출
력을 조절한다.

37 요양보호와 생활지원 | 표준페이지 : 359

식사 돕기 기본원칙에 해당하는 것은?

① 식욕이 떨어진 대상자에게 음식을 제공하지 않는다.
② 식사를 돕는 동안에는 대상자에게 질문을 하지 않는다.
③ 떡, 김, 유과 등의 음식을 간식으로 제공한다.
④ 배가 꽉 끼는 옷을 입힌 후에 식사를 하게 한다.
⑤ 사레가 들린 경우 몸을 눕혀준다.

ADVICE 식사 도중에 사레가 들릴 수 있으므로 대상자에게 질문을 하지 않는다.

38 요양보호와 생활지원 | 표준페이지 : 365

경관영양의 기본원칙으로 적절한 것은?

① 의식장애가 있는 대상자에게 식사의 시작과 끝을 알리지 않는다.
② 영양액 온도는 차갑게 준비한다.
③ 비위관이 막히거나 새는 경우 간호사에게 연락한다.
④ 영양액을 최대한 천천히 주입한다.
⑤ 진한 농도의 영양을 주입한다.

ADVICE 비위관이 막히거나 새는 경우에는 간호사를 호출한다.

39 요양보호와 생활지원 | 표준페이지 : 371

귀약을 투여하기 전에 약병을 따뜻하게 해야 하는 이유는?

① 약물의 흡수 속도를 높이기 위해
② 내이의 자극을 막기 위해
③ 약물의 효능을 높이기 위해
④ 정확한 방울 수를 점적하기 위해
⑤ 외이도의 통증을 줄이기 위해

ADVICE 내이를 자극하여 오심, 구토, 어지러움을 일으키는 것을 막기 위함이다.

40 요양보호와 생활지원 | 표준페이지 : 367

경구약을 투약하는 과정에서 요양보호사의 올바른 행동은?

① 약을 투여한 후에는 물품을 정리하고 바로 퇴실한다.
② 물은 소량만 제공하여 위장관에서 약이 급하게 흡수되도록 돕는다.
③ 투약 절차를 설명하기 전, 준비된 약의 용량을 먼저 확인하고 오염되지 않도록 준비한다.
④ 대상자가 약을 전부 삼켰는지 확인하기 위해 입을 벌리게 하거나 질문을 한다.
⑤ 약을 먹으면서 대상자가 기침을 심하게 하면 스스로 멈출 때까지 기다린다.

ADVICE 투약 후 전부 투약되었는지 확인하기 위해 입을 벌리게 하거나 질문을 한다.

41 요양보호와 생활지원 | 표준페이지 : 373

시럽제를 잘못 따라냈을 경우 요양보호사의 대처로 옳은 것은?

① 꺼낸 시럽을 다시 병에 넣는다.
② 약용기에 빨대를 꽂고 먹인다.
③ 많이 따른 경우 희석해서 먹인다.
④ 덜어낸 시럽은 냉장고에 보관했다가 다음 복용 시 사용한다.
⑤ 잘못 따른 약은 반드시 버려야 한다.

ADVICE 꺼낸 시럽을 다시 병에 넣는 것은 약이 변질되는 원인이다.

ANSWER 32.④ 33.① 34.③ 35.⑤ 36.④ 37.② 38.③ 39.② 40.④ 41.⑤

이동변기 사용 전 요양보호사가 취해야 할 행동은?

① 침대 높이와 이동변기의 높이가 같도록 맞춘다.
② 절차 설명을 생략하고 신속하게 진행한다.
③ 변기는 물기가 있는 화장실 타일바닥에 설치한다.
④ 차가운 변기 위에 대상자를 앉힌다.
⑤ 변기에 앉으면 두 발을 바닥에서 뜨게 한다.

ADVICE 침대에서 이동변기로 이동할 때 낙상을 방지하기 위해 침대 높이와 이동변기의 높이가 같도록 맞춘다.

이동변기에 손잡이가 없는 경우 요양보호사가 대상자를 변기 앞에 세우는 방법으로 옳은 것은?

① 이동변기에 가까운 발을 대상자 발 사이에 넣는다.
② 등 뒤에서 대상자를 밀어서 침대에서 직접 내려가게 유도한다.
③ 대상자 무릎을 변기 쪽으로 밀며 회전시킨다.
④ 대상자의 겨드랑이 밑으로 팔을 넣어 반동을 이용해 세운다.
⑤ 속옷과 바지를 올리고 변기에 앉힌다.

ADVICE 요양보호사는 이동변기로부터 먼 발을 대상자 발 사이에 넣고 대상자 무릎을 이동변기 쪽으로 밀며 회전시켜 변기 앞에 세운다.

식사 전 입안 헹구기의 주된 목적은?

① 구강 내 음식물을 제거한다.
② 상처나 염증을 확인하기 위함이다.
③ 음식물로 인한 불쾌감을 완화한다.
④ 구강 건조를 막아 식욕을 증진한다.
⑤ 타액 분비를 방지하기 위함이다.

ADVICE 식전 입안 헹구기는 구강 건조를 막고, 타액이나 위액 분비를 촉진하여 식욕을 증진하는 목적이 있다.

새 기저귀를 채운 후 욕창 예방을 위해 확인해야 할 사항은?

① 기저귀가 습한지 점검한다.
② 옷이나 침구의 주름을 정돈한다.
③ 기저귀를 두 개 덧대었는지 확인한다.
④ 한 시간에 한 번씩 교환했는지 확인한다.
⑤ 얼굴에 발적이 없는지 확인한다.

ADVICE 욕창 예방을 위해 옷이나 침구의 주름을 정돈하는 것이 중요하다.

침상 배뇨도움에 대한 설명으로 적절한 것은?

① 수급자가 힘을 빼면 허리를 바짝 들어 올린다.
② 머리에 큰 수건을 덮은 뒤에 바지를 내린다.
③ 남성의 경우 손을 사용할 수 있다면 소변기를 스스로 대게 한다.
④ 여성의 음부는 뒤에서 앞으로 닦는다.
⑤ 마무리는 화장지로만 가볍게 닦아준다.

ADVICE 손의 사용이 가능하다면 스스로 소변기를 대도록 한다.

침상 배설도움에 대한 설명으로 적절한 것은?

① 마비가 있는 쪽으로 눕히고 아랫배에 수건을 댄다.
② 상체를 눕힌 채로 변기를 대준다.
③ 배변이 끝나면 일으킨 상태로 항문 부위를 닦아준다.
④ 변기를 빼고 건강한 쪽으로 돌려 눕힌다.
⑤ 방수포 위에 눕히고 쉬게 한다.

ADVICE 변기를 빼고 나서는 건강한 쪽으로 몸을 돌려준다.

48 요양보호와 생활지원 | 표준페이지 : 392

침상에서 기저귀를 교환할 때 기본절차는?

① 두 다리를 천장방향으로 들어 올려서 엉덩이 아래에 방수포를 깔아준다.

② 기저귀에서 테이프를 떼면 무릎을 세워준다.

③ 마비나 상처가 있는 쪽으로 돌려서 눕힌다.

④ 엉덩이를 마른 수건으로 닦아서 옷을 입힌다.

⑤ 옷이나 침구에 주름을 지도록 만든다.

ADVICE 테이프를 떼고 무릎을 세워서 기저귀를 편하게 넣을 수 있도록 한다.

49 요양보호와 생활지원 | 표준페이지 : 401

의치 사용의 올바른 원칙은?

① 최소한 하루에 8시간은 의치를 빼놓는다.

② 밤에 빼두지 않고 계속 끼우고 잔다.

③ 장기간 착용하지 않아도 된다.

④ 의치는 하루에 한 번만 닦는다.

⑤ 식후에 의치를 끼우고 나서 칫솔질을 한다.

ADVICE 최소한 하루에 8시간은 의치를 빼놓아 잇몸의 압박을 줄인다.

50 요양보호와 생활지원 | 표준페이지 : 417

통 목욕 돕기 시의 방법으로 적절한 것은?

① 목욕수건에 비누를 묻혀 말초를 중심으로 닦인다.

② 욕조 안에서 머리를 감긴다.

③ 혈색이 변화할 때까지 욕실에 앉아 있게 한다.

④ 욕조에서 부력이 생기도록 등을 띄워서 앉힌다.

⑤ 욕실에 앉히고 오일을 바른다.

ADVICE 목욕수건으로 말초를 중심으로 닦인다.

51 요양보호와 생활지원 | 표준페이지 : 428

편마비 대상자의 하의를 갈아입힐 때 적절한 방법은?

① 일어선 상태에서 바지를 밀어 내린다.

② 건강한 다리는 보호사가 벗겨준다.

③ 누운 자세에서만 벗긴다.

④ 등 뒤에서 허리를 잡고 일으켜 세워서 갈아입힌다.

⑤ 고개를 숙이고 엉덩이를 들면서 바지를 발에서부터 올린다.

ADVICE 고개를 앞으로 숙이게 하고 엉덩이를 의자에서 가볍게 들어 올려서 바지를 입힌다.

52 요양보호와 생활지원 | 표준페이지 : 429

똑바로 누워있어서 체위변경이 필요한 대상자에게 앞이 벌어진 단추 있는 상의를 갈아입히는 방법으로 적절한 것은?

① 불편한 부위의 옷을 잘라버린다.

② 불편한 쪽의 소매를 먼저 당겨서 벗긴다.

③ 건강한 쪽의 등 부위에 옷을 먼저 말아 넣는다.

④ 의자에 앉도록 이동시켜서 벗긴다.

⑤ 바로 누워있는 몸을 들어 올리고 옷을 입힌다.

⑤ 건강한 쪽의 손을 잡아서 팔을 스스로 넣을 수 있도록 돕는다.

ADVICE 건강한 쪽의 손을 잡아서 팔을 스스로 넣도록 도와준다.

ANSWER 42.① 43.③ 44.④ 45.② 46.③ 47.④ 48.② 49.① 50.① 51.⑤ 52.⑤

똑바로 누워있어 체위변경이 필요한 대상자에게 새 바지를 입힐 때 어느 쪽 다리부터 바지를 끼우는가?

① 건강한 쪽부터
② 마비된 쪽부터
③ 양쪽 동시에
④ 순서는 상관없다
⑤ 보호자가 원하는 쪽부터

ADVICE 하의를 입힐 때는 마비된 쪽 발부터 먼저 바지에 끼운다.

체위변경과 이동의 기본 원칙으로 옳은 것은?

① 대상자의 상태보다 이동이 더욱 중요하다.
② 가능한 빠르게 시행한다.
③ 가족의 동의만 받는다면 바로 진행한다.
④ 대상자의 통증, 장애, 심리상태를 고려한다.
⑤ 무조건 하루에 한 번만 한다.

ADVICE 체위변경과 이동 시 대상자의 안정도, 운동능력, 통증, 장애, 질병, 심리상태 등 신체상황을 고려해야 한다.

요양보호사가 올바른 신체정렬을 돕는 방법으로 옳은 것은?

① 대상자와 최대한 멀리 떨어져서 잡는다.
② 허리만 굽히고 다리는 펴서 움직인다.
③ 허리와 가슴 사이 높이에서 몸과 가깝게 잡는다.
④ 발을 모으고 서서 좁게 버틴다.
⑤ 동작을 갑작스럽게 변화시킨다.

ADVICE 요양보호사는 허리와 가슴 사이 높이에서 대상자 가까이 잡고 보조해야 허리 손상을 줄일 수 있다.

대상자 특징에 따른 식사관리 원칙은?

① 치아 손실 – 딱딱한 음식을 제공한다.
② 노화로 에너지 요구량 감소 – 식사량을 적정하게 제공한다.
③ 소화능력 감소 – 많은 양의 음식을 제공한다.
④ 감각기능 퇴화 – 짠맛이 강한 음식을 제공한다.
⑤ 식욕 저하 – 매일 먹는 음식을 제공한다.

ADVICE 노화로 기초대사량과 활동량이 줄면서 에너지 요구량이 감소한다. 체중이 증가하지 않도록 적정한 식사량을 제공한다.

나트륨을 줄이는 조리방법은?

① 양념을 최대한 많이 사용한다.
② 식품의 맛을 숨기는 방향으로 조리한다.
③ 배추김치를 이용하여 조리한다.
④ 나트륨 함량이 높은 가공식품의 사용을 줄인다.
⑤ 국물 위주로 제공한다.

ADVICE 나트륨 함량이 높은 식품을 적게 사용한다.

비타민 D가 풍부한 급원 식품은?

① 커피믹스
② 새우튀김
③ 김치찌개
④ 햄
⑤ 정어리

ADVICE 생선(청어, 정어리, 연어등), 간유, 달걀 등이 있다.

59 요양보호와 생활지원 | 표준페이지 : 529

당뇨병 대상자 식사관리로 적절한 것은?

① 복합당질은 혈당을 급속히 올리므로 제한한다.
② 식품군은 2가지로만 섭취한다.
③ 케첩의 사용을 줄인다.
④ 잡곡밥보다는 흰쌀밥을 섭취한다.
⑤ 닭고기는 껍질을 위주로 조리한다.

ADVICE 케첩, 물엿, 설탕의 사용을 줄인다.

60 요양보호와 생활지원 | 표준페이지 : 533

저작곤란 대상자의 식생활 수칙으로 적절한 것은?

① 식사 중에는 라디오를 켜둔다.
② TV를 보면서 천천히 씹게 한다.
③ 침대에서 누워있는 경우 완전히 눕힌 후 먹인다.
④ 식전에 고강도 운동을 한다.
⑤ 의자에 바른 자세로 앉아 식사한다.

ADVICE 안정되고 올바른 자세를 유지하며 식사를 한다.

61 요양보호와 생활지원 | 표준페이지 : 537

식중독 예방 수칙으로 적절한 것은?

① 손은 수돗물로만 30초 이상 닦는다.
② 냉장고에 보관한 죽은 꺼내서 바로 섭취한다.
③ 물은 수돗물로 마신다.
④ 한 도마에서는 과일 → 육류 → 생선류 → 닭고
기류 순서로 이용한다.
⑤ 날음식은 조리된 음식 옆에 둔다.

ADVICE 도마가 한 개만 있는 경우에는 과일 → 육류 → 생
선류 → 닭고기류 순서로 이용한다.

62 요양보호와 생활지원 | 표준페이지 : 540

다음 중 실온에 보관하면 좋은 식품을 모두 고른 것은?

> ㉠ 꿀
> ㉡ 올리브유
> ㉢ 냉동만두
> ㉣ 조개
> ㉤ 우유

① ㉠, ㉡
② ㉡, ㉢
③ ㉡, ㉤
④ ㉢, ㉣
⑤ ㉠, ㉤

ADVICE 빵, 꿀, 커피, 올리브유 등은 실온에 보관해도 괜찮다.

63 요양보호와 생활지원 | 표준페이지 : 543

주방의 위생관리 방법으로 적절한 것은?

① 냉장고는 월 1회 청소한다.
② 냄새나는 음식은 맨손으로 꼼꼼하게 정리한다.
③ 조리대에는 늘 물기를 유지한다.
④ 수세미는 스펀지가 가장 위생적이다.
⑤ 고무장갑은 조리용 비조리용 구분없이 사용한다.

ADVICE 냉장고는 월 1회 청소해야 한다.

64 요양보호와 생활지원 | 표준페이지 : 550

튀김기름이 의복에 묻은 경우 얼룩을 제거하는 방법은?

① 찬물 안에 1시간 담가 둔다.
② 수건에 끼워 넣고 두드려서 기름을 빨아들인다.
③ 휴지로 닦아낸다.
④ 말린 후에 세탁기로 돌린다.
⑤ 얼룩에 주방 세제를 묻힌 뒤 비벼서 제거한다.

ADVICE 튀김이 묻은 부위에 주방 세제를 묻혀서 제거한다.

ANSWER 53.② 54.④ 55.③ 56.② 57.④ 58.⑤ 59.③ 60.⑤ 61.④ 62.① 63.① 64.⑤

65 요양보호와 생활지원 | 표준페이지 : 553

다음 제시된 다림질 표시기호에 대한 설명으로 옳은 것은?

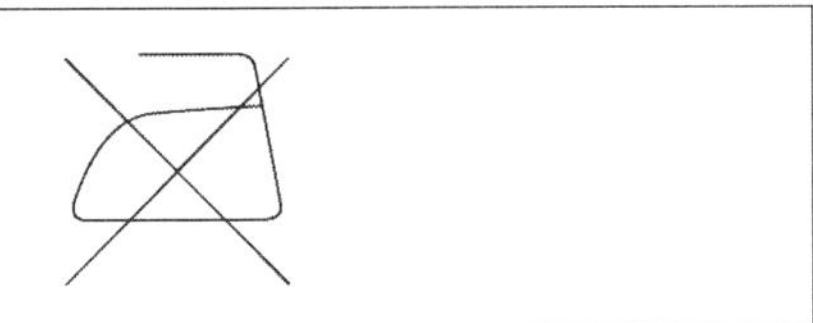

① 180 ~ 210℃로 다림질

② 다림질 할 수 없음

③ 손세탁만 가능

④ 중성세제만 사용 가능

⑤ 원단에 천을 덮고 80 ~ 120℃ 다림질

ADVICE 다림질을 할 수 없다는 표시이다.

●○○

66 요양보호와 생활지원 | 표준페이지 : 559

일상생활 동작에 맞게 주거환경을 조성하는 이유는?

① 대상자 가족의 행복

② 요양보호사의 편의성

③ 사생활 보호

④ 자립성 높이기

⑤ 시설장의 요청

ADVICE 일상생활 동작에 맞게 주거환경을 조성하면 대상자의 자립성을 높일 수 있다.

●○○

67 상황별 요양보호기술 | 표준페이지 : 582

치매 대상자가 식사를 하지 않으려고 할 때 확인해야 하는 것은?

① 다리에 상처

② 전날 수면기록

③ 배설량

④ 복용하는 약의 부작용

⑤ 날씨

ADVICE 복용하는 약물 부작용으로 식욕이 감소할 수 있다.

●○○

68 요양보호와 생활지원 | 표준페이지 : 562

쾌적한 주거환경 조성을 위한 방법은?

① 겨울에는 실내온도가 30℃ 되어야 한다.

② 환기를 하고 창문을 닫지 않는다.

③ 환기할 때 바람이 대상자에게 바로 가지 않도록 한다.

④ 겨울에 실내 난방을 하지 않는다.

⑤ 계단에는 대상자 눈높이에 보조등을 설치한다.

ADVICE 쾌적한 주거환경을 위해 환기를 하루에 3번은 해야 한다.

●○○

69 요양보호와 생활지원 | 표준페이지 : 567

환경지원지침에서 환경적 자극의 질을 높이기 위한 방법은?

① 음식이 끓는 소리를 들려준다.

② 요양보호사가 가까이에서 대상자를 돕는다.

③ 식사를 스스로 하도록 다그친다.

④ 다양한 사람을 만나라고 격려한다.

⑤ 자기만의 공간을 제공한다.

ADVICE 환경자극을 위해 시각적, 후각적, 청각적으로 자극을 한다.

●○○

70 상황별 요양보호기술 | 표준페이지 : 587

요양보호사가 목욕준비를 할 때 치매 대상자에게 하는 적절한 말은?

① "이제 씻어야 하는데 식사를 왜 하셨어요."

② "식사 전에 목욕을 해야 해요."

③ "혼자서 몸을 닦고 욕조에 들어가 보세요."

④ "머리 감고 수건으로 물을 닦아내세요."

⑤ "윗옷과 하의를 전부 벗고 욕조에 들어가세요."

ADVICE 치매 대상자에게는 해야 할 일을 한 가지씩 제시해야 한다.

71 상황별 요양보호기술 | 표준페이지 : 592

현관에서 치매 대상자의 사고를 예방하는 방법으로 적절한 것은?

① 신발장에 대상자의 신발을 펼쳐둔다.
② 현관 근처에 단차를 만든다.
③ 현관에 신발을 벗기 편하게 의자를 둔다.
④ 쉽게 현관문을 여닫을 수 있게 한다.
⑤ 현관문을 최대한 좁게 만든다.

ADVICE 신발을 벗기 편하도록 의자를 배치한다.

72 상황별 요양보호기술 | 표준페이지 : 593

치매 대상자가 반복적으로 질문을 하는 이유는?

① 자신의 안전을 확인하고 싶기 때문이다.
② 의문에 대한 답을 찾았기 때문이다.
③ 논리적인 해결법을 찾기 위해서이다.
④ 더욱 좋은 방법을 고민해서다.
⑤ 시설의 발전을 위해서이다.

ADVICE 주변 상황을 인식하지 못하기 때문에 안전한지 확인하고 싶어서 반복적으로 질문을 한다.

73 상황별 요양보호기술 | 표준페이지 : 596

치매 대상자가 상실감에 배회를 하는 경우 돕는 방법은?

① 가족과의 만남을 막는다.
② 몸을 결박하여 움직이지 못하게 한다.
③ 빛이 들어오지 않는 어두운 환경을 만든다.
④ 대상자 주변을 친숙한 것으로 채워준다.
⑤ 낮에는 방 안에서 혼자 있게 한다.

ADVICE 친숙한 것을 대상자 주변에 많이 배치해주고 가족과 시간을 가지도록 한다.

74 상황별 요양보호기술 | 표준페이지 : 596

배회를 하는 치매 대상자의 신체적인 욕구를 우선적으로 해결해주는 이유는?

① 시설 평가에서 좋은 점수를 받기 위함이다.
② 대상자 가족의 요청 때문이다.
③ 시설을 안전하게 유지하기 위해서이다.
④ 요양보호사가 퇴근하기 위해서이다.
⑤ 대상자가 요구를 하지 못하기 때문이다.

ADVICE 대상자가 희망하는 것을 적절하게 표현하지 못해서 초조감에 배회할 수 있기 때문이다.

75 상황별 요양보호기술 | 표준페이지 : 603

치매 대상자에게 나타나는 다음과 같은 사례에 적절한 대처방법은?

> 주씨 할머니는 자신의 물건을 장롱에 넣었다가 서랍에 번갈아 넣는다. 서랍에 넣고 장롱에 없음을 발견하고선 옆자리 걸을 수 없는 김씨 할아버지에게 도둑맞았다고 소리를 질렀다.

① 소리를 지르도록 놔둔다.
② 물건을 찾아서 대상자에게 건네준다.
③ 김씨 할아버지에게 가서 훔친 거냐 따진다.
④ 주씨 할머니와 물건을 찾아보고 발견하게 유도한다.
⑤ 함께 김씨 할아버지의 짐을 확인해 본다.

ADVICE 대상자가 직접 물건을 찾도록 유도해야 한다.

ANSWER 65.② 66.④ 67.④ 68.③ 69.① 70.② 71.③ 72.① 73.④ 74.⑤ 75.④

76 상황별 요양보호기술 │ 표준페이지 : 648

임종 단계 대상자의 요양보호로 적절한 것은?

① 입술이 건조하지 않게 관리한다.
② 보온을 위해서 전기기구를 사용한다.
③ 음식을 억지로 섭취하게 한다.
④ 소변량이 줄어든 경우 수분 섭취를 늘린다.
⑤ 방 안에 조명은 밝게 켜둔다.

ADVICE 입술과 콧구멍이 건조하므로 잘 관리해준다.

77 상황별 요양보호기술 │ 표준페이지 : 665

요양보호사가 손의 청결을 위해 해야 하는 것은?

① 오염된 배설물을 처리하고 알코올이 함유된 손 소독제만 사용한다.
② 손톱은 뾰족하고 길게 유지한다.
③ 반지나 팔찌와 같은 액세서리를 착용한다.
④ 대상자의 얼굴을 만진 후에는 손을 씻는다.
⑤ 체액 처리 후에 손이 깨끗하다면 씻지 않아도 된다.

ADVICE 손의 청결을 위해서 대상자와 접촉하고 난 다음에 손을 씻는다.

78 상황별 요양보호기술 │ 표준페이지 : 663

감염예방 원칙으로 적절한 것은?

① 마스크를 착용하지 않고 다닌다.
② 기침, 콧물, 인후통 등이 있다면 민감한 대상자와의 접촉을 피한다.
③ 복합만성질환이 있는 경우에는 예방접종을 받지 않는다.
④ 구강청결은 최대한 적게 시행한다.
⑤ 물건은 소독하지 않는다.

ADVICE 감염증상이 있는 경우에는 복합만성질환, 장기요양대상자 등과 같은 민감한 대상자와 접촉하지 않는다.

79 상황별 요양보호기술 │ 표준페이지 : 659

실내에서 화재가 발생한 경우 가장 먼저 해야 하는 대처는?

① 집 안에 창문을 열어둔다.
② 이동할 때 최대한 몸을 세워서 이동한다.
③ 엘리베이터를 타고 신속하게 대피한다.
④ 귀중품을 챙긴다.
⑤ 비상벨을 눌러 주변에 화재 소식을 알린다.

ADVICE 집 안에서 화재가 발생한 경우 비상벨로 주변에 화재 소식을 알리고 대피를 시도한다.

80 상황별 요양보호기술 │ 표준페이지 : 675

경련이 발생한 대상자에게 요양보호사의 적절한 응급처치는?

① 몸이 움직이지 않도록 억제한다.
② 천장을 보이게 눕힌 후에 다리에 베개를 받쳐준다.
③ 대상자 주변에 위험한 물건을 치운다.
④ 대상자에게 물을 마시게 한다.
⑤ 입을 벌려서 약을 먹인다.

ADVICE 경련을 멈추기 위한 시도를 하지 않고 경련이 멈출 때까지 기다린다. 다만 질식, 쇼크, 출혈을 예방하는 조치는 필요하다.

6회분 기출동형 모의고사

필 기

1 요양보호 대상자 이해 | 표준교재 페이지 : 20

노인의 심리적 특성에 대한 설명으로 옳은 것은?

① 흥미와 의욕이 상실하는 증상을 겪는다.
② 타인에게 의존도가 낮아진다.
③ 좋은 결과를 위해 의욕적으로 행동한다.
④ 매사에 융통성이 늘어난다.
⑤ 과거를 떠올리기 싫어한다.

ADVICE 흥미와 의욕이 감소하는 우울증 경향이 증가한다.

2 요양보호 대상자 이해 | 표준교재 페이지 : 141

요양보호사가 요통을 예방하면서 물건을 이동하는 방법은?

① 허리와 무릎을 펴서 물건을 들어 올린다.
② 허리를 굽히고 무릎을 펴서 양손으로 물건을 들어 올린다.
③ 물건을 든 상태에 방향을 바꿀 때 허리를 돌린다.
④ 물체는 최대한 몸과 멀리 떨어지게 위치하도록 하고 들어 올린다.
⑤ 물건을 들어 올릴 때 굽힌 무릎을 펴면서 올린다.

ADVICE 요통 예방을 위해 무릎을 펴서 물건을 들어 올려야 한다.

3 요양보호 대상자 이해 | 표준교재 페이지 : 143

다음과 같은 증상이 나타난 경우 문제가 발생한 부위는?

> 손으로 무언가를 세게 쥘 수 없고 손목을 굽힐 때 통증이 발생한다.

① 어깨
② 팔꿈치
③ 목
④ 허리
⑤ 근육

ADVICE 팔꿈치 관절에 통증이 나타난 경우 발생하는 증상이다.

4 요양보호 대상자 이해 | 표준교재 페이지 : 124

요양보호사의 윤리적 태도로 옳은 것은?

① 대상자에게 유아어를 사용한다.
② 대상자에게 자신의 종교를 선교하며 대상자의 여가활동을 넓혀준다.
③ 비밀유지를 위해 시설장에게 대상자의 상태를 전달하지 않는다.
④ 방문일이나 방문 시간은 자의적으로 변경하고 대상자에게 통보한다.
⑤ 업무를 비효율적으로 수행하지 않는다.

ADVICE 업무는 효율적으로 수행하며 필요한 지식과 기술을 갖추기 위해서 교육훈련에 적극적으로 참여한다.

ANSWER 76.① 77.④ 78.② 79.⑤ 80.③ / 1.① 2.⑤ 3.② 4.⑤

학대피해노인의 신분조회 요청에 협조 또는 관계 공무원과 함께 노인을 조사하는 역할을 하는 기관은?

① 보건복지부
② 의료기관
③ 사법경찰
④ 시 · 군 · 구
⑤ 법률기관

ADVICE 시 · 군 · 구에서는 학대피해노인 및 보호자 또는 학대행위자의 신분조회 요청 등에 대한 협조, 필요시 관계 공무원 또는 노인복지상담원으로 하여금 노인복지 시설과 노인 또는 관계인에 대한 조사, 노인 인권 보호 및 학대예방 관련 위원회 설치 운영 등의 역할을 한다.

노년기 가족관계가 변하면서 가치관이나 세대차이로 갈등이 심해지는 관계는?

① 형제자매와의 갈등
② 조부모–손자녀 갈등
③ 고부/장서 갈등
④ 부부갈등
⑤ 친구와의 갈등

ADVICE 가치관과 세대차이로 시어머니와 며느리, 장모님과 사위간의 갈등이 늘어나고 있다.

노인학대 예방을 위해 노인보호업무와 관련한 법 · 제도적 정책을 수립하는 기관은?

① 보건복지부
② 노인보호 전문기관
③ 의료기관
④ 노인복지시설
⑤ 사법경찰

ADVICE 보건복지부에서는 노인보호업무와 관련한 법 · 제도적 정책 수립, 노인복지시설에 대한 행정 · 재정적 지원을 한다.

치매와 같은 특수질환을 앓으며 입소 생활을 하고 있는 시설노인이 보장받는 인권은?

① 서비스 내용과 과정에 대한 알 권리
② 신체적 제한을 받을 권리
③ 종사자 인권을 존중할 의무
④ 퇴소의 자기결정권
⑤ 치료를 거부할 권리

ADVICE 치매 등 특정 질환을 이유로 차별받지 않고 평등한 처우를 받을 권리, 서비스 내용과 과정에 대해 알 권리, 신체적 제한을 받지 않을 권리, 치료 및 약물 처방에 대한 자기결정의 권리가 있다.

다음의 노인학대가 발생하는 요인은?

> 나이를 먹은 유씨 할머니는 자식들과 요양보호사의 신체적 학대에 익숙해졌다. 적절한 대응을 하지 않고 무기력하게 고함과 폭언을 들으면서 지내고 있다.

① 사회관계망 요인
② 인구사회학적 특성 요인
③ 경제 기능 요인
④ 가족상황적 요인
⑤ 심리적 기능 요인

ADVICE 심리적으로 자아존중감이 낮아 무기력하게 학대를 받고 있는 것이다.

10 요양보호 대상자 이해 | 표준교재 페이지 : 125

요양보호사가 법적·윤리적 책임을 다하기 위해 하지 않아야 하는 행위는?

① 감독자에 대한 복종

② 적극적인 보수교육 참여

③ 요양보호서비스 내용 기록

④ 할당된 장소에서의 근무 거부

⑤ 업무범위 이외의 업무 거부

ADVICE 할당된 장소에서의 근무를 거부하는 행위는 하지 않아야 한다.

11 요양보호 대상자 이해 | 표준교재 페이지 : 39

노인을 위한 노인복지의 원칙에 해당하는 것은?

① 가족과 지역사회 지원으로 건강서비스를 이용할 수 있어야 한다.

② 소득활동에 참여하지 않아야 한다.

③ 사회운동단체를 조직할 수 없다.

④ 보호시설에서 자유가 제한되어야 한다.

⑤ 착취받더라도 소득활동을 하도록 한다.

ADVICE 독립의 원칙에 따라 노인은 가족과 지역사회 지원으로 건강서비스를 이용할 수 있어야 한다.

12 요양보호 대상자 이해 | 표준교재 페이지 : 37

사회보험에 해당하는 것은?

① 운전자보험

② 국민기초생활보장제도

③ 국민연금보험

④ 종신보험

⑤ 실손의료보험

ADVICE 사회보험으로 국민건강보험, 국민연금보험, 고용보험, 산업재해보상보험이 있다.

13 노화와 건강증진 | 표준교재 페이지 : 183

고혈압 예방을 위한 방법은?

① 음주

② 염분 섭취

③ 체중 관리

④ 수면 시간 단축

⑤ 흡연

ADVICE 절주, 금연, 염분 덜 먹기, 체중 관리 등이 고혈압을 예방하기 위한 방법이다.

14 노화와 건강증진 | 표준교재 페이지 : 187

심장 질환이 있는 대상자에게 해야 하는 요양보호사의 활동은?

① 고혈압이 있는 경우 처방약 복용을 제한한다.

② 어지럼증을 느낀다면 그 자리에 앉게 한다.

③ 불안해하는 경우 진정하라고 윽박지른다.

④ 호흡곤란을 호소하는 경우 심호흡 방법을 알려준다.

⑤ 심장병인 것 같으니 서둘러서 병원에 가라고 알려준다.

ADVICE 그 자리에 주저앉는 것은 어지럼증이 나타나는 경우에 낙상이나 머리 손상을 방지하는 방법이다.

15 노화와 건강증진 | 표준교재 페이지 : 232

손가락 – 링 테스트에서 종아리가 손가락 링보다 헐렁한 그룹의 특징은?

① 근감소증 위험이 적다.

② 요양원에 입소할 위험이 적다.

③ 비교적 사망률이 높다.

④ 근육량이 일반 사람보다 많은 편이다.

⑤ 보행능력이 증가한다.

ADVICE 손가락 – 링 테스트에서 손가락 링보다 종아리가 헐렁한 그룹은 근감소증 위험이 크며 요양원에 입소할 위험이 크다. 근육량이 적으며 보행능력이 감소한다.

ANSWER 5.④ 6.③ 7.① 8.① 9.⑤ 10.④ 11.① 12.③ 13.③ 14.② 15.③

16 노화와 건강증진 | 표준교재 페이지 : 236

치매에 대한 설명으로 옳은 것은?

① 노화로 인해 생기는 자연스러운 현상이다.

② 일상생활에 지장이 생긴다.

③ 정상 뇌와 대상자의 뇌에 큰 차이가 없다.

④ 경험한 일의 일부 중 사소한 것만 잊는다.

⑤ 힌트를 주면 시간이 지나 기억을 한다.

ADVICE 치매는 노화로 인한 자연스러운 현상이 아닌 뇌의 질환에 해당한다. 정상인의 뇌와 차이가 있고 힌트를 줘도 기억을 하지 못한다.

●○○

17 노화와 건강증진 | 표준교재 페이지 : 245

뇌졸중의 후유증인 언어장애에 의해서 발생하는 증상은?

① 음성 장애

② 기억력 상실

③ 감각 이상

④ 운동실조증

⑤ 실어증

ADVICE 언어장애를 통해 실어증, 어눌한 발음, 부정확한 발음과 같은 증상들이 나타난다.

●●○

18 노화와 건강증진 | 표준교재 페이지 : 199

노화에 따른 피부계의 특성은?

① 탄력성의 증가로 검버섯이 생긴다.

② 상처가 잘 생기지 않는다.

③ 머리카락이 두꺼워진다.

④ 피하지방 감소로 기온에 민감해진다.

⑤ 여름철에 소양증이 특히 심해진다.

ADVICE 탄력성이 감소하여 쉽게 상처가 생기며 머리카락은 얇아진다. 겨울철이나 밤에 가려움증을 흔히 느낀다.

●○○

19 노화와 건강증진 | 표준교재 페이지 : 200

다음 증상에 해당하는 욕창 단계는?

> • 피부가 분홍색이나 푸른색을 띤다.
> • 피부를 누르면 피부색이 일시적으로 하얗게 보인다.
> • 피부에 열감이 있다.

① 1단계　　　　② 2단계

③ 3단계　　　　④ 4단계

⑤ 정상

ADVICE 표피에 생긴 홍반이 없어지지 않는 1단계 상태이다.

●○○

20 노화와 건강증진 | 표준교재 페이지 : 224

섬망의 치료 및 예방 방법으로 옳은 것은?

① 개인 사물이나 시계를 보이지 않는 곳에 숨겨 둔다.

② 목욕이나 마사지는 일체 금지한다.

③ 접촉하는 사람의 수를 줄인다.

④ 대상자를 위협적으로 바라본다.

⑤ 수면환경은 최대한 밝고 소란스럽게 유지한다.

ADVICE 개인의 정체성 유지를 위해서 접촉하는 사람을 줄이고 가족과의 만남을 늘린다.

●○○

21 노화와 건강증진 | 표준교재 페이지 : 170

설사 대상자가 피해야 하는 음식은?

① 저지방 음식

② 카페인이 들어 있는 음료

③ 저섬유소 음식

④ 흰쌀 죽

⑤ 따뜻한 물

ADVICE 장운동을 증가시키는 후추, 카페인 음료수, 술, 고섬유소, 고지방 음식을 피한다.

●○○

22 노화와 건강증진 | 표준교재 페이지 : 245

뇌에서 언어기능에 관여하는 부위는?

① 뇌간　　　　② 후두엽
③ 두정엽　　　④ 전두엽
⑤ 측두엽

ADVICE 측두엽은 언어기능에 관여한다.

●○○

23 노화와 건강증진 | 표준교재 페이지 : 249

파킨슨병 대상자에게 하는 치료 및 관리법은?

① 운동을 하지 않고 침대에 누워서 휴식한다.
② 설사가 발생할 수 있으므로 이온음료를 자주 마신다.
③ 손발 떨림이 완화되면 약물 복용을 멈춘다.
④ 파킨슨 약물은 정확한 시간에 복용한다.
⑤ 단백질 섭취량을 줄인다.

ADVICE 파킨슨 약물은 정확한 시간에 지속적으로 복용한다.

●○○

24 노화와 건강증진 | 표준교재 페이지 : 255

전신 지구력 운동의 목적은?

① 근력 유지　　　② 동적 균형 유지
③ 심폐기능 개선　　④ 관절가동범위 유지
⑤ 근지구력 개선

ADVICE 전신 지구력 운동은 심폐기능을 개선하는 것이 목적이다.

●○○

25 노화와 건강증진 | 표준교재 페이지 : 265

고지혈증약, 혈압약과 상호작용을 발생시키는 음식은?

① 오렌지주스　　② 자몽주스
③ 사과주스　　　④ 우유
⑤ 라면

ADVICE 자몽주스는 고지혈증약, 혈압약, 수면제 등에 상호작용을 한다.

●○○

26 노화와 건강증진 | 표준교재 페이지 : 252

노인의 식욕이 감소하는 이유는?

① 음식 씹는 능력의 강화
② 예민해진 후각
③ 인지기능의 저하
④ 활발한 사회활동
⑤ 취미활동의 증가

ADVICE 활동량 감소, 인지기능의 저하, 만성질환, 약물복용 등으로 식욕이 감소한다.

●○○

27 노화와 건강증진 | 표준교재 페이지 : 244

다음 위험요인으로 발생할 수 있는 질환은?

> 고령, 남자, 흡연, 당뇨병, 고혈압, 이상지질혈증, 고나트륨 식이, 신체활동 부족

① 고관절 골절　　② 골다공증
③ 파킨슨병　　　④ 뇌졸중
⑤ 우울증

ADVICE 제시된 것은 뇌졸중의 위험요인이다.

●○○

28 노화와 건강증진 | 표준교재 페이지 : 201

욕창 대상자 무릎 사이에 베개를 끼워두는 이유는?

① 뼈 주위를 보호하고 마찰을 방지하기 위함이다.
② 대상자가 편한 자세를 유지하기 위함이다.
③ 욕창의 진행속도를 늦추기 위함이다.
④ 요양보호사가 편하게 체위를 변경시키기 위함이다.
⑤ 식사 후 소화에 도움이 되기 때문이다.

ADVICE 뼈 주변을 보호하고 마찰을 방지하기 위해 무릎 사이에 베개를 끼워둔다.

ANSWER　16.②　17.⑤　18.④　19.①　20.③　21.②　22.⑤　23.④　24.③　25.②　26.③　27.④　28.①

다음에서 설명하는 질환에 해당하는 것은?

> - 갑작스럽게 위 점막에 염증이 나타난 상태이다.
> - 충분히 음식물을 씹지 못하고 섭취하는 경우 빈번히 발생한다.
> - 위가 무겁거나 부푼 듯한 팽만감이 있다.

① 만성 기관지염 ② 독감

③ 위암 ④ 위궤양

⑤ 급성 위염

ADVICE 갑자기 발생하는 위 점막 염증은 급성 위염에 해당한다. 급성 위염이 방치되거나 재발하면 만성 위염이 된다.

세균에 의해 폐 조직에 염증이 생기면서 기관지가 두꺼워지고 섬유화되어 산소흡수능력이 감소하는 질환은?

① 폐렴 ② 만성 기관지염

③ 독감 ④ 폐결핵

⑤ 천식

ADVICE 폐렴은 세균이나 바이러스에 의해서 폐 조직에 염증이 생기는 질환이다.

혈압에 대한 설명으로 옳은 것은?

① 이상적인 혈압은 180/100mmHg이다.

② 혈관이 좁아지면 혈압이 낮아진다 .

③ 혈압은 몸의 자세에 따라서 변화한다.

④ 계절의 변화는 혈압과 관련이 없다.

⑤ 심장이 혈액을 내보내는 압력은 이완기 혈압이다.

ADVICE 혈압은 음식 섭취, 음주, 몸의 자세, 긴장상태, 계절에 따라 변화한다.

동맥경화증은 혈관 안쪽 벽에 무엇이 축적되면서 발생하는가?

① 이산화탄소

② 산소

③ 물

④ 지방

⑤ 탄수화물

ADVICE 혈관 안쪽 벽에 지방이 축적되면 혈관이 좁아져서 동맥경화증이 나타난다.

천식 대상자에 대한 설명으로 옳은 것은?

① 미세먼지가 심한 날 바깥활동을 늘린다.

② 운동 30분 전에 기관지 확장제를 흡입한다.

③ 처방받지 않은 약물이라도 증상이 있다면 복용한다.

④ 벽난로 근처에서 체온을 유지한다.

⑤ 가래검사를 통해 질환을 조기에 발견한다.

ADVICE 운동 30분 전에 기관지 확장제를 사용하여 호흡곤란을 예방한다.

심부전 대상자에게 적절한 치료 및 예방법은?

① 증상이 없다면 처방약을 복용하지 않는다.

② 운동을 제한한다.

③ 저혈압을 관리한다.

④ 고콜레스테롤 식이 섭취를 제한한다.

⑤ 1일 1식을 하면서 많은 음식을 먹는다.

ADVICE 고콜레스테롤 식이를 제한한다. 과식은 심장에 무리를 주므로 소량씩 나누어서 섭취한다.

●○○
35 노화와 건강증진 | 표준교재 페이지 : 186

적혈구나 헤모글로빈이 부족하여 몸에서 산소를 제대로 공급받지 못하는 상태의 질환은?

① 폐결핵
② 심부전
③ 빈혈
④ 천식
⑤ 설사

ADVICE 빈혈은 적혈구나 헤모글로빈이 부족하여 몸에서 산소를 제대로 공급받지 못하는 상태이다.

실 기

●○○
36 요양보호와 생활지원 | 표준페이지 : 293

시각장애가 있는 대상자와 이야기하는 방법으로 적절한 것은?

① 대상자의 측면에서 이야기한다.
② 신체 접촉 전에는 말을 먼저 건넨다.
③ 이미지 전달이 어려운 사물은 입으로 설명한다.
④ 함께 보행하는 경우 뒤에서 밀어주듯이 등 뒤에서 걷는다.
⑤ 여기, 이쪽 등 지시명사를 사용하여 명확히 말한다.

ADVICE 말을 먼저 건넨 후에 신체 접촉을 하여 대상자가 놀라지 않도록 한다.

●○○
37 요양보호와 생활지원 | 표준페이지 : 359

대상자의 사레 및 질식을 예방하기 위해 피해야 하는 것은?

① 수분이 적은 음식을 제공한다.
② 한 수저에 많은 양을 제공한다.
③ 식사 시작 전에는 물로 입을 축이게 한다.
④ 점도가 높은 음식을 제공한다.
⑤ 신맛이 나는 음식으로 침이 많이 나오게 한다.

ADVICE 물로 입을 축이고 음식을 먹여야 사레가 들지 않는다.

●○○
38 요양보호와 생활지원 | 표준페이지 : 365

경관영양의 기본원칙으로 옳은 것은?

① 영양액의 온도는 체온과 비슷하게 준비한다.
② 1분에 50mL 이상 주입한다.
③ 입안을 건조하게 유지한다.
④ 경관영양식사를 마치면 영양주머니는 다음 식사 때까지 그대로 걸어둔다.
⑤ 비위관은 잘 빠지도록 한다.

ADVICE 너무 차가운 영양액의 경우 통증을 유발할 수 있다.

●○○
39 요양보호와 생활지원 | 표준페이지 : 373

안약이나 귀약을 보관할 때의 올바른 방법은?

① 투약 후 입구를 마른 솜으로 닦아 보관한다.
② 냉장고에 보관한다.
③ 햇빛이 잘 드는 곳에 보관한다.
④ 뚜껑을 열어두고 보관한다.
⑤ 투약 후 입구를 생리식염수 솜으로 잘 닦아 보관한다.

ADVICE 입구를 생리식염수 솜으로 잘 닦아 상온의 그늘진 곳에서 보관한다.

ANSWER 29.⑤ 30.① 31.③ 32.④ 33.② 34.④ 35.③ 36.② 37.③ 38.① 39.⑤

40 요양보호와 생활지원 | 표준페이지 : 371

귀에 약물 투여가 쉽도록 귓바퀴를 잡아당기는 방향으로 옳은 것은?

① 전하방 (앞쪽 아래)　② 후하방 (뒤쪽 아래)
③ 후상방 (뒤쪽 위)　　④ 전상방 (앞쪽 위)
⑤ 당기지 않음

ADVICE 후상방으로 당겨 약물을 투여한다.

41 요양보호와 생활지원 | 표준페이지 : 367

경구약 돕기를 위해 요양보호사가 준비하고 실행해야 할 것은?

① 침상에 누워있는 대상자에게는 똑바로 누운 자세를 취하게 한다.
② 처방된 약과 함께 컵, 물, 눈금 있는 약물통, 계량컵을 준비한다.
③ 가루약은 입 안에 털어서 넣어준다.
④ 물약을 복용할 때에는 빨대를 사용하지 않는 것이 원칙이다.
⑤ 알약 개수가 많더라도 한 번에 투약해야 한다.

ADVICE 처방 약, 컵, 물, 눈금 있는 약물통, 계량컵을 준비한다.

42 요양보호와 생활지원 | 표준페이지 : 394

식후 입안 헹구기의 주된 목적은?

① 타액 분비를 촉진하여 식욕을 증진한다.
② 잇몸을 자극하여 순환을 촉진한다.
③ 구강 건조를 막는다.
④ 음식물을 제거하여 구강을 청결히 한다.
⑤ 위액 분비를 촉진한다.

ADVICE 식후 입안 헹구기는 구강을 청결히 하고 음식물로 인한 질식을 예방하는 목적이 있다.

43 요양보호와 생활지원 | 표준페이지 : 383

편마비 대상자를 이동변기에 앉힐 때, 이동변기를 놓는 위치로 옳은 것은?

① 마비된 쪽에 이동변기를 붙인다.
② 침대와 최대한 먼 곳에 두어 걸어가서 배설을 하게 한다.
③ 침대 발치에 이동변기를 둔다.
④ 건강한 쪽으로 침대 난간에 빈틈없이 비스듬히 붙인다.
⑤ 침대 위에 올려둔다.

ADVICE 편마비의 경우 이동변기는 건강한 쪽으로 침대 난간에 빈틈없이 붙이거나, 30 ~ 45° 비스듬히 붙여 이동을 용이하게 한다.

44 요양보호와 생활지원 | 표준페이지 : 400

윗쪽 완전 의치를 뺄 때 올바른 방법은?

① 턱을 잡고 의치를 당겨서 뺀다.
② 치과에 방문하여 제거한다.
③ 앞부분을 잡고 엄지와 검지를 이용하여 상하로 움직이면서 뺀다.
④ 대상자의 혀로 빼내게 한다.
⑤ 입안을 헹구면서 자연스럽게 빠지게 한다.

ADVICE 앞부분을 잡고 엄지와 검지를 이용하여 상하로 움직이면서 제거한다.

●○○

45 요양보호와 생활지원 │ 표준페이지 : 401

의치를 닦을 때 특히 주의하여 닦아야 할 부분은?

① 의치 바닥의 바깥쪽 면
② 인공 치아와 의치 바닥 사이의 안쪽
③ 의치의 평평한 윗면
④ 의치의 유지력을 증가시키는 레스트
⑤ 클래스프 부위

ADVICE 인공 치아와 인공 치아의 사이, 인공 치아와 의치 바닥 사이 안쪽의 좁게 되어 있는 곳을 신경써서 닦는다.

●○○

46 요양보호와 생활지원 │ 표준페이지 : 419

침상 목욕으로 전신을 닦일 때 방법으로 적절한 것은?

① 눈 주변은 비누를 사용하지 않는다.
② 허벅지 쪽에서 발끝 방향으로 닦는다.
③ 겨드랑이 밑은 닦지 않는다.
④ 몸을 닦을 때 음부를 가장 먼저 닦는다.
⑤ 복부는 손바닥에 힘을 넣어 일자로 닦는다.

ADVICE 눈 주변에는 비누를 사용하지 않고 닦는다.

●○○

47 요양보호와 생활지원 │ 표준페이지 : 426

앉을 수 있는 편마비 대상자에게 앞이 벌어진 단추 있는 상의를 벗길 때, 첫 단계로 옳은 것은?

① 상의 단추를 모두 푼다.
② 바지를 벗긴다.
③ 의자에서 일어나서 만세 자세를 하게 한다.
④ 옷을 찢어서 벗긴다.
⑤ 양말을 벗긴다.

ADVICE 앞이 벌어진 상의는 단추를 먼저 풀고 시작한다.

●○○

48 요양보호와 생활지원 │ 표준페이지 : 431

누워서 생활하여 체위변경이 필요한 대상자의 하의를 벗길 때 자세로 적절한 것은?

①

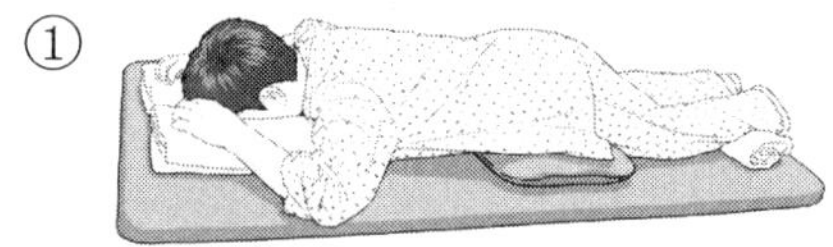

②

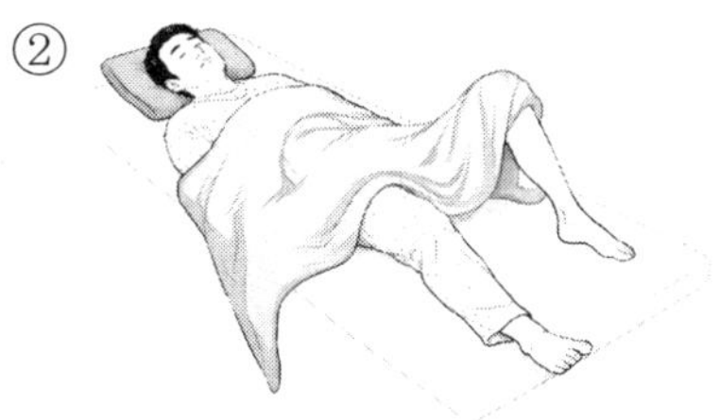

③

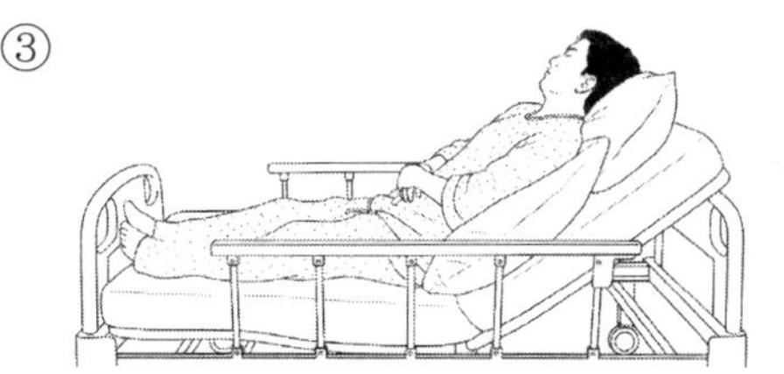

④

⑤

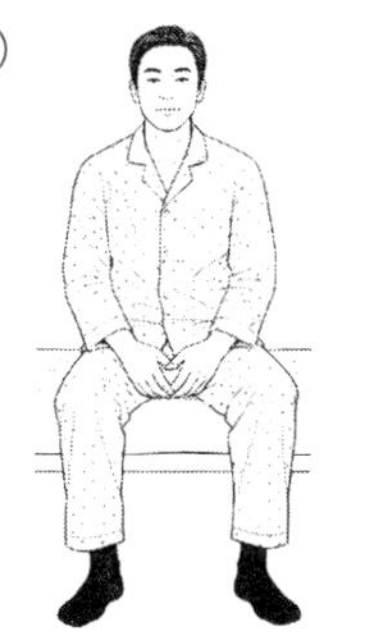

ADVICE 무릎을 들어 올린 자세에서 발로 바닥을 지지하게 한다.

당뇨가 있는 대상자에게 제공할 수 있는 식품은?

① 껌
② 조청
③ 약과
④ 유자차
⑤ 뉴슈가

ADVICE 저열량 감미료인 그린스위트, 화인스위트, 네오스위트, 이퀄, 뉴슈가, 신화당은 비교적 자유롭게 섭취할 수 있다.

치매 대상자와 의사소통할 때 기본원칙을 지킨 요양보호사의 반응으로 옳은 것은?

① "어디 불편하세요?"
② "머리가 아프세요?"
③ "무슨 말을 하는 거예요."
④ "또 아프다고 하는 거예요?"
⑤ "오늘 점심은 미역국인데, 미역국 좋아?"

ADVICE 의사표현을 적절하게 할 수가 없기 때문에 자신의 상황을 제대로 전달하지 못한다. 따라서 대상자의 요구를 알기 위해서는 구체적으로 질문해야 한다.

치매 대상자와 의사소통 시 적절한 환경 조성으로 옳은 것은?

① 명령조 문장을 사용하며 말한다.
② 어린아이 대하듯 이야기한다.
③ 높은 음조로 빠르게 대답한다.
④ 유행어나 외래어를 섞어서 사용한다.
⑤ 걷고 있으면 멈춰 세우고 이야기한다.

ADVICE 대상자를 뒤에서 부르거나 걷고 있을 때 말을 걸면 신체 균형을 잃어 넘어질 우려가 있으므로 멈춰 세우고 이야기한다.

옆으로 누운 자세를 취하는 방법으로 적절한 것은?

① 허리 아래에 베개를 적용한다.
② 척추를 뒤로 꺾은 자세로 유지한다.
③ 엉덩이를 뒤로 많이 이동시켜준다.
④ 등 뒤에 베개를 두어 기대게 한다.
⑤ 아래에 있는 다리 밑에 베개를 둔다.

ADVICE 엉덩이를 뒤로 많이 이동시켜 주면 편안함을 느낀다.

휠체어 잠금장치를 사용하여 휠체어를 고정시키려고 할 때 올바른 조작 방법은?

① 휠체어 옆 손잡이를 바퀴 반대쪽으로 밀어 잠근다.
② 잠금장치를 잠근 후 시트를 누른다.
③ 휠체어 옆 손잡이를 바퀴 쪽으로 밀어 잠근다.
④ 발 받침대를 올린 후 잠금장치를 잠근다.
⑤ 팔걸이를 펼쳐둔다.

ADVICE 고정 시에는 휠체어 옆에 손잡이를 바퀴 쪽으로 밀어 잠근다.

바닥에 있는 대상자를 휠체어로 이동시키기 위해 휠체어를 놓는 올바른 위치와 조치는?

① 휠체어를 대상자의 건강한 쪽에 비스듬히 놓고 바퀴를 고정한다.
② 휠체어를 대상자의 마비된 쪽에 반듯이 놓는다.
③ 휠체어를 대상자와 나란히 놓는다.
④ 앞바퀴를 풀고 발 받침대를 내린다.
⑤ 휠체어를 대상자의 허리 중간에 밀착하여 놓고 바퀴를 고정한다.

ADVICE 휠체어는 대상자의 건강한 쪽에 비스듬히 놓고, 낙상 및 미끄러짐 방지를 위해 바퀴를 고정하고 발 받침대를 접는다.

●○○
55 요양보호와 생활지원 | 표준페이지 : 452

바닥에서 휠체어로 이동할 때 순서로 적절한 것은?

> ㉠ 건강한 쪽의 무릎을 세우게 한다.
> ㉡ 엉덩이를 들어서 허리를 펴게 한다.
> ㉢ 천천히 휠체어에 앉힌다.
> ㉣ 어깨와 허리를 받친다.

① ㉠ → ㉡ → ㉣ → ㉢
② ㉡ → ㉣ → ㉠ → ㉢
③ ㉡ → ㉠ → ㉢ → ㉣
④ ㉢ → ㉣ → ㉡ → ㉠
⑤ ㉣ → ㉡ → ㉠ → ㉢

ADVICE ㉣ 어깨와 허리를 받치고 ㉡ 엉덩이를 들어 허리를 펴게 한다. ㉠ 건강한 쪽의 무릎을 세우게 하고 ㉢ 천천히 휠체어에 앉힌다.

●○○
56 상황별 요양보호기술 | 표준페이지 : 599

치매 대상자가 파괴적인 행동을 하는 경우 돕기 위해 하는 적절한 말은?

① "왜 이정도로 흥분을 하는 건가요?"
② "이렇게 흥분하는 것이 충분히 이해돼요."
③ "아까 활동 중에 왜 그렇게 파괴적인 행동을 했어요?"
④ "했던 말 또 하지 말고 뛰어다니지도 말고 소리치지 않기로 했잖아요."
⑤ "저한테 심술부리지 마세요."

ADVICE 치매 대상자가 흥분하고 당황했음을 이해하는 표현을 온화하게 말한다.

●○○
57 요양보호와 생활지원 | 표준페이지 : 528

나트륨을 줄이는 조리방법은?

① 국수 면를 삶을 때 소금 간을 하지 않는다.
② 음식 온도를 높게 하여 제공한다.
③ 간을 소금으로 조절한다.
④ 장류의 사용을 늘린다.
⑤ 다시마 육수를 사용하지 않는다.

ADVICE 국수 면을 삶을 때 소금 간을 하지 않으면 나트륨을 줄일 수 있다.

●○○
58 요양보호와 생활지원 | 표준페이지 : 516

비타민 A가 풍부한 급원식품은?

① 햄
② 현미
③ 쇠간
④ 새우
⑤ 감자튀김

ADVICE 쇠간, 생선간유, 메추리알, 달걀 노른자에 해당한다.

●○○
59 요양보호와 생활지원 | 표준페이지 : 530

당뇨병 대상자가 비교적 자유롭게 섭취가 가능한 식품은?

① 과일통조림
② 유자차
③ 곤약
④ 가당요구르트
⑤ 약과

ADVICE 곤약, 채소류, 녹차 등을 비교적으로 자유롭게 섭취 가능하다.

ANSWER 49.⑤ 50.② 51.⑤ 52.③ 53.③ 54.① 55.⑤ 56.② 57.① 58.③ 59.③

60 요양보호와 생활지원 | 표준페이지 : 533

식사 중에 저작곤란 대상자가 지켜야 하는 식생활 수칙은?

① 생선, 유제품, 과일은 제한한다.
② 젓가락 위주로 사용한다.
③ 밥을 국에 말아서 먹는다.
④ 한 번에 조금 먹으면서 나누어 삼킨다.
⑤ 머리를 젖혀서 음식을 삼킨다.

ADVICE 조금씩 먹고 나누어서 삼킨다.

●○○

61 요양보호와 생활지원 | 표준페이지 : 537

도마가 한 개만 있는 경우 식중독을 예방하기 위한 식재료 사용 순서는?

> ㉠ 닭고기류
> ㉡ 육류
> ㉢ 채소류
> ㉣ 생선류

① ㉠ → ㉡ → ㉣ → ㉢
② ㉡ → ㉠ → ㉣ → ㉢
③ ㉢ → ㉣ → ㉠ → ㉡
④ ㉢ → ㉡ → ㉣ → ㉠
⑤ ㉣ → ㉢ → ㉡ → ㉠

ADVICE 채소류 → 육류 → 생선류 → 닭고기류 순서이다.

●○○

62 요양보호와 생활지원 | 표준페이지 : 542

안전한 조리를 위한 방법으로 적절한 것은?

① 락스 원액에 채소를 5분 이상 담가 둔다.
② 해동한 식품은 다시 얼리지 않는다.
③ 식품의 가장 두꺼운 부분은 조리 시 온도가 가장 낮아야 한다.
④ 조리된 식품은 맨손으로 취급한다.
⑤ 냉동 재료를 바로 물에 넣어서 해동한다.

ADVICE 해동한 식품을 다시 얼리면 세균이 증식하기 쉽다.

●○○

63 요양보호와 생활지원 | 표준페이지 : 546

노인의 의복 선택 및 관리 시 주의사항은?

① 체형보다 통이 넓은 바지여야 한다.
② 직접 벗는 것이 불편해야 한다.
③ 가볍고 보온성이 좋아야 한다.
④ 상의에는 장식이 많을수록 좋다.
⑤ 저녁 외출 시에는 검은 옷을 입힌다.

ADVICE 가볍고 보온성이 좋은 옷을 선택해야 한다.

●○○

64 요양보호와 생활지원 | 표준페이지 : 550

파운데이션이 의복에 묻은 경우 얼룩을 제거하는 방법은?

① 칫솔로 얼룩 부분을 닦아낸다.
② 비누 거품을 묻혀서 비벼서 닦는다.
③ 찬물 안에 2 ~ 3시간 담가 둔다.
④ 세탁기에 바로 넣고 세탁한다.
⑤ 알코올이 묻은 화장솜으로 톡톡 두드린다.

ADVICE 알코올을 묻혀서 얼룩을 닦아낸다. 파운데이션은 비눗물로 씻으면 얼룩이 더 번진다.

●○○

65 요양보호와 생활지원 | 표준페이지 : 552

다음 다림질 표시기호에 대한 의미는?

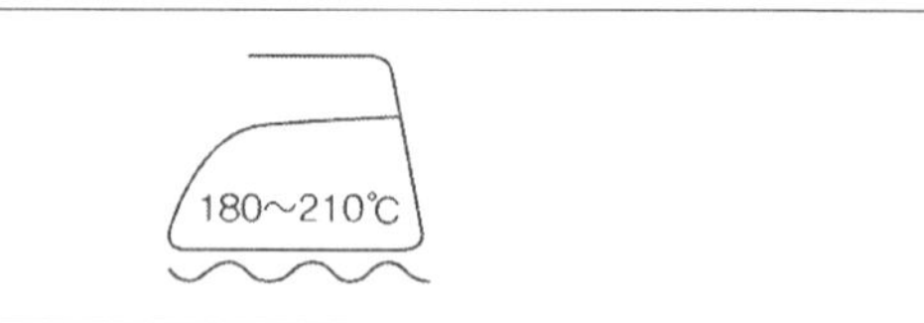

① 180 ~ 210℃로 다림질
② 다림질할 수 없음
③ 손세탁만 가능
④ 중성세제만 사용 가능
⑤ 원단에 천을 덮고 80 ~ 120℃ 다림질

ADVICE 180 ~ 210℃로 다림질하라는 표시이다.

●○○

66 요양보호와 생활지원 | 표준페이지 : 559

안전한 주거환경을 위해 현관에 조성해야 하는 것은?

① 현관문의 잠금장치를 없앤다.

② 현관 입구 폭을 좁게 한다.

③ 현관과 신발장 주변에는 어떠한 물건도 두지 않는다.

④ 현관 밖과 발밑을 비추는 조명을 설치한다.

⑤ 바닥은 반질반질하고 광이 나는 소재로 한다.

ADVICE 현관 밖과 발밑은 조명을 두어 밝게 유지한다.

●○○

67 요양보호와 생활지원 | 표준페이지 : 562

실내에 조명이 한 곳만 집중적으로 밝다면 노인에게 발생할 수 있는 증상은?

① 구토가 발생할 수 있다.

② 소음으로 고통을 겪을 수 있다.

③ 어두운 곳에서 낙상 위험 증가한다.

④ 청각장애가 발생한다.

⑤ 멜라토닌 형성에 도움이 된다.

ADVICE 어두운 곳을 더욱 어둡게 느끼면서 낙상이 증가한다.

●○○

68 요양보호와 생활지원 | 표준페이지 : 540

실온보관이 좋은 음식을 모두 고른 것은?

㉠ 양파	㉡ 황금향
㉢ 빵	㉣ 두부
㉤ 닭가슴살	

① ㉠

② ㉠, ㉡, ㉢

③ ㉡, ㉢, ㉤

④ ㉢, ㉣

⑤ ㉣, ㉤

ADVICE 양파, 감자, 황금향, 바나나, 빵, 꿀 등은 실온에 보관해도 괜찮다.

●○○

69 상황별 요양보호기술 | 표준페이지 : 582

치매 대상자의 식사 돕기 원칙은?

① 소금을 식탁 위에 올려둔다.

② 사탕이나 땅콩을 제공한다.

③ 사레가 자주 걸리면 금식을 한다.

④ 졸려하더라도 깨워서 식사를 제공한다.

⑤ 접시보다는 사발을 그릇으로 사용한다.

ADVICE 사발을 사용해야 흘리는 것이 줄어든다.

●○○

70 상황별 요양보호기술 | 표준페이지 : 587

치매 대상자의 목욕을 돕는 방법은?

① 목욕 중에 가만히 있으라고 으박지른다.

② 해야 할 일을 한 번에 알려준다.

③ 피부가 접혀진 부분은 씻기지 않는다.

④ 물에 대해 거부반응이 있다면 작은 그릇으로 물에서 장난을 하게 한다.

⑤ 운동실조증이 있다면 일어서서 샤워를 해야 한다.

ADVICE 거부반응이 있다면 물을 가지고 장난을 하게 한다.

●○○

71 상황별 요양보호기술 | 표준페이지 : 591

치매 대상자의 욕실 안전과 사고 예방법으로 옳은 것은?

① 한쪽 벽에 전면 거울이 있는 곳에서 씻긴다.

② 온수파이프는 실외에 노출시킨다.

③ 욕실에 문턱을 없앤다.

④ 미끄럼방지매트는 욕실에 설치하지 않는다.

⑤ 온수기 최고 온도는 80℃ 이상으로 한다.

ADVICE 욕실에는 문턱을 없앤다.

ANSWER 60.④ 61.④ 62.② 63.③ 64.⑤ 65.① 66.④ 67.③ 68.② 69.⑤ 70.④ 71.③

72 상황별 요양보호기술 | 표준페이지 : 592

치매 대상자의 부엌 안전과 사고 예방법으로 옳은 것은?

① 깨지기 쉬운 물건은 보관장에 넣고 잠가둔다.
② 가스밸브는 대상자가 손쉽게 찾을 수 있는 곳에 둔다.
③ 과일 모양의 자석으로 냉장고를 꾸며둔다.
④ 위험한 물건은 식탁 위에 올려둔다.
⑤ 음식물 쓰레기를 대상자 방 주변에 둔다.

ADVICE 깨지기 쉽거나 위험한 물건을 대상자 손에 닿지 않게 한다.

73 상황별 요양보호기술 | 표준페이지 : 539

치매 대상자가 반복적인 행동을 할 때 요양보호사의 기본원칙은?

① 무리를 해서라도 그만하게 한다.
② 해가 되지 않는다면 그냥 놔둔다.
③ 행동을 고치려고 훈계를 한다.
④ 체벌을 한다.
⑤ 그만 하라고 화를 낸다.

ADVICE 해가 되지 않는 경우에는 놔눠도 된다.

74 상황별 요양보호기술 | 표준페이지 : 596

치매 대상자가 배회를 하는 경우 돕는 방법은?

① 하루 종일 방 안에 혼자 있게 한다.
② 낮 시간에 계속 잠을 자게 한다.
③ 배회를 하지 말라고 엄하게 말한다.
④ 위험한 환경에 대상자를 둔다.
⑤ 낮에 활동적이며 바쁘게 생활하게 한다.

ADVICE 활동적으로 움직이게 하면서 수면의 질도 향상시키도록 해야 한다.

75 상황별 요양보호기술 | 표준페이지 : 603

치매 대상자에게 나타나는 다음과 같은 사례에 적절한 대처방법은?

> 류씨 할아버지는 하루 종일 인형 눈알을 붙이는 일을 하고 이제 퇴근하겠다며 시설을 나가려고 한다.

① 나가겠다 말하지 말라고 한다.
② 가족들에게 이른다고 엄포를 둔다.
③ 요양보호사가 함께 산책을 하고 시설에 들어간다.
④ 다른 요양보호사가 힘들어 한다고 설득한다.
⑤ 대상자가 알아서 하도록 놔둔다.

ADVICE 함께 산책을 하고나서 다시 시설로 돌아간다.

76 상황별 요양보호기술 | 표준페이지 : 605

치매 대상자가 신체적으로 불편을 호소하는 경우 적절한 의사소통 방법은?

① "신체 어디가 불편하세요?"
② "계속 불편하다고만 말하면 제가 어떻게 도와 줘요."
③ "어깨가 아프세요?"
④ "여기 있는 사람 전부 아파요."
⑤ "또 아프다고 하세요?"

ADVICE 대상자 요구를 파악하기 위해서 신체부위를 짚으면서 구체적으로 질문한다.

●○○

77 상황별 요양보호기술 | 표준페이지 : 648

임종 대상자에게 해야 하는 요양보호로 적절한 것은?

① 큰 소리와 단호한 톤으로 말을 한다.

② 신체 접촉을 절대로 하지 않는다.

③ 물이나 음식을 최대한 많이 섭취하게 한다.

④ 불규칙한 호흡이 나타나는 경우 약물을 복용하게 한다.

⑤ 대상자의 이야기를 집중하여 경청한다.

ADVICE 대상자에게 죽음에 대한 두려움이 있으므로 이를 집중하여 잘 경청한다.

●○○

78 요양보호와 생활지원 | 표준교재 페이지 : 412

대상자의 목욕을 돕는 중 따뜻한 물을 자주 뿌려 주는 이유는?

① 피부상태 관찰

② 체온 저하 방지

③ 목욕 거부감 완화

④ 미끄럼 사고 예방

⑤ 정서적 각성

ADVICE 체온이 떨어지지 않도록 따뜻한 물을 자주 뿌려 주거나 담요 등을 덮어 노출 부위를 가린다.

●○○

79 상황별 요양보호기술 | 표준페이지 : 659

실내에서 화재가 발생한 경우 나타나는 상황으로 적절한 것은?

① 눈에 보이는 현상은 없다.

② 무엇인가가 타는 냄새가 난다.

③ 주변이 고요하고 조용하다.

④ 집안에서 냉기가 느껴진다.

⑤ 발생 즉시 전기설비가 꺼지고 정전이 된다.

ADVICE 연기 발생, 타는 냄새, 시끄러운 소리, 열감 등이 화재 발생 시 인지해야 하는 상황이다.

●○○

80 상황별 요양보호기술 | 표준페이지 : 676

대상자가 실수로 독성물질을 삼킨 경우 요양보호사의 적절한 대처는?

① 특별한 증상이 없다면 놔둔다.

② 물을 많이 마시게 한다.

③ 복용한 것으로 의심되는 것을 구급대원에게 전달한다.

④ 움직이지 못하도록 억제한다.

⑤ 억지로 구토를 하게 한다.

ADVICE 복용한 것으로 의심되는 것이 있다면 용기째 구급대원에게 전달한다.

ANSWER 72.① 73.② 74.⑤ 75.③ 76.③ 77.⑤ 78.② 79.② 80.③

필 기

●●○

1 요양보호 대상자 이해 | 표준교재 페이지 : 19

노년기에 나타나는 공통적 특성은?

① 신체 능력을 최고한도까지 사용한다.
② 자신의 흔적을 남기지 않으려고 한다.
③ 새로운 물건에 애착을 보인다.
④ 질환으로 사회적 관계가 위축된다.
⑤ 독립성이 증가한다.

ADVICE 신체적 기능이 쇠퇴하면서 사회적 관계가 위축된다.

●○○

2 요양보호 대상자 이해 | 표준교재 페이지 : 20

노년기에 경직성이 늘어나면서 나타나는 행동은?

① 새로운 기계를 사용한다.
② 불면증이 나타난다.
③ 익숙하고 습관적인 태도를 고수한다.
④ 도전적인 일을 선호한다.
⑤ 새로운 변화를 적극적으로 수용한다.

ADVICE 경직성이 증가하면서 익숙한 것을 고수하고 융통성이 없어진다.

●○○

3 요양보호 대상자 이해 | 표준교재 페이지 : 81

요양보호사에게 요구가 금지되는 업무는?

① 수급자의 의류 세탁
② 몸 씻기 도움
③ 말벗
④ 수급자 세면 도움
⑤ 수급자 가족만을 위한 빨래

ADVICE 수급자 가족만을 위한 행위는 요양보호사에게 요구하면 안 되는 금지업무에 해당한다.

●○○

4 요양보호 대상자 이해 | 표준교재 페이지 : 102

다음의 노인학대가 발생하는 요인은?

> 학력수준이 낮고, 연령이 높고, 경제능력이 떨어질수록 학대 위험이 높아진다.

① 사회관계망 요인
② 가족상황적 요인
③ 심리적 기능 요인
④ 인구사회학적 특성 요인
⑤ 사회문화적 요인

ADVICE 노인의 성별, 연령, 학력, 결혼 상태 등이 학대 발생의 원인이 된다.

●○○

5 요양보호 대상자 이해 | 표준교재 페이지 : 100

노인주거시설에 입소하기 이전 단계에서 입소상담을 받을 때 해당하는 노인의 인권영역 항목은?

① 시설운영 및 입소절차에 관한 정보접근권
② 개인적 생활스타일을 유지하고 영위할 권리
③ 신체적 자유권
④ 적절한 주거 환경에서 생활할 권리
⑤ 차별받지 않고 평등한 처우를 받을 권리

ADVICE 의사표현의 자유권, 시설운영 및 입소절차에 관한 정보접근권, 개인정보 및 사생활 보호권이 있다.

노인학대 사례의 신고접수 및 신고된 시설학대 사례를 확인하여 개입하는 기관은?

① 보건복지부
② 노인보호 전문기관
③ 사법경찰
④ 경찰청
⑤ 장기요양시설

ADVICE 노인보호 전문기관은 노인학대 사례의 신고접수, 신고된 시설학대 사례에 확인 개입, 시설의 학대사례 판정에 대한 자문, 학대사례에 대한 사례관리 절차지원 등을 한다.

다음과 같은 상황에 요양보호사의 대처방법은?

> 장기요양 2등급의 어머니를 모시는 아들이 본인부담금 지불이 어려우니 급여제공기록지에 작성하는 서비스 시간을 늘려서 본인부담금을 내지 않도록 해달라고 요청한다.

① 별도의 서비스 계약을 개인적으로 진행한다.
② 본인부담금을 면제받을 수 있는 다른 센터를 소개해 주겠다고 한다.
③ 거짓으로 작성하는 것에 대한 적절한 금품을 요청한다.
④ 아들의 뜻에 따라서 서비스 시간을 조정한다.
⑤ 불법행위를 신고하면 신고 포상금을 받는다는 사실을 안내한다.

ADVICE 본인부담금을 면제받을 수 있도록 강요하는 경우, 「노인장기요양보험법」 제69조에 따라 불법행위를 신고하면 신고 포상금이 있음을 알려준다.

요양보호사 근무 중 근골격계 질환이 많이 발생하는 환경은?

① 미끄러운 바닥
② 평평한 바닥
③ 장비를 활용하는 공간
④ 보행로
⑤ 밤 근무시 밝은 조명

ADVICE 미끄러운 바닥, 평평하지 않은 바닥, 어지러운 작업장, 수리되지 않은 보행로, 적절치 않은 계단 높이, 어두운 조명이 근골격계 질환이 발생되는 환경이다.

부득이한 사유로 가족의 보호를 받을 수 없어 일시적으로 보호가 필요한 노인을 보호시설에 단기간 입소시켜 노인가정의 복지증진을 도모하기 위한 서비스는?

① 단기보호서비스　　② 방문목욕서비스
③ 주간보호서비스　　④ 야간보호서비스
⑤ 방문요양서비스

ADVICE 「노인복지법」 제38조에 따라 단기보호서비스에 해당한다.

노인장기요양보험의 보험자는?

① 피부양자　　　　② 장기요양기관
③ 시 · 군 · 구　　　④ 국민건강보험공단
⑤ 보건복지부

ADVICE 노인장기요양보험의 보험자는 국민건강보험공단이고, 가입자는 국내에 거주하는 국민, 국내에 체류하는 재외국민 또는 외국인 등 대통령령으로 정하는 사람이다.

ANSWER 1.④　2.③　3.⑤　4.④　5.①　6.②　7.⑤　8.①　9.①　10.④

11 노화와 건강증진 | 표준교재 페이지 : 120

언어적인 성희롱 행위에 해당하는 것은?

① 입맞춤 같은 신체 접촉을 한다.

② 회식자리에서 옆자리에 앉아 술을 따르라고
한다.

③ 음란한 편지를 보낸다.

④ 성과 관련된 특정 신체부위를 고의적으로 노
출한다.

⑤ 엉덩이를 만진다.

ADVICE 음탕하고 상스러운 이야기나 성적인 정보를 의도
적으로 말하는 행위는 언어적 성희롱 행위이다.

●○○

12 요양보호 대상자 이해 | 표준교재 페이지 : 25

노부부가 상호작용 방식을 재수립하여 결혼생활 만족도를 높일 수 있는 활동은?

① 취미 공유

② 자녀의 독립

③ 은퇴

④ 혼자만의 시간 확보

⑤ 도전적인 활동 시도

ADVICE 노부부가 역할과 취미를 공유하면서 상호작용 방
식을 재수립할 수 있다.

●○○

13 요양보호 대상자 이해 | 표준교재 페이지 : 30

노인에게 억제대를 적용하면 나타나는 현상은?

① 근육의 움직임이 많아진다.

② 인지 기능이 향상된다.

③ 관절이 굳는다.

④ 욕창이 완화된다.

⑤ 심장 기능이 좋아진다.

ADVICE 억제대를 적용하면 자세 변환이 어려워진다. 이로
인해서 욕창 발생이 높아진다. 또한 근육기능, 심장기능,
인지기능이 저하된다.

●○○

14 요양보호 대상자 이해 | 표준교재 페이지 : 36

사회적 현상이 사회적 가치에서 벗어나면 사람들이 영향을 받는다고 판단하여 집단적 행동으로 해결해야 하는 문제를 의미하는 것은?

① 공공부조

② 사회서비스

③ 사회보험

④ 인간의 욕구

⑤ 사회문제

ADVICE 사회적 현상이 사회적 가치에서 벗어나면 사람들
이 영향을 받는다고 판단하여 집단적 행동으로 해결해야
하는 문제는 사회문제를 의미한다.

●○○

15 요양보호 대상자 이해 | 표준교재 페이지 : 39

다음에 해당하는 노인복지 원칙은?

> 노인이 자신의 잠재력을 계발하는 기회가 있으
> 며, 사회의 여가서비스를 이용하는 데에 불편
> 이 없어야 한다.

① 독립의 원칙

② 참여의 원칙

③ 보호의 원칙

④ 자아실현의 원칙

⑤ 존엄의 원칙

ADVICE 노인이 자아실현을 할 수 있는 기회가 있어야 한다.

●○○

16 노화와 건강증진 | 표준교재 페이지 : 231

노쇠의 악순환으로 대사율과 활동의 감퇴가 나타나는 원인은?

① 여가활동 증가

② 부동증

③ 활발한 교우관계

④ 학위 수료

⑤ 과식

ADVICE 부동증, 의존성 증가, 낙상, 만성질환, 스트레스
유발 등이 원인이다.

17 노화와 건강증진 | 표준교재 페이지 : 245

소뇌에 뇌졸중이 발생하면 나타나는 후유증은?

① 운동 실조증 ② 전신마비

③ 실어증 ④ 소화장애

⑤ 안면마비

ADVICE 소뇌에 뇌졸중이 발생하면 운동 실조증, 어지러움, 현훈 등이 나타난다.

18 노화와 건강증진 | 표준교재 페이지 : 201

욕창의 치료 및 예방 방법으로 적절한 것은?

① 천골부위에 욕창을 예방하기 위해 도넛베개를 적용한다.

② 대상자를 밀면서 이동시킨다.

③ 꽉 끼는 옷을 입힌다.

④ 뜨거운 물주머니를 상처부위에 적용한다.

⑤ 침대에서 2시간마다 자세를 바꿔준다.

ADVICE 침대에서 2시간마다, 의자에서는 1시간마다 자세를 변경해야 한다.

19 노화와 건강증진 | 표준교재 페이지 : 207

다음 증상에 해당하는 피부질환은?

> • 피지선의 활동이 증가하면서 발생한다.
> • 피부가 붉게 변한다.
> • 생선 비늘처럼 흰색 인설이 생긴다.

① 머릿니 ② 기저귀 피부염

③ 대상포진 ④ 지루성 피부염

⑤ 노인성 자반

ADVICE 지루성 피부염은 피지선 활동이 증가하여 발생한다. 붉은 피부와 흰색 인설이 나타난다.

20 노화와 건강증진 | 표준교재 페이지 : 225

다음은 섬망 대상자의 무엇을 유지·관리하기 위한 방법인가?

> • 단호하고 부드러운 목소리로 말한다.
> • 대상자가 위협을 느끼지 않도록 지긋이 바라본다.

① 지남력 ② 초조

③ 신체통합성 ④ 개인의 정체성

⑤ 야간의 혼돈

ADVICE 섬망 대상자의 초조를 관리하기 위하여 대상자에게 단호하면서 부드럽게 말한다.

21 노화와 건강증진 | 표준교재 페이지 : 170

설사 대상자가 섭취해도 되는 음식은?

① 매운 후추가 들어있는 음식

② 카페인 음료

③ 술

④ 고섬유소 음식

⑤ 저지방 음식

ADVICE 장운동을 증가시키는 매운 후추, 카페인 음료, 술, 고섬유소 음식은 피한다.

22 노화와 건강증진 | 표준교재 페이지 : 182

고혈압 증상으로 적절한 것은?

① 위궤양 ② 심장 통증

③ 청력 소실 ④ 턱 떨림

⑤ 근육 경직

ADVICE 뇌동맥류 파열로 인한 뇌졸중, 뒷머리 뻐근함, 아침에 두통, 이명, 팔다리 저림, 심장 기능 장애, 코피, 가슴 답답함, 숨이 참 증상이 나타난다.

ANSWER 11.② 12.① 13.③ 14.⑤ 15.④ 16.② 17.① 18.⑤ 19.④ 20.② 21.⑤ 22.②

1회분
2회분
3회분
4회분
5회분
6회분
7회분
8회분
9회분
10회분
11회분
12회분
13회분
14회분
15회분
16회분
17회분
18회분
19회분
20회분

뇌에서 공간과 감각기능에 관여하는 부위는?

① 두정엽　　　　　② 전두엽
③ 후두엽　　　　　④ 소뇌
⑤ 뇌간

ADVICE 감각기능에 관여하는 부위는 두정엽이다.

파킨슨병의 주요한 운동증상은?

① 펴진 어깨　　　　② 굴곡된 관절
③ 또렷한 얼굴　　　④ 명료한 목소리
⑤ 큰 보폭

ADVICE 관절이 굴곡되고 뻣뻣해진다.

관절가동범위 운동의 목적은?

① 심폐기능 개선　　② 근지구력 유지
③ 근력 증가　　　　④ 관절가동범위 개선
⑤ 정적 균형 유지

ADVICE 관절가동범위를 유지하거나 개선하는 것이 목적이다.

노인의 약물복용 원칙은?

① 복용하던 약은 증상이 사라지면 즉시 중단한다.
② 삼킴이 어려운 경우 약을 쪼개서 복용한다.
③ 처방을 무시하고 임의로 조절하여 복용하지 않는다.
④ 증상이 비슷한 타인의 처방약을 복용한다.
⑤ 처방을 받기 전에 약물 알레르기에 대해 의료진에게 알린다.

ADVICE 처방을 무시하고 약을 조절하거나 중단해서는 안 된다.

뇌졸중 대상자의 치료 및 관리 방법으로 적절한 것은?

① 재발 가능성이 낮으므로 완치 후 약은 복용하지 않는다.
② 심한 두통, 언어장애가 나타나면 재발의 증상이다.
③ 반신마비와 시각장애를 호소한다면 머리에 차가운 물수건을 적용한다.
④ 발병 후에는 재활운동을 시행하지 않는다.
⑤ 음식을 삼키기 어려워하는 경우 빠르게 먹여준다.

ADVICE 반신마비, 어지럼증, 심한 두통, 언어장애, 시각장애, 쓰러짐은 재발의 증상 중 하나이다.

기관지에 만성적인 염증으로 기도가 좁아지면서 숨을 쉬는 것이 어려워지는 질환은?

① 만성 기관지염
② 위염
③ 비염
④ 외이도염
⑤ 폐렴

ADVICE 만성 기관지염은 기관지에 만성적인 염증으로 인해 호흡곤란이 나타나는 질환이다.

폐렴의 증상은?

① 변비　　　　　　② 화농성 가래
③ 저체온증　　　　④ 무증상
⑤ 체중 증가

ADVICE 폐렴의 증상으로는 두통, 근육통, 고열, 기침, 흉통, 화농성 가래 등이 있다.

30 노화와 건강증진 | 표준교재 페이지 : 181

심혈관계의 노화에 따른 특성은?

① 심장근육이 얇아진다.
② 심박동수가 증가한다.
③ 최대 심박출량이 감소한다.
④ 심장으로 가는 말초혈관의 혈액순환이 증가한다.
⑤ 누워있으면 어지럼증이 발생한다.

ADVICE 노화에 의해서 최대 심박출량과 심박동수가 감소한다.

31 노화와 건강증진 | 표준교재 페이지 : 185

다음에서 설명하는 질환은?

> 심장의 수축력이 저하되면서 충분한 혈액을 신체조직에 보내지 못하는 상태이다.

① 저혈압
② 심부전
③ 빈혈
④ 골다공증
⑤ 파킨슨병

ADVICE 심장의 수축력이 저하되면서 충분한 혈액을 신체조직에 보내지 못하는 상태가 심부전이다.

32 노화와 건강증진 | 표준교재 페이지 : 164

식후 3 ～ 4시간이 지나 출출해지면 명치 부위에 심한 통증을 느끼는 질환은?

① 식도염
② 대장암
③ 치질
④ 위염
⑤ 대장염

ADVICE 위염의 경우 식후 3 ～ 4시간이 지나 소화가 되어 출출해지면 명치 부위에 심한 통증이 발생한다.

33 노화와 건강증진 | 표준교재 페이지 : 186

빈혈에 의해 비뇨 · 생식기계에 나타나는 증상은?

① 만성 신부전
② 요로결석
③ 자궁근종
④ 전립선 비대
⑤ 성욕 감퇴

ADVICE 빈혈에 의해 비뇨 · 생식기계에서는 성욕 감퇴가 나타난다.

34 노화와 건강증진 | 표준교재 페이지 : 188

퇴행성 관절염의 증상에 대한 설명으로 옳은 것은?

① 대상자들의 통증의 정도는 모두 동일하다.
② 초기에 통증이 강렬했다가 말기에는 무증상이 된다.
③ 아침에 일어나면 관절이 뻣뻣하다.
④ 계단 오르기, 등산과 같은 운동은 통증을 완화시킨다.
⑤ 손목 관절에 관절액이 많아진다.

ADVICE 아침에 일어나면 관절이 뻣뻣하지만 30분 이내에 풀어진다.

35 노화와 건강증진 | 표준교재 페이지 : 195

역류성 요실금의 증상은?

① 기침을 하면 소변이 새어나온다.
② 소변 배출이 원활하지 않아서 방광에 소변이 차면 조금씩 흐른다.
③ 복부 내에 압력이 증가하면 소변이 누출된다.
④ 소변을 보고 싶다고 생각하면 소변이 나온다.
⑤ 달리는 도중에 소변이 새어나온다.

ADVICE 역류성 요실금은 소변의 배출이 원활하지 않아서 방광에 소변이 채워지면 소변이 흘러나오는 것이다.

ANSWER 23.① 24.② 25.④ 26.③ 27.② 28.① 29.② 30.③ 31.② 32.④ 33.⑤ 34.③ 35.②

● ○ ○
36 요양보호와 생활지원 | 표준페이지 : 294

언어장애 대상자와 이야기하는 방법으로 적절한 것은?

① 대상자의 질문이 끝나기 전에 다음 질문을 한다.
② 소음이 있는 곳을 피해서 의사소통을 한다.
③ 손짓이나 몸짓을 사용하지 않는다.
④ 칭찬을 할 때에는 고음의 목소리로 표현한다.
⑤ 대상자가 말을 하는 경우 대상자 얼굴을 보지 않는다.

ADVICE 소음이 있는 곳에서 대화를 피하고 대상자와의 대화에 주의를 기울여 집중한다.

● ○ ○
37 요양보호와 생활지원 | 표준페이지 : 359

식사 돕기 자세로 옳은 것은?

① 대상자보다 높은 곳에서 음식물을 입에 넣는다.
② 식탁의 높이는 대상자의 눈과 코 사이에 둔다.
③ 음식물은 대상자가 볼 수 없도록 한다.
④ 의자에 앉을 수 없는 대상자는 침대를 90도 올려서 식사를 제공한다.
⑤ 의자에 앉는 경우 상체를 약간 숙이고 턱을 당겨 식사를 하게 한다.

ADVICE 의자에 앉는 경우에는 상체를 약간 숙이고 등이 구부정하지 않도록 한 다음에 식사를 하게 한다.

● ○ ○
38 요양보호와 생활지원 | 표준페이지 : 371

귀약을 점적하는 위치로 옳은 것은?

① 고막 위 중앙　　② 귓바퀴 측면을 따라
③ 외이도 입구　　④ 귓불 부위
⑤ 고막 부위

ADVICE 귓바퀴를 후상방으로 잡아당긴 후 측면을 따라 정확한 방울 수의 약물을 점적한다.

● ○ ○
39 요양보호와 생활지원 | 표준페이지 : 365

경관영양 대상자를 돕는 방법으로 적절한 것은?

① 영양액은 뜨겁게 유지한다.
② 거동이 어려운 대상자를 왼쪽으로 눕힌다.
③ 영양액이 중력으로 위장에 가도록 높은 위치에 걸어둔다.
④ 청색증이 보이는 경우 비위관을 제거한다.
⑤ 영양식사가 끝나면 상체를 눕혀둔다.

ADVICE 영양액은 높은 위치에 두어 위장으로 내려가도록 한다.

● ○ ○
40 요양보호와 생활지원 | 표준페이지 : 369

물약을 따를 때 요양보호사가 해야 하는 올바른 방법은?

① 약병의 뚜껑은 윗부분이 바닥으로 가도록 놓는다.
② 계량컵을 눈높이보다 높게 들고 약을 따른다.
③ 라벨이 젖지 않도록 라벨이 붙은 쪽으로 용액을 따른다.
④ 혼탁하거나 색이 변한 약은 다른 용기에 덜어 사용한다.
⑤ 정량을 따른 후에는 남은 약이 병 입구에 묻지 않도록 즉시 뚜껑을 닫는다.

ADVICE 물약의 뚜껑을 열었을 때 뚜껑의 위가 바닥으로 가도록 놓아서 오염을 방지한다.

● ○ ○
41 요양보호와 생활지원 | 표준페이지 : 389

장루 관리 중 관찰해야 하는 내용은?

① 이명
② 소변량
③ 유치도뇨관의 막힘 여부
④ 소변의 색깔
⑤ 대상자의 불편감

ADVICE 장루 관리는 장루 주위의 피부상태, 배변량의 특성, 수급자의 불편감 등을 관찰해야 한다.

42 요양보호와 생활지원 | 표준페이지 : 395

입안 헹구기를 도울 때 준비해야 할 물품에 포함되지 않는 것은?

① 곡반(물받이 그릇)
② 마른 수건
③ 칫솔
④ 구강청정제
⑤ 일회용 장갑

ADVICE 입안 헹구기 준비 물품에는 칫솔이 포함되지 않는다.

●○○

43 요양보호와 생활지원 | 표준페이지 : 395

입안 헹구기 시 대상자가 물을 삼키지 않도록 취하게 해야 할 자세는?

① 머리를 높게 한다.
② 고개를 뒤로 젖힌다.
③ 바로 누운 자세를 한다.
④ 두 다리를 베개 위에 올리고 눕는다.
⑤ 침대에 엎드린 채로 눕는다.

ADVICE 머리를 높게 하여 물을 삼키지 않도록 한다.

●○○

44 요양보호와 생활지원 | 표준페이지 : 400

의치를 끼우기 전에 반드시 해야 하는 구강 관리 행동은?

① 우유나 주스를 마시게 한다.
② 입 주변을 물수건으로 닦는다.
③ 입술에 입술보호제를 바른다.
④ 껌을 씹게 한다.
⑤ 잇몸 마사지를 해준다.

ADVICE 의치를 끼우기 전에 구강을 청결하게 하고 잇몸 마사지를 한다.

●○○

45 요양보호와 생활지원 | 표준페이지 : 403

머리 감기기에서 샴푸 시 머리와 두피를 닦는 올바른 방법은?

① 머리를 손톱으로 마사지한다.
② 샴푸 후 린스는 생략한다.
③ 손가락 끝으로 두피를 마사지 후 헹군다.
④ 찬물로 헹군다.
⑤ 다량의 샴푸를 머리에 붓는다.

ADVICE 소량의 샴푸를 덜어 손가락 끝으로 마사지하고 헹군다.

●○○

46 요양보호와 생활지원 | 표준페이지 : 419

침상 목욕 시 얼굴 닦기 방법으로 옳은 것은?

① 눈은 바깥쪽에서 안쪽으로 닦는다.
② 두 눈은 같은 수건 면을 사용한다.
③ 얼굴 전체에 비누를 넉넉히 사용한다.
④ 눈→코→뺨→입주위→이마 순으로 닦는다.
⑤ 목을 닦은 후 귀를 닦는다.

ADVICE 얼굴 닦는 올바른 순서는 눈→코→뺨→입주위 →이마→귀→목이다.

●○○

47 요양보호와 생활지원 | 표준페이지 : 425

대상자의 옷 선택 시 형태에 대한 기준으로 옳은 것은?

① 상·하의가 연결된 점프수트가 좋다.
② 뒷지퍼가 있는 옷이 좋다.
③ 상의와 하의가 분리된 옷이 좋다.
④ 머리부터 뒤집어쓰는 옷만 선택한다.
⑤ 몸에 꽉 맞는 것이 좋다.

ADVICE 상의와 하의가 분리되고, 앞여밈 또는 단추가 있는 옷이 갈아입히기 쉽다.

ANSWER 36.② 37.⑤ 38.② 39.③ 40.① 41.⑤ 42.③ 43.① 44.⑤ 45.③ 46.④ 47.③

옷 갈아입기 도움 전 해야 할 기본 의사소통으로 옳은 것은?

① 말없이 바로 시작한다.
② 보호자에게만 동의를 구한다.
③ 대상자에게 필요물품의 준비를 요청한다.
④ 자신을 소개한 후 절차를 설명한다.
⑤ 도움이 끝난 후에 목적을 설명한다.

ADVICE '인사 → 자신 소개 → 목적 · 절차 설명 → 동의'가 기본이다.

앙와위와 복와위를 취한 경우 공통적으로 욕창이 잘 생기는 부위는?

① 턱
② 팔꿈치
③ 생식기
④ 발등
⑤ 손가락

ADVICE 앙와위와 복와위에서 공통적으로 욕창이 잘생기는 부위는 팔꿈치에 해당한다.

편마비 대상자의 상체를 일으킬 때 방법으로 적절한 것은?

① 대상자의 건강한 손을 짚고 일어나게 한다.
② 요양보호사는 대상자의 마비된 쪽에 선다.
③ 건강한 손을 가슴 위에 올린 후 무릎을 세워준다.
④ 두 손을 당겨서 일으켜 세운다.
⑤ 등 뒤에서 몸통을 밀어주면서 일으킨다.

ADVICE 대상자의 건강한 손으로 짚고 일어나게 한다.

반 앉은 자세인 반좌위에 대한 설명으로 적절한 것은?

① 등 뒤에 베개를 A자 형태로 받쳐 자세를 유지한다.
② 바닥을 보며 누운 상태를 유지한다.
③ 베개 하나로 발꿈치를 받친다.
④ 다리 쪽의 침대를 내려준다.
⑤ 관장을 하기 전에 취해주는 자세이다.

ADVICE 등 뒤에 A자 형태로 베개를 받쳐서 자세를 유지하게 한다.

대상자의 의치 세정제가 떨어졌을 때 대체할 수 있는 것은?

① 표백제　　　　② 알코올
③ 주방세제　　　④ 뜨거운 물
⑤ 베이킹 소다

ADVICE 의치 세척 시 세정제가 없으면 주방세제를 대신해서 사용할 수 있다.

휠체어에서 바닥으로 대상자를 이동시키는 방법으로 적절한 것은?

① 휠체어 잠금장치를 풀고 내려앉게 한다.
② 대상자가 이동하는 동안에는 상체를 지지한다.
③ 불편한 쪽의 팔을 뻗어 바닥을 짚게 한다.
④ 내려앉을 때에는 불편한 다리에 힘을 주어 앉게 한다.
⑤ 건강한 쪽 옆에서 어깨를 지지한다.

ADVICE 대상자가 이동할 때에는 상체를 지지하며 돕는다.

●○○

54 요양보호와 생활지원 │ 표준페이지 : 464

보행 돕기에서 지팡이를 이용하여 걷는 방법으로 적절한 것은?

① 방향 전환을 할 때에는 건강한 다리 쪽으로 지팡이를 내민다.
② 건강한 다리 뒤쪽에 지팡이를 위치하게 한다.
③ 지팡이 끝은 지면과 직각이 되도록 지지한다.
④ 허리는 구부린 자세로 지팡이를 사용한다.
⑤ 불편한 다리를 지팡이 쪽으로 먼저 옮긴다.

ADVICE 불편한 다리를 지팡이 앞으로 먼저 옮기고 나서 건강한 다리를 옮긴다.

●○○

55 요양보호와 생활지원 │ 표준페이지 : 466

편마비 대상자가 계단을 올라갈 때 방법으로 적절한 것은?

① 불편한 다리는 들어 올리고 건강한 다리로 뛰어서 올라간다.
② 불편한 쪽 다리에 체중을 실어서 계단을 올라간다.
③ 지팡이를 계단 아래로 내리고 불편한 쪽 다리를 내린다.
④ 되도록 양말이나 신발을 신지 않는다.
⑤ 건강한 손으로는 계단 손잡이를 잡는다.

ADVICE 건강한 손으로 계단 손잡이를 잡고서 올라간다.

●○○

56 요양보호와 생활지원 │ 표준페이지 : 516

리보플라빈이 풍부한 급원식품은?

① 우유
② 땅콩
③ 아몬드
④ 채종유
⑤ 토마토

ADVICE 간, 고등어, 계란, 우유, 시금치 등이 해당한다.

●○○

57 요양보호와 생활지원 │ 표준페이지 : 519

노인을 위한 권장 식사패턴은?

① 곡류로 밥을 제공하되 부식으로 감자나 묵을 제공한다.
② 고기는 제공하지 않는다.
③ 식전에 과일을 제공한다.
④ 1일 1식을 제공하는 것이 원칙이다.
⑤ 아침에 일어나자마자 우유를 제공한다.

ADVICE 곡류로 밥을 주면 감자나 묵을 반찬으로 제공한다.

●○○

58 요양보호와 생활지원 │ 표준페이지 : 528

나트륨을 줄이는 조리방법으로 적절한 것은?

① 배추김치를 활용하여 조리한다.
② 간장을 사용하지 않는다.
③ 쌈장은 뜨겁게 데워서 제공한다.
④ 버섯으로 채수를 만들어서 사용한다.
⑤ 양념의 맛을 강조한다.

ADVICE 채수나 육수를 사용하여 조리한다.

●○○

59 요양보호와 생활지원 │ 표준페이지 : 530

당뇨병 대상자가 섭취를 주의해야 하는 식품은?

① 모과차
② 미역
③ 보리차
④ 겨자
⑤ 레몬

ADVICE 달콤한 차류인 모과차는 주의해서 섭취해야 한다.

ANSWER 48.④ 49.② 50.① 51.① 52.③ 53.② 54.⑤ 55.⑤ 56.① 57.① 58.④ 59.①

당뇨병 대상자의 식사관리로 적절한 것은?

① 음주는 하루에 두 병 이하로 한다.
② 식사시간마다 열량을 고르게 배분한다.
③ 염분 섭취를 늘린다.
④ 식이섬유 섭취를 제한한다.
⑤ 혈당 상승 방지를 위해 지방을 섭취한다.

ADVICE 식사시간마다 열량을 고르게 배분하여 혈당이 높아지는 것을 방지한다.

연하곤란 대상자의 식사 후 지켜야 하는 식생활 수칙은?

① 입안에 음식을 머무르게 한다.
② 목소리가 쉰 경우 성대에 음식이 있을 수 있음에 주의한다.
③ 식사 후에 바로 눕게 한다.
④ 구토 방지를 위해 구강 위생은 하지 않는다.
⑤ 식사 후 간식을 꾸준히 먹게 한다.

ADVICE 목소리가 쉰 경우에는 성대에 음식이 있을 수 있다.

식중독 예방 수칙으로 적절한 것은?

① 채소의 세척은 물에 한 번 넣었다 빼낸다.
② 조리할 때 칼은 식재료를 구분하지 않고 사용한다.
③ 냉장고에 식품을 장기간 보관하지 않는다.
④ 조리한 식품은 실온에 보관한다.
⑤ 조개류는 날것으로 먹는다.

ADVICE 냉장고 온도에서도 일부 미생물은 증식할 수 있다. 그러므로 식품을 냉장고에 장기간 보관하지 않는다.

올바른 식기세척 방법으로 적절한 것은?

① 주방 식기는 물기를 유지한다.
② 기름기가 많은 그릇은 물에 담가 둔다.
③ 식기 음식물을 제거하고 수세미에 세정제를 묻혀 이물질을 제거한다.
④ 세정제 거품을 묻힌 후에 헹구지 않는다.
⑤ 여름에는 식기에 물기를 유지하여 건조한다.

ADVICE 식기는 음식물을 제거한 후에 거품을 내어 이물질을 제거한다. 이후 건조하여 보관해야 한다.

노인의 의복 선택 및 관리 시 주의사항은?

① 속옷은 흡습성이 적어야 한다.
② 양말에 미끄럼방지가 되어 있어야 한다.
③ 움직일 때 불편감이 있어야 한다.
④ 신발은 굽이 높아야 한다.
⑤ 상의는 노인의 체형보다 작아야 한다.

ADVICE 양말이나 신발에는 미끄럼방지가 처리되어 있어야 낙상을 예방할 수 있다.

옷감에 립스틱이 묻은 경우 얼룩을 제거하는 방법은?

① 뜨거운 물에 넣고 비벼서 제거한다.
② 신속하게 세탁기에 넣는다.
③ 찬물에 1 ~ 2시간 담가 둔다.
④ 클렌징 폼으로 얼룩 부분을 문지른 후 따뜻한 물로 헹군다.
⑤ 칫솔로 얼룩 부분을 문지른다.

ADVICE 클렌징 폼을 얼룩 부분에 묻혀 살살 문지르고 따뜻한 물로 헹궈준다.

66 요양보호와 생활지원 │ 표준페이지 : 553

세탁 후 관리 방법으로 옳은 것은?

① 다림질 후 습기를 남겨둔다.

② 사용빈도가 적은 의복은 버린다.

③ 매일 입는 의복류는 현관문 앞에 둔다.

④ 의복이 곰팡이로 손상된 경우 버린다.

⑤ 다리미가 앞으로 나갈 때 뒤에 힘을 준다.

ADVICE 다리미가 앞으로 나가면 뒤에 힘을 주고 뒤로 보낼 때는 앞에 힘을 준다.

67 요양보호와 생활지원 │ 표준페이지 : 559

거실에 안전한 주거환경을 조성하기 위한 것은?

① 출입구의 문턱을 없앤다.

② 그늘지고 습기가 있는 곳을 거실로 한다.

③ 가족들 목소리가 차단되는 공간으로 한다.

④ 전기코드는 긴 선으로 늘어트려 둔다.

⑤ 울퉁불퉁한 바닥으로 한다.

ADVICE 문턱을 없애서 휠체어나 이동보조기구가 편안히 이동하게 한다.

68 요양보호와 생활지원 │ 표준페이지 : 565

청결한 주거환경을 위해 쓰레기를 관리하는 방법으로 적절한 것은?

① 음식물 쓰레기는 일주일에 한 번씩 버린다.

② 쓰레기를 한 통에 분리하지 않고 버린다.

③ 쓰레기통을 한 번 쓰고 버린다.

④ 식초를 묻힌 수세미로 쓰레기통을 닦아내고 물로 헹군다.

⑤ 소금물을 분무기에 넣어 쓰레기통 주변에 뿌린다.

ADVICE 냄새가 나는 쓰레기통은 식초를 묻힌 수세미로 닦아준다.

69 요양보호와 생활지원 │ 표준페이지 : 565

청결한 주거환경을 위해 물품 및 주변을 정돈하는 방법으로 적절한 것은?

① 요양보호사가 정한 방법으로 물건 위치를 조정한다.

② 계절에 따라 필요한 물건을 정리한다.

③ 간호사와 협의하여 물품을 버린다.

④ 귀중품은 대상자가 직접 정리정돈하는 것을 지켜본다.

⑤ 대상자 주변은 대상자 가족이 정돈하게 한다.

ADVICE 계절과 기온에 따라 필요한 물품을 정리하여 이용을 편하게 한다.

70 요양보호와 생활지원 │ 표준페이지 : 563

쾌적한 주거환경을 조성하여 대상자의 멜라토닌 형성이 되도록 돕는 것은?

① 시끄러운 음악 듣기

② 신선한 공기로 심호흡하기

③ 하루 20 ~ 30분간 햇빛 쐬기

④ 낮은 습도를 유지하기

⑤ 실내온도를 18℃ 이하로 조절하기

ADVICE 햇빛을 쐬면 멜라토닌 형성에 도움이 된다.

71 상황별 요양보호기술 │ 표준페이지 : 582

당뇨병이 있는 치매 대상자의 식사 돕기 원칙은?

① 사탕이나 땅콩을 간식으로 준다.

② 침대 주변에 단 음식을 많이 둔다.

③ 배가 고플 때에만 식사를 제공한다.

④ 혼자서 자유롭게 식사를 하도록 요양보호사는 나간다.

⑤ 대상자가 접근할 수 없는 장소에 음식을 둔다.

ADVICE 음식을 가려먹어야 하기 때문에 접근할 수 없는 곳에 음식을 둔다.

ANSWER 60.② 61.② 62.③ 63.③ 64.② 65.④ 66.⑤ 67.① 68.④ 69.② 70.③ 71.⑤

침대 대상자의 목욕 돕기에 대한 설명으로 옳은 것은?

① 대상자가 목욕을 거부하더라도 억지로 시킨다.
② 욕조에는 물을 가득 받아두고 대상자가 들어가게 한다.
③ 해야 할 일을 한 가지씩 제시한다.
④ 욕조에서 혼자 씻도록 요양보호사는 나간다.
⑤ 욕조 목욕보다는 샤워가 안전하다.

ADVICE 해야 할 일을 하나씩 제시하면서 목욕을 준비한다.

반복적으로 질문을 하는 치매 대상자를 요양보호사가 돕는 방법은?

① 그만하라고 타이른다.
② 과거의 경험과 관련된 이야기를 나눈다.
③ 나를 모욕했다고 시설장에게 알린다.
④ 가족들에게 교육을 시키라고 알려준다.
⑤ 방 안에 혼자 둔다.

ADVICE 과거 경험이나 고향 이야기를 물어본다.

치매 대상자가 배회를 하는 원인은?

① 주변 환경에 대한 높은 흥미
② 새로운 곳을 탐색하려는 욕구
③ 특정 요양보호사에 대한 반항심
④ 방향감각 저하로 인한 혼란
⑤ 좋아하는 음식만 원하는 고집

ADVICE 방향감각이 저하되면서 혼란감에 배회를 한다.

치매 대상자와 언어적으로 의사소통을 할 때 지켜야 하는 원칙은?

① 텔레비전을 켜고 대화한다.
② 대상자 태도에 부정적으로 말한다.
③ 높은 목소리로 빠르게 말한다.
④ 어린아이 대하듯이 한다.
⑤ 질문은 구체적으로 한다.

ADVICE 질문은 막연하지 않고 구체적으로 한다.

임종 대상자를 위한 요양보호로 적절한 것은?

① 대상자 주변에 낯선 물건을 배치한다.
② 환기를 시키지 않는다.
③ 소변량이 줄어들면 임종 임박으로 가족들에게 전달한다.
④ 대상자가 혼자 있는 시간을 많이 가질 수 있도록 만남을 제한한다.
⑤ 자신의 종교적 신념을 대상자에게 강요한다.

ADVICE 소변량이 줄어드는 것은 임종 징후이다. 이때에는 가족들에게 전달한다.

쇼크가 의심될 때 가장 먼저 해야 할 조치는?

① 119에 신고해서 도움을 요청한다.
② 따뜻한 음료를 마시게 한다.
③ 나중에 병원에 가보라고 말한다.
④ 복용하고 있는 약을 먹게 한다.
⑤ 마사지를 해준다.

ADVICE 신속하게 119를 불러서 응급처치를 받을 수 있게 해야 한다.

78 상황별 요양보호기술 | 표준페이지 : 651

임종을 앞둔 대상자 가족에 대한 요양보호로 적절한 것은?

① 사별 전에는 가족들과 대상자가 떨어져 있게 한다.
② 사별 전에는 대상자가 혼자 있지 않도록 가족이 곁을 지키게 한다.
③ 사별 전에는 친지나 지인 방문을 불허한다.
④ 사별 후에 분노를 하는 가족들을 경찰에 인계한다.
⑤ 사별 후에 가족마다 애도반응이 다른 경우 정신건강학과 의사를 만나게 한다.

ADVICE 혼자 있으면 대상자가 불안해 할 수 있으므로 가족들과 함께 있게 한다.

●○○

79 상황별 요양보호기술 | 표준페이지 : 664

감염관리를 위한 표준적인 예방법으로 적절한 것은?

① 장갑을 착용하고 나서 손을 씻는다.
② 장갑을 벗고서 손위생을 하지 않아도 된다.
③ 혈액은 장갑을 착용하지 않고 만진다.
④ 회음부 관리를 할 때는 장갑을 착용하지 않는다.
⑤ 체액이 몸에 닿을 것 같다면 일회용 가운을 착용한다.

ADVICE 체액, 혈액, 분비물, 배설물 등이 몸에 닿을 것 같다면 일회용 가운을 착용한다.

●○○

80 상황별 요양보호기술 | 표준페이지 : 673

부분 기도폐쇄 대상자에게 손가락을 입안에 넣어 이물질을 빼내면 위험한 이유는?

① 입속이 차가워질 수 있어서
② 기침이 멈출 수 있어서
③ 대상자가 잠들 수 있어서
④ 기도가 더 막힐 수 있어서
⑤ 손가락이 다칠 수 있어서

ADVICE 이물질이 내려가면서 기도가 더 막힐 수 있다.

ANSWER 72.③ 73.② 74.④ 75.⑤ 76.③ 77.① 78.② 79.⑤ 80.④

1회분
2회분
3회분
4회분
5회분
6회분
7회분
8회분
9회분
10회분
11회분
12회분
13회분
14회분
15회분
16회분
17회분
18회분
19회분
20회분

기출동형 모의고사

필 기

●○○
1 요양보호 대상자 이해 | 표준교재 페이지 : 18

건강하게 노화하기 위한 노력은?

① 격동적인 운동을 지속적으로 한다.
② 고지방 위주의 식단을 한다.
③ 영양보조식품을 섭취한다.
④ 여가활동에 참여하지 않는다.
⑤ 내면에 집중하며 소통을 줄인다.

ADVICE 건강한 노화를 위해서 사회·신체·정신적으로 활발한 활동을 해야 한다.

●○○
2 요양보호 대상자 이해 | 표준교재 페이지 : 20

노년기에 생에 대한 회고의 경향이 높아지면 나타나는 행동은?

① 새로운 방법을 통해 일을 해결한다.
② 개방성이 높아진다.
③ 과거 직장생활 시절을 떠올려 본다.
④ 삶의 흔적을 지우려고 한다.
⑤ 외향성과 충동성이 증가한다.

ADVICE 회고 경향이 높아지면서 자신의 가족구성, 신체조건, 결혼, 부부생활 등의 여러 요인을 떠올린다.

●○○
3 요양보호 대상자 이해 | 표준교재 페이지 : 60

장기요양인정서에 포함되는 내용은?

① 수급자 희망급여 ② 장기요양급여의 내용
③ 장기요양 목표 ④ 장기요양 필요영역
⑤ 장기요양 욕구

ADVICE 장기요양인정서 내용에는 성명, 생년월일, 장기요양인정번호, 장기요양등급, 유효기간, 장기요양급여의 종류 및 내용, 장기요양등급 판정위원회 의견이 들어간다.

●●○
4 요양보호 대상자 이해 | 표준교재 페이지 : 49

노인장기요양보험에 대한 설명으로 옳은 것은?

① 장기요양보험사업은 국민건강보험공단에서 관장한다.
② 장기요양보험사업의 보험자는 보건복지부 장관이 관장한다.
③ 장기요양인정을 신청할 수 있는 노인은 장기요양보험가입자여야 한다.
④ 60세 이상인 자가 장기요양급여의 대상자이다.
⑤ 60세 미만이더라도 노인성 질병을 가졌다면 가입대상자에 해당한다.

ADVICE 「노인장기요양보험법」에 의해서 장기요양보험사업은 보건복지부 장관이 관장하고 보험자는 국민건강보험공단에 해당한다.

●○○
5 요양보호 대상자 이해 | 표준교재 페이지 : 64

노인장기요양보험에서 일상생활지원에 해당하는 표준서비스 내용은?

① 의사소통을 하며 격려를 한다.
② 구강청결에 도움을 준다.
③ 식사를 준비하고 돕는다.
④ 일상생활에 동작훈련을 진행한다.
⑤ 간호처치 서비스를 제공한다.

ADVICE 일상생활지원에서는 개인활동지원, 식사준비, 청소, 세탁 등이 있다.

●●○

6 요양보호 대상자 이해 | 표준교재 페이지 : 124

요양보호사의 올바른 윤리적 태도는?

① 자신의 종교 선교

② 자신이 요양보호사를 대표한다는 책임감

③ 감독자에게 불복종하는 자세

④ 간호사에게 대상자 건강정보를 비밀로 유지

⑤ 유아어나 반말을 사용해 친밀감을 유지

ADVICE 자신이 하는 업무에 책임감을 가지고 자신의 활동이 모든 요양보호사를 대표한다고 생각해야 한다.

●○○

7 요양보호 대상자 이해 | 표준교재 페이지 : 136

근골격계 질환의 주요한 위험요인은?

① 반복동작

② 힘이 들어가지 않는 동작

③ 과도한 휴식

④ 두통

⑤ 자연스러운 자세

ADVICE 근골격계 질환의 주요 위험요인은 부자연스러운 자세, 힘이 무리하게 들어가는 동작, 반복동작, 휴식의 부족, 근골격계 질환이 있다.

●○○

8 요양보호 대상자 이해 | 표준교재 페이지 : 151

대상자와 머리 부위를 접촉하고 두피에 심한 가려움증이 생기게 되는 질환은?

① 노로바이러스 장염

② 머릿니

③ 독감

④ 결핵

⑤ 소화불량

ADVICE 감염자의 머리 부위와 접촉하여 감염이 된다. 두피에 심한 가려움증과 긁은 상처가 나타난다.

●○○

9 요양보호 대상자 이해 | 표준교재 페이지 : 154

요양보호사의 직무스트레스를 예방하기 위한 것으로 적절한 것은?

① 근로시간을 초과하여 미리 업무를 해둔다.

② 휴식시간 없이 근무를 한다.

③ 동료 간의 교류를 막는다.

④ 관리자는 근무 중 발생하는 고충에 경청한다.

⑤ 업무범위, 업무시간을 대상자에게 제공하지 않는다.

ADVICE 직무스트레스 예방을 위해서는 관리자가 근무 중에 발생하는 고충을 경청하고 지지해야 한다.

●○○

10 요양보호 대상자 이해 | 표준교재 페이지 : 118

다음에서 설명하는 법은?

> 산업재해를 예방하고 쾌적한 작업환경을 조성함으로써 근로자의 안전과 보건 유지 · 증진이 목적인 법이다.

① 보건의료법

② 중대재해처벌법

③ 근로기준법

④ 산업재해보상보험법

⑤ 산업안전보건법

ADVICE 산업안전보건법은 산업재해를 예방하고 쾌적한 작업환경을 조성함으로써 근로자의 안전과 보건을 유지 · 증진함을 목적으로 한다.

ANSWER 1.③ 2.③ 3.② 4.③ 5.③ 6.② 7.① 8.② 9.④ 10.⑤

11 요양보호 대상자 이해 | 표준교재 페이지 : 37

사회서비스에 대한 설명으로 옳은 것은?

① 국민건강보험, 국민연금보험이 해당한다.
② 생활보장, 상담, 재활 관련 시설 이용을 위한 개별 서비스이다.
③ 실손의료보험이 포함된다.
④ 생활이 어려운 자에게 현금 급여를 제공하여 최저생활을 보장한다.
⑤ 극빈층에게 제한적으로 제공되는 서비스이다.

ADVICE 사회서비스는 돌봄, 상담, 재활이 주요 급여사항에 해당한다.

●○○

12 요양보호 대상자 이해 | 표준교재 페이지 : 27

노인부양의 해결 방안에 대한 설명으로 옳은 것은?

① 사적부양은 필요하지 않다.
② 세대별로 독립적으로 위험을 처리한다.
③ 기초연금제도를 약화시킨다.
④ 노인복지서비스 프로그램을 제공한다.
⑤ 노인장기요양보험제도를 통해서 일시적으로 돌봄서비스를 제공한다.

ADVICE 노인복지 프로그램을 통해 노인의 여가와 노후생활을 지원한다.

●○○

13 요양보호 대상자 이해 | 표준교재 페이지 : 25

노년기 가족관계의 변화에 대한 설명으로 옳은 것은?

① 자녀가 독립하면 부부관계가 친밀해진다.
② 노부부가 취미를 공유하면서 상호작용을 한다.
③ 자식이 결혼하고 노인부모와 장거리에 살면서 부양한다.
④ 손자녀에게 울타리 역할을 요구한다.
⑤ 형제자매와 경쟁심이 늘어난다.

ADVICE 취미를 공유하면서 부부관계의 상호작용을 키워야 한다.

●○○

14 요양보호 대상자 이해 | 표준교재 페이지 : 19

노년기의 신체적 특성에 해당하는 것은?

① 질병이 발생하면 급격하게 악화된다.
② 신체조직에 잔존능력이 향상한다.
③ 노화는 급진적으로 진행된다.
④ 노력을 통해 노화를 막을 수 있다.
⑤ 피하지방의 증가로 전신에 살이 붙는다.

ADVICE 면역능력이 저하하면서 질병이 발생하면 급격하게 진행되며 악화된다.

●○○

15 노화와 건강증진 | 표준교재 페이지 : 231

노쇠의 악순환으로 근감소증이 나타나는 원인은?

① 만성 염증
② 체중 증가
③ 활동 감소
④ 우울증
⑤ 독감

ADVICE 고령화, 체중 감소, 만성 염증에 의해서 근감소증이 나타난다.

●●○

16 노화와 건강증진 | 표준교재 페이지 : 247

뇌졸중의 전구증상에 해당하는 것은?

① 전신에 마비증상이 나타난다.
② 말을 유창하게 하지만 의미를 전달하기 어렵다.
③ 옆 사람의 목소리가 잘 들리지 않는다.
④ 앉았다가 일어서면 머리가 어지럽다.
⑤ 일어서거나 걸으려고 할 때 한쪽으로 넘어진다.

ADVICE 한쪽 팔다리가 마비되거나 감각이 이상하며, 발음이 부정확해지고, 일어서려고 하면 한쪽으로 넘어진다거나 주위가 도는 어지럼증 등이 나타난다.

17 노화와 건강증진 | 표준교재 페이지 : 248

파킨슨병의 운동증상에 해당하는 것은?

① 떨림
② 빨라지고 조급해진 행동
③ 후각 기능의 저하
④ 불면증
⑤ 소변장애

ADVICE 떨림, 느려진 행동, 경직, 불안정한 자세가 대표적인 파킨슨병의 운동증상이다.

18 노화와 건강증진 | 표준교재 페이지 : 209

노인성 자반이 발생하는 원인은?

① 습윤 ② 백혈병
③ 습기 ④ 장기간 자외선 노출
⑤ 머릿니

ADVICE 노인성 자반은 노화, 자외선 노출, 과도한 자극에 의해서 출혈이 생기는 질환이다.

19 노화와 건강증진 | 표준교재 페이지 : 261

생활시설에서 거주하는 노인의 성생활 권리를 보장하기 위해 시설종사자가 지켜야 하는 원칙은?

① 동료와 생활노인의 성생활을 흥미거리로 다룬다.
② 개인의 개별적인 욕구가 표현되지 않도록 제한한다.
③ 부부는 각방에서 거주하게 한다.
④ 시설 내에서 절대 성생활을 하지 않게 한다.
⑤ 성생활에 대한 상담을 진행할 수 있도록 전문교육을 받는다.

ADVICE 사생활을 보장하고 노인도 성생활을 하는 존재임을 인정한다.

20 노화와 건강증진 | 표준교재 페이지 : 171

변비 대상자에게 해야 하는 치료 및 예방 방법으로 적절한 것은?

① 배변 환경을 편안하게 유지한다.
② 유산균이 포함된 음식을 피한다.
③ 장의 운동량을 줄이는 음식을 섭취한다.
④ 움직이지 않고 휴식을 취한다.
⑤ 변의가 나타나면 화장실을 찾는다.

ADVICE 배변 환경을 편안하게 유지하고 규칙적인 배변습관을 가지는 것이 중요하다.

21 노화와 건강증진 | 표준교재 페이지 : 188

퇴행성 관절염 말기의 특징은?

① 관절 사이에 간격이 정상보다 좁아져 있다.
② 무릎 뼈가 뼈끼리 부딪힌다.
③ 골밀도가 낮아져서 뼈에 구멍이 크게 있다.
④ 관절 간격이 서서히 줄어든다.
⑤ 무릎 뼈에 돌기체가 생기기 시작한다.

ADVICE 초기에 뼈 돌기체가 생기고 관절 간격이 좁아진다. 이후에 점차 간격이 좁아지고 말기에는 뼈끼리 부딪친다.

22 노화와 건강증진 | 표준교재 페이지 : 170

설사 대상자에게 해야 하는 치료 및 예방 방법으로 적절한 것은?

① 설사가 발생할 때마다 지사제를 사용한다.
② 음식량 섭취를 늘린다.
③ 카페인이 들어있는 커피는 마시지 않는다.
④ 수분 섭취를 줄여 배설량을 줄인다.
⑤ 몸을 차갑게 유지한다.

ADVICE 장 운동을 증가시키는 커피는 마시지 않는다. 지사제는 의사의 지시에 따라 복용한다.

ANSWER 11.② 12.④ 13.② 14.① 15.① 16.⑤ 17.① 18.④ 19.⑤ 20.① 21.② 22.③

노인의 약물 상호작용을 예방하기 위한 방법은?

① 증상이 심하면 정해진 양보다 많은 양의 약을
  복용한다.

② 약물의 부작용이 나타나도 복용을 계속한다.

③ 건강기능식품을 다양하게 복용한다.

④ 대상자의 질병, 현재 복용약물 정보를 지갑에
  소지하고 다니게 한다.

⑤ 다른 사람의 처방약을 복용하게 한다.

ADVICE 질병, 과거 약물 부작용 경험, 현재 복용 약물 정
보 등을 소지하여 언제든 확인이 가능하게 한다.

편의점에서 구입이 가능한 비상약은?

① 마약성 진통제　　② 항히스타민제

③ 해열제　　　　　④ 전문의약품

⑤ 응급 피임약

ADVICE 약국에서는 해열제, 감기약, 소화제, 파스를 구입
할 수 있다.

뇌졸중 중에서 뇌혈관이 막혀서 생긴 것은?

① 뇌경색　　　　　② 뇌출혈

③ 치매　　　　　　④ 파킨슨병

⑤ 심장마비

ADVICE 뇌혈관이 막혀서 생기는 것은 뇌경색에 해당한다.

남성에게만 있는 비뇨기계는?

① 신장　　　　　　② 전립선

③ 요관　　　　　　④ 방광

⑤ 요도

ADVICE 전립선은 남성에게만 있는 비뇨기계이다.

욕창 대상자에게 파우더 사용이 금지되는 이유는?

① 파우더로 침대시트가 지저분해지기 때문이다.

② 호흡기계에 문제를 유발하기 때문이다.

③ 파우더가 땀구멍을 막기 때문이다.

④ 자세를 변경시킬 때 파우더 때문에 미끄러지
  기 때문이다.

⑤ 영양분 흡수를 방해하기 때문이다.

ADVICE 파우더가 피부를 자극하고 땀구멍을 막기 때문에
사용을 금지한다.

다음의 요인에 의해 발생하는 질환은?

> • 지방대사 이상
> • 콜레스테롤 과다 섭취
> • 운동 부족
> • 고지혈증, 당뇨병 등과 같은 지병

① 독감　　　　　　② 천식

③ 동맥경화증　　　④ 고관절 골절

⑤ 요실금

ADVICE 동맥경화증은 지방대사 이상이 있고 콜레스테롤이
나 지방 섭취를 과다하게 한 경우 나타난다.

**복압이 가해지는 상황에 실금이 발생하는 것으로
비만인 경우 유발되기 쉬운 요실금 종류는?**

① 절박성 요실금　　② 역류성 요실금

③ 혼합성 요실금　　④ 복압성 요실금

⑤ 범람성 요실금

ADVICE 비만은 복부 내 압력을 높여 복압성 요실금을 유
발한다.

●○○

30 노화와 건강증진 | 표준교재 페이지 : 192

골다공증이 있는 노인에게 낙상이 발생하면 가장 빈번하게 나타날 수 있는 골절은?

① 발등 골절　　　② 척추 골절
③ 경추 골절　　　④ 두개골 골절
⑤ 고관절 골절

ADVICE 골다공증이 있는 경우 낙상에 의해서 고관절 골절이 발생한다.

●○○

31 노화와 건강증진 | 표준교재 페이지 : 199

노화에 따라 나타나는 피부계의 특성은?

① 유분기가 증가한다.
② 표피가 두꺼워진다.
③ 발톱이 딱딱하고 두꺼워진다.
④ 피부가 흰색으로 변한다.
⑤ 각질에 수분 함유량이 증가한다.

ADVICE 손·발톱이 두껍고 딱딱해진다. 또한 세로줄이 생기고 잘 부서지는 특성이 있다.

●○○

32 노화와 건강증진 | 표준교재 페이지 : 200

장기간 와상상태에 있는 노인의 피부에 혈액 공급이 원활히 되지 않아 나타나는 질환은?

① 접촉성 피부염
② 간찰진
③ 대상포진
④ 욕창
⑤ 지루성 피부염

ADVICE 장기간 누워있는 대상자의 피부가 괴사되면서 욕창이 나타난다.

●○○

33 노화와 건강증진 | 표준교재 페이지 : 211

노화에 따라 신경계에 나타나는 특성은?

① 신경세포 기능이 향상된다.
② 근육에 자극 반응성이 증가한다.
③ 감각이 민감해진다.
④ 단기기억능력은 유지된다.
⑤ 균형유지능력이 감소한다.

ADVICE 노화에 의해 균형유지능력이 감소된다.

●○○

34 노화와 건강증진 | 표준교재 페이지 : 211

노화에 따른 감각기계의 특성은?

① 접촉 강도가 낮아도 접촉감을 느낀다.
② 통증호소의 정도가 증가한다.
③ 통증에 대한 민감성이 증가한다.
④ 귓바퀴가 쪼그라든다.
⑤ 건조한 귀지로 내이도가 폐쇄된다.

ADVICE 통증을 호소하는 정도는 증가하지만 통증 민감도는 둔감해진다.

●○○

35 노화와 건강증진 | 표준교재 페이지 : 185

심부전의 증상으로 적절한 것은?

① 걷기를 할 때 구토 증상이 나타난다.
② 염분이 급속하게 배출된다.
③ 의식혼돈이 나타난다.
④ 요실금이 나타난다.
⑤ 호흡음에서 쌕쌕거리는 소리가 난다.

ADVICE 의식혼돈과 현기증, 앉은 자세 호흡, 호흡곤란, 의존성 부종이 나타난다.

ANSWER　23.④　24.③　25.①　26.②　27.③　28.③　29.④　30.⑤　31.③　32.④　33.⑤　34.②　35.③

●○○
36 요양보호와 생활지원 │ 표준페이지 : 365

요양보호사가 경관영양 대상자를 돕는 방법으로 적절한 것은?

① 영양액이 역류하는 경우 비위관을 잠근다.
② 비위관이 빠진 경우에는 윤활제를 발라 밀어 넣는다.
③ 영양액은 차갑게 하여 주입한다.
④ 거동이 가능한 대상자는 오른쪽에 눕혀서 제공한다.
⑤ 빠른 속도로 영양액을 주입한다.

ADVICE 역류를 하는 경우에는 비위관을 잠그고 간호사를 호출한다.

●○○
37 요양보호와 생활지원 │ 표준페이지 : 369

물약을 준비할 때 요양보호사의 올바른 행동은?

① 약을 따르기 전에 침전물이 없도록 용기를 흔들어 섞는다.
② 병뚜껑은 안쪽이 바닥을 향하도록 놓는다.
③ 약물의 용량이 적을 때는 일반 주사기로 복용하게 한다.
④ 병 입구에 묻은 약은 다음 투약을 위해 그대로 보관한다.
⑤ 용량이 많은 경우 계량컵 대신 무침 주사기를 사용한다.

ADVICE 약을 따르기 전에 약물을 흔들어 섞는다.

●○○
38 요양보호와 생활지원 │ 표준페이지 : 294

치매로 인한 장애가 있는 대상자와 의사소통하는 방법은?

① 대상자는 아무것도 모른다고 생각하고 소통한다.
② 대상자의 눈을 보지 않고 대화를 한다.
③ 대상자에게 한 번에 많은 이야기를 한다.
④ 같은 시선에서 손이나 어깨를 부드럽게 접촉하면서 대화한다.
⑤ 상식을 강요하고 설득한다.

ADVICE 치매 대상자는 불안과 소외감을 자주 느끼기 때문에 차가운 태도에 민감하므로 스킨십을 자주 한다.

●○○
39 요양보호와 생활지원 │ 표준페이지 : 360

식사를 돕는 방법으로 적절한 것은?

① 가능하다면 스스로 음식을 먹을 수 있게 한다.
② 누워있는 대상자는 침대 머리를 90도로 높이고 턱을 들어 올려 식사하게 한다.
③ 숟가락 둥근 바닥이 입술 중앙에 놓이게 하여 입술을 눌러서 음식을 입에 넣는다.
④ 식사 후에는 바로 누울 수 있게 돕는다.
⑤ 편마비 대상자의 마비가 있는 쪽에 음식을 제공한다.

ADVICE 대상자가 숟가락, 젓가락 등을 통해 스스로 식사할 수 있는 방법을 생각한다.

●○○
40 요양보호와 생활지원 │ 표준페이지 : 389

요루 주머니의 소변을 비워야 하는 시기는?

① 월 1회
② 주 2 ~ 3회
③ 요루 주머니가 지저분해진 경우
④ 소변이 1/3 ~ 1/2정도 찼을 때
⑤ 요루 주머니가 빵빵하게 찬 경우

ADVICE 요루 주머니의 1/3 ~ 1/2정도 소변이 차면 바로 비운다.

41 요양보호와 생활지원 | 표준페이지 : 372

귀약을 점적 후에 귀 입구를 잠깐 부드럽게 눌러 준 후 대상자에게 유지하도록 해야 하는 자세는?

① 하루 종일 부동자세를 유지한다.

② 가만히 서 있도록 한다.

③ 약 5분간 누워있도록 한다.

④ 약 10분간 천장을 바라보도록 한다.

⑤ 즉시 일어나 활동하도록 한다.

ADVICE 귀 입구를 잠깐 부드럽게 눌러준 후 약 5분간 누워 있도록 한다.

●○○

42 요양보호와 생활지원 | 표준페이지 : 374

노인 배설을 도울 때 요양보호사가 유념해야 할 일반적 원칙으로 옳은 것은?

① 사생활 배려는 생략한다.

② 수치스러움을 느낄 수 있음을 유념한다.

③ 스스로 할 수 있는 부분도 요양보호사가 모두 돕는다.

④ 항문은 요로계 감염 예방을 위해 뒤에서 앞으로 닦는다.

⑤ 대상자 요구는 최대한 반영하지 않는다.

ADVICE 노인이 배설 시 수치와 불안을 느낄 수 있음을 유념한다.

●○○

43 요양보호와 생활지원 | 표준페이지 : 401

의치를 뺀 후 요양보호사가 확인해야 할 사항은?

① 의치를 실온에 건조하게 보관한다.

② 의치를 뜨거운 물에 삶아 살균한다.

③ 두통이 있는지 확인한다.

④ 울퉁불퉁한 곳이나 헐은 곳이 있나 살핀다.

⑤ 식사를 먹은 것을 기록한다.

ADVICE 의치 제거 후에 헐은 곳이 있나 살피고, 구강 점막에 상처나 염증이 있는지 확인해야 한다.

●○○

44 요양보호와 생활지원 | 표준페이지 : 389

장루 관리에 대한 설명으로 옳은 것은?

① 장루 주머니 교환 주기는 주 2회에서 3회 정도이다.

② 배설물이 주머니에 1/3 ~ 1/2 정도 채워지면 비운다.

③ 대상자의 식사와 간식 섭취를 제한한다.

④ 통목욕 시에는 주머니를 반드시 떼야 한다.

⑤ 불편감을 호소해도 참아야 한다고 격려한다.

ADVICE 장루는 배설물이 주머니에 1/3 ~ 1/2정도 채워지면 비우며, 통목욕 시 주머니를 착용하도록 해야 한다.

●○○

45 요양보호와 생활지원 | 표준페이지 : 395

입안 헹구기를 돕는 순서로 옳은 것은?

> ㉠ 앉은 자세를 취하게 하고 목에서 가슴까지 수건을 대준다.
> ㉡ 대상자의 구강상태를 확인한다.
> ㉢ 일회용 장갑을 낀다.
> ㉣ 미지근한 물로 입안을 적신다.

① ㉠ → ㉡ → ㉣ → ㉢

② ㉠ → ㉢ → ㉣ → ㉡

③ ㉡ → ㉢ → ㉣ → ㉠

④ ㉢ → ㉡ → ㉠ → ㉣

⑤ ㉣ → ㉡ → ㉠ → ㉢

ADVICE '㉢ 장갑 끼기 → ㉡ 구강상태 확인 → ㉠ 앉은 자세 및 수건 대기 → ㉣ 미지근한 물로 입안 적시기' 순서이다.

침상 목욕을 준비하는 단계에서 올바른 방법은?

① 창문을 열어 실내 공기를 순환시킨다.
② 동의 없이 바로 준비를 시작한다.
③ 실내 온도를 22 ~ 26℃로 유지한다.
④ 침상난간은 절차가 끝난 후에만 내린다.
⑤ 물 온도는 22℃로 맞춘다.

ADVICE 침상 목욕 전에는 실내 온도 22 ~ 26℃ 유지, 바람 차단이 필수이다.

침상 목욕을 피해야 하는 상황은?

① 식후 2시간 경과 후
② 기분이 안정적일 때
③ 혈압이 상승된 상태
④ 퇴행성 관절염이 있는 경우
⑤ 구두로 동의가 가능한 상태

ADVICE 혈압이 상승하거나 열이 있는 경우에는 목욕을 피해야 한다.

편마비가 있는 경우, 옷을 벗을 때의 올바른 순서는?

① 마비된 쪽부터 벗긴다.
② 건강한 쪽부터 벗긴다.
③ 양쪽을 동시에 벗긴다.
④ 요양보호사가 편한 쪽부터 벗긴다.
⑤ 순서는 상관없다.

ADVICE 편마비 시 옷을 벗을 때는 건강한 쪽부터 벗긴다.

측위(옆으로 누운 자세)로 자세변경을 시행하기 위한 준비 단계로 옳은 것은?

① 침대를 가장 낮은 높이로 내린다.
② 난간은 모두 내린다.
③ 자세변환용구는 사용하지 않는다.
④ 대상자에게 설명하기보다 신속하게 돌린다.
⑤ 침대를 수평으로 맞추고 허리 높이로 올린다.

ADVICE 측위를 하기 전에는 침대를 수평으로 맞추고, 요양보호사 허리 높이로 올린다.

휠체어 발판 높낮이를 조절하는 순서로 옳은 것은?

> ㉠ 발 받침대를 대상자의 다리 길이에 맞춘다.
> ㉡ 볼트를 오른쪽으로 돌려 조인다.
> ㉢ 발판 밑에 있는 볼트를 왼쪽으로 돌려 푼다.

① ㉠ → ㉡ → ㉢
② ㉠ → ㉢ → ㉡
③ ㉡ → ㉠ → ㉢
④ ㉢ → ㉠ → ㉡
⑤ ㉢ → ㉡ → ㉠

ADVICE 발판 높낮이 조절 순서는 '㉢ 볼트 왼쪽으로 돌려 풀기 → ㉠ 발 받침대를 다리 길이에 맞추기 → ㉡ 볼트 오른쪽으로 돌려 조이기'이다.

오르막길을 갈 때 휠체어 조작법은?

① 자세를 가급적 낮춰서 휠체어를 밀고 올라간다.
② 고개를 뒤로 돌려 방향을 본다.
③ 뒷걸음질로 내려간다.
④ 앞바퀴를 들어 올린 상태에서 천천히 이동한다.
⑤ 뒤로 살짝 이동했다 앞으로 나가는 행동을 반복하며 오른다.

ADVICE 자세를 낮춰서 다리에 힘을 주고 올라간다.

●○○
52 요양보호와 생활지원 | 표준페이지 : 467

보행기를 사용하는 대상자에게 보행 도움을 줄 때 주의사항으로 적절한 것은?

① 신발이나 양말은 신기지 않는다.
② 요양보호사는 대상자 가까이에서 도움을 준다.
③ 요양보호사는 건강한 쪽에 서서 지지한다.
④ 팔꿈치는 180° 펴고 보행기 손잡이를 잡게 한다.
⑤ 보행기는 대상자와 멀리 떨어진 곳에서 보관한다.

ADVICE 보행기를 사용하는 대상자 가까이에 서서 도움을 준다.

●○○
53 상황별 요양보호기술 | 표준페이지 : 606

치매 대상자의 의사표현을 돕는 방법으로 적절한 것은?

① 텔레비전을 조용하게 틀어둔다.
② 라디오를 큰 소리로 켜둔다.
③ 여러 사람이 있는 곳에서 말한다.
④ 말을 잘 이해하고 있음을 확인시킨다.
⑤ 대상자가 곁에 있어도 마치 없는 것처럼 혼자 이야기를 한다.

ADVICE 대상자가 하는 말을 잘 이해하고 있다는 것을 알려준다.

●○○
54 요양보호와 생활지원 | 표준페이지 : 475

요실금 팬티에 대한 설명으로 적절한 것은?

① 정확한 소변량 측정이 가능하다.
② 여성만 사용이 가능하다.
③ 대상자가 기저귀를 거부하는 경우 사용해서는 안 된다.
④ 흘림량이 100mL 이상이면 사용해서는 안 된다.
⑤ 세탁이 필요하다.

ADVICE 일반 섬유 팬티에 방수패드가 부착된 형태로 반복 사용이 가능하기에 세탁이 필요하다.

●○○
55 요양보호와 생활지원 | 표준페이지 : 479

휠체어를 선정할 때 고려해야 하는 사항은?

① 휠체어 표면이 거칠어야 한다.
② 공기압이 높게 유지되고 있는지 확인한다.
③ 휠체어 표면에 날카로운 부분이 없어야 한다.
④ 쿠션은 딱딱해야 한다.
⑤ 발판의 높낮이는 고정되어 있어야 한다.

ADVICE 휠체어 표면은 거칠어선 안 되고 쿠션은 부드러워야 한다. 딱딱한 쿠션은 욕창을 유발한다.

●●○
56 요양보호와 생활지원 | 표준페이지 : 519

노인에게 권장되는 음식패턴으로 적절한 것은?

① 밥, 국/탕, 샌드위치, 우유
② 일품요리, 국/탕, 김치
③ 밥, 채소류찌개
④ 밥, 국/탕, 빵
⑤ 밥, 김치찌개, 주반찬

ADVICE 밥 중심은 밥, 국/탕, 주반찬, 부반찬, 김치로 구성해야 하며, 일품요리 중심은 일품요리, 국/탕, 김치로 구성한다.

●○○
57 요양보호와 생활지원 | 표준페이지 : 518

다음 제공한 식단에서 빠져 있는 식품군은?

쌀밥, 시금치 나물, 사과, 우유

① 고기류　　　　② 우유 · 유제품류
③ 채소류　　　　④ 과일류
⑤ 곡류

ADVICE 곡류, 고기 · 생선 · 달걀 · 콩류, 채소류, 과일류, 우유 · 유제품류, 유지 · 당류에서 고기류가 빠져 있다.

ANSWER 46.③ 47.③ 48.② 49.⑤ 50.④ 51.① 52.② 53.④ 54.⑤ 55.③ 56.② 57.①

58 요양보호와 생활지원 | 표준페이지 : 516

티아민이 풍부한 급원식품은?

① 간유 ② 정어리
③ 상추 ④ 돼지고기
⑤ 효모

ADVICE 티아민이 풍부한 급원식품은 돼지고기, 햄, 해바라기씨, 현미 등이 해당한다.

● ○ ○

59 요양보호와 생활지원 | 표준페이지 : 529

당뇨병 대상자의 식사관리로 옳은 것은?

① 음식을 싱겁게 먹는다.
② 동물성 지방의 섭취를 늘린다.
③ 볶음 위주의 조리음식을 섭취한다.
④ 극단적으로 음식을 제한해야 한다.
⑤ 오래 굶고 난 다음에 식사를 한다.

ADVICE 염분 섭취를 줄이기 위해서 음식은 싱겁게 먹는다.

● ○ ○

60 요양보호와 생활지원 | 표준페이지 : 551

의복에 다음과 같은 기호가 있다면 의미하는 것은?

① 손세탁 금지
② 세탁기 사용 불가
③ 물세탁 안 됨
④ 세탁기로 강하게 세탁
⑤ 삶을 수 있음

ADVICE 30℃ 물로 세탁을 해야 하며, 세탁기 사용이 불가하다는 것으로 약하게 손세탁을 하라는 것이다. 중성세제 사용은 가능하다.

● ○ ○

61 요양보호와 생활지원 | 표준페이지 : 532

씹기 장애를 가진 대상자가 식사할 때 주의사항으로 적절한 것은?

① 국수 면은 길게 하여 한 번에 먹게 한다.
② 과일은 치아로 씹어 먹도록 큰 덩어리로 준다.
③ 숟가락은 크기가 큰 것을 사용한다.
④ 턱을 몸 쪽으로 약간 당기고 식사를 한다.
⑤ 엎드린 상태에서 식사를 한다.

ADVICE 턱을 몸 쪽으로 당기어 식사를 한다.

● ○ ○

62 요양보호와 생활지원 | 표준페이지 : 438

침대에서 좌우로 이동하는 것을 돕는 절차에 대한 설명으로 적절한 것은?

① 이동하기 전에 침대 난간은 모두 올려둔다.
② 상반신과 하반신을 동시에 이동시킨다.
③ 이동하고자 하는 방향에 서서 대상자를 끌어당긴다.
④ 한 번에 최대한 많은 거리를 이동시켜야 한다.
⑤ 대상자의 두 팔을 가슴 위로 포갠 후에 천천히 이동시킨다.

ADVICE 침상 목욕, 머리 감기기를 하기 위해서 침대 가장자리로 이동할 때 좌우로 이동하기 방법을 적용할 수 있다.

● ○ ○

63 요양보호와 생활지원 | 표준페이지 : 546

노인의 저녁 외출 시 밝은 옷을 입히는 이유는?

① 노인의 선호
② 낙상 방지
③ 교통사고 방지
④ 요양보호사의 취향
⑤ 세탁의 편리성

ADVICE 밝은 옷을 입어 교통사고를 방지하기 위함이다.

세탁 후 관리 방법으로 적절한 것은?

① 모든 의류는 다림질할 때 180 ~ 210℃로 한다.
② 방충제는 보관용기 가장 아래에 둔다.
③ 모섬유는 보관할 때 햇볕 아래에 둔다.
④ 방습제는 염화칼슘을 사용한다.
⑤ 습기가 있는 날에는 옷을 꺼내어 바람을 쐬게 한다.

ADVICE 방습제는 염화칼슘을 주로 사용한다. 의류용으로 시판되고 있다.

치매 대상자의 일상생활 돕기 기본 원칙은?

① 정면에 서서 야단을 친다.
② 할 수 있는 일은 스스로 하게 한다.
③ 상황보다 이론에 맞는 요양보호를 한다.
④ 즉흥적이고 도전적인 생활을 하게 한다.
⑤ 행동이 점차 변해간다면 무시한다.

ADVICE 남아있는 기능을 최대한 살리기 위해서 할 수 있는 일은 스스로 하게 한다.

환경지원 지침에서 지남력 지원을 위한 내용은?

① 다양한 사람과 만남을 유도한다.
② 새소리를 들려준다.
③ 불쾌한 냄새가 나지 않게 한다.
④ 빨래를 직접 하게 한다.
⑤ 공간 입구에 이름표를 적어둔다.

ADVICE 공간에 이름표를 작성하여 공간 정보를 활용하게 한다.

다음에서 제공하는 과일의 공통된 특징은?

> 토마토, 복숭아, 무화과, 바나나, 망고, 키위, 아보카도

① 상온에서 보관한다.
② 반드시 냉동 보관한다.
③ 냉장고 문 쪽에 보관한다.
④ 구매하자마자 즉시 먹는다.
⑤ 적당한 크기로 잘라 밀폐용기에 넣어서 급속 냉동한다.

ADVICE 상온에서 보관하고 일정 시간이 지나면 영양가가 좋아지는 후숙 과일이다.

대상자의 방을 안전하게 조성하기 위한 방법은?

① 가구 모서리에는 덧대기를 한다.
② 햇빛을 차단해야 한다.
③ 자주 쓰는 물건은 방 안에 두지 않는다.
④ 화장실은 최대한 멀리 있게 한다.
⑤ 습기가 잘 생기는 공간이어야 한다.

ADVICE 모서리에 부딪히지 않도록 덧대기를 한다.

고혈압이 있는 치매 대상자의 식사 돕기 원칙은?

① 대상자가 접근할 수 없는 장소에 음식을 둔다.
② 침대 주변에 단 음식을 많이 둔다.
③ 식사량을 보통 사람보다 더 많이 늘린다.
④ 소금을 손이 잘 닿는 곳에 보관한다.
⑤ 배가 고플 때에만 식사를 제공한다.

ADVICE 음식을 가려서 먹어야 하기 때문에 손이 닿지 않는 곳에 음식을 보관한다.

ANSWER 58.④ 59.① 60.② 61.④ 62.⑤ 63.③ 64.④ 65.② 66.⑤ 67.① 68.① 69.①

70 상황별 요양보호기술 | 표준페이지 : 586

치매 대상자의 목욕 돕기에 대한 설명으로 옳은 것은?

① 목욕을 거부하더라도 억지로 시킨다.
② 목욕을 한 후 물기를 닦지 않는다.
③ 욕조에 물을 가득 채우고 대상자를 들어가게 한다.
④ 준비 물품은 목욕 시작 후에 하나하나 준비한다.
⑤ 욕실 내에 대상자를 혼자 두지 않는다.

ADVICE 혼자 두면 위험하기 때문에 반드시 요양보호사와 함께 있어야 한다.

● ○ ○

71 상황별 요양보호기술 | 표준페이지 : 590

치매 대상자의 방과 주변에서 안전을 위한 사고 예방법으로 적절한 것은?

① 요양보호사가 잘 관찰할 수 있는 곳에 대상자의 방을 둔다.
② 모서리가 날카로운 가구는 대상자 주변에 둔다.
③ 유리문은 깨끗하게 닦고 아무것도 붙이지 않는다.
④ 대상자 혼자 잘 때 방 안에 난방 기구를 켜둔다.
⑤ 낮에는 방 안을 어둡게 한다.

ADVICE 요양보호사가 잘 볼 수 있는 곳에 대상자의 방이 있어야 한다.

● ○ ○

72 상황별 요양보호기술 | 표준페이지 : 591

치매 대상자의 화장실에서 안전을 위한 사고 예방법으로 적절한 것은?

① 고체비누를 비치한다.
② 방과 최대한 먼 곳에 화장실을 배치한다.
③ 화장실이라는 표시는 모두 떼어둔다.
④ 화장실 전등은 밤에도 켜둔다.
⑤ 바닥은 물기가 촉촉하게 유지한다.

ADVICE 전등은 밤에도 켜두어서 낙상을 예방한다.

● ○ ○

73 상황별 요양보호기술 | 표준페이지 : 594

음식 섭취 관련 정신행동증상이 있는 치매 대상자가 아무 때나 밥을 달라고 하면 적절한 대처법은?

① "왜 이렇게 떼를 쓰세요?"
② "그만 달려고 하세요."
③ "오늘 3끼 넘게 먹었어요."
④ "방금 드셨는데 또 드시겠다구요?"
⑤ "지금 준비하고 있으니 기다려주세요."

ADVICE 친절하게 지금 준비하고 있다고 말한다. 화를 내거나 대립하지 않는다.

● ○ ○

74 상황별 요양보호기술 | 표준페이지 : 596

치매 대상자가 배회를 하는 경우 돕는 방법은?

① 집 안을 어둡게 유지한다.
② 집 안에 배회코스를 만들어준다.
③ 낮에 잠을 충분히 재운다.
④ 소리를 질러 놀라게 한다.
⑤ 라디오를 크게 틀어둔다.

ADVICE 집 안에서 배회를 하는 경우 배회코스를 만들어준다.

● ○ ○

75 상황별 요양보호기술 | 표준페이지 : 606

치매 대상자가 의사표현을 하도록 돕는 방법은?

① 사람들이 많은 곳에서 대화한다.
② 라디오를 큰 소리로 틀어준다.
③ 대상자를 편안하게 만들어준다.
④ 말이 이해가 되지 않는다고 타박한다.
⑤ 복잡한 언어를 사용하여 말을 한다.

ADVICE 대상자를 편안하게 만들어주고 안심하도록 하는 것이 중요하다.

76 상황별 요양보호기술 | 표준페이지 : 673

대상자가 질식으로 숨을 쉬지 못하는 경우 하는 응급조치로 적절한 것은?

① 배꼽과 명치 중간에 주먹을 두고 후상방으로 힘차게 올린다.
② 등을 세게 두들긴다.
③ 이물질이 내려갈 때까지 물을 마시게 한다.
④ 눕혀서 다리를 들어 올리게 한다.
⑤ 식도 안으로 손가락을 넣어 이물질을 빼낸다.

ADVICE 하임리히법을 사용하여 복부 압력을 높여서 기도에 막힌 이물질을 제거한다.

●○○

77 상황별 요양보호기술 | 표준페이지 : 674

쇼크 상태 대상자의 적절한 자세는?

① 옆으로 눕혀놓은 자세
② 고개를 숙이고 앉아 있는 자세
③ 무릎을 꿇고 앉는 자세
④ 천장을 향해 눕히고 다리를 올린 자세
⑤ 엎드린 자세

ADVICE 혈액순환에 도움을 주기 위해서 다리를 올려 눕혀준다.

●○○

78 상황별 요양보호기술 | 표준페이지 : 651

대상자와 사별 후에 가족들의 애도 반응이 너무 길거나 심한 경우 적절한 조치는?

① 가족과 대화를 하지 않는다.
② 심리상담이나 정신과 상담을 권한다.
③ 경찰에 인계한다.
④ 감정표현을 하는 경우 경청을 거절한다.
⑤ 요양보호사 업무 밖의 일이다.

ADVICE 심리상담이나 정신과 의사와 상담을 하도록 제안한다.

●○○

79 상황별 요양보호기술 | 표준페이지 : 653

연명의료에 해당하는 시술은?

① 미용성형
② 물리치료
③ 심폐소생술
④ 재활운동
⑤ 식사보조

ADVICE 심폐소생술, 혈액 투석, 항암제 투여, 인공호흡기 착용 등 치료 효과 없이 임종과정의 기간만을 연장하는 의학적 시술이다.

●○○

80 상황별 요양보호기술 | 표준페이지 : 653

사전연명의료의향서를 작성할 수 있는 장소로 적절한 것은?

① 보건복지부 지정 등록기관
② 요양보호사의 주거지
③ 장례식장
④ 장례시설
⑤ 보험회사

ADVICE 19세 이상 성인이면 누구나 보건복지부 지정 등록기관에서 상담사의 상담을 받고 작성할 수 있다.

ANSWER 70.⑤ 71.① 72.④ 73.⑤ 74.② 75.③ 76.① 77.④ 78.② 79.③ 80.①

기출동형 모의고사

필 기

1 요양보호 대상자 이해 | 표준교재 페이지 : 74

다음과 같은 상황에 요양보호사의 대처는?

> 대상자의 세탁물 이외의 다른 가족의 세탁물이 세탁기 안에 있다.

① 다른 가족의 세탁물도 함께 세탁한다.
② 대상자의 세탁물만 세탁하는 기준을 가족들에게 알린다.
③ 세탁을 하지 않는다.
④ 가족들에게 직접 세탁을 하라고 정리한다.
⑤ 대상자가 세탁에 직접 참여하게 한다.

ADVICE 대상자의 세탁물만 세탁하는 것이 원칙이므로 그 기준을 알려준다. 반복되는 세탁 요구는 시설장에게 보고한다.

2 요양보호 대상자 이해 | 표준교재 페이지 : 135

요양보호사의 손과 손목에 가장 유해한 작업내용은?

① 샤워
② 기능상태평가
③ 외출 시 동행
④ 의사소통 도움
⑤ 휠체어를 밀거나 당기는 이동

ADVICE 휠체어를 밀거나 당기는 행동, 중량물을 들거나 내리는 작업은 손과 손목에 유해하게 무리가 간다.

3 요양보호 대상자 이해 | 표준교재 페이지 : 124

요양보호사의 윤리적 태도로 적절한 것은?

① 요양보호사가 옳다고 판단한 서비스만을 제공한다.
② 업무가 고되다고 생각한다면 즉시 업무를 중단한다.
③ 대상자와의 약속은 자주 변경하여 유동적으로 운영한다.
④ 대상자나 대상자 가족에게 언어적으로 폭력을 사용하지 않는다.
⑤ 대상자에게 하는 신체 접촉은 과장되게 한다.

ADVICE 대상자나 그 가족들에게 언어적으로나 신체적으로 폭력을 행하는 것은 하면 안 되는 행위이다.

4 요양보호 대상자 이해 | 표준교재 페이지 : 66

노인장기요양보험 표준서비스 중에서 요양보호사에게 제한된 업무는?

① 체위변경
② 의사소통 도움
③ 일상생활 동작훈련
④ 침구 · 린넨 정리
⑤ 입욕 시 이동보조

ADVICE 기능회복훈련서비스나 간호처치서비스는 전문적인 교육과 훈련을 받은 자가 제공해야 하므로 요양보호사 업무에서 제외된다.

●○○

5 요양보호 대상자 이해 | 표준교재 페이지 : 150

요양보호사가 노로바이러스에 감염된 경우 관리법은?

① 발병해도 대상자의 식사를 조리한다.

② 기침이나 발열이 나타나면 결핵검사가 필요하다.

③ 증상이 약하더라도 2~3일은 요양보호 업무를 중단한다.

④ 해산물을 많이 먹는다.

⑤ 피부 가려움 증상을 관리한다.

ADVICE 노로바이러스는 전파력이 크기 때문에 감염되고 나서 증상이 약하더라도 업무를 중단한다.

●○○

6 요양보호 대상자 이해 | 표준교재 페이지 : 156

요양보호사가 직무스트레스를 받은 경우 나타나는 증상은?

① 차분해진다.

② 웃음이 많아진다.

③ 흡연이 줄어든다.

④ 초조해하고 안절부절못한다.

⑤ 금주를 한다.

ADVICE 직무로 스트레스를 받으면 초조해하고 안절부절못하며, 흡연과 음주가 늘어난다. 별것 아닌 일에 짜증과 화가 늘어난다.

●○○

7 요양보호 대상자 이해 | 표준교재 페이지 : 120

시각적인 성희롱 행위에 해당하는 것은?

① 음란한 농담을 한다.

② 팩스로 음란한 편지를 보낸다.

③ 외모에 대해서 성적으로 비유한다.

④ 성적인 사실관계를 묻는다.

⑤ 성적인 정보를 의도적으로 유포한다.

ADVICE 음란한 사진을 보내거나 게시하여 보여주는 행위는 시각적인 성희롱 행위에 해당한다.

●○○

8 요양보호 대상자 이해 | 표준교재 페이지 : 117

다음에서 설명하는 법은?

> 근로자의 기본적 생활을 보장, 향상하며 균형 있는 국민경제의 발전에 기여하는 것이 목적인 법이다.

① 보건의료법

② 중대재해처벌법

③ 근로기준법

④ 산업재해보상보험법

⑤ 산업안전보건법

ADVICE 「근로기준법」은 근로자의 기본적 생활을 보장, 향상하며 균형 있는 국민경제의 발전에 기여하는 것이 목적이다.

●○○

9 요양보호 대상자 이해 | 표준교재 페이지 : 90

시설노인이 시설 정보에 대한 접근성을 보장받을 권리에 해당하는 것은?

① 시설과 관련된 정보에 접근하는 것에 어려움이 없어야 한다.

② 입소 계약에 대해서 노인의 의사가 존중되어야 한다.

③ 노인이나 가족이 요구하면 건강상태 정보에 대한 접근을 허용한다.

④ 치매로 인해 노인의 권리가 손상되지 않도록 한다.

⑤ 신분을 이유로 차별해서는 안 된다.

ADVICE 시설노인의 시설 정보에 대한 접근성을 보장받을 권리로 정보 접근에 어려움이 없어야 한다.

ANSWER 1.② 2.⑤ 3.④ 4.③ 5.③ 6.④ 7.② 8.③ 9.①

노화의 영역에 해당하는 자는?

① 생리적으로 성장기에 있는 사람
② 역할과 책임이 늘어나는 사람
③ 지위를 가지게 되는 사람
④ 정신기능이 변화되고 있는 사람
⑤ 생물학적으로 성숙기에 있는 사람

ADVICE 노화의 영역에는 생리적·생물학적으로 퇴화기에 있는 사람, 심리적으로 정신기능·성격이 변화하는 사람, 사회적으로 지위·역할이 상실되어 가는 사람에 해당한다.

노년기에 키가 줄어드는 원인은?

① 세포의 노화
② 면역능력의 저하
③ 잔존능력의 저하
④ 회복능력의 저하
⑤ 내향성의 증가

ADVICE 세포가 노화하면서 뼈와 근육이 위축되어 등이 굽고 키가 줄어든다.

노년기의 신체적 특성으로 적절한 것은?

① 적응력 증가
② 잠재된 질병 발생율 감소
③ 주름의 증가
④ 합병증 발병률 저하
⑤ 가역적 진행

ADVICE 적응력, 면역능력, 회복능력은 저하하고 비가역적으로 진행된다.

노년기의 사회적 특성으로 적절한 것은?

① 가족을 돌보는 역할을 얻게 된다.
② 사회적으로 명예를 얻으며 역할이 늘어난다.
③ 친구 관계가 더욱 돈독해진다.
④ 사회적인 관계가 촘촘하고 넓어진다.
⑤ 퇴직에 의해 경제적으로 빈곤해진다.

ADVICE 퇴직으로 인해 노후 빈곤율이 높아진다.

노년기의 가족관계에 대한 변화로 적절한 것은?

① 자녀의 독립으로 부부의 자아존중감이 향상한다.
② 퇴직으로 역할이 변하면서 부부관계가 동반자로 전환된다.
③ 점잖게 성적 관심도가 급속도로 저하한다.
④ 3대가 모여서 한집에 가주하는 가족형태가 나타난다.
⑤ 조부모 역할에 적응하지 못한다.

ADVICE 퇴직으로 역할이 변하면서 부부간의 관계에 변화가 나타난다.

공공부조에 해당하는 것은?

① 국민건강보험
② 국민연금보험
③ 산업재해보상보험
④ 국민기초생활보장제도
⑤ 사회서비스

ADVICE 공공부조에는 국민기초생활보장제도가 해당한다.

16 요양보호 대상자 이해 | 표준교재 페이지 : 38

노인복지 원칙에 해당하는 것은?

① 본인의 소득을 타인이 관리하며 의존할 수 있어야 한다.
② 노인복지정책에 참여를 하지 않아야 한다.
③ 가족과 지역사회 보살핌에서 벗어나 독립할 수 있어야 한다.
④ 잠재력을 계발할 수 있는 기회가 있어야 한다.
⑤ 지위에 따라 차등대우를 받아야 한다.

ADVICE 자아실현의 원칙에 따라 잠재력을 계발할 기회가 있어야 한다.

17 노화와 건강증진 | 표준교재 페이지 : 230

노인증후군의 공통된 특징은?

① 삶에 큰 영향을 주지 않는다.
② 특정한 병적 상태로 설명된다.
③ 연관성 없는 신체기관에서 동시에 질병이 발생한다.
④ 장기에는 영향을 미치지 않는다.
⑤ 모든 세대에서 빈번하게 나타난다.

ADVICE 노쇠한 노인에게 주로 나타나며 연관성 없는 기관이 동시에 관여하여 질병을 유발한다.

18 노화와 건강증진 | 표준교재 페이지 : 231

노쇠의 악순환으로 식욕이 감소하게 되는 원인은?

① 인슐린 감수성 저하
② 골절
③ 우울증
④ 낙상
⑤ 청력 감퇴

ADVICE 고령화, 미각 저하, 치매, 우울증 등이 식욕 감소의 원인이 된다.

19 노화와 건강증진 | 표준교재 페이지 : 249

파킨슨병의 비운동증상에 해당하는 것은?

① 마비
② 기립성 저혈압
③ 뻣뻣한 자세
④ 양치하기를 어려워 함
⑤ 과도한 각성

ADVICE 신경정신 증상, 수면 이상, 기립성 저혈압과 같은 자율신경계 증상, 감각 이상, 인지기능 장애가 비운동증상으로 나타난다.

20 노화와 건강증진 | 표준교재 페이지 : 208

간찰진의 치료 및 예방 밥법은?

① 잦은 목욕
② 예방접종
③ 뜨거운 수건 적용
④ 국소항생제 연고
⑤ 노화에 의한 자연스러운 현상

ADVICE 통풍을 시키고 국소항생제나 항진균제 연고를 적용한다.

21 노화와 건강증진 | 표준교재 페이지 : 211

노화에 따른 신경계의 특성은?

① 안정적인 정서조절
② 근육의 긴장 저하
③ 신체 정렬 유지능력 향상
④ 장기기억 소실
⑤ 단기기억력 감퇴

ADVICE 단기기억은 저하되지만 젊은 시절 생성된 장기기억은 유지된다.

ANSWER 10.④ 11.① 12.③ 13.⑤ 14.② 15.④ 16.④ 17.③ 18.③ 19.② 20.④ 21.⑤

노화에 따른 감각기계 중 시각계의 특성은?

① 동공의 지름이 늘어난다.
② 눈물의 양이 증가한다.
③ 색을 정확하게 구별한다.
④ 물체에 초점을 맞추는 능력이 상실된다.
⑤ 빛에 순응이 빠르다.

ADVICE 초점 맞추는 능력이 상실되면서 노안이 나타난다.

다음의 섬망 치료는 무엇을 유지·관리하기 위한 방법인가?

> • 대상자의 말이 이해되지 않더라도 경청한다.
> • 대상자가 현실을 알 수 있는 환경을 제공한다.

① 착각 및 환각
② 신체통합성
③ 지남력
④ 기억력
⑤ 자아존중감

ADVICE 대상자가 하는 착각과 환각을 관리하기 위해 경청을 하고 적절한 환경을 제공한다.

변비의 발생과 관련된 요인으로 적절한 것은?

① 복부 근육의 힘 강화
② 복압의 증가
③ 대장반사 감소로 장운동 저하
④ 수분 섭취 증가
⑤ 고섬유질 음식 섭취의 증가

ADVICE 대장반사 감소로 장운동이 저하되는 것이 변비 발생 관련 요인이다.

고혈압 증상으로 적절한 것은?

① 간문맥 파열　　② 뇌동맥 파열
③ 변비　　　　　④ 고혈당
⑤ 위궤양

ADVICE 고혈압은 혈관 벽에 지속적인 압력을 가해 뇌동맥 파열, 뇌출혈 등을 유발할 수 있다.

퇴행성 관절염의 관절 부위 통증의 특징은?

① 대상자들에게 공통적으로 심각한 통증이 나타난다.
② 허리 부위에 특징적으로 증상이 심하게 나타난다.
③ 활동량에 따른 통증의 변화는 없다.
④ 통증은 한 번 심하게 나타나고 사라진다.
⑤ 아침에 일어나면 관절이 뻣뻣한 경직이 나타난다.

ADVICE 퇴행성 관절염은 연골이 닳아서 생기는 것으로 통증은 개인마다 다르며, 날씨나 활동에 따라 호전과 악화가 반복된다.

노인의 성생활 관리를 위한 것은?

① 노인의 성적표현을 제한한다.
② 성기능에 영향을 주는 약물은 다양하게 섭취한다.
③ 원만한 성생활을 위해 운동을 꾸준히 하게 한다.
④ 질병이 있는 경우 엄격하게 성행위를 제한한다.
⑤ 여성노인에게 윤활제 사용을 금지한다.

ADVICE 노년에 원만한 성생활을 위해서 규칙적인 운동과 정기검진을 통해 체력을 건강하게 유지한다.

●○○
28 노화와 건강증진 | 표준교재 페이지 : 202

욕창 대상자의 체위를 2시간마다 변경하는 이유는?

① 지남력 저하 방지
② 한 부위의 지속적인 압박을 예방
③ 인지 자극을 제공
④ 청결하게 주변 환경을 유지
⑤ 자극을 통해서 근육 강화

ADVICE 2시간마다 체위를 변경하는 것은 압박을 예방하기 위함이다.

●○○
29 노화와 건강증진 | 표준교재 페이지 : 196

요실금 환자가 식이섬유소가 풍부한 채소와 과일을 섭취해야 하는 이유는?

① 변비 예방
② 골반근육 강화
③ 위염 예방
④ 폐렴 방지
⑤ 약물 부작용 방지

ADVICE 채소와 과일을 풍부하게 섭취하면서 변비를 예방하기 위함이다.

●○○
30 노화와 건강증진 | 표준교재 페이지 : 185

심부전 대상자에게 의존성 부종이 나타나는 원인은?

① 기립성 저혈압
② 의식혼돈
③ 심박출량 증가
④ 신장 혈류량 부족
⑤ 수분의 배출 증가

ADVICE 심박출량이 감소하면서 신장 혈류량이 부족해진다. 이에 따라 수분과 염분의 배출이 억제되면서 의존성 부종이 나타난다.

●○○
31 노화와 건강증진 | 표준교재 페이지 : 195

절박성 요실금의 증상은?

① 전립선 비대로 요도가 막혀서 소변이 샌다.
② 방광에 소변이 가득 차면서 흘러나온다.
③ 복부 내 압력이 증가하면서 소변이 흘러나온다.
④ 기침을 하면 소변이 새어나온다.
⑤ 갑자기 강렬하게 배뇨감을 느끼면 소변을 참지 못하고 흘린다.

ADVICE 강렬한 배뇨감에 소변을 참지 못하는 것이 절박성 요실금이다.

●○○
32 노화와 건강증진 | 표준교재 페이지 : 216

노인성 난청의 특징은?

① '스, 츠, 프'와 같은 고음에서 소리가 잘 들리지 않는다.
② 과다한 귀지에 의해 소리가 약하게 들린다.
③ 소리에 대해서 민감성이 올라간다.
④ 장시간 소음에 노출되지 않으면 완화된다.
⑤ 언어구분 능력에는 영향이 없다.

ADVICE 노인성 난청은 고음에서의 난청이다. 소리에 대한 민감성이 저하하며 언어구분 능력이 떨어진다.

●○○
33 노화와 건강증진 | 표준교재 페이지 : 221

노인 우울증의 특징은?

① 치매는 우울증과 연관이 없다.
② 관심을 두는 것이 매사 변한다.
③ 노화에 의한 스트레스가 관련 요인이다.
④ 인지기능 저하에는 영향이 없다.
⑤ 주변 사람이 빠르게 파악 가능하다.

ADVICE 노화에 의한 스트레스로 저항력이 감소하는 것이 우울증 관련 요인이다.

ANSWER 22.④ 23.① 24.③ 25.② 26.⑤ 27.③ 28.② 29.① 30.④ 31.⑤ 32.① 33.③

치매 말기 단계의 특징으로 적절한 것은?

① 새로운 것을 암기하기 어려워한다.

② 기본적인 일상생활은 유지한다.

③ 환각증상이 초기보다 더 증가한다.

④ 가족이나 가까운 친구를 알아보지 못한다.

⑤ 말을 하면서 적절한 단어를 떠올리지 못한다.

ADVICE 가족을 알아보지 못하고 의미 있는 대화가 어려워진다.

백내장의 치료 및 예방 방법으로 적절한 것은?

① 증상이 심하면 인공수정체로 바꾸는 수술을 한다.

② 치료제로도 진행속도를 늦출 수 없다.

③ 유발 원인을 억제해도 예방이 불가능하다.

④ 안압을 정상 범위로 유지한다.

⑤ 눈부심이 나타나면 온찜질을 적용한다.

ADVICE 증상이 심한 경우 수정체를 인공수정체로 바꾸는 수술을 한다.

실 기

경관영양 시 간호사를 호출해야 하는 경우는?

① 의식장애 대상자에게 영양을 공급할 때

② 비위관이 막힌 경우

③ 경관영양식사가 끝난 경우

④ 대상자가 식사를 시작할 때

⑤ 비위관 주변을 청결하게 할 때

ADVICE 비위관이 막히거나, 영양액이 새거나, 비위관이 빠진 경우 간호사를 호출한다.

물약을 계량컵에 따를 때 요양보호사가 지켜야 할 원칙은?

① 처방된 약의 양보다 조금 더 많이 따른다.

② 계량컵은 눈높이보다 낮게 들고 눈금에 맞춘다.

③ 계량컵을 눈높이로 들고 처방된 양만큼만 따른다.

④ 약을 따를 때 라벨 쪽으로 따른다.

⑤ 무침 주사기를 사용해 정확한 양을 따르는 경우에만 흔든다.

ADVICE 물약을 계량컵에 따를 때 계량컵을 눈높이로 들고 처방된 양만큼만 따른다.

주사 주입 시 요양보호사의 역할로 옳은 것은?

① 이상증상이 있는 경우 간호사나 시설장에게 보고한다.

② 주사 바늘을 제거한 후 비벼서 지혈을 돕는다.

③ 주사약물을 정확한 속도로 조절한다.

④ 주사 주입을 위해 필요한 준비를 직접 한다.

⑤ 수액 병을 대상자의 심장보다 낮게 유지한다.

ADVICE 주사 주입은 의료인의 고유 영역이다.

요양보호사가 배설물을 처리할 때의 올바른 태도는?

① 코를 막고 처리를 한다.

② 배설물이 피부에 묻은 경우 휴지로 닦아만 낸다.

③ 배설물은 다른 일을 모두 마친 후에 치운다.

④ 표정을 찡그리지 말고 편안하게 배설하도록 배려한다.

⑤ 배설하는 모습을 가리지 않는다.

ADVICE 대상자가 최대한 편안하게 배설하도록 배려한다.

40 요양보호와 생활지원 | 표준페이지 : 388

유치도뇨관을 통한 소변이 제대로 나오는지 확인할 때 요양보호사가 유념해야 하는 사항은?

① 소변주머니의 알코올 솜 소독 주기
② 소변량과 색깔
③ 방광 세척 시간
④ 유치도뇨관이 원활하게 빠지는지 여부
⑤ 대상자의 편안한 보행

ADVICE 유치도뇨관을 통해 소변이 제대로 나오는지 확인하기 위해 소변량과 색깔을 2 ~ 3시간마다 확인한다.

● ○ ○

41 요양보호와 생활지원 | 표준페이지 : 389

요루 관리에 대한 설명으로 옳은 것은?

① 요루 주머니는 월 1회 교환한다.
② 수분 섭취를 제한한다.
③ 통목욕을 하지 않는다.
④ 요루 주머니 속에 소변이 가득 찼을 때 비운다.
⑤ 요루 주위 피부는 청결하게 관리한다.

ADVICE 요루 주위 피부는 청결하게 관리해야 하며, 요루 주머니는 주 2회에서 3회 정도 교환한다.

● ○ ○

42 요양보호와 생활지원 | 표준페이지 : 395

입안 헹구기 마무리 단계에서 요양보호사가 취해야 할 행동은?

① 입술보호제를 발라준다.
② 차가운 물로 입안을 적신다.
③ 산책을 격려한다.
④ 대상자의 손을 닦게 한다.
⑤ 엎드린 자세로 입안을 헹군다.

ADVICE 마무리 단계에서 입술이 건조하지 않도록 입술보호제를 발라준다.

● ○ ○

43 요양보호와 생활지원 | 표준페이지 : 403

두발 청결 돕기의 일반적 원칙으로 옳은 것은?

① 머리를 감기 전에 배변을 제한한다.
② 공복상태에는 피한다.
③ 건강 상태를 살필 필요 없이 동의만 얻은 후 머리를 감긴다.
④ 물의 온도는 차갑게 해서 닦는다.
⑤ 물은 사용하지 않고 마른 수건으로 닦는다.

ADVICE 공복상태 또는 식후에는 두발 청결 돕기를 피한다.

● ○ ○

44 요양보호와 생활지원 | 표준페이지 : 402

머리 감기를 위한 준비 물품에 포함되는 것은?

① 귀마개
② 유치도뇨관
③ 알코올 솜
④ 칫솔
⑤ 인공치아

ADVICE 목욕담요, 수건, 샴푸, 린스, 따뜻한 물을 담는 포트, 양동이, 빗, 헤어드라이어, 귀마개, 마른수건, 면봉, 목욕의자, 샤워 캡이 필요하다.

● ○ ○

45 요양보호와 생활지원 | 표준페이지 : 403

머리를 감길 때 머리를 앞으로 숙이기 힘든 대상자에게 취해야 하는 조치로 옳은 것은?

① 다리를 쪼그리고 앉아서 고개를 세운 채로 감긴다.
② 침대에 엎드려서 고개만 숙여서 감긴다.
③ 물로 머리를 감기지 않고 드라이 샴푸를 사용한다.
④ 귀마개로 양쪽 귀를 막는다.
⑤ 두 눈을 가리고 감긴다.

ADVICE 샤워 캡을 씌우고, 귀에 물이 들어가지 않도록 귀마개로 양쪽 귀를 막고 감긴다.

ANSWER 34.④ 35.① 36.② 37.③ 38.① 39.④ 40.② 41.⑤ 42.① 43.② 44.① 45.④

46 요양보호와 생활지원 | 표준페이지 : 425

옷을 갈아입기 전에 반드시 확인해야 할 상태는?

① 피부색, 열, 통증 여부

② 키와 몸무게

③ 의복 취향

④ 가족 구성원 수

⑤ 종교 유무

ADVICE 기분, 안색, 통증, 어지러움, 열 등 현재 상태 확인이 가장 중요하다.

47 요양보호와 생활지원 | 표준페이지 : 430

똑바로 누워있어서 체위변경이 필요한 대상자에게 앞이 막힌 상의를 벗길 때, 마비된 쪽의 옷을 벗기는 순서로 옳은 것은?

① 손목 → 팔꿈치 → 어깨

② 어깨 → 팔꿈치 → 손목

③ 팔꿈치 → 손목 → 어깨

④ 손목과 어깨를 동시에 벗긴다.

⑤ 아무 순서나 상관없다.

ADVICE 마비된 쪽은 어깨 → 팔꿈치 → 손목 순으로 옷을 벗긴다.

48 요양보호와 생활지원 | 표준페이지 : 445

측위로 체위를 변경할 때 사용할 짧은 자세변환용구를 놓는 위치로 알맞은 것은?

① 머리와 목 아래

② 허리 뒤쪽만

③ 쇄골에서 배꼽까지 오는 위치

④ 발바닥 아래

⑤ 엉덩이 아래만

ADVICE 짧은 자세변환용구는 쇄골에서 배꼽 위치에 놓아 상반신을 지지한다.

49 요양보호와 생활지원 | 표준페이지 : 444

다음 자세에서 욕창이 잘 생기는 부위는?

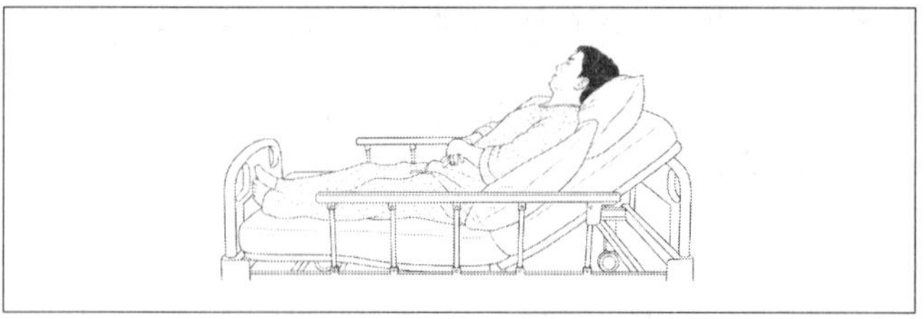

① 발가락　　　　② 손가락

③ 생식기　　　　④ 천골부위

⑤ 무릎 내측

ADVICE 좌위 및 반좌위는 머리, 어깨, 천골부위, 엉덩이, 발뒤꿈치에 욕창이 잘 생긴다.

50 요양보호와 생활지원 | 표준페이지 : 450

울퉁불퉁한 길을 갈 때 휠체어 조작법으로 적절한 것은?

① 앞바퀴를 살짝 들어 올려서 이동한다.

② 뒷바퀴를 들어 올려 밀고 나간다.

③ 고개를 뒤로 돌려서 방향을 보면서 간다.

④ 지그재그로 움직이면서 간다.

⑤ 다리에 힘을 주고 휠체어를 강하게 밀고 나간다.

ADVICE 앞바퀴가 지면에 닿으면 진동이 세기 때문에 앞바퀴를 살짝 들어 올려서 이동한다.

51 요양보호와 생활지원 | 표준페이지 : 481

성인용 보행기 선정 시 고려사항은?

① 기존보다 더 빠른 속도를 낼 수 있어야 한다.

② 키보다 작은 보행기를 사용한다.

③ 바퀴가 있다면 잠금장치가 없어야 한다.

④ 손잡이는 미끄럼방지가 있어야 한다.

⑤ 의자 기능이 추가된 경우 바퀴의 회전 각도는 고정되어야 한다.

ADVICE 손잡이에 미끄럼방지 재질이 들어가야 한다.

●○○

52 요양보호와 생활지원 | 표준페이지 : 486

지팡이 사용 시 주의사항으로 적절한 것은?

① 높이를 대상자의 겨드랑이까지 오게 유지한다.
② 지팡이 바닥 끝 고무가 마모되지 않도록 관리한다.
③ 높이 고정 볼트는 풀어둔다.
④ 병원 내에서만 사용해야 한다.
⑤ 자주 왕래하는 장소에서만 사용한다.

ADVICE 고무가 마모되면 미끄러져 넘어질 수 있다.

●○○

53 요양보호와 생활지원 | 표준페이지 : 487

안전손잡이 선정 시 고려사항으로 적절한 것은?

① 대상자의 이마 위치에 설치해야 한다.
② 고정장치는 설치하지 않아야 한다.
③ 쉽게 잡기 어려운 위치에 있어야 한다.
④ 날카롭게 돌출된 가장자리가 있어야 한다.
⑤ 표면에 미끄럼방지가 되어 있어야 한다.

ADVICE 표면이 미끄럽지 않아야 한다.

●○○

54 요양보호와 생활지원 | 표준페이지 : 488

목욕사고의 원인으로 적절한 것은?

① 변함없는 혈압
② 혈액량의 증가
③ 수중에서 흉곽의 압박
④ 다리에 몰리는 혈액
⑤ 따뜻한 탈의실 온도

ADVICE 수중 수압에 의해서 흉곽이 압박된다.

●○○

55 요양보호와 생활지원 | 표준페이지 : 492

이동욕조를 선정할 때 고려해야 하는 것은?

① 사용 중에 손쉽게 풀려야 한다.
② 공기주입은 전문가만 가능해야 한다.
③ 날카롭게 돌출부가 나와 있어야 한다.
④ 인체에 접촉하는 면은 매끄러워야 한다.
⑤ 팽창한 상태에서는 흠이 있어도 괜찮다.

ADVICE 사용 중에 쉽게 풀리지 않아야 하며 공기주입이나 조작은 간단해야 한다.

●○○

56 요양보호와 생활지원 | 표준페이지 : 518

다음 고령자의 식단에서 빠져있는 식품군은?

> 냉면국수(말린 것), 닭고기 구이, 오이소박이,
> 우유, 액상요구르트

① 과일류　　　　　② 곡류
③ 채소류　　　　　④ 우유류
⑤ 유제품류

ADVICE 냉면국수(곡류), 닭고기 구이(고기류), 오이소박이(채소류), 우유 및 액상요구르트(우유 · 유제품류)로 과일류가 빠져있다.

●○○

57 요양보호와 생활지원 | 표준페이지 : 516

비타민 C가 풍부하게 들어간 급원식품은?

① 우유
② 딸기
③ 현미
④ 생선간유
⑤ 달걀 노른자

ADVICE 비타민 C가 풍부한 급원식품은 채소류, 과일류, 고구마, 과채주스가 해당한다.

ANSWER　46.① 　47.② 　48.③ 　49.④ 　50.① 　51.④ 　52.② 　53.⑤ 　54.③ 　55.④ 　56.① 　57.②

당뇨병 대상자의 식사관리로 적절한 것은?

① 식사관리 목표는 혈중지질 감소이다.
② 식물성 기름 대신 동물성 기름 섭취를 늘린다.
③ 지방의 섭취를 엄격하게 제한한다.
④ 소화 · 흡수가 빠른 통곡물을 섭취한다.
⑤ 6가지 식품군을 골고루 섭취한다.

ADVICE 6가지 식품군을 골고루 먹는 것이 중요하다.

연하장애 대상자의 식생활 수칙으로 옳은 것은?

① 식사 전에는 고강도 운동을 한다.
② 식사 중에는 라디오를 켜두고 먹는다.
③ 기침이 나오면 물을 마시게 한다.
④ 식사시간은 30분 이상 하게 한다.
⑤ 물을 마실 때 빨대를 이용한다.

ADVICE 빨대를 이용하여 물을 마신다.

안전한 장보기를 위한 설명으로 적절한 것은?

① 가격은 고려하지 않고 품질이 좋은 것으로 구매한다.
② 시장에서 어패류를 가장 먼저 구입한다.
③ 식품 목록을 정하고 보관 중인 식품을 검토한다.
④ 장바구니에서 고기와 생선은 서로 닿게 보관한다.
⑤ 부패된 음식은 대상자에게 보고 없이 바로 버린다.

ADVICE 보관 중인 식품을 확인하고 필요한 식품 목록을 정한다.

육류 보관방법으로 적절한 것은?

① 흐르는 물로 닦은 후 채소와 함께 냉장보관한다.
② 녹인 후에 다시 얼린다.
③ 통풍이 잘되는 곳에 보관한다.
④ 나누어 담고 밀봉 후에 냉동보관한다.
⑤ 밀폐용기에 담아 실온에 보관한다.

ADVICE 고기를 한 번에 먹을 만큼 나누어서 담고 밀봉 후에 냉동보관한다.

식품이 바뀔 때마다 손을 씻고 조리도구를 구분하여 사용하는 이유는?

① 교차오염 예방
② 식품 소독
③ 안전한 해동
④ 식품 손상 방지
⑤ 풍미 향상

ADVICE 교차오염을 방지하기 위해서 식품이 바뀔 때마다 손을 씻어준다.

노인의 속옷을 선택할 때 만족해야 하는 조건은?

① 피부를 자극하지 않는 재질
② 노인의 체형보다 작은 사이즈
③ 밝은 색상
④ 화려한 디자인
⑤ 저렴한 가격

ADVICE 피부를 자극하지 않는 재질, 갈아입기 쉽고, 흡습성이 좋아야 한다.

64 요양보호와 생활지원 | 표준페이지 : 551

의복에 다음과 같은 기호가 있다면 그 의미는?

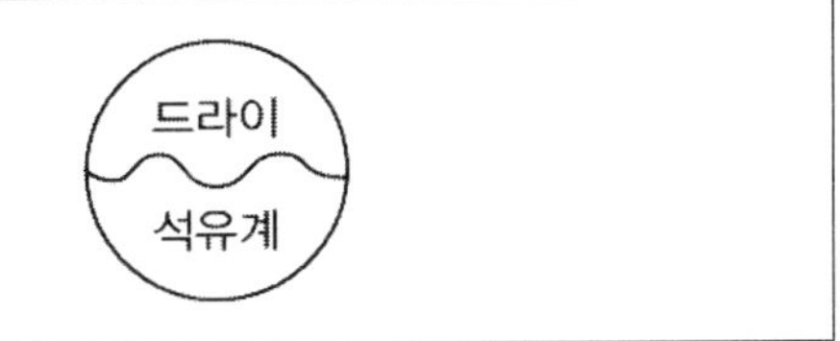

① 물세탁 불가
② 세탁기 사용 금지
③ 약하게 손세탁 가능
④ 드라이클리닝 불가
⑤ 석유계 용제로 드라이클리닝 가능

ADVICE 석유계 용제로 드라이클리닝이 가능하다는 것을 의미한다.

65 요양보호와 생활지원 | 표준페이지 : 553

세탁 후 관리 방법으로 적절한 것은?

① 사용빈도가 적은 의복은 침대 주변에 둔다.
② 옷장에 내의와 옷을 정리하고 이름표를 붙인다.
③ 수분이 필요하면 젖은 옷으로 다림질을 한다.
④ 해충의 피해가 있는 의복은 바로 버린다.
⑤ 비가 막 그친 후에 옷을 건조한다.

ADVICE 옷장에 이름표를 붙여 옷을 보기 좋게 정리한다.

66 요양보호와 생활지원 | 표준페이지 : 547

침상의 청결한 관리를 위한 방법으로 적절한 것은?

① 침구는 햇볕에 말리면 안 된다.
② 베개는 딱딱한 목침이 도움이 된다.
③ 이불은 두껍고 무거운 것은 사용하지 않는다.
④ 담요는 일 년에 한 번씩 세탁한다.
⑤ 시트는 주름이 잘 생기는 소재여야 한다.

ADVICE 이불은 가벼운 소재가 좋고 두껍지 않아야 한다.

67 요양보호와 생활지원 | 표준페이지 : 560

부엌과 식당을 안전하게 조성하기 위한 방법은?

① 식탁 높이는 휠체어에 앉은 대상자의 목에 오게 한다.
② 발에 잘 밟히는 식탁보를 사용한다.
③ 잘 깨지더라도 하얀색 그릇을 사용한다.
④ 자주 사용하는 물품은 대상자 손이 닿지 않는 곳에 둔다.
⑤ 싱크대는 대상자의 손이 닿는 높이로 한다.

ADVICE 싱크대는 대상자의 손이 잘 닿는 위치에 있어야 한다.

68 요양보호와 생활지원 | 표준페이지 : 567

환경지원 지침에서 환경적 자극의 질을 높이는 내용은?

① 스스로 식사를 할 환경을 제공한다.
② 잘 보이는 곳에 큰 시계를 달아둔다.
③ 꽃 향기로 감성을 자극한다.
④ 가정적인 환경을 제공한다.
⑤ 사회적 교류를 지원한다.

ADVICE 환경 자극의 질을 높이기 위해 다양한 소리, 시각적 자극, 향기 등을 이용한다.

69 상황별 요양보호기술 | 표준페이지 : 582

치매 대상자의 식사 돕기 시 기본 원칙은?

① 의치가 잘 고정되었는지 식전에 확인한다.
② 의치가 느슨하더라도 식사할 때에는 끼워준다.
③ 초조해하는 경우 땅콩이나 사과를 제공한다.
④ 플라스틱보다 유리 제품의 그릇을 사용한다.
⑤ 차려 놓은 음식을 방 안에 감추는 놀이를 한다.

ADVICE 의치가 딱 맞지 않으면 식도로 넘어갈 수 있다. 잘 고정이 되었는지, 느슨하지 않은지 확인한다.

ANSWER 58.⑤ 59.⑤ 60.③ 61.④ 62.① 63.① 64.⑤ 65.② 66.③ 67.⑤ 68.③ 69.①

70 상황별 요양보호기술 | 표준페이지 : 586

치매 대상자의 목욕 돕기에 대한 설명으로 옳은 것은?

① 한 번에 세 가지 일을 지시한다.
② 물을 거부한다면 물수건으로만 닦는다.
③ 욕조에 물을 미리 받아두지 않는다.
④ 목욕 후에는 피부상태를 확인한다.
⑤ 물 온도는 차갑게 한다.

ADVICE 목욕 후에 대상자의 피부상태가 어떤지 확인해야 한다.

● ○ ○

71 상황별 요양보호기술 | 표준페이지 : 589

치매 대상자의 운동 돕기 방법으로 적절한 것은?

① 다양한 동작으로 인지자극을 높인다.
② 대상자가 운동을 원할 때에만 진행한다.
③ 슬리퍼를 신기고 산책을 간다.
④ 거부하더라도 근력 운동을 강요한다.
⑤ 대상자와 친숙해지고 나서 운동을 시킨다.

ADVICE 협조와 안전이 중요하므로 심리적 안정과 신뢰를 얻어야 한다.

● ○ ○

72 상황별 요양보호기술 | 표준페이지 : 590

치매 대상자의 방에서 안전 관리와 사고 예방법에 대한 설명으로 옳은 것은?

① 대상자의 방은 사생활이 보호되고 사람들에게 잘 보이지 않는 곳에 둔다.
② 창문이 안전하게 잘 잠겨있는지 확인한다.
③ 비상용 칼은 대상자의 침대 근처에 둔다.
④ 대상자가 다니는 길에 양탄자를 깔아둔다.
⑤ 실내를 어둡게 유지한다.

ADVICE 창문이 잘 잠겼는지 확인하고 안전을 우선적으로 고려한다.

● ○ ○

73 상황별 요양보호기술 | 표준페이지 : 594

치매 대상자에게 음식 섭취 관련 정신행동증상이 나타난 경우 지켜야 하는 기본원칙은?

① 장기적으로 식사를 거부하면 간호사에게 알린다.
② 체중을 측정하여 평상시 체중과 비교한다.
③ 영양실조를 예방하기 위해 강제급여를 한다.
④ 식사를 안 하는 대상자와 대립한다.
⑤ 대상자가 빠르게 식사를 하게 한다.

ADVICE 식사 거부를 장기적으로 한다면 시설장이나 간호사에게 알린다.

● ○ ○

74 상황별 요양보호기술 | 표준페이지 : 595

치매 대상자에게 수면장애가 있는 경우 돕는 방법은?

① 따뜻한 커피를 수면 전에 제공한다.
② 밤에 잠을 자지 못하게 한다.
③ 낮에 조는 경우 말을 걸어준다.
④ 밤에 텔레비전을 시청하게 한다.
⑤ 낮에는 활동량을 줄인다.

ADVICE 낮 동안의 활동량을 늘리고 밤에는 숙면을 취할 수 있도록 수면 환경을 조성한다.

● ○ ○

75 상황별 요양보호기술 | 표준페이지 : 605

치매 대상자와의 언어적인 의사소통 원칙으로 적절한 것은?

① 과거 이야기를 하지 못하게 한다.
② 어휘는 전문적인 언어를 사용한다.
③ 멀리서 소리치면서 말한다.
④ 대화 시작 전에 항상 자신이 누구인지 밝힌다.
⑤ 한번에 두세 가지씩 설명한다.

ADVICE 대화 시작 전에 대상자에게 자신이 누구인지 명확히 밝힌다.

사전연명의료의향서를 작성한 후 옳은 설명은?

① 작성하고 나서 절대로 수정이 불가하다.
② 가족들이 동의해야만 효력이 있다.
③ 본인이 원하면 철회할 수 있다.
④ 의료진 판단으로 변경 또는 철회를 할 수 있다.
⑤ 만 65세가 되면 자동으로 무효가 된다.

ADVICE 본인이 원하는 경우에 변경하고 철회할 수 있다.

연명의료 중단 · 유보 결정이 실제로 이행될 수 있는 장소는?

① 모든 요양시설
② 대상자의 집
③ 의료기관윤리위원회가 설치된 의료기관
④ 보건소
⑤ 장례식장

ADVICE 의료기관윤리위원회가 설치된 의료기관에서 연명의료 중단 · 유보 결정이 가능하다.

질식 대상자에게 하는 하임리히법 손 위치로 옳은 곳은?

① 배꼽 아래
② 명치와 배꼽 사이
③ 쇄골 아래
④ 양쪽 겨드랑이 사이
⑤ 등뼈 위

ADVICE 하임리히법은 명치와 배꼽 사이를 후상방으로 강하게 눌러준다.

다음과 같은 증상이 있을 때 해야 하는 응급 처치는?

> 목을 조르는 자세를 하면서 괴로워하는 표정을 짓는다. 갑작스럽게 기침을 하고 숨소리에서 거친 소리가 들린다.

① 구토를 유발시킨다.
② 등을 두들겨준다.
③ 손가락을 목구멍에 넣어 이물질을 확인한다.
④ 물을 마시게 한다.
⑤ 강하게 기침을 하여 뱉어내게 한다.

ADVICE 기도폐쇄인 질식이 나타나면 요양보호사는 강하게 기침을 하여 뱉어내게 한다.

쇼크 시 다리를 높이는 이유로 적절한 것은?

① 체온을 올려서 열의 방출을 막기 위해
② 말초 혈액을 심장과 뇌로 보내기 위해
③ 하체 근육을 강화하기 위해
④ 호흡을 느리게 만들기 위해
⑤ 소화를 돕기 위해

ADVICE 말초 혈액에서 혈액을 심장과 뇌로 보내기 위함이다.

ANSWER 70.④ 71.⑤ 72.② 73.① 74.③ 75.④ 76.③ 77.③ 78.② 79.⑤ 80.②

필 기

1 요양보호 대상자 이해 | 표준교재 페이지 : 20

노년기에 사회적 활동이 줄어들고 타인과 만남을 기피하는 원인은?

① 조심성의 증가
② 내향성의 증가
③ 경직성의 증가
④ 회고의 경향
⑤ 유산을 남기려는 경향

ADVICE 내향성이 증가하면서 사회적 활동이 줄어들고 타인과 만남을 기피한다.

2 요양보호 대상자 이해 | 표준교재 페이지 : 71

다음과 같은 상황에 요양보호사의 대처는?

> 대상자의 가족들이 명절음식을 만들어 달라고 요구하고 있다.

① 대상자가 직접 명절음식을 만들 수 있도록 돕는다.
② 고용노동부에 신고한다.
③ 가족에게 요양보호서비스를 제공할 수 없다 하고 일을 그만둔다.
④ 대상자 가족들과 함께 명절음식을 만든다.
⑤ 요양서비스 업무 범위 이외의 일은 하지 않는다고 설명한다.

ADVICE 요양서비스 업무 범위에 이외의 일은 하지 않는다고 설명한다.

3 요양보호 대상자 이해 | 표준교재 페이지 : 108

노인에게 가하는 성적 학대에 해당하는 것은?

① 수치심을 느끼는 모욕적인 말을 한다.
② 요구를 무조건 무시한다.
③ 기본 생존 유지에 필요한 음료를 제공하지 않고 단절시킨다.
④ 판단 능력이 부족한 노인의 신체부위를 몰래 촬영한다.
⑤ 이성교제를 방해한다.

ADVICE 성적 수치심을 주는 행동에 해당하는 성적 학대이다.

4 요양보호 대상자 이해 | 표준교재 페이지 : 94

다음 상황에 시설노인이 보장받아야 하는 권리는?

> 윤씨 할머니는 동료 노인에게 요양보호사가 더 친절한 것 같다고 느낀다. 동료 노인의 자식들이 요양보호사에게 선물이나 먹을 것을 제공하여 그렇다고 생각하고 있다.

① 사회적 관계에 참여할 권리
② 차별받지 않을 권리
③ 사생활에 대한 권리
④ 기호품 사용에 대한 자기 결정의 권리
⑤ 퇴소 후 거주지를 선택할 권리

ADVICE 신분, 경제력 등으로 노인에 대한 대우에 차별이 있어서는 안 된다.

●○○
5 요양보호 대상자 이해 | 표준교재 페이지 : 119

다음에서 설명하는 법은?

> 근로자의 업무상 재해를 신속하고 공정하게 보상하며, 재해근로자의 복지를 증진하기 위하여 제정된 법이다.

① 보건의료법
② 중대재해처벌법
③ 근로기준법
④ 산업재해보상보험법
⑤ 산업안전보건법

ADVICE 「산업재해보상보험법」은 근로자의 업무상 재해를 신속하고 공정하게 보상하며, 재해근로자의 복지를 증진하기 위하여 제정된 법이다.

●○○
6 요양보호 대상자 이해 | 표준교재 페이지 : 39

다음의 노인복지에 해당하는 원칙은?

> 노인은 자신의 보호를 위한 법률적인 서비스를 이용할 수 있어야 한다.

① 독립의 원칙
② 자아실현의 원칙
③ 참여의 원칙
④ 존엄의 원칙
⑤ 보호의 원칙

ADVICE 노인은 가족과 지역사회의 보살핌과 보호를 받아야 하며, 사회적·법률적인 서비스를 이용할 수 있어야 한다.

●○○
7 요양보호 대상자 이해 | 표준교재 페이지 : 120

육체적인 성희롱 행위에 해당하는 것은?

① 신체의 일부를 밀착한다.
② 음란한 내용으로 전화통화를 한다.
③ 성적 관계를 회유한다.
④ 컴퓨터를 통해 음란한 사진을 보낸다.
⑤ 성과 관련된 자신의 특정 신체부위를 만지는 것을 보여준다.

ADVICE 입맞춤, 포옹 등과 같은 신체 접촉이나 신체부위를 만지는 것들이 육체적인 성희롱 행위에 해당한다.

●●○
8 요양보호 대상자 이해 | 표준교재 페이지 : 126

요양보호사의 윤리적 태도로 적절한 것은?

① 대상자의 사생활을 내·외부로 발설하지 않는다.
② 대상자의 정보를 자의적으로 변경한다.
③ 타인의 근무를 대신 진행한다.
④ 할당받은 장소가 주거지와 거리가 멀다면 근무를 거부한다.
⑤ 대상자에게 장기요양인정 신청을 유도하여 혜택을 받게 한다.

ADVICE 복지용구를 직접 판매하거나 알선하는 것은 법적으로 금지된 행위이다.

●●○
9 요양보호 대상자 이해 | 표준교재 페이지 : 41

65세 이상 의료급여 수급권자 중 희망자의 치료를 통해 건강의 유지, 증진을 도모하는 사업은?

① 노인자원봉사
② 노인맞춤돌봄서비스
③ 장애인 응급안전안심서비스
④ 노인 건강진단
⑤ 노인일자리 지원사업

ADVICE 노인 건강진단은 시·군·구 보건소에서 주체하는 것으로 질병의 조기발견과 치료를 목적으로 한다.

ANSWER　1.②　2.⑤　3.④　4.②　5.④　6.⑤　7.①　8.①　9.④

10 요양보호 대상자 이해 | 표준교재 페이지 : 45

노인의료복지시설에 해당하는 것은?

① 양로시설
② 노인요양시설
③ 노인공동생활가정
④ 노인복지주택
⑤ 경로당

ADVICE 노인의료복지시설에는 노인요양시설, 노인요양공동생활가정이 있다.

●○○

11 요양보호 대상자 이해 | 표준교재 페이지 : 25

노년기 가족관계의 변화로 적절한 것은?

① 자녀부부와 노부부가 함께 거주한다.
② 독립한 자녀는 모두 노부부와 장거리에서 거주한다.
③ 자녀의 독립으로 부부관계가 좋아진다.
④ 손자녀는 노년기에 활력을 준다.
⑤ 형제자매 관계에 갈등이 늘어난다.

ADVICE 손자녀는 순수한 애정을 줄 수 있으며 활력과 탄력을 제공한다.

●○○

12 요양보호 대상자 이해 | 표준교재 페이지 : 20

노년기의 심리적 특성은?

① 지나온 일생을 떠올리지 않는다.
② 결단이나 행동이 빨라진다.
③ 사회적 활동이 늘어난다.
④ 바깥 사회생활에 관심이 늘어난다.
⑤ 식욕부진, 체중감소와 같은 우울증 경향이 나타난다.

ADVICE 흥미와 의욕을 상실하거나 우울증 경향이 증가한다.

●○○

13 요양보호 대상자 이해 | 표준교재 페이지 : 22

노년기에 사회적 역할 변화가 생기는 가장 큰 사건은?

① 부부관계 향상   ② 은퇴
③ 자원봉사 활동   ④ 고부갈등
⑤ 손자녀의 탄생

ADVICE 은퇴는 사회적 역할 변화의 가장 큰 이유이다.

●○○

14 요양보호 대상자 이해 | 표준교재 페이지 : 48

「노인일자리법」에 따라 노인일자리전담기관에 해당하는 것은?

① 노인취업알선기관
② 중앙노인보호전문기관
③ 노인요양시설
④ 노인복지관
⑤ 노인공동생활가정

ADVICE 「노인일자리법」 제9조에 따라 노인일자리전담기관은 노인인력개발기관, 노인일자리지원기관, 노인취업알선기관이 있다.

●○○

15 요양보호 대상자 이해 | 표준교재 페이지 : 80

요양보호사의 역할은?

① 숙련된 요양보호서비스로 간호를 한다.
② 대상자의 건강정보를 의료진에게 전달하지 않고 보호한다.
③ 맥박, 호흡, 체온의 변화를 관찰한다.
④ 대상자의 의사소통을 교정하고 교육한다.
⑤ 대상자가 아무 행동도 하지 않도록 모든 것을 해준다.

ADVICE 맥박, 호흡, 체온의 변화를 관찰하는 것은 관찰자의 역할에 해당한다.

16 노화와 건강증진 | 표준교재 페이지 : 227

정신적 질병이 있는 대상자를 대할 때 요양보호사의 행동은?

① 약물 치료가 필요하다는 말을 하거나 병명을 예측하지 않는다.
② 행동이 과도하게 커지면 노인 우울증을 의심한다.
③ 대상자가 밖에 나가지 않고 집 안에서만 활동을 하게 한다.
④ 대상자의 취미활동을 줄이게 한다.
⑤ 대상자의 사생활을 간호사와 공유한다.

ADVICE 약물치료를 권하거나 병명을 예측하는 것은 혼란을 줄 수 있으므로 피해야 한다.

●○○

17 노화와 건강증진 | 표준교재 페이지 : 249

파킨슨병의 치료 및 관리 방법으로 적절한 것은?

① 등산으로 꾸준한 운동을 한다.
② 육류를 섭취한 경우 식사 후에 바로 약을 먹는다.
③ 정확한 시간에 지속적으로 약을 복용한다.
④ 움직임이 불안정하다면 운동을 시행하지 않는다.
⑤ 단백질 섭취를 줄인다.

ADVICE 약물의 복용시간을 정확하게 지키는 것이 가장 중요하다.

●○○

18 노화와 건강증진 | 표준교재 페이지 : 173

노화에 따른 호흡기계 특성은?

① 기침반사의 증가　② 폐 순환량 감소
③ 섬모운동 증가　④ 기관지 내 분비물 감소
⑤ 폐포 탄력성 증가

ADVICE 폐 순환량이 감소하고 폐활량이 줄어들면서 쉽게 숨이 찬다.

●○○

19 노화와 건강증진 | 표준교재 페이지 : 211

노화에 따른 감각기계의 특성은?

① 결막이 두꺼워진다.
② 접촉의 강도가 낮아도 민감하게 접촉감을 느낀다.
③ 신맛과 쓴맛을 느끼는 미뢰 기능이 떨어진다.
④ 귓바퀴 연골이 형성되지 않는다.
⑤ 후각세포가 감소하여 후각이 둔화된다.

ADVICE 후각세포가 둔화되면서 냄새를 잘 맡지 못한다.

●○○

20 노화와 건강증진 | 표준교재 페이지 : 213

녹내장의 증상은?

① 좁아진 시야
② 색깔 변화에 민감해짐
③ 어둠에 빠르게 적응
④ 고열
⑤ 불빛 주변에 나타나는 무지개

ADVICE 녹내장 발생 시 시야가 좁아지고 어두움 적응 장애와 색상 변화 인식이 어려워지는 증상이 나타난다.

●○○

21 노화와 건강증진 | 표준교재 페이지 : 225

다음의 섬망 치료는 무엇을 유지·관리하기 위한 방법인가?

> • 접촉하는 사람의 수를 줄인다.
> • 가족과 자주 만나게 한다.

① 개인 정체성　　② 신체통합성
③ 지남력　　④ 야간의 혼돈
⑤ 단기 기억력

ADVICE 개인의 정체성을 유지하기 위해 외부와 접촉하는 인원을 줄이고 가족과의 만남을 늘린다.

1회분 / 2회분 / 3회분 / 4회분 / 5회분 / 6회분 / 7회분 / 8회분 / 9회분 / **10회분** / 11회분 / 12회분 / 13회분 / 14회분 / 15회분 / 16회분 / 17회분 / 18회분 / 19회분 / 20회분

ANSWER　10.② 11.④ 12.⑤ 13.② 14.① 15.③ 16.① 17.③ 18.② 19.⑤ 20.① 21.①

22 노화와 건강증진 | 표준교재 페이지 : 175

만성 기관지염의 치료 및 예방 방법은?

① 항생제 치료를 한다.
② 온도 변화가 심한 곳에서 기관지를 자극한다.
③ 뜨거운 음식을 챙겨 먹는다.
④ 거담제를 복용한다.
⑤ 기관지 내 가래를 배출하지 않는다.

ADVICE 심호흡과 기침으로 가래를 배출하거나 약제를 사용하여 좁아진 기도를 넓힌다.

●●○

23 노화와 건강증진 | 표준교재 페이지 : 182

속발성 고혈압에 대한 설명으로 옳은 것은?

① 전체 고혈압의 90%에 해당한다.
② 유전적인 요인이 크다.
③ 임신중독증이 원인이 되어 발생한다.
④ 원인 질병을 치료해도 혈압은 정상화되지 않는다.
⑤ 짠 음식을 자주 먹은 사람에게 빈번하게 나타난다.

ADVICE 속발성 고혈압은 전체의 10% 가량 해당하는 것으로 심장병, 신장질환, 임신중독증 등이 원인이 되어 나타난다. 원인 질병이 치료가 되면 혈압이 정상화 된다.

●●○

24 노화와 건강증진 | 표준교재 페이지 : 258

편안한 수면을 위한 것은?

① 28 ~ 32℃의 따뜻한 온도
② 습도 10%의 건조한 환경
③ 낮 시간 동안 움직임 감소
④ 취침 전 운동
⑤ 편안한 수면복장

ADVICE 편안한 수면을 위해서는 편안한 복장, 18 ~ 25℃ 전후의 온도, 습도 40 ~ 60%인 환경이 좋다.

●●●

25 노화와 건강증진 | 표준교재 페이지 : 259

노인의 성 문제에 해당하는 것은?

① 당뇨병 노인은 발기부전이 나타난다.
② 남성 노인은 성적 자극에 반응이 증가한다.
③ 여성 노인은 에스트로겐 분비가 증가하여 분비물이 감소한다.
④ 뇌졸중 대상자는 성관계를 하면 증상이 재발될 수 있으므로 제한한다.
⑤ 전립선을 절제한 노인의 경우 성기능에 문제가 발생한다.

ADVICE 당뇨병 대상자인 노인은 발기부전을 경험한다.

●○○

26 노화와 건강증진 | 표준교재 페이지 : 196

비만인 요실금 대상자가 체중 조절을 해야 하는 이유는?

① 당뇨병
② 복부 내 압력 증가
③ 골반근육 조절능력 약화
④ 약물상호작용
⑤ 방광의 저장능력 감소

ADVICE 비만은 복부 내 압력을 증가시키므로 체중을 조절해야 한다.

●○○

27 노화와 건강증진 | 표준교재 페이지 : 198

요양보호사가 대상자의 질병을 예측하여 약물치료가 필요하다는 등의 말을 하면 안 되는 이유는?

① 대상자 가족이 의사를 불신하게 된다.
② 기존의 업무보다 해야 할 일이 많아진다.
③ 대상자의 프라이버시를 침해한다.
④ 부정확한 판단으로 혼란을 유발한다.
⑤ 대상자와 관계가 지나치게 가까워질 수 있다.

ADVICE 부정확한 판단이 대상자나 대상자의 가족들에게 혼란과 걱정을 유발할 수 있다.

●○○

28 노화와 건강증진 | 표준교재 페이지 : 189

퇴행성 관절염 대상자에게 관절운동을 자주 제공해야 하는 이유는?

① 골밀도 상승

② 관절 파괴 방지

③ 근육 강화

④ 골다공증 예방

⑤ 관절 경직 유도

ADVICE 근육을 강화하고 관절 경직을 예방하기 위함이다.

●○○

29 노화와 건강증진 | 표준교재 페이지 : 191

골다공증 대상자에게 체중부하운동을 권하는 이유는?

① 여성호르몬 농도 낮춤

② 뼈 생성 억제

③ 성호르몬 감소

④ 근육과 뼈에 힘을 제공

⑤ 칼슘의 흡수 증가

ADVICE 체중부하운동은 근육과 뼈에 힘을 제공하기 위함이다.

●○○

30 노화와 건강증진 | 표준교재 페이지 : 191

다음 중 비타민 D 함유량이 가장 높은 식품은?

① 버섯 100g

② 기름을 넣고 통조림으로 만든 정어리 100g

③ 조리한 고등어 100g

④ 조리한 연어 100g

⑤ 대구간유 15ml

ADVICE 대구간유 15ml가 1,360IU로 비타민 D 함유량이 가장 높다.

●○○

31 노화와 건강증진 | 표준교재 페이지 : 212

노화에 따라 청각에 나타나는 특성은?

① 귓바퀴 연골이 형성되지 않는다.

② 내이도에 건조증이 증가한다.

③ 이관이 확장된다.

④ 고막이 두꺼워진다.

⑤ 넓은 홀에서 하는 통화를 편안하게 느낀다.

ADVICE 고막이 두꺼워지는 특성이 있다.

●○○

32 노화와 건강증진 | 표준교재 페이지 : 212

노화에 따라 미각에 나타나는 특성은?

① 혀의 유두가 위축된다.

② 단맛을 감지하는 기능이 증가한다.

③ 신맛을 감지하는 기능이 저하한다.

④ 구강점막 재생이 원활해진다.

⑤ 맛에 대한 감지능력이 민감해진다.

ADVICE 혀의 유두가 위축되면서 돌기의 기능이 감소한다.

●○○

33 노화와 건강증진 | 표준교재 페이지 : 211

노화에 따른 시각 특성의 변화는?

① 속눈썹이 거칠고 두꺼워진다.

② 같은 계열의 색상을 잘 구별하지 못한다.

③ 눈썹이 검게 변한다.

④ 눈물의 양이 증가한다.

⑤ 동공의 지름이 늘어난다.

ADVICE 색의 식별능력이 감소한다. 특히 황화현상으로 보라색, 남색, 파란색 구분을 어려워한다.

ANSWER 22.④ 23.③ 24.⑤ 25.① 26.② 27.④ 28.③ 29.④ 30.⑤ 31.④ 32.① 33.②

백내장에 대한 설명으로 옳은 것은?

① 밝은 불빛에 눈부심이 있다.
② 안압이 상승하면서 시신경 손상에 의해 나타난다.
③ 망막이 백색으로 혼탁해지면서 나타난다.
④ 심한 안구통이 있다.
⑤ 시력에는 변화가 없다.

ADVICE 백내장은 밝은 불빛에 눈부심을 경험한다.

당뇨병 대상자의 발 관리 원칙에 해당하는 것은?

① 종아리를 주의 깊게 관찰한다.
② 발은 물에 닿지 않게 한다.
③ 발이 건조하지 않게 유지한다.
④ 양말은 신지 않는다.
⑤ 발톱을 둥글게 자른다.

ADVICE 발이 건조하지 않도록 로션을 발라 유지한다.

실 기

치매 대상자와 이야기하는 방법으로 적절한 것은?

① 주변 사람들에게 병명을 감추고 대화를 하게 한다.
② 대화할 때 그림판이나 문자판을 활용한다.
③ 어려운 표현을 사용하여 대화를 한다.
④ 낯선 사물을 가지고 대화를 한다.
⑤ 시간, 장소 등을 알려주지 않는다.

ADVICE 이해도를 높이기 위해 그림판이나 문자판을 이용한다.

식사를 돕는 방법으로 적절한 것은?

① 음식을 크게 떠서 대상자 입에 가져간다.
② 마비가 있는 대상자는 마비가 있는 쪽을 아래로 하여 옆으로 눕힌 뒤 식사를 제공한다.
③ 편마비 대상자에게는 마비된 쪽에서 식사를 넣어준다.
④ 대상자가 오른손잡이라면 오른쪽에서 밥을 준다.
⑤ 음식물이 입안에 있어도 추가로 또 넣어준다.

ADVICE 오른손잡이라면 오른쪽에서 밥을 건네줘야 편하게 느낀다.

거동이 어려운 대상자에게 경관영양을 제공할 때 요양보호사의 기본 원칙으로 옳은 것은?

① 경관영양을 마치면 비위관을 제거한다.
② 영양액을 최대한 천천히 주입한다.
③ 빠른 속도로 실시한다.
④ 농도를 진하게 한다.
⑤ 오른쪽으로 눕히고 경관영양을 시작한다.

ADVICE 오른쪽으로 눕혀야 위의 모양에 따라 역류가 나타나지 않는다.

대상자가 배설 요구를 비언어적으로 표현하는 경우에 해당하는 것은?

① 화장실에 가고 싶다고 말함
② 안절부절못하고 끙끙거림
③ 이전 배설과의 간격을 확인함
④ 배설물의 색깔을 확인함
⑤ 대화로 통증을 표현함

ADVICE 끙끙거림, 안절부절못함, 얼굴 표정이 일그러짐 등은 비언어적 표현이다.

물약 복용을 돕기 위한 올바른 방법은?

① 병뚜껑 안쪽이 아래를 향하게 둔다.
② 라벨이 젖지 않도록 라벨이 붙은 쪽을 잡고 용액을 따른다.
③ 병 입구에 묻은 약물은 물티슈로 닦고 뚜껑을 닫아 보관한다.
④ 약의 용량이 적을 때는 일반 숟가락을 이용해 정확히 복용시킨다.
⑤ 병 안쪽에 손을 넣어서 약을 꺼낸다.

ADVICE 라벨이 젖지 않도록 라벨이 붙은 쪽을 잡고, 라벨의 반대 방향으로 용액을 따른다.

수액 병을 달고 있는 대상자가 의복을 갈아입거나 이동할 때 주의해야 할 사항은?

① 수액 병을 대상자의 심장보다 낮게 유지한다.
② 수액세트를 제거하고 의복을 갈아입는다.
③ 수액세트가 당겨지거나 주사바늘이 빠지지 않도록 조심한다.
④ 정맥주입 속도를 대상자의 움직임에 맞춰 조절한다.
⑤ 주사 부위가 붉게 변하면 알코올 솜으로 지그시 눌러준다.

ADVICE 의복을 갈아입거나 이동할 때 수액세트가 당겨지거나 주사바늘이 빠지지 않게 한다.

유치도뇨관 관리 중 시설장이나 간호사에게 즉시 보고해야 하는 상황은?

① 소변이 소변주머니로 배출되는 경우
② 소변량과 색깔이 맑고 투명한 경우
③ 대상자가 침대에서 움직이는 경우
④ 소변이 도뇨관 밖으로 새는 경우
⑤ 대상자가 별다른 증상이 없는 경우

ADVICE 소변색이 이상하거나 탁해진 경우, 소변량이 적어진 경우 등에도 시설장이나 간호사에게 보고해야 한다.

입안 헹구기를 마친 후 요양보호사가 확인해야 할 사항은?

① 구강에 상처나 염증을 살펴본다.
② 구강 내 음식물을 제거했는지 확인한다.
③ 구취를 맡아본다.
④ 격주로 진행했는지 확인한다.
⑤ 위액 분비 여부를 검사한다.

ADVICE 입안 헹구기를 마친 후 구강에 상처나 염증이 생기지 않았는지 살피고, 만족했는지 불편한 점은 없었는지 묻는다.

입안 닦아내기의 목적으로 옳은 것은?

① 구취를 예방한다.
② 식욕을 증진시킨다.
③ 식도염을 예방한다.
④ 구토나 질식을 일으킨다.
⑤ 연하장애를 치료한다.

ADVICE 입안 닦아내기는 구취 예방 및 상쾌감 증진, 잔존 치아 건강 유지 및 치료 필요 치아 조기 발견, 자신감 있는 대화 지원 등이 목적이다.

ANSWER 34.① 35.③ 36.② 37.④ 38.⑤ 39.② 40.② 41.③ 42.④ 43.① 44.①

45 요양보호와 생활지원 | 표준페이지 : 402

젖은 머리를 수건으로 건조할 때 올바른 방법은?

① 물기를 제거하지 않고 실온에서 말린다.
② 머리카락을 비벼서 물기를 제거한다.
③ 머리가 마를 때까지 수건으로 두르고 있는다.
④ 헤어드라이어를 사용하지 않는다.
⑤ 큰 수건으로 머리 전체를 감싸서 가볍게 두드려 물기를 제거한다.

ADVICE 머리카락을 비비지 말고 큰 수건으로 머리 전체를 감싸서 가볍게 두드려 물기를 제거한다.

46 요양보호와 생활지원 | 표준페이지 : 425

옷을 갈아입는 동작이 가지는 신체적 효과로 옳은 것은?

① 근육 위축을 촉진한다.
② 폐활량을 감소시킨다.
③ 혈압을 항상 상승시킨다.
④ 관절운동의 기회가 된다.
⑤ 시력에 직접적인 변화를 준다.

ADVICE 옷 갈아입기 동작 자체가 팔·다리 관절을 움직이는 관절운동의 기회가 된다.

47 요양보호와 생활지원 | 표준페이지 : 444

다음 자세에서 욕창이 잘 생기는 부위는?

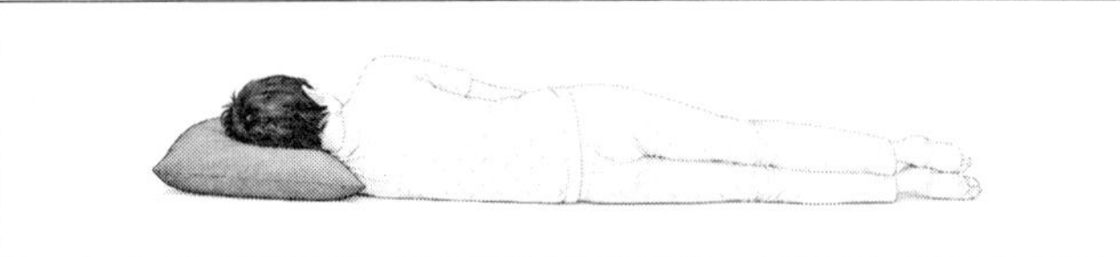

① 발가락　　　　② 귀
③ 뒷머리　　　　④ 엉덩이
⑤ 안면부

ADVICE 측와위는 귀, 어깨, 팔꿈치(외측), 고관절 부위, 무릎(외측/내측), 발목, 발뒤꿈치에 욕창이 잘 생긴다.

48 요양보호와 생활지원 | 표준페이지 : 445

측위로 체위변경을 할 때 사용할 긴 자세변환용구의 올바른 위치는?

① 머리 뒤쪽 전체
② 엉덩이 아래만
③ 다리 전체를 얹을 위치
④ 한쪽 발만 받치는 위치
⑤ 골반만 받치는 위치

ADVICE 긴 자세변환용구는 다리 전체를 얹을 위치에 두어 하반신을 지지한다.

49 요양보호와 생활지원 | 표준페이지 : 450

체중이 많이 나가는 대상자가 탄 휠체어로 내리막길을 이동할 때 조작법으로 적절한 것은?

① 바퀴를 고정하고 끌고 내려간다.
② 빠른 속도로 내려간다.
③ 앞바퀴를 살짝 들어 올려서 이동한다.
④ 정면으로 고개를 고정하고 손잡이를 강하게 잡고 이동한다.
⑤ 몸으로 휠체어를 지지하면서 지그재그로 내려간다.

ADVICE 몸으로 휠체어를 지지하고 고개를 돌려서 이동을 한다.

50 요양보호와 생활지원 | 표준페이지 : 483

보행기를 사용하여 보행 중에 넘어지면 골절이 될 수 있는 부위는?

① 정강이뼈　　　　② 발등뼈
③ 두개골　　　　　④ 엉덩뼈
⑤ 갈비뼈

ADVICE 엉덩뼈 또는 넙다리뼈가 골절되는 사례가 보고되고 있다.

한팔 지팡이의 특징으로 적절한 것은?

① 작고 가볍다.
② 지팡이 중에 안정성이 가장 뛰어나다.
③ 기저면이 넓다.
④ 균형감각을 향상하는 데에 어려움이 있다.
⑤ 팔로 체중을 지지하는 데 도움이 된다.

ADVICE 한팔 지팡이는 작고 가벼우며, 균형감각 향상에 도움이 된다. 하지만 다른 지팡이에 비해서 안정성이 떨어진다.

● ○ ○
52 요양보호와 생활지원 | 표준페이지 : 486

지팡이를 너무 짧게 사용하는 경우 나타나는 특징은?

① 옆구리에 무리가 간다.
② 신체적 변형이 온 사람이라면 편안하게 사용 가능하다.
③ 골반이 편안하게 사용 가능하다.
④ 손목이 직각으로 꺾인다.
⑤ 지팡이 짚는 쪽 어깨가 내려간다.

ADVICE 지팡이 짚는 쪽 어깨가 내려가면서 골반과 다리에 무리가 간다.

● ○ ○
53 요양보호와 생활지원 | 표준페이지 : 492

이동욕조를 소독하는 방법으로 적절한 것은?

① 사용 전에 락스 안에 하루 이상 넣어 둔다.
② 사용 후에 세제와 흐르는 물로 깨끗하게 씻어 말린다.
③ 말리지 않고 보관한다.
④ 소독제를 사용해서는 안 된다.
⑤ 끓는 물에 담궈 소독한다.

ADVICE 사용하고 나서 세제나 소독제로 깨끗이 씻은 후에 말린다.

● ○ ○
54 요양보호와 생활지원 | 표준페이지 : 494

욕창예방 매트리스 사용 시 주의사항은?

① 매트리스가 대상자가 부양시키지 않아야 안전하다.
② 하루 1시간만 올라가 있어야 하는 기구이다.
③ 요양보호사가 매트리스에 올라갈 때 대상자가 낙상할 수 있다.
④ 온찜질기를 매트리스 위에 올려두고 사용한다.
⑤ 커버는 세탁하지 않는다.

ADVICE 매트릭스 위에는 대상자만 있는 것이 가장 안전하다. 요양보호사가 매트릭스에 올라가다가 대상자가 낙상할 수 있다.

● ○ ○
55 요양보호와 생활지원 | 표준페이지 : 498

자세를 변환해주는 침대를 사용할 때 주의사항은?

① 높낮이 작동 손잡이 주변에는 빈 공간이 없게 한다.
② 다리판 작동 손잡이는 빨리 작동해야 한다.
③ 사용 전에는 잠금장치를 항상 풀어둔다.
④ 대상자가 사용 중에는 양쪽 난간을 올려둔다.
⑤ 사용 중에는 잠금장치를 잠그고 강제로 이동한다.

ADVICE 낙상 방지를 위해 난간을 올려둔다.

● ○ ○
56 요양보호와 생활지원 | 표준페이지 : 516

다음의 식품에서 얻을 수 있는 영양소는?

쇠고기, 돼지고기, 닭고기, 달걀, 두부

① 칼슘　　　　　　② 오메가-3 지방산
③ 비타민 C　　　　④ 식이섬유
⑤ 단백질

ADVICE 쇠고기, 돼지고기 등의 육류에서는 단백질을 주로 얻을 수 있다.

57 요양보호와 생활지원 | 표준페이지 : 533

연하곤란 대상자의 식생활 수칙으로 적절한 것은?

① 음식이 입안에 있을 때 물을 마시게 한다.
② 머리는 정면을 보고 턱은 살짝 넣은 후 식사
 한다.
③ 밥은 국에 말아서 섭취하게 한다.
④ 고개를 뒤로 젖혀서 음식을 삼킨다.
⑤ 식사 후에는 바로 몸을 눕게 한다.

ADVICE 바른 자세를 유지하고 식사를 하는 것이 중요하다.

58 요양보호와 생활지원 | 표준페이지 : 542

안전한 조리를 위한 방법으로 적절한 것은?

① 채소는 베이킹소다 한 가지로 세척한다.
② 식품의 두꺼운 부분 온도는 30초 이하로 가
 열한다.
③ 급하게 해동할 경우 재료를 물 안에 넣는다.
④ 조리된 식품은 1회용 위생장갑을 사용하여 취
 급한다.
⑤ 조리도구는 하나만 이용하여 조리한다.

ADVICE 1회용 위생장갑을 착용하고 조리된 식품을 취급한다.

59 요양보호와 생활지원 | 표준페이지 : 546

의복관리 시 지켜야 하는 원칙은?

① 새로 구입한 의류는 바로 입혀준다.
② 더러움이 심한 옷은 버린다.
③ 감염대상자의 의류는 가족들 옷과 함께 세탁
 한다.
④ 늘 입는 옷은 서랍 뒤쪽에 넣어둔다.
⑤ 옷이 뜯겨져 있지 않은지 점검한다.

ADVICE 옷이 뜯겨져 있거나 단추가 떨어져 있지 않은지
점검한다.

60 요양보호와 생활지원 | 표준페이지 : 516

철이 풍부하게 들어간 급원식품은?

① 가금류　　② 요구르트
③ 더덕　　④ 당근
⑤ 토마토

ADVICE 육류, 가금류, 생선류 등이 해당한다.

61 요양보호와 생활지원 | 표준페이지 : 551

의복에 다음과 같은 기호가 있다. 그 의미로 적절한 것은?

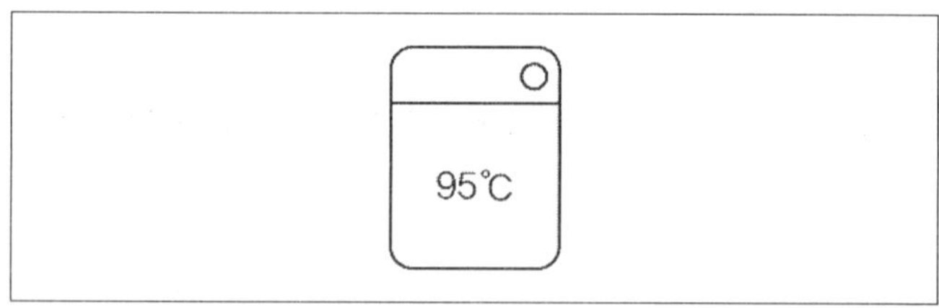

① 삶을 수 있다.
② 중성세제 사용만 가능
③ 손세탁 불가
④ 드라이클리닝 불가
⑤ 세탁기 사용 불가

ADVICE 95℃ 물로 세탁이 가능하고 삶을 수 있다는 것이다.
세탁기 · 손세탁 모두 가능하고, 세제 종류도 제한 없다.

62 요양보호와 생활지원 | 표준페이지 : 553

세탁 후 의복 관리 방법으로 적절한 것은?

① 장마로 눅눅해진 의류는 비가 그치자마자 그
 늘에서 바람을 쏘인다.
② 다림질 표시기호를 확인하고 다림질을 한다.
③ 대상자의 침대 옆에 방습제를 두어 습기를 예
 방한다.
④ 모섬유는 베란다에 보관한다.
⑤ 방충제는 다양한 종류를 한꺼번에 옷장에 넣는다.

ADVICE 다림질할 때 다림질 표시기호를 확인하고 한다.

●○○
63 요양보호와 생활지원 | 표준페이지 : 560

부엌과 식당의 안전한 환경 조성을 위한 방법으로 옳은 것은?

① 출입구에 문턱을 만든다.
② 가스레인지는 대상자 손이 닿지 않게 한다.
③ 바닥은 미끄럽지 않은 소재로 한다.
④ 그릇은 손잡이가 없는 것을 사용한다.
⑤ 식탁보는 한번 해두면 빨지 않게 때가 타지 않는 것을 한다.

ADVICE 바닥의 소재가 미끄럽지 않아야 한다.

●○○
64 요양보호와 생활지원 | 표준페이지 : 565

쓰레기통 냄새를 제거하는 방법으로 적절한 것은?

① 알코올을 분무기에 담아서 쓰레기통 주변에 뿌린다.
② 쓰레기를 분리하지 않고 통 하나에 넣는다.
③ 쓰레기봉투 위를 잘 덮어둔다.
④ 음식물 쓰레기는 3일이 지나면 버린다.
⑤ 쓰레기통에서 냄새가 나는 경우는 바로 버린다.

ADVICE 알코올을 쓰레기통 주변에 뿌려두면 냄새 제거, 벌레 퇴치에 도움이 된다.

●○○
65 요양보호와 생활지원 | 표준페이지 : 565

화장실 청소하기 방법으로 적절한 것은?

① 환기를 시키지 않는다.
② 양변기 물때는 뜨거운 물로 닦는다.
③ 바닥은 한 달에 한 번 물청소한다.
④ 화장실 바닥은 건조하게 유지한다.
⑤ 화장실 배수구에는 락스 원액을 붓는다.

ADVICE 화장실 바닥은 건조하게 유지해야 미생물 번식이 예방된다.

●○○
66 상황별 요양보호기술 | 표준페이지 : 572

치매 대상자를 부양하는 가족들의 부양 고비단계는?

① 대상자의 시설 입원
② 조기 증상
③ 진단
④ 사별
⑤ 정신행동증상

ADVICE 대상자가 시설에 입원하면 부양 고비단계에 해당한다.

●○○
67 상황별 요양보호기술 | 표준페이지 : 576

치매가족과 의사소통을 하는 방법은?

① 가족이니까 참고 견디라고 한다.
② 누구나 그 정도는 한다고 알려준다.
③ 기존에 행하던 방법은 잘못되었다 한다.
④ 긍정적인 사례를 알려준다.
⑤ 가족이 잘못해서 이렇게 악화되었다 한다.

ADVICE 긍정적인 사례를 들으면 동질감을 느끼면서 희망을 가진다.

●○○
68 상황별 요양보호기술 | 표준페이지 : 581

치매 대상자의 일상생활을 돕는 기본원칙은?

① 대상자의 환경을 자주 바꿔준다.
② 의견을 부정하고 야단을 친다.
③ 대상자가 해야 할 모든 일을 대신 해준다.
④ 사람이 많은 장소를 걸어 다니게 한다.
⑤ 규칙적인 생활을 하게 한다.

ADVICE 규칙적인 생활로 혼란을 낮춰주고 정신적으로 안정되게 한다.

ANSWER 57.② 58.④ 59.⑤ 60.① 61.① 62.② 63.③ 64.① 65.④ 66.① 67.④ 68.⑤

치매 대상자의 식사 시 고려해야 하는 것은?

① 처음 보는 반찬과 간식을 제공하기
② 텔레비전은 *끄기*
③ 매번 다른 장소에서 식사하기
④ 생선 뼈를 직접 제거하게 하기
⑤ 식사도구는 매일 다르게 사용하기

ADVICE 안정된 환경으로 식사 분위기를 조성해야 한다.

치매 대상자의 배설을 돕는 방법으로 적절한 것은?

① 배뇨 후에 몸을 앞으로 구부리도록 돕거나 치골상부를 누른다.
② 24시간 기저귀를 착용하게 한다.
③ 실금을 한 경우 비난을 하며 화를 낸다.
④ 잠자기 전에 수분기가 많은 식사를 제공한다.
⑤ 정해진 시간에 화장실에서 배변을 하도록 강요한다.

ADVICE 배뇨 후에 방광을 확실히 비우기 위해서 몸을 앞으로 구부리게 하거나, 치골상부를 눌러준다.

치매 대상자 목욕 돕기 방법으로 적절한 것은?

① 목욕 후 피부에 습기를 유지한다.
② 물에 거부반응을 보여도 목욕을 강요한다.
③ 운동실조증이 있다면 목욕을 하지 않는다.
④ 욕조에 발목 정도 높이의 물을 받은 후 들어가게 한다.
⑤ 대상자가 할 일을 한 번에 전부 말해준다.

ADVICE 낙상 방지를 위해서 물을 발목 정도로 받아두고 들어가게 한다.

치매 대상자의 구강위생 관리에 대한 설명으로 옳은 것은?

① 스스로 양치할 수 있는데 거절하면 소리를 치면서 하라고 말한다.
② 의치는 세면대 위에 올려서 보관한다.
③ 치아가 없는 경우 식후에 물을 마시게 한다.
④ 의치는 닦지 않아야 한다.
⑤ 의치는 24시간 이상 착용하게 한다.

ADVICE 치아가 없다면 식후에 물을 마시게 하여 입 안을 청결하게 한다.

치매 대상자의 안전과 사고 예방을 위한 기본 원칙은?

① 언어 이해도가 떨어지면 큰 소리로 말한다.
② 시계와 달력을 적극적으로 활용한다.
③ 다양한 자극을 받을 수 있도록 한다.
④ 실내는 늘 어둡게 유지한다.
⑤ 대상자의 방은 화려한 것이 가장 좋다.

ADVICE 지남력과 기억력을 보존하기 위해서 시계와 달력을 활용한다.

음식 섭취에 정신행동증상이 있는 치매 대상자를 돕는 방법은?

① 식사도구를 반드시 사용하게 한다.
② 음식은 큼직하게 썰어서 준다.
③ 위험한 물건을 빼앗기지 않으려 하면 화를 내고 쫓아낸다.
④ 식사량은 그릇 크기로 조정한다.
⑤ 식사 후에는 식기를 즉시 치운다.

ADVICE 식사량을 줄이고자 할 때에는 그릇 크기를 조정한다.

75 상황별 요양보호기술 | 표준페이지 : 605

치매 대상자와의 언어적인 의사소통 원칙을 잘 지킨 것은?

① "보청기 하셨는데 잘 들리세요?"
② "점심 반찬은 뭐였어요?"
③ "밥 먹었어?"
④ "산책 갈 건데 어디가 좋으세요?"
⑤ "목욕할 때마다 왜 힘들어하세요?"

ADVICE 얼굴을 마주보면서 보조기기를 잘 착용했는지 확인한다.

76 상황별 요양보호기술 | 표준페이지 : 653

사전연명의료의향서를 등록한 후 작성자가 의사능력이 있는 경우에 임종과정으로 적절한 것은?

① 가족들에게 결정을 하게 한다.
② 요양보호사가 결정을 내린다.
③ 담당 의사가 내용을 대상자에게 재확인한다.
④ 연명의료가 그 즉시 중단된다.
⑤ 의료기관에서 연명의료에 관한 결정을 내린다.

ADVICE 작성자가 의사능력이 있다면 담당 의사와 작성자가 대화를 한다.

77 상황별 요양보호기술 | 표준페이지 : 662

직접 접촉에 의한 감염 예방 방법은?

① 마스크를 착용하지 않는다.
② 음식을 다른 사람과 나눠 먹는다.
③ 침구를 타인과 공유한다.
④ 주사바늘을 재사용한다.
⑤ 손 씻기를 철저하게 한다.

ADVICE 손 씻기를 철저하게 하는 것이 직접 접촉 예방 방법이다.

78 상황별 요양보호기술 | 표준페이지 : 662

사람이 밀집된 공간에서 기침을 통해 미생물이 전파될 수 있다. 이를 예방하기 위한 것은?

① 기침을 계속 한다.
② 마스크를 착용한다.
③ 손을 씻지 않고 다닌다.
④ 다른 사람과 옷을 공유하면서 입는다.
⑤ 감염자와 음료수를 같이 마신다.

ADVICE 기침을 통한 전파를 피하기 위해서 마스크를 착용한다.

79 상황별 요양보호기술 | 표준페이지 : 674

대상자가 쇼크 상태이며 입으로 혈액이나 토사물이 나온다. 이때 옳은 조치는?

① 고개를 옆으로 돌려준다.
② 입속을 손가락으로 열어준다.
③ 즉시 음료수를 마시게 한다.
④ 정자세로 누워있게 한다.
⑤ 구토방지를 위한 약을 복용하게 한다.

ADVICE 고개를 옆으로 돌려 기도가 막히지 않게 한다.

80 상황별 요양보호기술 | 표준페이지 : 673

질식 대상자에게 하임리히법을 실시할 때 명치와 배꼽 사이에서 해야 하는 것은?

① 아래로 눌러 당긴다.
② 후상방으로 밀어 올린다.
③ 짧고 강하게 때린다.
④ 좌측으로 밀어낸다.
⑤ 좌우로 빠르게 움직인다.

ADVICE 후상방으로 밀어 올리면서 시행한다.

ANSWER 69.② 70.① 71.④ 72.③ 73.② 74.④ 75.① 76.③ 77.⑤ 78.② 79.① 80.②

기출동형 모의고사

필 기

1 요양보호 대상자 이해 | 표준교재 페이지 : 22

노년기에 사회적 관계가 위축하게 되는 원인은?

① 애착심 증가　② 우울감 및 죄책감

③ 만성질환　④ 회고의 경향 증가

⑤ 적극성 증가

ADVICE 신체적으로 노화하면서 만성질환을 가지게 되어 사회적 관계가 위축된다.

2 요양보호 대상자 이해 | 표준교재 페이지 : 26

노년기 조부모와 손자녀 관계의 특징은?

① 조부모 역할에 금방 적응한다.

② 손자녀에게 조건부로 사랑을 준다.

③ 손자녀가 노인의 노화를 빠르게 한다.

④ 본인의 자녀에게 더욱 집착한다.

⑤ 손자녀 자아에 부정적인 영향을 준다.

ADVICE 부모의 역할을 할 때보다 조부모 역할에 더 쉽게 적응한다.

3 요양보호 대상자 이해 | 표준교재 페이지 : 50

장기요양등급판정위원회가 있는 기관은?

① 국민건강보험공단

② 장기요양기관

③ 보건복지부

④ 시 · 도

⑤ 국민연금공단

ADVICE 장기요양등급판정위원회는 국민건강보험공단에 있다.

4 요양보호 대상자 이해 | 표준교재 페이지 : 26

노년기 고부 · 장서 관계에 갈등을 줄이기 위해 노력해야 하는 것은?

① 자녀에게 과도한 관심을 가진다.

② 자녀와 같은 공간에서 거주한다.

③ 자녀의 삶보다 자신의 삶에 집중한다.

④ 자신의 가치관을 자녀에게 꾸준히 알린다.

⑤ 정해진 역할 관계를 고수한다.

ADVICE 자녀에게 과도하게 참견하지 않고 자신의 삶에 집중한다.

5 요양보호 대상자 이해 | 표준교재 페이지 : 72

다음과 같은 상황에 요양보호사의 대처는?

> 대상자가 관절구축 예방을 위한 마사지만을 제공받고 다른 서비스는 원하지 않는다고 요구한다.

① 관절구축 예방 마사지를 계속 제공한다.

② 합병증이 발생할 수 있다고 겁을 준다.

③ 관찰일지에 상태를 기록한다.

④ 간호사에게 보고한다.

⑤ 요양서비스 시간에 급여 내용이 적절하게 분배되어 있어야 함을 설명한다.

ADVICE 요양서비스에는 정해진 급여 내용이 있다. 그 내용을 이해할 수 있도록 설명한다.

●○○

6 요양보호 대상자 이해 | 표준교재 페이지 : 99

다음의 상황에 있는 시설노인에게 필요한 것은?

> 대상자의 건강이 나빠지면서 시설에서 입원을 권유했다. 대상자는 기존의 시설에서 머물고 싶은데 자식들은 대상자의 의견을 수용하지 않고 병원에 입원을 시켰다.

① 대상자 가족의 의견을 적극 따른다.
② 노인에게 후원금품을 지불하면 더 머물 수 있다고 알린다.
③ 의사를 존중하되 남은 노인에게 서비스 이용을 제한한다.
④ 퇴소 사유를 통보하고 의사결정 과정에 노인을 참여시킨다.
⑤ 신체조건으로 차별하지 않는다.

ADVICE 퇴소 후에 거주지는 노인이 선택할 권리가 있다. 노인의 의사에 반하는 퇴소는 하면 안 된다.

●●○

7 요양보호 대상자 이해 | 표준교재 페이지 : 126

요양보호사의 윤리적 태도로 적절한 것은?

① 대상자의 신체질환에 조언과 진단을 해준다.
② 서비스 제공 시 사고가 발생하면 시설장에게 보고한다.
③ 요양보호서비스 내용은 기록하지 않는다.
④ 대상자가 가족에게 학대받는 것을 목격하면 침묵한다.
⑤ 대상자의 상태변화를 비밀로 유지한다.

ADVICE 서비스 제공 시에 분실, 파손 등과 같은 사고가 발생하면 즉시 시설장이나 관리책임자에게 알린다.

●●●

8 요양보호 대상자 이해 | 표준교재 페이지 : 45

노인에게 주거시설을 임대하여 주거의 편의 및 안전 관리와 같은 일상생활에 필요한 편의를 제공하는 시설은?

① 노인교실
② 노인복지관
③ 노인요양시설
④ 노인요양공동생활가정
⑤ 노인복지주택

ADVICE 노인복지주택은 노인에게 주거시설을 임대하여 주거의 편의 및 안전 관리와 같은 일상생활에 필요한 편의를 제공 하는 시설이다.

●○○

9 요양보호 대상자 이해 | 표준교재 페이지 : 123

요양보호사의 직업윤리 원칙으로 옳은 것은?

① 업무상 알게 된 대상자의 개인정보를 기관장과 공유한다.
② 업무 경과를 내·외부에 누설하지 않는다.
③ 간호사나 의사와 협력하지 않는다.
④ 성격이 특이한 대상자를 차별한다.
⑤ 복장과 외모를 단정하게 관리한다.

ADVICE 업무 수행에 방해가 되지 않도록 자기관리를 철저히 한다.

●○○

10 요양보호 대상자 이해 | 표준교재 페이지 : 63

매슬로의 욕구단계에서 수면, 배설과 같은 생리적 욕구를 해결하는 단계는?

① 1단계　　　　② 2단계
③ 3단계　　　　④ 4단계
⑤ 5단계

ADVICE 1단계 생리적 욕구에 해당한다.

ANSWER 1.③ 2.① 3.① 4.③ 5.⑤ 6.④ 7.② 8.⑤ 9.⑤ 10.①

노인장기요양보험제도에서 요양보호 업무의 목적은?

① 60세 미만인 자에게 서비스 제공
② 장기요양 대상자들의 신체기능 증진
③ 자아실현 욕구를 우선적으로 충족
④ 대상자의 질병을 진단
⑤ 신체활동 지원만을 제공

ADVICE 65세 이상 노인, 65세 미만이지만 노인성 질병을 가진 자에게 전문적인 요양보호서비스를 제공하는 것이다.

방문간호를 하는 장기요양요원의 특징은?

① 2년 이상 경력이 있는 사회복지사
② 3년 이상 경력이 있는 간호조무사
③ 3년 이상 경력이 있는 요양보호사
④ 간호대학 재학생
⑤ 의과대학 졸업생

ADVICE 「노인장기요양보험법 시행령」에 따라 2년 이상 경력의 간호사, 3년 이상 경력의 간호조무사, 치과위생사가 방문간호 업무를 수행하는 장기요양요원이다.

요양보호사의 역할로 적절한 것은?

① 대상자 정원의 잔디를 관리한다.
② 대상자 가족의 경조사를 지원한다.
③ 대상자의 신체·심리에 대한 정보를 의료진에게 전달한다.
④ 다양한 지식으로 다양한 요양보호서비스를 기획한다.
⑤ 기관장에게 능력을 발휘하도록 하여 새로운 서비스를 만들도록 동기를 유발한다.

ADVICE 대상자의 신체·심리에 대한 정보를 의료진에게 전달하는 정보 전달자의 역할이다.

요양보호 실천을 위한 원칙에 따른 적절한 행동은?

① 대상자가 시선을 피한다면 눈을 마주치지 않고 말을 한다.
② 이야기를 하고 답변이 없다면 얼른 대답해달라고 요청한다.
③ 요양보호사의 말을 이해하지 못한다면 설명하지 않고 다른 말을 한다.
④ 존중하는 느낌을 위해 대상자의 넓은 부위 면적을 접촉한다.
⑤ 일어서게 하면 순환기 자극으로 폐렴 발생 위험이 높아지므로 누워있게 한다.

ADVICE 대상자와 접촉할 때에는 상냥하게 웃으면서 감싸듯이 만져야 한다.

사회복지에 대한 설명으로 옳은 것은?

① 노인만이 편하게 잘 지내는 상태이다.
② 저소득자는 사회복지 대상에 포함되지 않는다.
③ 사회복지 범위는 사회적 약자의 보호이다.
④ IRP 퇴직연금, 연금저축펀드가 해당한다.
⑤ 사교육이 포함된다.

ADVICE 사회복지는 사회구성원 모두가 평안하게 잘 지내는 상태이다.

16 노화와 건강증진 │ 표준교재 페이지 : 227

가벼운 야간섬망이 있는 대상자에게 하는 요양보호사의 대처방법은?

① 방의 조명을 밝게 유지한다.

② 방의 온도를 최대한 낮게 한다.

③ 밤에 밖을 함께 걸어 다닌다.

④ 증상이 심각하니 약을 먹여야 한다고 가족들에게 알린다.

⑤ 움직이지 못하도록 억제대를 적용한다.

ADVICE 가벼운 야간섬망의 경우 방의 온도를 따듯하게 하고 밝게 유지한다.

●○○

17 노화와 건강증진 │ 표준교재 페이지 : 250

치매나 파킨슨병을 가진 대상자에게 해야 하는 요양보호사의 활동은?

① 외워야 할 것 적어주면서 반드시 외워야 한다고 설득한다.

② 마비가 있는 경우 체위를 최대한 변경하지 않는다.

③ 의사소통 도움을 위해 틀린 말은 교정해준다.

④ 대상자의 가족에게 복용해야 하는 약의 종류를 제시해준다.

⑤ 대상자에게 인내심을 가지고 부드럽게 대한다.

ADVICE 적절한 의사소통이 불가능하니 보호, 수용, 지지의 태도로 의사소통을 하며 부드럽게 대한다.

●○○

18 노화와 건강증진 │ 표준교재 페이지 : 213

다음에서 설명하는 질환은?

> 안압이 상승하여 시신경이 손상되면서 시력이 점차 저하하는 질환이다.

① 당뇨병　　　　② 노안

③ 녹내장　　　　④ 백내장

⑤ 난시

ADVICE 적정 안압보다 높은 안압으로 시력이 저하되는 것은 녹내장이다.

●○○

19 노화와 건강증진 │ 표준교재 페이지 : 230

다음 ㉠에 들어가는 것은?

> 공통의 위험인자 → (㉠) → 노쇠 → 나쁜 결과

① 장애　　　　② 사회활동

③ 약물 복용　　　　④ 노인증후군

⑤ 시설 입소

ADVICE 공통의 위험인자로 요실금, 낙상, 욕창, 섬망 등과 같은 노인증후군이 나타나며 노쇠가 나타난다. 노쇠에 의해 나쁜 결과를 초래한다.

●○○

20 노화와 건강증진 │ 표준교재 페이지 : 165

다음에서 설명하는 질환은?

> • 위벽 점막과 위의 근육층도 손상된 상태이다.
> • 헬리코박터균에 의해서 발생하기도 한다.
> • 속쓰림, 소화불량이 나타난다.

① 위염　　　　② 위궤양

③ 설사　　　　④ 대장암

⑤ 식도염

ADVICE 위궤양은 위벽 점막과 위의 근육층까지 손상된 위장병에 해당한다.

ANSWER 11.② 12.② 13.③ 14.④ 15.③ 16.① 17.⑤ 18.③ 19.④ 20.②

21 노화와 건강증진 | 표준교재 페이지 : 178

결핵 대상자의 치료 및 예방법으로 적절한 것은?

① 주기적으로 객담 검사를 받는다.
② 감염성이 없으므로 바로 사회활동을 할 수 있다.
③ 위장장애, 홍조, 가려움증이 나타나면 약물 복
　용을 중단한다.
④ 가래검사를 통해 조기에 발견이 가능하다.
⑤ 결핵약은 부작용이 나타나면 중단한다.

ADVICE 주기적으로 객담 검사를 받으면서 확인한다.

●○○

22 노화와 건강증진 | 표준교재 페이지 : 182

일차성 고혈압에 대한 설명으로 옳은 것은?

① 전체에서 10%만이 해당하는 유형이다.
② 발생 원인은 정확하게 밝혀지지 않았다.
③ 저체중이 관련된 요인 중에 하나이다.
④ 심장병 대상자에게 나타나는 합병증이다.
⑤ 원인 질병이 치료되면 혈압이 정상화 된다.

ADVICE 전체 90%에 해당하는 고혈압 유형으로 발생 원인은 정확히 밝혀지지 않았으나 비만, 운동 부족이 관련 요인에 해당한다.

●○○

23 노화와 건강증진 | 표준교재 페이지 : 245

다음과 같은 후유증을 남기는 질환은?

> • 어지럼증으로 메스꺼움을 느끼고 구토를 함
> • 비틀거리면서 걸어다님
> • 물건을 정확하게 집지 못함

① 백내장　　　　② 우울증
③ 폐결핵　　　　④ 섬망
⑤ 뇌졸중

ADVICE 소뇌가 손상된 뇌졸중은 어지럼증, 운동 실조증이 나타난다.

●○○

24 노화와 건강증진 | 표준교재 페이지 : 258

수면을 방해하는 신체적인 원인은?

① 조명의 밝기
② 실내온도
③ 커피 섭취
④ 공복
⑤ 딱딱한 침구

ADVICE 수면을 방해하는 신체적 요인은 질병으로 인한 통증, 정신질환, 가려움증, 공복 등이 있다.

●○○

25 노화와 건강증진 | 표준교재 페이지 : 191

골다공증 대상자가 금주를 해야 하는 가장 큰 이유는?

① 여성호르몬 농도의 증가
② 뼈 생성 억제
③ 낙상 위험 감소
④ 칼슘 흡수 방해
⑤ 피부 건조 악화

ADVICE 성호르몬을 감소시키고 뼈 생성을 억제하기 때문에 금주를 해야 한다.

●○○

26 노화와 건강증진 | 표준교재 페이지 : 187

노화에 따른 근골격계 특성은?

① 등뼈가 곧게 세워진다.
② 뼈의 질량이 늘어난다.
③ 추간판이 오그라든다.
④ 하악골이 강화된다.
⑤ 인대가 탄력적으로 된다.

ADVICE 추간판의 오그라짐으로 인해서 키가 감소한다.

노화에 의해 눈에서 이 부위가 노랗게 변하면서 보라색, 남색, 파란색 구분이 어려워진다. 이 부위에 해당하는 것은?

① 망막　　　　② 동공
③ 수정체　　　④ 각막
⑤ 시신경

ADVICE 노화에 의해 수정체가 노랗게 변하는 황화현상이 나타난다.

당뇨병의 증상으로 적절한 것은?

① 난청
② 질 분비물 증가
③ 탈수
④ 지남력 저하
⑤ 체중 증가

ADVICE 대표적으로 다음증, 다식증, 다뇨증, 체중 감소가 있다. 이외에 두통, 시력 저하, 질 분비물 증가, 발기부전이 있다.

노인 우울증에 대한 설명으로 옳은 것은?

① 주변 사람이 쉽게 알아차린다.
② 발견되지 않은 뇌경색이 관련 요인이다.
③ 신체증상이 나타나지 않는 편이다.
④ 기억력에 문제없다고 주장한다.
⑤ 단기기억이 심하게 저하된다.

ADVICE 노인 우울증은 뇌경색, 뇌혈관 질환이 원인이 되기도 한다.

섬망에 대한 설명으로 옳은 것은?

① 탈수나 영양부족과 같은 촉진적 요인이 관련 있다.
② 단독으로 발생하지 않는다.
③ 서서히 진행되면서 나타난다.
④ 만성으로 진행된다.
⑤ 증상에 기복이 없이 일정하다.

ADVICE 섬망에는 탈수나 영양부족과 같은 촉진적 요인이 있다.

전립선 비대증으로 나타나는 소변의 특징은?

① 복압이 상승하면서 소변이 나온다.
② 기침을 하면 소변이 새어 나온다.
③ 하루 종일 배뇨를 하지 않는다.
④ 밤에 잠에서 깨서 소변을 보러 간다.
⑤ 소변을 생각하면 갑자기 소변이 나온다.

ADVICE 전립선 비대증에서는 야간뇨, 빈뇨, 긴박뇨, 잔뇨감이 나타난다.

대상포진에 대한 설명으로 적절한 것은?

① 과거에 수두를 앓은 경우 발생하지 않는다.
② 신체 저항력이 강해지는 순간 바이러스가 증식하며 발현한다.
③ 감각신경말단 부위에 수포와 통증이 나타난다.
④ 통증이 있더라도 진통제를 복용하지 않는다.
⑤ 10대 청소년에게 가장 많이 발생한다.

ADVICE 대상포진은 면역저하자에게 나타나는 질환이다.

ANSWER　21.①　22.②　23.⑤　24.④　25.②　26.③　27.③　28.②　29.②　30.①　31.④　32.③

노화에 따라 신경계에 나타나는 특성은?

① 발을 끄는 걸음걸이가 나타난다.
② 정서조절이 안정적이다.
③ 장기기억이 감퇴한다.
④ 신체를 바르게 유지한다.
⑤ 신경세포 기능에는 변화가 없다.

ADVICE 몸을 앞으로 구부리고 발을 끌고 다니는 걸음걸이가 나타난다.

만성 기관지염 대상자에게 하는 치료 및 예방은?

① 실내에서 공기청정기를 사용하지 않는다.
② 지나치게 차갑거나 뜨거운 음식의 섭취를 피한다.
③ 차가운 기후에 자주 노출시킨다.
④ 소화가 잘 되지 않는 음식으로 포만감을 유지한다.
⑤ 넓어진 기도를 좁혀주는 약물을 복용한다.

ADVICE 기관지에 자극을 주거나 경련을 일으키는 음식을 피해야 한다.

위염 대상자에게 하는 치료 및 예방은?

① 등산, 달리기 운동을 한다.
② 음식을 차갑게 해서 먹는다.
③ 제산제는 복용하지 않는다.
④ 수분 섭취를 제한한다.
⑤ 하루 정도 금식을 하여 구토를 조절한다.

ADVICE 금식을 통해 위에 부담을 줄이면서 구토를 조절한다.

실 기

스스로 식사하는 대상자를 지켜보는 방법으로 적절한 것은?

① 스스로 식사를 한다면 방 안에 혼자 있도록 한다.
② 대상자의 밥을 요양보호사가 먹여준다.
③ 대상자가 음식을 많이 떠먹도록 한다.
④ 편식을 하는 경우 좋아하는 음식만 제공한다.
⑤ 음식을 빠르게 먹지 않도록 살펴본다.

ADVICE 음식을 빠르게 먹는지, 사레가 걸리지 않았는지, 한입에 너무 많이 넣지 않는지 등을 관찰한다.

투약 돕기에 대한 원칙으로 옳은 경우는?

① 매일 투약해야 하는 혈압약이라도 금식인 경우에는 투약하지 않는다.
② 약물 투약을 거부하는 경우 간호사에게 보고한다.
③ 삼킴곤란 대상자에게 알약을 쪼개서 제공한다.
④ 처방되지 않았더라도 증상이 있는 경우 약을 섞어서 제공한다.
⑤ 약물을 잘못 복용한 경우 특별한 증상이 없다면 보고하지 않는다.

ADVICE 약물을 거부하거나, 신체에 이상반응이 있는 경우에는 간호사에게 보고한다.

물약의 용량이 적을 때 정확한 양을 투약하기 위한 옳은 방법은?

① 작은 약컵에 따라 대상자에게 직접 마시게 한다.
② 물약에 섞어 용량을 늘린 후 복용하게 한다.
③ 바늘이 제거된 무침 주사기를 이용하여 복용하게 한다.
④ 요양보호사의 숟가락에 옮겨 떠먹인다.
⑤ 처방된 양이 적으므로 다음 투약 때 섞어 복용하게 한다.

ADVICE 무침 주사기를 이용하여 정확한 양을 복용하게 한다.

안약 투여에 대한 설명으로 옳은 것은?

① 한쪽 눈만 감염이 된 경우 눈을 바깥쪽에서 안쪽으로 닦아준다.
② 투약 절차를 설명하지 않고 신속하게 넣어준다.
③ 결막낭을 노출시킨 후 하안검 중앙에 투여한다.
④ 점적이 끝난 후에 입을 가볍게 눌러 준다.
⑤ 장갑을 착용하지 않고 시행한다.

ADVICE 하안검을 당겨 결막낭을 노출시킨 후에 하안검 중앙이나 외측으로 투여한다.

주사 주입 중 수액 병의 적절한 위치로 옳은 것은?

① 대상자의 팔 높이와 같게 유지한다.
② 항상 대상자의 심장보다 낮게 유지한다.
③ 대상자의 발 높이와 같게 유지한다.
④ 항상 대상자의 심장보다 높게 유지한다.
⑤ 정맥주입 속도가 빨라지면 심장보다 낮게 한다.

ADVICE 수액 병은 항상 대상자의 심장보다 높게 유지한다.

요양보호사가 배설 전에 관찰해야 할 내용은?

① 배설 시 통증이나 불편함의 정도
② 배설물의 색깔이나 혼탁 여부
③ 잔뇨감이나 잔변감의 유무
④ 요의나 변의 유무
⑤ 배변이나 배뇨의 어려움

ADVICE 배설 전에 관찰해야 할 내용은 요의나 변의 유무, 하복부 팽만, 이전 배설과의 간격, 배설 억제이다.

유치도뇨관 소변주머니를 비우기 위한 올바른 순서는?

> ㉠ 소변기에 소변을 받은 후 배출구를 잠근다.
> ㉡ 배출구를 알코올 솜으로 소독한 후 제자리에 꽂는다.
> ㉢ 소변주머니 밑에 있는 배출구를 연다.
> ㉣ 소변기의 소변을 지정된 장소에서 버린다.

① ㉠ → ㉡ → ㉢ → ㉣
② ㉡ → ㉣ → ㉢ → ㉠
③ ㉢ → ㉠ → ㉡ → ㉣
④ ㉢ → ㉣ → ㉡ → ㉠
⑤ ㉣ → ㉢ → ㉣ → ㉠

ADVICE ㉢ 배출구를 열고, ㉠ 소변기에 소변을 받은 후에 잠근다. ㉡ 배출구는 소독 후에 제자리에 꽂고, ㉣ 소변기의 소변을 버린다.

1회분
2회분
3회분
4회분
5회분
6회분
7회분
8회분
9회분
10회분
11회분
12회분
13회분
14회분
15회분
16회분
17회분
18회분
19회분
20회분

43 요양보호와 생활지원 | 표준페이지 : 396

입안 닦아내기 시 마비가 있는 대상자를 도울 때의 주의 사항은?

① 마비된 쪽 입안은 닦아내지 않는다.
② 마비된 쪽은 상처를 항상 점검한다.
③ 구강은 닦지 않고 입가만 닦아낸다.
④ 똑바로 누운 자세에서 입안을 닦아낸다.
⑤ 구강청정제를 사용하지 않는다.

ADVICE 마비된 쪽은 음식 찌꺼기가 끼거나 상처가 있어도 본인이 느끼지 못하므로 항상 점검해야 한다.

●●○

44 요양보호와 생활지원 | 표준페이지 : 402

머리를 감고 건조 후에 요양보호사가 확인해야 할 사항은?

① 장루 주머니를 비운다.
② 유치도뇨관을 확인한다.
③ 찬물로 두피 마사지를 한다.
④ 뒷머리까지 충분히 건조되었는지 확인한다.
⑤ 발가락 상처를 확인한다.

ADVICE 뒷머리까지 충분히 건조되었는지 확인하고, 두발이나 두피에 상처나 염증을 확인한다.

●○○

45 요양보호와 생활지원 | 표준페이지 : 426

편마비 대상자의 옷을 갈아입힐 때 주의사항은?

① 마비된 쪽의 팔은 잡아당기지 않는다.
② 건강한 쪽 소매를 스스로 벗게 돕는다.
③ 일어서서 스스로 바지를 내리게 한다.
④ 고개를 뒤로 젖히고 허리를 세워서 바지를 입게 한다.
⑤ 옷을 입고 벗기는 것을 모두 요양보호사가 도와준다.

ADVICE 마비된 쪽은 잡아당기지 않고 건강한 쪽 소매를 당겨서 벗긴다.

●○○

46 요양보호와 생활지원 | 표준페이지 : 403

머리 감기 순서로 적절한 것은?

> ㉠ 따뜻한 물로 머리를 적신다.
> ㉡ 머리에 장신구를 제거한다.
> ㉢ 손가락 끝으로 마사지한 후 헹군다.
> ㉣ 목욕의자에 앉히고 머리를 숙이게 한다.

① ㉠ → ㉡ → ㉣ → ㉢
② ㉡ → ㉣ → ㉠ → ㉢
③ ㉡ → ㉠ → ㉢ → ㉣
④ ㉢ → ㉣ → ㉡ → ㉠
⑤ ㉢ → ㉠ → ㉣ → ㉡

ADVICE ㉡ 장신구를 제거하고, ㉣ 대상자를 편하게 앉힌 후 ㉠ 머리를 따뜻한 물로 적시고 ㉢ 헹궈준다.

●○○

47 요양보호와 생활지원 | 표준페이지 : 423

침상 정리 방법으로 적절한 것은?

① 창문은 열지 않고 시트를 벗긴다.
② 침상 정리 후 하루는 창문을 열어둔다.
③ 주변 정리는 대상자에게 맡긴다.
④ 베개커버는 지퍼가 보이도록 놓는다.
⑤ 장갑을 벗고 손을 씻은 뒤 창문을 닫는다.

ADVICE 정리 후에는 '장갑을 벗고 손 씻기 → 창문 닫기 → 침대 주변 정돈 → 불편여부 확인' 순서가 적절하다.

●○○

48 요양보호와 생활지원 | 표준페이지 : 479

수동휠체어 보관방법으로 적절한 것은?

① 비가 오더라도 실외에 보관한다.
② 바퀴를 누르면 말랑말랑하도록 유지한다.
③ 볼트가 헐겁지 않은지 점검한다.
④ 휠체어를 편 상태에서 보관한다.
⑤ 사용하지 않을 때에는 잠금장치를 풀어둔다.

ADVICE 볼트가 헐겁지 않은지를 점검하여 상처가 생기지 않도록 한다.

다음 자세에서 욕창이 잘 생기는 부위는?

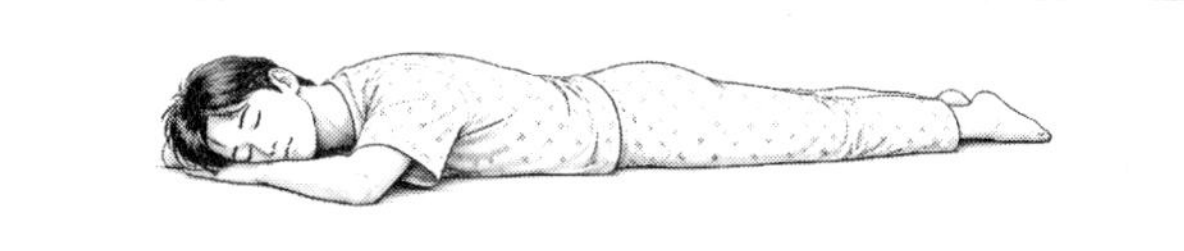

① 엉덩이　　② 어깨
③ 뒷머리　　④ 가슴
⑤ 천골부위

ADVICE 복와위는 팔꿈치, 턱, 가슴, 생식기, 무릎, 발가락에 욕창이 잘 생긴다.

측위로 자세를 변경하기 전 팔의 위치에 대한 설명으로 옳은 것은?

① 돌릴 쪽 팔은 몸 아래로 둔다.
② 두 팔 모두 몸 옆에 둔다.
③ 몸을 돌릴 쪽 팔은 위로 올리고, 다른 쪽 팔은 배 위에 올린다.
④ 팔은 어디에 두어도 상관없다.
⑤ 두 팔을 모두 머리 위로 올린다.

ADVICE 측위 시 몸을 돌릴 쪽 팔이 눌리지 않도록 위로 올리고, 반대쪽 팔은 배 위에 올린다.

성인용 보행보조차의 특징은?

① 느린 걸음으로 걸어야 한다.
② 쉴 수 있는 의자와 수납공간이 있다.
③ 안정성이 높아 병원 안에서 주로 사용한다.
④ 팔 지지대는 체중을 지지한다.
⑤ 기댈 곳이 필요한 대상자에게는 부적합하다.

ADVICE 쉴 수 있는 의자와 수납공간이 있으며 다른 보행기보다 빠른 걸음으로 갈 수 있다.

다음 그림에서 휠체어가 이동하고 있는 상황은?

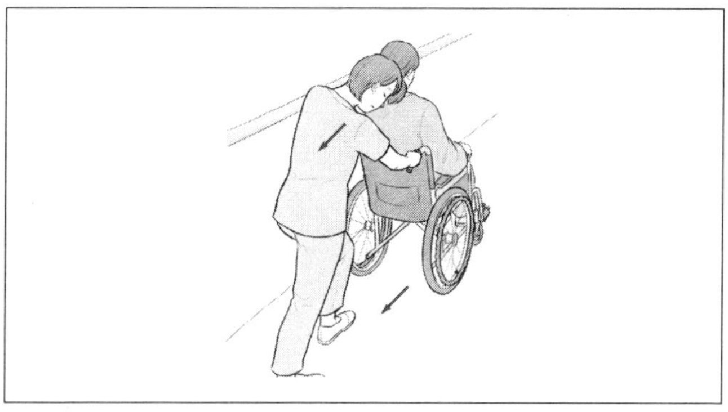

① 내리막길을 갈 때
② 오르막길을 갈 때
③ 계단을 내려갈 때
④ 문턱을 오를 때
⑤ 엘리베이터를 타고 내릴 때

ADVICE 내리막길에서는 요양보호사의 몸으로 휠체어를 지탱하고 뒷걸음질하며 내려가야 한다.

자세변환을 위한 복지용구인 침대에 대한 설명으로 옳은 것은?

① 사용 후에 습기가 있는 곳에서 보관한다.
② 사용하지 않을 때에는 높낮이를 가장 높게 위치하게 한다.
③ 기계적 진동이 없는 장소에서 사용한다.
④ 침대바퀴는 항상 풀어두어야 한다.
⑤ 대상자를 침대 난간에 기대어 쉬게 한다.

ADVICE 기계적 진동이나 외부 영향이 없는 곳에서 사용해야 한다.

ANSWER　43.② 44.④ 45.① 46.② 47.⑤ 48.③ 49.④ 50.③ 51.② 52.① 53.③

54 요양보호와 생활지원 | 표준페이지 : 486

다음과 같이 지팡이를 짚는 것에 대한 설명으로 적절한 것은?

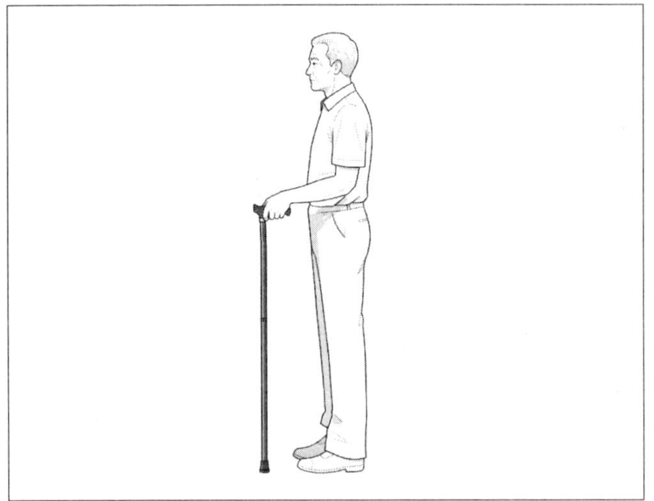

① 알맞은 길이의 지팡이를 고른 것이다.

② 어깨가 지나치게 내려가게 된다.

③ 신체적으로 변형이 온 경우 적절한 높이이다.

④ 무릎이 일직선으로 펴지면서 다리근육 강화에 도움이 된다.

⑤ 어깨와 옆구리에 무리가 간다.

ADVICE 지팡이가 길어서 어깨와 옆구리에 무리가 가고 있다.

55 요양보호와 생활지원 | 표준페이지 : 500

배회감지기에 대한 설명으로 옳은 것은?

① 근골격계에 이상이 있으면 설치가 권장된다.

② 매트형은 대상자의 위치를 추적할 수 있는 기능이 있다.

③ 전원과 작동 상태는 설치할 때에만 확인하면 된다.

④ GPS형은 분실의 위험이 높다.

⑤ 치매를 미연에 방지하기 위한 장치이다.

ADVICE GPS형은 손목밴드나 목걸이의 형태로 분실의 위험이 있다.

56 요양보호와 생활지원 | 표준페이지 : 516

다음 식품을 제한적으로 사용하는 이유는?

> 삼겹살, 갈비, 닭껍질

① 과도한 당류

② 동물성 포화지방

③ 비타민 C의 과도한 축적

④ 과도한 단백질 섭취

⑤ 칼슘 배출

ADVICE 동물성 포화지방이 과도하게 들어있기 때문이다.

57 요양보호와 생활지원 | 표준페이지 : 520

65세 남성의 권장 식단 kcal는?

① 500kcal

② 700kcal

③ 1,000kcal

④ 1,500kcal

⑤ 2,000kcal

ADVICE 65 ~ 74세 남성 권장 식단은 2,000kcal이다.

58 요양보호와 생활지원 | 표준페이지 : 516

칼슘이 풍부한 급원식품은?

① 갈비

② 삼겹살

③ 치즈

④ 명란젓

⑤ 해바라기씨

ADVICE 치즈, 우유, 요구르트, 멸치 등이 해당한다.

59 요양보호와 생활지원 | 표준페이지 : 530

고혈압 대상자의 식사관리로 적절한 것은?

① 젓갈류, 장아찌 위주로 식사한다.
② 포화지방산이 많은 음식을 먹는다.
③ 고기는 지방과 껍질 위주로 먹는다.
④ 양질의 단백질을 넉넉하게 섭취한다.
⑤ 칼륨의 섭취를 줄인다.

ADVICE 양질의 단백질로 혈관 손상을 보호한다.

60 요양보호와 생활지원 | 표준페이지 : 534

변비 대상자의 식사관리로 적절한 것은?

① 잡곡밥보다 흰쌀밥을 먹는다.
② 통곡류 섭취를 늘린다.
③ 식사는 배고플 때만 한다.
④ 우유 섭취를 제한한다.
⑤ 차가운 음료를 마신다.

ADVICE 식이섬유가 충분한 통곡류를 섭취하는 것이 도움이 된다.

61 요양보호와 생활지원 | 표준페이지 : 535

골다공증 대상자에게 카페인을 제한하는 이유는?

① 칼륨 흡수율 증가
② 칼슘 배출 촉진
③ 나트륨 누적
④ 비타민 C 보충
⑤ 과다한 단백질 섭취

ADVICE 카페인은 칼슘의 배출을 촉진한다.

62 요양보호와 생활지원 | 표준페이지 : 542

냉동식품의 식중독균을 예방하는 올바른 해동방법은?

① 냉동식품을 냉장실에 넣어 천천히 녹인다.
② 뜨거운 물에 재료를 넣어둔다.
③ 냉동만두는 밀봉한 후 찬물에 넣는다.
④ 냉동채소는 상온에 둔다.
⑤ 어패류는 따뜻한 물 안에 넣어둔다.

ADVICE 냉동식품을 냉장실에 옮긴 후에 천천히 해동하는 것이 좋다.

63 요양보호와 생활지원 | 표준페이지 : 546

노인의 의복 선택 및 관리에 대한 설명으로 옳은 것은?

① 무거운 소재의 옷을 선택해야 한다.
② 세탁 시에는 30초 이내로 헹군다.
③ 새로 구입한 옷은 한 번 세탁하고 입는다.
④ 의복의 디자인은 화려하고 장식이 많아야 한다.
⑤ 검정색 옷만 입혀야 한다.

ADVICE 새로 구입한 옷은 한 번 세탁하고 입힌다.

64 요양보호와 생활지원 | 표준페이지 : 554

옷장 안에 방충제를 한 종류만 넣는 이유는?

① 요양보호사의 편의성
② 환경 건조
③ 뛰어난 흡습성
④ 호흡기계 해로움
⑤ 옷감 변색과 변질 예방

ADVICE 다양한 종류를 함께 넣으면 화학변화로 옷감이 변색되거나 변질될 수 있다.

ANSWER 54.⑤ 55.④ 56.② 57.⑤ 58.③ 59.④ 60.② 61.② 62.① 63.③ 64.⑤

65 요양보호와 생활지원 | 표준페이지 : 551

의복에 다음과 같은 기호가 있다. 의복 세탁법을 바르게 말한 사람은?

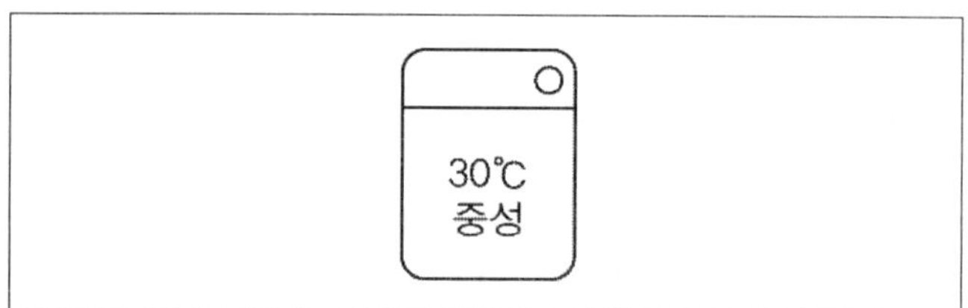

① "팔팔 삶아서 빨래를 해주세요."
② "중성세제는 사용하지 마세요."
③ "세탁기에 약하게 돌려서 세탁해주세요."
④ "드라이클리닝만 가능한 옷입니다."
⑤ "손세탁을 하면 안 됩니다."

ADVICE 세탁기를 약하게 돌리거나 손세탁을 약하게 할 수 있다. 중성세제만 사용해야 하며, 30℃ 물로 세탁해야 한다.

● ○ ○

66 요양보호와 생활지원 | 표준페이지 : 554

대상자의 외출동행에 대한 원칙으로 적절한 것은?

① 외출계획은 외출 직전에 세운다.
② 대상자가 원하지 않아도 외출을 강행한다.
③ 대상자 안전은 대상자 가족에게 맡긴다.
④ 대상자 건강상태를 고려하여 계획을 조정한다.
⑤ 외출 시 요양보호사는 멀찍이에서 대상자를 지켜본다.

ADVICE 대상자의 건강상태를 고려하여 조정을 해야 한다.

● ○ ○

67 요양보호와 생활지원 | 표준페이지 : 556

대상자의 방을 안전하게 조성하기 위한 방법으로 옳은 것은?

① 습기가 잘 생기는 공간이어야 한다.
② 요양보호에 필요한 물품은 배치하지 않는다.
③ 창문이 없고 햇빛이 들지 않는 곳에 한다.
④ 비상벨을 설치하여 사고 시 호출하게 한다.
⑤ 출입구에 문턱을 높게 만든다.

ADVICE 비상상황에 호출이 편안하도록 비상벨, 인터폰, 전화를 설치해야 한다.

● ○ ○

68 요양보호와 생활지원 | 표준페이지 : 568

다음의 내용은 환경지원 지침에서 어떠한 지원에 해당하는가?

> 대상자의 입장을 수용하고 그에 따라 대응한다. 대상자가 머물고 싶은 공간을 직접 선택하도록 지원한다.

① 지남력 지원
② 대상자의 교류를 위한 지원
③ 자기 선택을 위한 지원
④ 환경적 자극의 질을 지원
⑤ 사생활 확보를 위한 지원

ADVICE 대상자의 선택을 위한 지원에 해당한다.

● ○ ○

69 상황별 요양보호기술 | 표준페이지 : 587

치매 대상자의 구강위생에 대한 설명으로 옳은 것은?

① 욕조에 미리 물을 받아둔 뒤에 시행한다.
② 옷을 벗기고 양치를 한다.
③ 치약은 삼켜도 되는 것으로 사용한다.
④ 양치한 물은 삼키게 한다.
⑤ 의치는 책상 위에 보관한다.

ADVICE 치약은 삼켜도 되는 어린이용을 사용한다.

70 상황별 요양보호기술 | 표준페이지 : 573

다음 사례에서 치매가족이 느끼는 부담은?

> 진단받은 것을 수용하지 못한다. 대상자에게 화를 내고 난 후에 스스로를 자책하는 것을 반복한다.

① 정서적 부담　　② 신체적 부담
③ 경제적 부담　　④ 사회활동 제한
⑤ 소통 부족

ADVICE 대상자의 치매 진단으로 분노를 느끼는 정서적 부담을 의미한다.

●○○

71 상황별 요양보호기술 | 표준페이지 : 583

치매 대상자의 식사 시 규칙적인 식사를 위해 고려해야 하는 것은?

① 낯설고 새로운 음식 제공
② 같은 장소에서 같은 시간에 식사하기
③ 식사하는 동안 옆에서 청소하기
④ 텔레비전을 식탁 앞에 두기
⑤ 시끄러운 음악을 틀어주기

ADVICE 같은 장소에서 같은 시간에 규칙적으로 식사를 해야 한다.

●○○

72 상황별 요양보호기술 | 표준페이지 : 586

변비가 있는 치매 대상자를 돕는 방법은?

① 수분을 제한한다.
② 요양보호사가 직접 관장을 한다.
③ 일정한 시간에 변기에서 배변을 유도한다.
④ 배에 차가운 수건을 올려둔다.
⑤ 금식을 시행한다.

ADVICE 일정한 시간에 화장실에 데리고 가서 배변을 유도한다.

●○○

73 상황별 요양보호기술 | 표준페이지 : 589

치매 대상자의 운동 돕기에 대한 설명으로 적절한 것은?

① 심장병이 있는 경우는 등산을 한다.
② 운동 도중 문제가 발생하면 지켜본다.
③ 매일 다른 시간대에 운동한다.
④ 새로운 장소에서 낯선 운동을 알려준다.
⑤ 운동은 심장에서 멀고 큰 근육부터 시작한다.

ADVICE 운동은 심장에서 멀고 큰 근육부터 해야 한다.

●○○

74 상황별 요양보호기술 | 표준페이지 : 595

치매 대상자가 손에 잡힌 것이 무엇이든 먹으려고 하는 이식증상을 보이는 이유는?

① 잡힌 것이 무엇인지 구별하지 못하기 때문이다.
② 지나치게 배고프기 때문이다.
③ 정해진 시간에 밥을 챙겨주지 않은 것에 대한 항의성 행동이다.
④ 원하는 것을 얻어 내기 위한 의사표현이다.
⑤ 치아가 간지럽기 때문이다.

ADVICE 치매 대상자가 음식물을 구별하지 못해서 입에 넣는 것이다.

●○○

75 상황별 요양보호기술 | 표준페이지 : 607

치매 대상자와의 언어적인 의사소통 원칙을 잘 지킨 것은?

① "밥 맛있어?"
② "또 소변보려구요?"
③ "오늘 점심 맛있으셨어요?"
④ "오늘은 어디로 산책을 가볼까요."
⑤ "미역국을 먹고 양치한 뒤 옷 입어요."

ADVICE 질문을 할 때 '네, 아니오'로 간단하게 답할 수 있는 질문을 한다.

ANSWER　65.③　66.④　67.④　68.③　69.③　70.①　71.②　72.③　73.⑤　74.①　75.③

하임리히법을 잘못된 상황에서 시행했을 때 생길 수 있는 위험은?

① 체온저하
② 늑골 골절
③ 손가락 골절
④ 기침 감소
⑤ 원활한 혈액순환

ADVICE 늑골이 골절되거나 내부에 장기가 손상된다.

쇼크 시 하지 말아야 할 행동은?

① 출혈이 있다면 지혈하기
② 혈압과 맥박을 측정하기
③ 침착하게 숨을 쉬도록 유도하기
④ 물이나 음식을 먹이기
⑤ 119에 신고하기

ADVICE 물이나 음식을 먹이지 않아야 한다.

활성매개체에 의해 전파될 수 있는 감염은?

① 말라리아
② 당뇨병
③ 고혈압
④ 골다공증
⑤ 탈모

ADVICE 말라리아는 활성매개체인 모기에 의해 전파된다.

코, 입, 눈, 피부, 항문 등을 청결히 하는 것은 감염경로 중 무엇과 관련이 있는가?

① 저장소
② 전파방법
③ 미생물
④ 민감한 대상자
⑤ 탈출구

ADVICE 코, 입, 피부 등에 의해서 미생물이 탈출하기 때문이다.

자동심장충격기와 CPR은 언제까지 반복해야 하는가?

① 환자가 깨어날 때까지
② 119 구급대가 현장에 올 때까지
③ 2회 심장충격 시까지
④ 가족이 그만하라고 말할 때까지
⑤ 총 3분간

ADVICE 119 구급대가 올 때까지는 자동심장충격기와 CPR을 반복한다.

필 기

●○○
1 요양보호 대상자 이해 | 표준교재 페이지 : 22

노년기에 유대감의 상실이 나타나는 원인은?

① 퇴직
② 손자녀 출산
③ 창조적인 활동 증가
④ 수용성 증가
⑤ 학습능률 향상

ADVICE 직장을 퇴직하면서 사회적 관계가 줄어들게 되고 유대감을 상실하게 된다.

●●○
2 요양보호 대상자 이해 | 표준교재 페이지 : 25

가족관계 변화에 따라 노년기 부부관계 유지를 위해서 해야 하는 것은?

① 자녀를 서둘러서 독립시킨다.
② 부부 공통의 취미생활을 만든다.
③ 부부는 각자의 활동을 즐긴다.
④ 가사 일은 익숙한 사람이 전담한다.
⑤ 성적인 욕구 충족을 금기시한다.

ADVICE 공통의 취미나 화제를 만들어 적극적으로 대화하면서 부부관계를 유지한다.

●○○
3 요양보호 대상자 이해 | 표준교재 페이지 : 72

다음과 같은 상황에 요양보호사의 대처는?

> 외출을 나갔을 때, 대상자가 교통신호를 어기고 서둘러 길을 건너자고 재촉한다.

① 대상자와 함께 교통신호를 어기고 건넌다.
② 건널목을 건너지 않고 다른 길로 돌아서 간다.
③ 가족들에게 말하겠다고 엄포를 둔다.
④ 교통신호를 어기려는 이유를 캐묻는다.
⑤ 위험하니 잠시 기다리라 말하고 멈추게 한다.

ADVICE 위험하니 기다리라고 말을 하여 대상자가 스스로 멈출 수 있도록 한다. 또한 사고 예방을 위해 신호를 지켜야 한다고 설명한다.

●○○
4 요양보호 대상자 이해 | 표준교재 페이지 : 106

다음 중 노인의 신체적 학대에 해당하는 것은?

① 기본 생존 유지에 필요한 가스를 단절시킨다.
② 거취 결정에서 노인의 의견을 배제한다.
③ 노인의 행동에 과도한 훈계를 한다.
④ 사람들이 보고 있음에도 노인을 알몸으로 목욕시킨다.
⑤ 노인의 신용으로 이익을 취한다.

ADVICE 기본 생존 유지에 필요한 가스를 단절시키는 것은 노인의 신체적 생존에 위협을 주는 신체적 학대행위이다.

ANSWER 76.② 77.④ 78.① 79.⑤ 80.② / 1.① 2.② 3.⑤ 4.①

5 요양보호 대상자 이해 | 표준교재 페이지 : 22

노년기에 나타나는 사회적 특성은?

① 사회적 관계망 확장

② 경제적 부유함

③ 역할 상실

④ 여가활동 증가

⑤ 활발한 교우관계

ADVICE 은퇴로 인해 사회적인 역할 변화가 생겨난다.

●○○

6 요양보호 대상자 이해 | 표준교재 페이지 : 126

요양보호사가 윤리적으로 기관장이나 의료진에게 발설하면 안 되는 대상자의 정보는?

① 대상자 상태변화

② 제공한 요양보호서비스

③ 신체질환

④ 업무 결과

⑤ 사적 생활

ADVICE 대상자의 사적 생활을 내·외부로 발설해서는 안 된다.

●○○

7 요양보호 대상자 이해 | 표준교재 페이지 : 133

노인장기요양보험법 위반에 따라 1년 이하의 징역 또는 1천만 원 이하의 벌칙에 처해지는 것은?

① 정당한 사유 없이 장기요양급여의 제공을 거부한 자

② 지정받지 않고 장기요양기관을 운영한 자

③ 본인부담금을 면제하는 행위를 한 자

④ 업무수행 중 알게 된 비밀을 누설한 자

⑤ 수급자를 유인하는 행위를 한 자

ADVICE 「노인장기요양보험법」 제67조(벌칙)에 따라 정당한 사유 없이 장기요양급여의 제공을 거부한 자는 1년 이하의 징역 또는 1천만 원 이하의 벌칙에 처해진다.

●○○

8 요양보호 대상자 이해 | 표준교재 페이지 : 98

시설노인이 개인적 견해를 표현하고 해결을 요구할 권리를 보장받지 못한 상황은?

① 노인의 이성교제를 대화 소재로 다루는 경우

② 노인의 의사를 반하는 퇴소를 시키는 경우

③ 시설 종사자에게 충분한 직무훈련을 제공하지 않는 경우

④ 보호자에게 불평을 토로했다는 이유로 부당한 처우를 받는 경우

⑤ 노인에게 특정 종교행사 참여를 강요하는 경우

ADVICE 불만과 고충을 말한 노인에게 부당한 처우를 주는 것은 견해를 표현하고 해결을 요구할 권리를 보장하지 못한 것이다.

●○○

9 요양보호 대상자 이해 | 표준교재 페이지 : 39

다음 노인복지에 해당하는 원칙은?

> 노인은 사회에 통합되어야 한다. 또한 노인은 자신이 보유한 지식과 기술을 젊은 세대와 공유해야 한다.

① 독립의 원칙　　② 자아실현의 원칙

③ 참여의 원칙　　④ 존엄의 원칙

⑤ 보호의 원칙

ADVICE 사회에 참여하여 지역사회에 봉사하는 사회운동 단체를 만들 수 있어야 한다.

●○○

10 요양보호 대상자 이해 | 표준교재 페이지 : 57

방문요양에 관한 업무를 수행 하는 장기요양요원은?

① 요양보호사　　② 간호조무사

③ 간호사　　④ 치과위생사

⑤ 대상자의 가족

ADVICE 「노인장기요양보험법 시행령」에 따라 방문요양 장기요양요원은 사회복지사와 요양보호사가 해당한다.

●○○
11 요양보호 대상자 이해 | 표준교재 페이지 : 144

요양보호사의 근골결계 질환 발병 단계에서 3단계 특징은?

① 휴식을 하고 나면 통증이 사라진다.
② 작업 수행 능력에 큰 변화가 나타나지 않는다.
③ 휴식 중에도 통증이 있다.
④ 악화와 회복이 반복된다.
⑤ 별다른 불편함을 감지하지 못한다.

ADVICE 근골격계 질환 발병 3단계는 휴식 중에도 통증이 나타나며 잠을 방해한다.

●●○
12 요양보호 대상자 이해 | 표준교재 페이지 : 76

요양보호사가 요양보호서비스를 제공할 때 지켜야 하는 원칙은?

① 기관장의 업무 요청은 즉시 거절한다.
② 수급자 가족의 부당한 요구는 즉시 거절한다.
③ 수급자의 상태변화를 눈으로만 확인한다.
④ 복장은 화려하고 장식이 많은 것을 착용한다.
⑤ 급여제공기록지는 보호자에게 보여주지 않는다.

ADVICE 수급자 중심의 급여 제공, 급여제공계획과 기준에 근거한 급여 제공, 권리와 책임에 따른 급여 제공이 기본 원칙이다.

●○○
13 요양보호 대상자 이해 | 표준교재 페이지 : 57

국민건강보험공단에서 청구받은 급여비용을 심사하여 공단부담금을 지급하는 대상은?

① 대상자의 가족　　② 수급자
③ 장기요양기관　　④ 요양보호사
⑤ 사회복지사

ADVICE 국민건강보험공단에서 급여비용을 청구받아 심사를 한 다음에 공단부담금을 장기요양기관에 지급한다.

●○○
14 요양보호 대상자 이해 | 표준교재 페이지 : 31

요양보호 실천을 위한 대면하기 원칙은?

① 대상자와 먼 거리를 유지하며 바라본다.
② 힐끗거리면서 쳐다본다.
③ 말을 하기 전에 말없이 5초 이상 눈을 쳐다본다.
④ 서비스 제공은 눈을 보지 않고 진행한다.
⑤ 대상자가 시선을 피하면 틈을 만들어서라도 눈을 마주쳐달라고 요청한다.

ADVICE 눈을 마주치는 것은 중요하다. 서비스 전에는 근거리에서 눈을 마주친 이후에 인사를 하거나 말을 한다.

●●○
15 요양보호 대상자 이해 | 표준교재 페이지 : 37

생활이 어려운 자에게 급여를 제공하여 최저생활을 보장하는 것을 목적으로 하는 제도는?

① 사회보험　　　　② 산업재해보상보험
③ 사회서비스　　　④ 공공부조
⑤ 국민연금보험

ADVICE 생활이 어려운 자에게 급여를 제공하여 최저생활을 보호하는 것이다.

●○○
16 노화와 건강증진 | 표준교재 페이지 : 224

섬망의 치료 및 예방 방법으로 옳은 것은?

① 대상자와 접촉하는 사람을 줄인다.
② 시간의 흐름을 모르게 창문을 늘 닫아둔다.
③ 환경의 분위기를 매일 바꾸어 준다.
④ 착각으로 하는 말을 무시한다.
⑤ 요양보호사가 모든 일을 대신 해준다.

ADVICE 대상자가 할 수 있는 일을 직접 하도록 하며, 접촉하는 사람을 줄이게 하여 개인의 정체성 유지를 돕는다.

ANSWER　5.③　6.⑤　7.①　8.④　9.③　10.①　11.③　12.②　13.③　14.⑤　15.④　16.①

노인의 영양 문제의 원인에 해당하는 것은?

① 침의 분비가 늘면서 음식을 자주 흘린다.
② 위가 위축되면서 소화 기능이 떨어진다.
③ 체수분량이 감소하면서 갈증을 자주 느낀다.
④ 활동량이 감소하면서 식욕이 폭발적으로 증가한다.
⑤ 입맛의 변화로 음식을 싱겁게 먹는다.

ADVICE 위의 위축으로 소화액 분비가 감소한다. 이에 소화 기능이 저하된다.

녹내장 대상자가 일상생활에서 주의해야 하는 것은?

① 목이 꽉 끼는 복장을 입는다.
② 물구나무서기 자세를 주기적으로 한다.
③ 고개를 숙인 자세로 독서하는 것을 피한다.
④ 추운 겨울에 산책을 자주 나간다.
⑤ 치료 후에 정기검사는 받지 않아도 된다.

ADVICE 고개를 숙이면 안압이 상승할 수 있으므로 장시간 유지하지 않거나 피한다.

위궤양의 치료 및 예방법으로 적절한 것은?

① 위 출혈이 발생한 경우 수분 섭취를 제한한다.
② 진통제를 복용하는 경우 점막 보호제와 함께 복용한다.
③ 위 협착이 발생하면 심신의 안정이 중요하다.
④ 증상이 없으므로 특별한 치료는 필요하지 않다.
⑤ 야식을 자주 섭취해도 괜찮다.

ADVICE 위궤양을 예방하기 위해 금연을 해야 한다. 위 출혈, 위 협착 등이 발생하면 즉시 의료기관에 방문해야 한다.

폐결핵 치료를 위한 약물 복용에 대한 설명으로 옳은 것은?

① 증상이 완화되면 약을 중단한다.
② 증상에 따라 자체적으로 약을 늘리고 줄인다.
③ 증상이 나타나는 경우에만 약을 먹는다.
④ 항결핵제는 복용기간이 길다.
⑤ 약물 부작용이 발생하면 복용을 중단한다.

ADVICE 폐결핵 치료를 위해 약물 복용 시 약물을 임의로 중단해서는 안 된다.

다음과 같은 요인으로 발생하는 질환은?

> • 치아에 문제가 있어 음식물을 잘 씹지 않고 삼킴
> • 자극적인 식품을 자주 섭취하며 과식을 함

① 폐렴
② 위염
③ 비염
④ 빈혈
⑤ 섬망

ADVICE 위염은 음식을 잘 씹지 않고 삼키거나 조미료를 자주 섭취하는 것에 의해서 위 점막에 염증이 발생하며 발생한다.

치매 대상자에게 지남력 저하로 나타나는 증상은?

① 말하는데 적절한 단어가 떠오르지 않는다.
② 일상적인 도구 사용법을 기억하지 못한다.
③ 날짜, 시간, 계절을 착각한다.
④ 식사나 옷을 입는 것을 어려워한다.
⑤ 타인의 이야기에 엉뚱하게 답변한다.

ADVICE 지남력이 저하되면 날짜와 시간에 대한 실수가 잦아진다.

● ● ○

23 노화와 건강증진 | 표준교재 페이지 : 245

뇌졸중의 대표적인 후유증은?

① 삼킴장애 ② 발기부전

③ 피부 건조증 ④ 탈모

⑤ 심한 복통

ADVICE 반신마비, 시야장애, 언어장애, 삼킴장애, 인지장애 등이 후유증으로 남는다.

● ○ ○

24 노화와 건강증진 | 표준교재 페이지 : 217

다음에서 설명하는 호르몬은?

> 당뇨병 대상자에게 이 호르몬은 잘 분비되지 않는다. 이 호르몬에 대한 신체 저항성으로 포도당이 세포로 들어가지 못한다.

① 에스트로겐

② 인슐린

③ 에피네프린

④ 성장호르몬

⑤ 옥시토신

ADVICE 당뇨병은 인슐린이 잘 분비되지 않아서 발생한다.

● ○ ○

25 노화와 건강증진 | 표준교재 페이지 : 187

노화에 따라 뼈의 질량이 감소하면 나타나는 증상은?

① 관절운동이 제한된다.

② 고강도 운동을 쉽게 한다.

③ 골격이 작아진다.

④ 폐에 쉽게 물이 찬다.

⑤ 가슴 통증이나 호흡곤란을 유발한다.

ADVICE 뼈의 질량이 감소하면서 골격이 작아지고 쉽게 골절이 된다.

● ○ ○

26 노화와 건강증진 | 표준교재 페이지 : 252

노인의 영양 문제에 해당하는 것은?

① 갈증을 잘 느끼지 못해서 삼킴능력이 감소한다.

② 체수분량이 증가하면서 물을 과도하게 많이 마신다.

③ 미각이 향상되면서 음식을 과도하게 섭취한다.

④ 친한 친구의 죽음으로 식욕이 감소한다.

⑤ 치료식사를 섭취하면서 감각기능이 저하된다.

ADVICE 친한 친구의 죽음 등 심리적인 이유와 더불어 활동량이 감소하면서 식욕이 감소한다.

● ○ ○

27 노화와 건강증진 | 표준교재 페이지 : 194

노화에 따른 여성 노인의 비뇨 · 생식기계 특성은?

① 질벽이 두껍고 뻣뻣해진다.

② 여성호르몬이 증가한다.

③ 유방을 지지하는 근육탄력성이 증가한다.

④ 전립선이 비대해진다.

⑤ 질벽의 윤활작용이 감소한다.

ADVICE 윤활작용이 감소하여 성교 시 통증이 있다.

● ○ ○

28 노화와 건강증진 | 표준교재 페이지 : 182

속발성 고혈압에 대한 설명으로 옳은 것은?

① 발생원인은 알 수 없다.

② 유전에 의해서 발생한다.

③ 전체 고혈압 중에서 5 ~ 10%에 해당한다.

④ 혈압은 120/80mmHg로 나타난다.

⑤ 발병하면 혈압약은 평생 먹어야 한다.

ADVICE 속발성 고혈압은 다른 질병 합병증에 의한 것으로 심장병, 신장질환 등이 원인이 되어 나타난다. 원인질환이 사라지면 정상화된다.

ANSWER 17.② 18.③ 19.② 20.④ 21.② 22.③ 23.① 24.② 25.③ 26.④ 27.⑤ 28.③

노화에 따른 호흡기계의 특성은?

① 호흡근육이 이완된다.
② 콧속 점막이 건조해진다.
③ 섬모운동이 증가한다.
④ 기관지 내에 분비물이 분비되지 않는다.
⑤ 폐 순환량이 증가한다.

ADVICE 콧속 점막이 건조하여 공기 흡입이 효과적이지 않아진다.

독감의 치료 및 예방 방법으로 적절한 것은?

① 10년에 한 번씩 예방접종을 한다.
② 차가운 공기를 자주 쐬어준다.
③ 해열진통제는 복용하지 않는다.
④ 수분 섭취량을 늘린다.
⑤ 안정을 취하기보다 가볍게 운동을 한다.

ADVICE 안정을 취하며, 수분 섭취량을 늘린다. 또한 해열진통제를 복용하거나 항바이러스제를 복용한다. 예방접종은 매년 1회 한다.

요실금의 관련 요인으로 적절한 것은?

① 위염
② 설사
③ 방광 저장능력 감소
④ 골반 근육 조절능력 강화
⑤ 영양제 복용

ADVICE 요실금은 노화로 인한 방광 저장능력 감소, 골반 근육 조절능력 약화, 약물 부작용, 변비 등이 원인이다.

대상포진 자가진단법에 해당하는 것은?

① 피하조직에서부터 근막조직까지 손상이 있다.
② 옴 진드기 감염자와 접촉한 적이 있는지 확인한다.
③ 장시간 자외선 노출로 살이 타는 듯한 아픔이 있다.
④ 엉덩이 기저귀 접촉부위에 윤기나는 붉은 병변이 나타난다.
⑤ 물집이 나타나기 전부터 기운이 없고 일정 부위에 통증이 있다.

ADVICE 대상포진은 물집이 나타나기 전부터 신체증상이 나타나기 시작한다.

퇴행성 관절염에 대한 설명으로 옳은 것은?

① 관절이 많이 파괴된 경우 별다른 치료방법은 없다.
② 수영, 평평한 흙길 걷기와 같은 운동을 한다.
③ 관절 부위에 마사지를 해서는 안 된다.
④ 증상이 완화되면 등산이나 장거리 걷기를 한다.
⑤ 온 · 냉요법은 관절에 적용하지 않는다.

ADVICE 관절에 무리가 가지 않는 운동을 한다.

골다공증의 관련 요인은?

① 부갑상선 질환이 있는 경우
② 과도한 근육량
③ 골격이 튼튼하고 두꺼운 경우
④ 비타민 C 섭취 부족
⑤ 여성호르몬 과다

ADVICE 여성호르몬이 부족하거나 갑상선 · 부갑상선 질환의 경우가 관련 요인에 해당한다.

전립선 비대증 대상자에 대한 요양보호사의 활동으로 적절한 것은?

① 요양보호사가 직접 도뇨관을 삽입하여 소변을 빼낸다.
② 야간에 기저귀를 채워 배뇨를 편히 하도록 유도한다.
③ 소변주머니 사용을 권고한다.
④ 스크린을 쳐주는 등 배뇨 문제에 프라이버시를 지켜준다.
⑤ 약물요법으로 신장기능 손상을 치료한다.

ADVICE 요양보호사는 약물 치료가 필요하다고 하거나, 질병명을 예측하거나, 부정확한 판단을 해서는 안 된다.

$$\boxed{실 \ 기}$$

망상이 있는 치매 대상자와 의사소통하는 방법으로 적절한 것은?

① 대상자의 망상을 부정하고 현실을 자각하게 한다.
② 대상자의 망상은 잘못된 것이라고 설득하고 논쟁한다.
③ 대상자의 주장을 수용하지 않는다.
④ 조용하고 온화한 태도를 유지한다.
⑤ 대상자의 행동을 질책한다.

ADVICE 조용하고 온화한 태도로 치매 대상자를 대한다.

치매 대상자에게 수면장애 상황이 나타난다면 대처방법은?

① 잠을 자지 않는 것에 관심을 두지 않는다.
② 신체활동을 제한한다.
③ 야간에 조명을 밝게 유지한다.
④ 낮잠을 오랜 시간 자게 한다.
⑤ 커피나 알코올 섭취를 제한한다.

ADVICE 편안한 수면을 위해 커피나 알코올 등의 자극적인 음식 섭취를 제한한다.

스스로 식사가 어려운 대상자에게 제공하는 절차로 적절한 것은?

① 식사 전에 음식의 온도를 반드시 확인한다.
② 숟가락에 음식을 크게 담는다.
③ 숟가락을 위쪽에서 입으로 가져간다.
④ 숟가락 뒤쪽을 내려서 음식을 먹인다.
⑤ 빨대가 입안 깊숙하게 들어가게 한다.

ADVICE 식사 전에는 음식의 온도를 확인한다.

투약 도움 방법에 대한 설명으로 옳은 것은?

① 약물을 만지기 전에는 손을 깨끗하게 씻는다.
② 침상머리를 내리고 눕혀서 먹인다.
③ 가루약은 가루상태를 입에 바로 넣어준다.
④ 알약의 개수가 많더라도 한 번에 복용해야 한다.
⑤ 알약 복용 후 물을 마시지 않게 한다.

ADVICE 약물을 만지기 전에는 손을 깨끗하게 씻는다.

ANSWER　29.②　30.④　31.③　32.⑤　33.②　34.①　35.④　36.④　37.⑤　38.①　39.①

안약 투여 전 대상자에게 취하게 해야 할 적절한 자세는?

① 엎드린 자세를 취하게 한다.
② 앉거나 누워서 편안한 자세를 취하게 한다.
③ 고개를 바닥으로 숙이게 한다.
④ 옆으로 누운 자세를 취하게 한다.
⑤ 일어선 자세를 취하게 한다.

ADVICE 안약 투여 시에는 대상자가 앉거나 누워서 편안한 자세를 취하게 한다.

주사 주입 중 요양보호사가 수시로 확인해야 할 사항은?

① 수액 병에 남은 약물의 양
② 주입 속도가 일정하게 유지되는지 여부
③ 주사 바늘의 청결 상태
④ 수액세트의 유효기간
⑤ 주사 부위가 가려운지 여부

ADVICE 정맥에 주입되는 속도가 일정하게 유지되는지 수시로 확인한다.

요양보호사가 배설 중에 관찰해야 할 내용에 해당하는 것은?

① 이전 배설과의 간격
② 배설물의 색깔과 혼탁 여부
③ 통증, 불편함, 불안 정도
④ 배설 시간 및 배설량
⑤ 잔뇨감, 잔변감

ADVICE 배설 중에 관찰해야 할 내용은 통증, 불편함, 불안 정도, 배변 어려움, 배뇨 어려움이다.

유치도뇨관 삽입 대상자를 도울 때 요양보호사가 취해야 할 행동으로 옳은 것은?

① 금기 사항이 없는 한 수분 섭취를 권장한다.
② 소변주머니가 다 차면 유치도뇨관을 제거한다.
③ 불편감을 호소한다면 온찜질을 적용한다.
④ 소변주머니를 아랫배보다 위에 가게 한다.
⑤ 소변량과 색깔은 일주일에 한 번 확인한다.

ADVICE 유치도뇨관 삽입 대상자에게는 금기 사항이 없는 한 수분 섭취를 권장한다.

입안 닦아내기 시 치매 대상자가 입을 열지 않으려는 거부행동을 보일 때의 올바른 대처는?

① 무리하게 입을 벌려 닦아낸다.
② 다른 요양보호사에게 도움을 요청한다.
③ 입안을 닦아내는 과정을 즉시 포기한다.
④ 거부행동이 가라앉길 기다린 후 잘 다독여 안심시킨다.
⑤ 잠자는 동안에 진행한다.

ADVICE 거부행동이 가라앉으면 다독이고 나서 다시 수행한다.

침대에서 머리 감기기를 할 때 주의사항은?

① 식전에 머리를 감겨야 한다.
② 대상자가 잠자는 동안에 수행한다.
③ 머리 감은 후에 대변을 보게 한다.
④ 잠자기 전에 머리를 감긴다.
⑤ 체온과 건강상태를 살펴본다.

ADVICE 건강상태를 살핀 후에 머리를 감긴다.

●○○
46 요양보호와 생활지원 | 표준페이지 : 413

편마비 대상자에게 몸씻기 도움을 줄 때 주의사항으로 적절한 것은?

① 이동할 때에는 마비된 쪽에서 돕는다.
② 옷을 입힐 때는 일으켜 세운다.
③ 누워서 모든 것을 처리하게 한다.
④ 물의 온도는 18℃를 유지한다.
⑤ 욕실 온도를 시원하게 유지한다.

ADVICE 이동할 때 마비된 쪽에서 도와준다.

●○○
47 요양보호와 생활지원 | 표준페이지 : 424

침상 정리 시 이불과 담요를 정리하는 방법으로 옳은 것은?

① 여름이라도 반드시 두꺼운 이불을 덮도록 한다.
② 방수포 위에는 시트를 덧대지 않는다.
③ 이불은 침대 전체를 꽉 채우도록 눌러 넣는다.
④ 담요의 크기가 충분하면 발이 눌리지 않도록 여유를 두고 넣는다.
⑤ 담요는 접지 않고 매트리스 밑에 넣는다.

ADVICE 담요 크기가 충분할 경우 발이 눌리지 않도록 여유를 두고 매트리스에 넣는다.

●○○
48 요양보호와 생활지원 | 표준페이지 : 444

다음 자세에서 욕창이 잘 생기는 부위는?

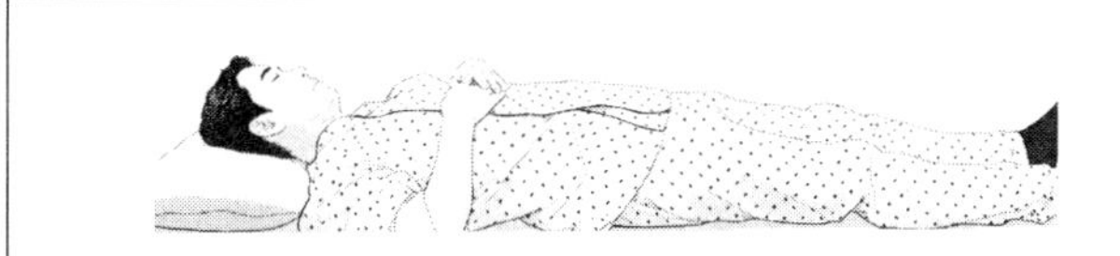

① 턱   ② 팔꿈치
③ 생식기   ④ 무릎
⑤ 발가락

ADVICE 앙와위는 뒷머리, 어깨, 팔꿈치, 엉덩이, 발뒤꿈치에 욕창이 잘 생긴다.

●○○
49 요양보호와 생활지원 | 표준페이지 : 441

요양보호사가 옆에서 보조하여 대상자를 침상에서 일으켜 세울 때 방법으로 적절한 것은?

① 대상자를 침대 정중앙에 앉힌 뒤에 일으켜 세운다.
② 둔부를 밀어내면서 일으켜 세운다.
③ 한 손으로 건강한 대퇴부를 지지한다.
④ 대상자의 건강한 쪽 가까이에 선다.
⑤ 마비된 발 바로 뒤에 요양보호사의 발을 둔다.

ADVICE 마비된 발 바로 뒤에 요양보호사의 발을 두고 일으켜 세운다.

●○○
50 요양보호와 생활지원 | 표준페이지 : 445

측위로 체위변경을 할 때 다리를 지지하는 자세의 설명으로 옳은 것은?

① 다리를 충분히 벌려준다.
② 다리를 꼬아서 모은다.
③ 다리를 최대한 붙인다.
④ 한쪽 다리만 들어 올린다.
⑤ 무릎을 강하게 눌러 고정한다.

ADVICE 측위에서는 다리를 충분히 벌려 안정적으로 체중을 분산시켜야 편안하다.

●○○
51 요양보호와 생활지원 | 표준페이지 : 446

반좌위에서 침대 난간 사용법으로 옳은 것은?

① 두 난간을 모두 내린다.
② 요양보호사 쪽 난간은 내리고 반대쪽은 올린다.
③ 난간은 모두 올리고 움직인다.
④ 난간은 사용하지 않는다.
⑤ 난간 대신 끈을 묶는다.

ADVICE 반좌위에서도 요양보호사 방향 쪽 난간만 내리고, 반대쪽 난간은 올리는 것이 안전 원칙이다.

ANSWER 40.② 41.② 42.③ 43.① 44.④ 45.⑤ 46.① 47.④ 48.② 49.⑤ 50.① 51.②

52 요양보호와 생활지원 | 표준페이지 : 483

성인용 보행기의 보행차 특징은?

① 체중을 지지하지 못한다.
② 지팡이보다 불안정하다.
③ 뒤로 잘 넘어지는 경우 사용하지 않는 것이 좋다.
④ 뇌졸중으로 반신마비가 된 경우 적합하게 사용이 가능하다.
⑤ 바퀴 크기가 14cm 이상이다.

ADVICE 지팡이보다 안정적이지만, 뒤로 잘 넘어지거나 반신마비인 경우는 사용하지 않는 것이 좋다.

53 요양보호와 생활지원 | 표준페이지 : 484

지팡이 선정 시 고려사항으로 적절한 것은?

① 소음을 원하지 않는다면 버튼식을 선택한다.
② 등이 굽은 대상자는 금기이다.
③ 갈비뼈 높이까지 길이를 조정한다.
④ 바닥을 짚고 팔꿈치를 20 ~ 30° 정도 구부린 높이가 좋다.
⑤ 일단 길이를 조정하고 나면 헐거워지지 않는 것은 록크너트식이다.

ADVICE 바닥을 짚고 팔꿈치를 20 ~ 30° 정도 구부린 높이가 안정적이다.

54 요양보호와 생활지원 | 표준페이지 : 489

목욕의자 선정 시 고려사항은?

① 의자에 홈이 있어야 한다.
② 기대어 앉지 않도록 알려주어야 한다.
③ 앉은 면은 최대한 높아야 한다.
④ 팔걸이가 없어야 한다.
⑤ 바퀴가 부착된 경우 잠금장치가 없어야 한다.

ADVICE 의자의 홈을 통해서 물이 흘러 내려갈 수 있어야 한다.

55 요양보호와 생활지원 | 표준페이지 : 474

간이변기 선정 시 고려사항으로 적절한 것은?

① 오염물이 외부에서 잘 보여야 한다.
② 의자와 탈부착이 가능해야 한다.
③ 팔걸이와 등받이가 있어야 한다.
④ 대변과 소변을 함께 사용할 수 있어야 한다.
⑤ 충분한 내열성이 있어야 한다.

ADVICE 열탕으로 소독을 해야 하기 때문에 내열성이 있어야 한다.

56 요양보호와 생활지원 | 표준페이지 : 524

다음에서 제공된 식단을 권장하지 않는 이유는?

쌀밥, 뭇국, 배추김치, 고구마

① 곡류 부족
② 2가지 식품군만 포함
③ 대상자의 기호도 미반영
④ 영양 과다 섭취
⑤ 육류 과다 섭취

ADVICE 곡류, 고기류, 채소류, 과일류, 우유 · 유제품류, 유지 · 당류 섭취군 중에서 2가지 식품군만 포함되어 있기 때문이다.

57 요양보호와 생활지원 | 표준페이지 : 546

의복의 선택 및 관리 방법으로 적절한 것은?

① 감염대상자의 옷과 대상자의 옷은 함께 세탁한다.
② 의류가 더러워지면 바로 버린다.
③ 신발은 뒤가 열려있는 것을 신겨 준다.
④ 신발은 폭이 좁은 것을 선택한다.
⑤ 속옷은 갈아입기 편한 것이어야 한다.

ADVICE 속옷은 갈아입기 편해야 하고 매일 갈아입어야 한다.

58 요양보호와 생활지원 | 표준페이지 : 531

고혈압 대상자의 식사관리로 적절한 것은?

① 단순당질 위주로 섭취한다.
② 칼륨의 섭취를 충분히 한다.
③ 칼슘의 섭취를 제한한다.
④ 커피는 하루에 3잔 이상 마신다.
⑤ 새우, 오징어 등을 즐겨 먹는다.

ADVICE 칼륨을 충분히 섭취하여 나트륨 배설을 돕는다.

●○○

59 요양보호와 생활지원 | 표준페이지 : 534

칼슘보충제를 투약하는 대상자의 식사에 주의사항은?

① 식이섬유와 물을 충분히 섭취하게 한다.
② 튀긴 음식을 자주 제공한다.
③ 우유를 엄격하게 제한한다.
④ 칼륨보충제를 함께 복용하게 한다.
⑤ 나트륨의 섭취를 늘린다.

ADVICE 칼슘보충제 복용 시 변비가 증가하므로 식이섬유와 물 섭취를 늘린다.

●○○

60 요양보호와 생활지원 | 표준페이지 : 535

골다공증 대상자가 절임 음식의 섭취를 줄여야 하는 이유는?

① 나트륨이 칼슘 배설을 촉진하므로
② 수분 섭취량이 늘어나기 때문에
③ 부종이 발생하므로
④ 비타민 D가 많이 쌓이기 때문에
⑤ 콜레스테롤이 높기 때문에

ADVICE 절임 음식에 많이 들어간 나트륨은 칼슘 배설을 촉진한다.

●○○

61 요양보호와 생활지원 | 표준페이지 : 542

식중독 예방을 위해 채소를 안전하게 소독하는 방법은?

① 락스 원액으로 소독한다.
② 식초를 풀은 물에 30분을 넣어 둔 후에 섭취한다.
③ 차아염소산나트륨 10ml에 물 4L를 넣어 소독액에 5분 이상 담가 둔다.
④ 베이킹소다를 넣은 물에 채소를 3회 넣었다가 뺀다.
⑤ 흐르는 물로 세척을 한다.

ADVICE 염소소독제 소독액 조제 방법이다. 5분 이상 담가 둔 후에 음용수로 3회 이상 세척한다.

●○○

62 요양보호와 생활지원 | 표준페이지 : 544

주방의 위생관리를 위한 고무장갑의 적절한 사용법은?

① 사용 후에는 세탁기에 돌린다.
② 조리용과 비조리용으로 구분하여 사용한다.
③ 말릴 때에는 그늘진 곳에 뉘어서 말린다.
④ 세제로 세척을 하면 안 된다.
⑤ 어패류 요리를 할 때에는 사용하지 않는다.

ADVICE 청결을 위해서 조리용과 비조리용을 구분해서 사용해야 한다.

●○○

63 요양보호와 생활지원 | 표준페이지 : 515

근육, 피부, 호르몬, 효소를 구성하는 이 영양소가 많이 포함된 급원식품은?

① 미역　　　　　② 현미
③ 쇠고기　　　　④ 고춧잎
⑤ 딸기

ADVICE 근육, 피부, 호르몬, 효소를 구성하는 것은 단백질이다.

ANSWER　52.③　53.④　54.①　55.⑤　56.②　57.⑤　58.②　59.①　60.①　61.③　62.②　63.③

64 요양보호와 생활지원 | 표준페이지 : 551

다음은 의복에 있는 기호이다. 기호의 의미는?

① 표백제 사용 금지
② 30℃ 물로만 세탁
③ 손세탁만 가능
④ 산소계 표백제 표백 가능
⑤ 삶을 수 있음

ADVICE 산소계 표백제를 사용할 수 있다는 의미이다.

●○○

65 요양보호와 생활지원 | 표준페이지 : 554

다음 중 방습제로 주로 사용되는 것은?

① 실리카겔
② 장뇌
③ 나프탈렌
④ 파라디클로로벤젠
⑤ 산소계 표백제

ADVICE 실리카겔, 염화칼슘이 방습제로 주로 사용된다.

●○○

66 요양보호와 생활지원 | 표준페이지 : 561

화장실을 안전하게 조성하기 위한 방법은?

① 양변기 주변에는 안전손잡이를 설치하지 않는다.
② 출입문은 좁게 만들어 둔다.
③ 타일바닥에 항상 물기가 있도록 한다.
④ 환기하지 않고 습기를 유지한다.
⑤ 욕조 바닥에 미끄럼방지매트를 설치한다.

ADVICE 낙상 방지를 위해 미끄럼방지매트를 설치한다.

●○○

67 요양보호와 생활지원 | 표준페이지 : 568

환경지원 지침에서 생활의 지속성을 위한 지원으로 적절한 것은?

① 다양한 사람이 오고 나가는 장소에 개인공간을 제공한다.
② 개인물품으로 자기다움을 표현할 수 있게 한다.
③ 달력은 숫자가 큰 것을 걸어둔다.
④ 바닥재를 미끄러운 소재로 교체한다.
⑤ 통창문이 있는 방 안에서 시간의 흐름을 확인하게 한다.

ADVICE 익숙한 방식대로 생활하도록 지원해야 한다.

●○○

68 상황별 요양보호기술 | 표준페이지 : 582

치매 대상자의 일상생활에서 사고가 자주 발생하는 이유는?

① 소실된 청각
② 뛰어난 신체 가동성
③ 금방 잃어버리는 기억
④ 빈번한 호흡곤란
⑤ 높은 혈당

ADVICE 치매 대상자는 기억을 금방 잃어버리면서 사고가 자주 발생한다.

●○○

69 상황별 요양보호기술 | 표준페이지 : 583

치매 대상자의 식사 전에 요양보호사가 돕는 방법은?

① 음식을 잘 흘리므로 상의는 벗겨둔다.
② 재료는 큼직하게 잘라서 조리한다.
③ 좌식식탁을 이용한다.
④ 음식의 온도를 미리 확인한다.
⑤ 손으로 먹도록 식사도구를 치운다.

ADVICE 요양보호사가 음식의 온도를 확인하여 제공해야 한다.

70 상황별 요양보호기술 | 표준페이지 : 585

치매 대상자가 실금을 한 경우 돕는 방법은?

① 더러워진 옷을 갈아입히지 않는다.
② 환기를 시키고 이불을 잘 말린다.
③ 대상자가 실금을 한 것을 다른 사람에게 말한다.
④ 힘든 일을 시킨다고 화를 낸다.
⑤ 기저귀를 채워야겠다고 대상자에게 말한다.

ADVICE 실금 후 환기를 통해 냄새관리를 적절하게 한다.

●○○

71 상황별 요양보호기술 | 표준페이지 : 588

치매 대상자의 옷 입기 기본원칙은?

① 옷은 요양보호사가 빠르게 입혀준다.
② 혼자서 옷을 갈아입도록 커튼을 쳐주고 나간다.
③ 몸에 꽉 끼는 옷을 제공한다.
④ 옷의 색상은 차분한 것으로 선택한다.
⑤ 장식이 많이 있는 옷을 제공한다.

ADVICE 혼란을 예방하기 위해서 점잖은 색을 선택한다.

●○○

72 상황별 요양보호기술 | 표준페이지 : 589

치매 대상자의 운동을 도울 때 같은 시간, 같은 장소에서 하는 이유는?

① 운동기능의 향상
② 가족관계 친밀도 향상
③ 사회적 교류 증진
④ 인지기능 발달
⑤ 혼란과 초조감 완화

ADVICE 익숙한 환경으로 혼란과 초조함을 줄이기 위함이다.

●○○

73 상황별 요양보호기술 | 표준페이지 : 595

신체에는 별다른 문제가 없는 치매 대상자가 밥을 먹고 나서도 계속 배고프다고 호소하는 이유는?

① 시간 개념 상실로 식사한 것을 잊어서이다.
② 소화기관에 문제가 있기 때문이다.
③ 다른 대상자보다 맛있는 것을 먹고 싶은 질투심이다.
④ 음식을 보관하려고 하기 때문이다.
⑤ 다양한 음식을 맛보고 싶기 때문이다.

ADVICE 시간 개념을 상실하여서 식사를 한 것을 잊어버렸기 때문이다.

●○○

74 상황별 요양보호기술 | 표준페이지 : 597

치매 대상자가 망상증상을 보이는 경우 요양보호사가 돕는 방법은?

① 대상자에게 이렇게 하는 것은 이해가 가지 않는다고 말한다.
② 다른 것에 신경을 쓰도록 관심을 돌린다.
③ 대상자에게 귓속말로 속닥이며 말한다.
④ 잃어버린 물건은 없다고 부정한다.
⑤ 방 안에 있겠다고 해도 억지로 밖으로 데리고 나온다.

ADVICE 다른 것으로 관심을 유도해야 한다.

ANSWER 64.④ 65.① 66.⑤ 67.② 68.③ 69.④ 70.② 71.④ 72.⑤ 73.① 74.②

75 상황별 요양보호기술 | 표준페이지 : 605

치매 대상자에게 다음과 같은 의사소통을 하는 이유는?

> 요양보호사 : 어르신, 식사하세요.
>
> (식사하고 나서)
>
> 요양보호사 : 양치하세요.
>
> (양치하고 나서)
>
> 요양보호사 : 외출해요.

① 요양보호사의 편리함

② 대상자의 상태 파악

③ 구체적인 질문

④ 어린아이처럼 대우

⑤ 한 번에 한 가지씩 설명

ADVICE 한 번에 한 가지씩 설명하기 위해서 하나만 설명을 한다.

●○○

76 상황별 요양보호기술 | 표준페이지 : 644

임종 단계에서 가장 먼저 느끼는 감정은?

① 분노 ② 수용

③ 우울 ④ 분노

⑤ 타협

ADVICE 엘리자베스 퀴블러−로스의 임종의 5단계 순서는 부정, 분노, 타협, 우울, 수용이다.

●○○

77 상황별 요양보호기술 | 표준페이지 : 674

쇼크 시 혈압과 맥박 측정이 필요한 이유는?

① 대상자의 식사량 확인

② 쇼크 여부와 진행상태를 확인

③ 휴식 여부를 확인

④ 체온 변화 기록

⑤ 근육 경련 예방

ADVICE 쇼크 여부와 진행상태를 확인하기 위해서 맥박과 혈압을 측정한다.

●○○

78 상황별 요양보호기술 | 표준페이지 : 673

하임리히법을 반드시 실시해야 하는 경우는?

① 대화 중 기침을 하는 경우

② 음식을 먹는 경우

③ 기침을 하지 못하고 숨을 못 쉬는 경우

④ 숨을 원활하게 쉬지만 불편해하는 경우

⑤ 목이 따갑다고 말하는 경우

ADVICE 기침조차 못하고 숨을 쉬지 못하는 경우에 하임리히법을 실시한다.

●○○

79 상황별 요양보호기술 | 표준페이지 : 663

대상자와 접촉 전에 손 씻기·마스크 착용·물건 소독을 하는 목적은?

① 저장소 감소

② 민감한 대상자 확인

③ 치료 효과 증가

④ 전파방법 차단

⑤ 병의 치료

ADVICE 전파방법을 차단하기 위해서 손 씻기, 마스크 착용 등의 위생적인 환경관리를 한다.

●○○

80 상황별 요양보호기술 | 표준페이지 : 669

결핵 대상자를 돌볼 때 요양보호사의 적절한 감염 예방 행동은?

① 대상자의 물건에 절대 손대지 않는다.

② 술과 흡연을 가까이 한다.

③ 2주가 지나면 마스크를 벗고 대면한다.

④ 대상자를 만나기 전에만 손 소독을 한다.

⑤ 완치 판정 전까지 마스크를 착용한다.

ADVICE 공기를 통해서 직접전파가 되므로 완치 판정 전까지는 마스크를 착용한다.

1회분

2회분

3회분

4회분

5회분

6회분

7회분

8회분

9회분

10회분

11회분

12회분

13회분

14회분

15회분

16회분

17회분

18회분

19회분

20회분

필 기

1 요양보호 대상자 이해 | 표준교재 페이지 : 22

다음에서 설명하고 있는 노년기의 특성은?

> 직장에서 퇴직했을 때, 연금이나 노후자금이 없으면 경제적으로 빈곤해진다.

① 사회적 특성
② 심리적 특성
③ 신체적 특성
④ 관계적 특성
⑤ 의존적 특성

ADVICE 경제적으로 빈곤을 경험하는 것은 사회적 특성이다.

2 요양보호 대상자 이해 | 표준교재 페이지 : 19

노년기의 신체적 특성은?

① 노화의 가역적 진행
② 잔존능력 저하
③ 면역능력 향상
④ 키가 늘어남
⑤ 회복능력 향상

ADVICE 노년기의 신체적 특징은 세포의 노화에 따라 키가 줄고, 면역능력·잔존능력·회복능력이 저하하며, 노화가 비가역적으로 진행되는 것이다.

3 요양보호 대상자 이해 | 표준교재 페이지 : 25

노년기에 나타나는 가족관계 변화는?

① 삼대가 함께 거주하는 대가족의 형태가 늘어났다.
② 고부갈등은 사라졌지만 장서갈등이 발생하고 있다.
③ 손자녀에게 아낌없는 사랑을 쏟아 손자녀의 긍정적인 자아 형성에 기여한다.
④ 부모와 자녀가 장거리에 산다.
⑤ 부부관계에 친밀도가 향상한다.

ADVICE 손자녀가 노년기에 활기와 탄력을 제공하며 손자녀에게 애정을 아낌없이 준다.

4 요양보호 대상자 이해 | 표준교재 페이지 : 59

대상자가 장기요양서비스를 이용하기 위해 가장 먼저 해야 하는 것은?

① 장기요양기관을 방문하거나 전화상담을 한다.
② 서비스 제공 계획을 듣는다.
③ 장기요양급여제공계획서를 바탕으로 서비스를 제공받는다.
④ 만족스러운 서비스인지 모니터링을 한다.
⑤ 계약서에 서명을 한다.

ADVICE 대상자가 장기요양서비스를 이용하기 위해 가장 먼저 장기요양기관을 방문하거나 전화상담을 한다.

ANSWER 75.⑤ 76.① 77.② 78.③ 79.④ 80.⑤ / 1.① 2.② 3.③ 4.①

다음과 같은 상황에 요양보호사의 대처는?

> 대상자가 배변감을 느끼고 있음에도 화장실에 가려고 하지 않고 방안에 계속 누워있으려고 한다.

① 간호사에게 보고한다.

② 행동의 이유가 무엇인지 파악한다.

③ 응급기관에 전달한다.

④ 기저귀를 착용하게 한다.

⑤ 대상자 가족에게 상황을 공유한다.

ADVICE　수치심이나 요양보호사와 신뢰관계가 쌓이지 않아서 그럴 수 있으므로 대상자의 행동의 이유를 파악한다.

다음 중 노인의 학대를 바르게 연결한 것은?

① 방임 – 노인에게 신체적으로 손상을 주고 고통을 준다.

② 유기 – 비난, 모욕, 위협, 협박 등의 언어를 노인에게 사용한다.

③ 경제적 학대 – 노인이 스스로 자기 보호와 관련한 행위를 포기한다.

④ 신체적 학대 – 집 안의 제한된 공간 밖으로 노인을 나가지 못하게 한다.

⑤ 정서적 학대 – 의료적으로 불필요한 약물을 강제로 복용하게 한다.

ADVICE　물리적인 힘이나 도구를 이용해 노인에게 신체적 손상·고통을 주는 것은 신체적 학대이다.

요양보호사가 지켜야 할 직업윤리 원칙은?

① 대상자의 결정을 대신 행해준다.

② 정치적 신념을 교정하기 위해 설득한다.

③ 업무의 결과는 비밀로 유지한다.

④ 업무상 알게 된 대상자의 개인정보를 의료진과 교류한다.

⑤ 대상자와 상호 대등한 관계임을 인식한다.

ADVICE　대상자와 수직적이지 않고 상호 대등한 관계임을 인식한다.

대상자의 욕구와 문제를 해결하기 위하여 대상자의 신체·정신심리·사회/환경의 정보를 수집·분석하여 상황을 파악하는 것은?

① 기능평가　　② 욕구평가

③ 자체평가　　④ 등급평가

⑤ 서비스 평가

ADVICE　욕구평가는 대상자의 신체·정신심리·사회/환경의 정보를 수집·분석하여 상황을 파악한다.

시설급여에 해당하는 것은?

① 노인요양공동생활가정

② 방문요양

③ 단기보호

④ 주간보호

⑤ 방문목욕

ADVICE　시설급여에는 노인요양시설, 노인요양공동생활가정이 있다.

요양보호 실천을 위한 일어서게 하기 원칙은?

① 일어서기 힘들어한다면 누운 채로 와상상태를 유지한다.
② 움직일 수 있더라도 관절 보호를 위해 휠체어를 태운다.
③ 일부러 서있게 하거나 일어서서 걸을 수 있는 시간을 제공해야 한다.
④ 다리를 높이 들어 올리고 누워있게 한다.
⑤ 느리다면 부축을 해서 함께 걷는다.

ADVICE 누워만 있으면 걸음을 걷지 못하게 될 수 있으므로 일부러 서있거나 걷는 시간을 만들어야 한다. 또한 느리더라도 혼자서 걸을 수 있도록 돕는다.

다음에서 설명하는 노인복지사업의 유형은?

> 한국노인인력개발원이 사업의 주체로 노인에게 다양한 일자리를 제공하는 것에 해당한다. 65세 이상의 대상자에게 일자리에 참여하여 임금을 받게 하는 사업이다.

① 노인자원봉사
② 경로당
③ 노인교실
④ 노인일자리 지원사업
⑤ 노인복지관

ADVICE 노인일자리 지원사업의 사업주체는 한국노인인력개발원이고, 노인에게 일자리를 지원해 주는 사업이다.

노인복지시설과 종류를 바르게 연결한 것은?

① 노인주거복지시설 – 노인요양공동생활가정
② 노인의료복지시설 – 노인복지주택
③ 노인의료복지시설 – 주간 보호서비스
④ 노인여가복지시설 – 양로시설
⑤ 노인여가복지시설 – 경로당

ADVICE 노인여가복지시설에는 노인복지관, 경로당, 노인교실이 있다.

중앙노인보호전문기관의 설치목적은?

① 노인학대 신고전화 운영
② 노인학대자 상담
③ 노인학대행위자 대상 재발방지 교육
④ 노인인권보호를 위한 연구
⑤ 피해노인에게 법률 지원 요청

ADVICE 「노인복지법」 제39조의5에 따라서 노인인권보호를 위한 연구 등이 중앙노인보호전문기관의 설치목적이다.

학대피해노인 전용쉼터의 주요 업무에 해당하는 것은?

① 노인의 일자리를 개발
② 학대피해노인에게 전문심리상담 제공
③ 노인인권보호 관련 정책 제안
④ 장애노인을 보호시설에 단기간 입소시켜 보호
⑤ 노인성 질환을 가진 노인을 입소시켜 일상생활에 필요한 편의 제공

ADVICE 학대로 인해 피해를 입은 노인을 보호하고 심신치유 프로그램이나 전문심리상담을 제공한다.

ANSWER 5.② 6.④ 7.⑤ 8.② 9.① 10.③ 11.④ 12.⑤ 13.④ 14.②

노인장기요양보험에서 방문조사를 할 때 장기요양 인정조사표에 의해서 진행하는 조사는?

① 65개 항목조사

② 의사소견서 확인

③ 장기요양인정 점수산정

④ 등급판정 위원회 심의 판정

⑤ 인지지원 등급 산정

ADVICE 방문조사에서는 장기요양인정조사표에 의해서 65개 항목조사, 25개의 욕구조사를 진행한다.

섬망과 치매에 대한 설명으로 옳은 것은?

① 섬망은 서서히 나타난다.

② 섬망은 발병 후 시간이 지나서부터 사람을 못 알아본다.

③ 치매와 섬망 둘 다 신체·생리적으로 변화가 심각하다.

④ 치매는 말기까지 의식변화가 적다.

⑤ 치매는 급성질환이다.

ADVICE 섬망은 급성질환으로 초기부터 사람을 알아보지 못하며, 신체·생리적으로 변화가 심하다.

노인의 주요한 영양문제에 해당하는 것은?

① 전체 에너지 섭취량 중에서 지방의 비중이 가장 높다.

② 엽산의 섭취가 다른 나이대보다 많다.

③ 소득수준이 낮으면 영양소를 골고루 먹는다.

④ 나트륨을 기준 이상으로 과다하게 섭취한다.

⑤ 고령자의 경우 에너지를 과다하게 섭취하는 경우가 많다.

ADVICE 나트륨을 기준 이상으로 과다하게 섭취하는 문제가 있다.

녹내장 치료 및 예방 방법은?

① 조기 발견이 불가능하다.

② 어두운 곳에서 독서를 하고 밝은 빛을 피한다.

③ 복압이 올라가는 운동을 자주 한다.

④ 눈이 아프더라도 시간이 지나면 나아지니 지켜본다.

⑤ 흥분하지 않도록 유지하며 심신의 과로를 피한다.

ADVICE 안압을 정상으로 유지하면서 마음을 편하게 가지고, 심신의 과로를 피하며 규칙적인 생활을 한다.

백내장 발생에 관련된 요인은?

① 추운 날씨

② 대상포진

③ 지나친 음주

④ 동맥경화증

⑤ 대사 이상

ADVICE 노화, 지나친 음주, 스테로이드 약물, 당뇨병, 과도한 자외선 등이 백내장의 관련 요인이다.

폐결핵 증상으로 적절한 것은?

① 초기에 고열이 나타난다.

② 2주 이상 기침이 지속된다.

③ 오후에 저체온이, 저녁엔 고열이 나타난다.

④ 목소리가 나오지 않는다.

⑤ 식욕이 증가하고 물을 많이 마신다.

ADVICE 초기에는 무증상인 경우가 많다. 2주 이상 지속되는 기침이 나타나고 피로감, 체중 감소, 식욕부진이 나타난다.

●○○

21 노화와 건강증진 | 표준교재 페이지 : 169

다음과 같은 요인으로 발생하는 질환은?

> • 대장 용종의 과거력
> • 매일 알코올을 다량으로 섭취
> • 주로 저섬유소 식단 위주 섭취

① 독감   ② 고혈압
③ 심부전   ④ 대장암
⑤ 요실금

ADVICE 대장암이 발생하는 관련 요인으로 대장 용종 과거력, 대장암 가족력, 과도한 알코올 섭취, 저섬유소 식단이 있다.

●●○

22 노화와 건강증진 | 표준교재 페이지 : 171

노인에게 변비가 발생하는 원인은?

① 수분 섭취 증가
② 과도한 식사량의 증가
③ 고섬유질 음식 섭취 증가
④ 변비를 유발하는 약물 사용
⑤ 복부 근육 강화

ADVICE 항암제, 마약성 진통제, 제산제 등의 변비를 유발하는 약물 사용이 늘어나면서 발생한다.

●●○

23 노화와 건강증진 | 표준교재 페이지 : 195

여성 노인에게 요실금이 발생하는 주요한 원인은?

① 전립선 비대증
② 골반 근육 조절능력의 약화
③ 비타민 D의 부족
④ 심장 기능의 약화
⑤ 피하지방의 감소

ADVICE 골반 근육 조절능력이 약화되면서 요실금이 발생한다.

●○○

24 노화와 건강증진 | 표준교재 페이지 : 217

당뇨병 대상자의 인슐린에 대한 신체저항성으로 인해서 세포 내로 들어가지 못하는 것은?

① 지방   ② 단백질
③ 탄수화물   ④ 비타민
⑤ 포도당

ADVICE 인슐린이 원활하게 분비되지 않아 포도당이 세포 내로 들어가지 못한다.

●●○

25 노화와 건강증진 | 표준교재 페이지 : 213

녹내장 대상자는 어떠한 증상으로 시신경이 손상되는가?

① 시력 저하
② 심한 두통
③ 안압 상승
④ 눈물량 증가
⑤ 외부 충격

ADVICE 녹내장은 안압이 상승하면서 시신경이 손상된다.

●○○

26 노화와 건강증진 | 표준교재 페이지 : 187

노화에 따라 근긴장도와 근육량이 저하되면 근골격계에 나타나는 특징은?

① 균형 감각이 좋아진다.
② 팔과 다리에 지방이 늘어난다.
③ 치아가 상실된다.
④ 신체활동능력이 감소한다.
⑤ 인대가 탄력적으로 늘어난다.

ADVICE 근긴장도와 근육량이 저하되면 신체활동능력이 감소하게 된다.

ANSWER 15.① 16.④ 17.④ 18.⑤ 19.③ 20.② 21.④ 22.④ 23.② 24.⑤ 25.③ 26.④

심부전이 발생하는 원인은?

① 심장 수축력 저하
② 저혈압
③ 치매
④ 위궤양
⑤ 원활한 혈액공급

ADVICE 심부전은 심장 수축력이 저하되면서 충분한 혈액을 내보내지 못하는 상태이다.

노인이 시력과 후각 등의 감각기능이 저하되면서 발생할 수 있는 문제 상황은?

① 식욕이 과도하게 향상된다.
② 음식물 씹는 능력이 저하된다.
③ 소화능력이 증가한다.
④ 위에서 흡수 능력이 증가한다.
⑤ 상한 음식을 섭취한다.

ADVICE 감각기능이 저하되면서 상한 음식을 섭취할 수 있다.

노인이 운동을 하면서 숨이 쉽게 차는 원인은?

① 흉곽의 이완
② 폐조직의 탄력성 감소
③ 관절 가동범위 증가
④ 균형 능력의 향상
⑤ 시간과 비용 낭비라는 생각과 걱정

ADVICE 폐조직의 탄력성이 감소하고, 흉곽이 경직되면서 폐활량이 줄어들기에 쉽게 숨이 찬다.

수면문제에 해당하는 것은?

① 수면에서 깨지 않고 계속 잔다.
② 수면량이 줄어든다.
③ 잠들기까지 시간이 적게 소요된다.
④ 낮 시간에 정신이 또렷해진다.
⑤ 밤에 몸이 나른해진다.

ADVICE 수면량 감소, 수면 중 깨는 것, 잠들기까지 시간이 오래 걸리는 것, 낮 시간 졸음 증가는 수면문제에 해당한다.

대상포진에 대한 설명으로 옳은 것은?

① 영유아에게 발생하면서 고령자에게 전염시키는 형태가 빈번하다.
② 신경통은 1주일이 지나면 완화된다.
③ 물집이 전신에 퍼지듯이 평평한 형태로 나타난다.
④ 항암치료를 받은 경우 발생에 주의해야 한다.
⑤ 물집이 나오기 전에는 신체증상이 없다.

ADVICE 면역이 저하된 사람은 대상포진이 쉽게 발병하므로 주의해야 한다.

당뇨병의 식이요법으로 적절한 것은?

① 식사는 하루에 한 번만 한다.
② 반찬은 염분의 맛이 강하게 느껴지도록 한다.
③ 영양소를 고려하여 식단을 세운다.
④ 청량음료 섭취는 식후에 한다.
⑤ 고섬유질 음식보다 육류 위주로 한다.

ADVICE 영양소를 고려하여 골고루 섭취해야 한다.

●○○
33 노화와 건강증진 | 표준교재 페이지 : 242

치매 대상자의 치료에 대한 설명으로 적절한 것은?

① 치매 대상자는 병원 진료를 받지 않는다.
② 우울증이 있다면 항우울증약물을 처방받아 복용한다.
③ 인지자극을 위해 복잡한 구조의 환경을 제공한다.
④ 익숙하지 않은 활동에 참여시킨다.
⑤ 성공하기 어려운 도전적인 활동에 참여하게 한다.

ADVICE 우울증, 망상 등의 정신 행동증상에 따른 약물을 처방받아 복용한다.

●○○
34 노화와 건강증진 | 표준교재 페이지 : 263

노인의 약물 상호작용을 예방하기 위한 방법은?

① 타인의 처방약을 복용한다.
② 약물 부작용이 있더라도 약물을 복용한다.
③ 건강기능식품은 의사와 상담 없이 자유롭게 먹는다.
④ 모든 약은 냉장보관을 한다.
⑤ 처방받은 약은 정해진 양을 정해진 시간에 복용한다.

ADVICE 처방받은 약은 정해진 양을 정해진 시간에 복용하는 것이 중요한 원칙이다.

●○○
35 노화와 건강증진 | 표준교재 페이지 : 248

파킨슨병의 비운동증상에 해당하는 것은?

① 수면 이상　　② 떨림
③ 느려진 행동　　④ 경직
⑤ 불안정한 자세

ADVICE 운동증상에는 떨림, 느려진 행동, 경직, 불안정한 자세가 있다.

●●●
36 요양보호와 생활지원 | 표준페이지 : 363

스스로 식사가 가능한 대상자에게 제공되는 절차로 적절한 것은?

① 끈적거리거나 수분기가 적은 음식을 준비한다.
② 대상자와 마주 앉는다.
③ 의자를 최대한 뒤로 뺀다고 생각하고 의자에 앉힌다.
④ 등받이와 팔걸이가 있는 의자에서 발이 바닥에 닿았는지 확인한다.
⑤ 음식 먹는 것에 집중하여 식사 속도를 빠르게 한다.

ADVICE 의자 깊숙이 앉도록 하고 바닥에 발이 닿아야 한다.

●●●
37 요양보호와 생활지원 | 표준페이지 : 368

가루약 복용 시 사레가 잘 걸리는 대상자 돕기 방법으로 적절한 것은?

① 알약으로 제공한다.
② 숟가락에 물을 담아 가루약을 녹여 복용한다.
③ 대상자가 직접 가루를 입에 넣게 한다.
④ 두 번에 걸쳐서 가루약을 복용하게 한다.
⑤ 가루약을 주스에 넣어서 마신다.

ADVICE 숟가락에 물을 넣고 그 위에 가루약을 풀어서 먹게 한다.

ANSWER 27.① 28.⑤ 29.② 30.② 31.④ 32.③ 33.② 34.⑤ 35.① 36.④ 37.②

1회분 2회분 3회분 4회분 5회분 6회분 7회분 8회분 9회분 10회분 11회분 12회분 13회분 14회분 15회분 16회분 17회분 18회분 19회분 20회분

안약 투여를 위해 깨끗한 장갑을 착용하는 시기는?

① 물과 비누로 손을 씻기 전
② 약품의 유효기간을 확인한 직후
③ 멸균솜으로 눈을 닦기 전
④ 안약 투여가 끝난 후
⑤ 투약 절차를 설명하기 직전

ADVICE 멸균솜으로 눈을 닦기 직전에 착용한다.

주사 부위에 붉게 되거나, 붓거나, 통증이 있는 경우 가장 먼저 취해야 할 조치는?

① 대상자 가족들에게 즉시 보고한다.
② 조절기를 잠근다.
③ 수액 병의 높이를 낮춘다.
④ 주사 부위를 마사지한다.
⑤ 대상자에게 통증을 참도록 지시한다.

ADVICE 이상 증상이 있는 경우 조절기를 잠근 후, 즉시 간호사에게 보고한다.

요양보호사가 대상자 배설 후에 관찰해야 할 내용에 해당하는 것은?

① 하복부 팽만 여부
② 요의나 변의 유무
③ 배변 어려움
④ 색깔, 혼탁 여부, 배설 시간, 배설량
⑤ 불안 정도

ADVICE 대상자 배설 후에 관찰해야 할 내용은 색깔, 혼탁 여부, 배설 시간, 잔뇨감, 잔변감, 배설량이다.

유치도뇨관을 통한 소변이 제대로 배출되지 않아 방광에 소변이 차 있을 때 나타나는 증상은?

① 소변의 색깔이 맑아진다.
② 소변량이 2 ~ 3시간마다 증가한다.
③ 아랫배에 팽만감과 불편감이 있다.
④ 유치도뇨관 밖으로 소변이 새어 나온다.
⑤ 별다른 증상이 없다.

ADVICE 유치도뇨관이 막히거나 꼬여서 소변이 제대로 배출되지 않으면 방광에 소변이 차서 아랫배에 팽만감과 불편감이 있다.

부득이하게 똑바로 누운 자세에서 입안 닦아내기를 해야 하는 경우 요양보호사가 취해야 할 조치는?

① 양치액을 뱉지 않고 삼키게 한다.
② 몸을 옆으로 돌리고 닦아낸다.
③ 고개를 뒤로 젖히고 머리를 높게 한다.
④ 상반신을 높이고 고개를 약간 숙이게 한다.
⑤ 물수건으로만 구강 안을 닦아낸다.

ADVICE 부득이하게 똑바로 누운 자세일 때는 상반신을 높이고 고개를 약간 숙인다.

치아를 칫솔질할 때 칫솔질의 방향이 잘못되면 발생할 수 있는 문제점은?

① 잇몸을 손상시키거나 치아 표면이 마모될 수 있다.
② 위염을 일으킬 수 있다.
③ 구강 내 거품이 가득 차 칫솔질이 어려워진다.
④ 대상자가 칫솔질을 거부하는 행동을 할 수 있다.
⑤ 입술이 건조해진다.

ADVICE 칫솔질의 방향이 잘못되면 잇몸을 손상시키거나 치아 표면이 마모될 수 있다.

대상자 본인이 직접 칫솔질을 할 수 있는 경우 요양보호사가 해야 하는 것은?

① 물을 떠서 입안에 가져다 대준다.
② 칫솔질을 요양보호사가 전부 다 해준다.
③ 혀를 닦지 못하게 한다.
④ 치약의 양을 최대한 많이 짜준다.
⑤ 칫솔이 안 닿는 부분도 잘 닦였는지 확인한다.

ADVICE 칫솔이 안 닿는 부위도 잘 닦였는지 확인한다.

침상에서 머리를 감길 때 머리 감는 자세를 취하는 방법으로 적절한 것은?

① 대상자 머리에 샤워 캡을 씌운다.
② 이불을 덮어주지 않는다.
③ 어깨를 베개로 받쳐두고 머리를 침대 중앙에 위치시킨다.
④ 머리 밑에 양동이를 두고 머리를 감긴다.
⑤ 침상에 방수포를 깔아 시트를 젖지 않게 한다.

ADVICE 침대 시트가 젖지 않도록 방수포를 깔아둔다.

치매 대상자에게 몸 씻기 도움을 줄 때 주의사항은?

① 규칙적인 시간과 정해진 규칙을 따라 실시한다.
② 몸 씻는 것을 잊어버린 경우 씻기지 않는다.
③ 필요하지 않다고 요구하는 경우 해야 한다고 강경하게 설득한다.
④ 잠자기 전에 씻기는 것이 가장 좋다.
⑤ 몸 씻기 과정을 최대한 복잡하게 구성한다.

ADVICE 거부감을 줄이기 위해서 정해진 순서와 규칙적인 시간을 따른다.

침상 정리 시 시트를 깔 때 올바른 방법은?

① 시트는 남는 부분을 모두 침대 아래로 늘어뜨린다.
② 시트 중앙선이 침대 중앙과 맞도록 편다.
③ 주름은 남겨둔다.
④ 시트 여분은 머리 쪽만 넣으면 된다.
⑤ 발 쪽에서 시트를 절대 당기지 않는다.

ADVICE 시트는 중앙선이 침대 중앙과 맞도록 정확하게 맞춰야 한다.

침대 위에서 대상자를 걸터앉게 하는 방법으로 적절한 것은?

① 바로 누운 자세에서 목을 지지해서 일으켜 세운다.
② 대상자를 돌려 눕히지 않는다.
③ 다리를 침대 아래로 내리면서 어깨를 들어 올린다.
④ 양쪽 발이 바닥에 닿지 않고 붕 뜨게 한다.
⑤ 요양보호사의 어깨에 기대어서 자세를 안정되게 한다.

ADVICE 몸을 돌려 눕힌 자세에서 목, 어깨, 무릎을 지지하고 다리를 침대 아래로 내려서 어깨를 들어 올린다. 양쪽 발이 바닥에 닿게 한다.

ANSWER　38.③　39.②　40.④　41.③　42.④　43.①　44.⑤　45.⑤　46.①　47.②　48.③

반좌위에서 무릎과 발 지지를 위한 적절한 방법은?

① 무릎 아래에 아무것도 두지 않는다.

② 발바닥을 침대에서 떨어뜨린다.

③ 발뒤꿈치만 공중에 뜨게 한다.

④ 발에는 단단한 쿠션을 대준다.

⑤ 다리를 완전히 쭉 펴둔다.

ADVICE 반좌위에서는 무릎 밑에 자세변환용구를, 발에는 약간 단단한 쿠션을 대주어 지지한다.

침대에서 휠체어로 이동할 때 휠체어를 놓는 방향은?

① 건강한 쪽에 비스듬히 둔다.

② 불편한 쪽에 마주보며 둔다.

③ 침대와 가급적 멀리 떨어뜨려 둔다.

④ 시트를 침대 난간에 바짝 붙여 둔다.

⑤ 팔걸이가 침대에 닿도록 나란히 둔다.

ADVICE 대상자의 건강한 쪽에 비스듬히 위치하여 둔다.

장을 볼 때 식품안전을 위해 가장 먼저 구입해야 하는 식품은?

① 쌀

② 과일

③ 냉동식품

④ 즉석식품

⑤ 어패류

ADVICE 냉장이 필요 없는 식품(쌀) → 채소 · 과일 → 냉장 · 냉동가공식품 → 육류 → 어패류 → 즉석식품 순으로 구입한다.

상체를 일으키기 위해 돕는 방법에 대한 설명으로 적절한 것은?

① 편마비 대상자의 경우는 불편한 손을 짚어 일어나게 한다.

② 가장 먼저 대상자의 무릎을 구부려야 한다.

③ 이동을 도울 때에는 난간을 모두 올려둔다.

④ 대상자를 빠르게 일으켜 세운다.

⑤ 편마비 대상자의 불편한 쪽에 서서 이동을 돕는다.

ADVICE 대상자의 무릎을 먼저 구부리게 한다. 그 다음에 요양보호사의 손을 대상자 겨드랑이에서 반대쪽 팔꿈치까지 넣는다.

수액을 하고 있는 대상자의 상의를 입히는 순서로 적절한 것은?

> ㉠ 건강한 쪽으로 돌아 눕힌다.
> ㉡ 마비된 쪽 팔에 소매를 먼저 끼운다.
> ㉢ 바로 눕히고 건강한 팔의 소매를 끼운다.
> ㉣ 등 뒤에 계단식으로 소매를 접어놓는다.
> ㉤ 수액을 소매 안에서 밖으로 꺼낸다.

① ㉠ → ㉡ → ㉢ → ㉣ → ㉤

② ㉡ → ㉠ → ㉣ → ㉢ → ㉤

③ ㉡ → ㉢ → ㉣ → ㉤ → ㉠

④ ㉢ → ㉠ → ㉤ → ㉡ → ㉣

⑤ ㉣ → ㉠ → ㉡ → ㉢ → ㉤

ADVICE ㉡ 마비된 쪽 팔 먼저 소매를 끼우고 ㉠ 건강한 쪽으로 돌아 눕힌 후 ㉣ 등 뒤에 계단식으로 소매를 접어둔다. ㉢ 건강한 팔 소매를 끼운 후에 ㉤ 수액을 꺼낸다.

54 요양보호와 생활지원 | 표준페이지 : 424

침상 정리 방법으로 적절한 것은?

① 일 년에 한 번만 시행한다.
② 매트리스 위에 먼지를 제거한다.
③ 시트에 주름을 만든다.
④ 베개커버 남은 부분은 겉으로 빼둔다.
⑤ 정리가 마무리되면 창문을 열어둔다.

ADVICE 매트리스 위에 먼지를 제거해야 한다.

55 요양보호와 생활지원 | 표준페이지 : 419

침상 목욕 시 몸을 닦을 때 가장 먼저 닦아야 하는 부위는?

① 얼굴
② 손가락
③ 발
④ 등
⑤ 둔부

ADVICE 얼굴→목→손가락→손→팔→가슴→배→발가락→발, 다리→등→둔부→음부 순으로 닦는다.

56 요양보호와 생활지원 | 표준페이지 : 510

일상생활을 지원할 때 기본원칙은?

① 대상자의 모든 일을 대신 해준다.
② 요양보호사의 판단으로 서비스를 결정한다.
③ 대상자의 가치관을 존중한다.
④ 자원은 필요한 양보다 적게 사용한다.
⑤ 요양보호사 판단에 따라 물건의 위치를 옮긴다.

ADVICE 대상자의 가치관을 존중하는 것이 중요하다.

57 요양보호와 생활지원 | 표준페이지 : 513

식사관리의 원칙으로 적절한 것은?

① 건강 체중 유지를 위해 음식은 하루에 한 끼만 준다.
② 많은 양을 한 번만 제공하여 소화에 도움을 준다.
③ 음식을 딱딱하게 조리하여 저작 기능을 돕는다.
④ 다양한 향신료를 사용하여 음식을 짜게 먹지 않도록 한다.
⑤ 배고프지 않다고 하면 음식을 제공하지 않는다.

ADVICE 감각기능이 퇴화하면서 음식을 짜게 먹게 된다. 이를 막기 위해서 다양한 향신료로 맛을 느끼게 해준다.

58 요양보호와 생활지원 | 표준페이지 : 516

나이가 들어도 이 영양소의 필요량은 크게 변하지 않는다. 이 영양소 함량이 높은 식품은?

① 과채주스
② 단감
③ 시금치
④ 꽈리꼬추
⑤ 두부

ADVICE 나이가 들어도 단백질 필요량은 크게 변하지 않는다.

59 요양보호와 생활지원 | 표준페이지 : 530

고혈압 대상자의 식사관리로 옳은 것은?

① 체중을 늘리기 위한 고열량 식단을 한다.
② 식이섬유를 충분히 섭취한다.
③ 복합당질보다 단순당질을 섭취해야 한다.
④ 칼슘의 섭취를 제한한다.
⑤ 단백질 섭취를 줄인다.

ADVICE 식이섬유 섭취는 수축기 혈압 감소, 변비 예방에 도움을 준다.

ANSWER 49.④ 50.① 51.① 52.② 53.② 54.② 55.① 56.③ 57.④ 58.⑤ 59.②

변비 대상자의 식사관리에 대한 설명으로 옳은 것은?

① 딱딱한 음식을 위주로 제공한다.
② 도정과정을 많이 거친 곡류를 제공한다.
③ 물은 하루 6잔 이상 마시게 한다.
④ 발효 유제품 섭취를 제한한다.
⑤ 운동이나 활동을 제한한다.

ADVICE 수분의 섭취를 늘려준다.

골다공증 대상자의 식사관리로 적절한 것은?

① 칼륨의 섭취를 늘린다.
② 김치, 젓갈류를 자주 섭취한다.
③ 우유, 달걀노른자 등을 충분히 섭취한다.
④ 동물성 단백질 섭취를 늘린다.
⑤ 뱅어포, 뼈째 먹는 생선은 먹지 않는다.

ADVICE 비타민 D가 풍부한 우유, 달걀노른자 등의 섭취를 충분히 한다.

냉장·냉동식품 보관에 대한 설명으로 옳은 것은?

① 냉장고 내부는 완전히 채워서 보관하지 않는다.
② 냉장고 문을 자주 열어서 확인한다.
③ 음식을 조리 후 뜨거운 상태로 냉장보관한다.
④ 오래 보관해야 하는 식품은 문 쪽에 보관한다.
⑤ 냉동실 안쪽에 달걀을 보관한다.

ADVICE 냉기의 순환을 방해하지 않도록 냉장고 내부를 완전히 채우지 않는다.

침상 청결관리에 대한 설명으로 옳은 것은?

① 침대 주변 물건을 정리하지 않는다.
② 필요한 물품은 침상과 먼 곳에 둔다.
③ 대상자 침대 주변에 전기 코드를 둔다.
④ 침대 정돈 시 대상자에게 반드시 동의를 구한다.
⑤ 필요물품은 대상자 손에 닿지 않게 치워둔다.

ADVICE 침대를 정돈할 때에는 대상자에게 동의를 구한다.

다음은 의복에 있는 기호이다. 기호의 의미는?

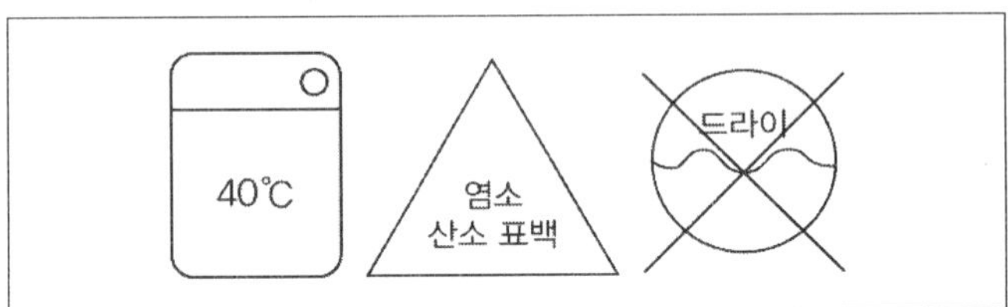

① 세탁기로 약하게 세탁
② 산소계 표백제 표백 금지
③ 염소계 표백제 표백 금지
④ 중성세제만 사용
⑤ 석유계용제로 드라이클리닝

ADVICE 40℃ 물로 약하게 세탁이 가능하고, 세제 종류는 제한이 없다. 표백제는 염소계·산소계 표백제 표백이 가능하고, 드라이클리닝은 불가하다.

외출동행을 할 때 지켜야 하는 기본원칙은?

① 외출은 즉흥적으로 결정한다.
② 목적지를 충분히 파악하고 필요물품을 사전에 점검한다.
③ 대상자의 가족과 반드시 동반한다.
④ 대상자의 개인물품을 챙기지 못하게 한다.
⑤ 외출계획은 조정하지 않는다.

ADVICE 목적지를 사전에 파악하고 외출 준비를 해야 한다.

욕실을 안전하게 조성하기 위한 방법으로 적절한 것은?

① 안전손잡이는 대상자의 마비가 있는 방향에 설치한다.
② 욕실 문을 없애고 문턱을 설치한다.
③ 욕조의 높이는 최대한 높은 것을 사용한다.
④ 냉 · 온수를 사용할 수 있어야 한다.
⑤ 욕조 근처에는 안전손잡이를 설치하지 않는다.

ADVICE 냉 · 온수를 사용할 수 있어야 한다.

대상자의 방을 안전하게 조성하기 위한 방법은?

① 벽에 구멍을 내지 않고 무거운 액자를 많이 걸어둔다.
② 출입문 문턱은 높게 만든다.
③ 창가에는 물건을 쌓아두지 않는다.
④ 요양보호에 필요한 물품은 현관에 둔다.
⑤ 습기가 가득 차게 한다.

ADVICE 햇빛을 가리지 않도록 창가에 물건을 쌓아두지 않는다.

환경지원 지침에서 사생활 확보를 지원하기 위한 것은?

① 만남을 촉진하는 공간을 만든다.
② 방에서 개인생활을 하도록 지원한다.
③ 걸려 넘어질 물건이 있다면 제거한다.
④ 음식 냄새를 통해 후각 자극을 준다.
⑤ 바닥재를 미끄러운 소재로 제공한다.

ADVICE 개인생활 지원, 사생활 보장 등과 관련되어야 한다.

안전한 환경을 위해 비상시를 대비해서 해야 하는 것은?

① 주기적으로 환기를 한다.
② 현관문에는 문고리를 달아두지 않는다.
③ 현관 바닥을 미끄러운 소재로 설치한다.
④ 문의 크기를 작게 만든다.
⑤ 응급호출기를 설치한다.

ADVICE 응급호출기, 화재 · 가스감지센서 등을 설치하여 응급상황에 대비한다.

바람직한 식탁의 높이로 적당한 것은?

① 식탁 다리 간격은 좁아야 한다.
② 대상자가 앉으면 목에 식탁이 오게 한다.
③ 다리가 움직일 공간이 충분히 확보되는 높이로 한다.
④ 휠체어에 앉으면 배꼽 높이에 오는 식탁이 좋다.
⑤ 높이는 무릎 이하로 오는 것이 가장 좋다.

ADVICE 다리가 충분히 움직여야 하고, 휠체어를 타고도 이용이 가능하도록 식탁 다리 간격이 넓어야 한다.

ANSWER 60.③ 61.③ 62.① 63.④ 64.① 65.② 66.④ 67.③ 68.② 69.⑤ 70.③

71 상황별 요양보호기술 │ 표준페이지 : 585

치매 대상자의 배변을 돕는 방법은?

① 변비가 심하면 요양보호사가 관장을 한다.
② 요실금이 있는 경우 24시간 기저귀를 채운다.
③ 뒤처리 후에 요양보호사가 한 일을 설명해준다.
④ 변비인 경우 수분의 섭취를 충분히 하게 한다.
⑤ 실금으로 옷이 젖은 경우 마를 때까지 기다린다.

ADVICE 변비인 경우 수분 섭취를 늘리고 변기에 앉혀 배변을 유도한다.

72 상황별 요양보호기술 │ 표준페이지 : 589

치매 대상자의 운동을 돕는 방법은?

① 매일 같은 시간대에 동일한 산책코스를 걷는다.
② 슬리퍼를 신고 걷는다.
③ 걷는 시간은 처음부터 확 늘린다.
④ 달리기가 가장 적합한 운동이다.
⑤ 균형을 잡을 수 있다면 앉은 자세가 효과적이다.

ADVICE 매일 같은 시간, 같은 장소에서 운동을 한다.

73 상황별 요양보호기술 │ 표준페이지 : 594

음식 섭취 관련 정신행동증상이 있는 치매 대상자를 돕는 방법으로 적절한 것은?

① 치매 말기에는 일반식을 제공한다.
② 음식은 크게 썰어서 제공한다.
③ 식사를 장기적으로 거부하면 제공하지 않는다.
④ 대상자가 고집을 부리는 경우 그에 맞서 대립한다.
⑤ 식사 후 매번 달력에 직접 표시하게 한다.

ADVICE 식사 후에 식사한 것을 알 수 있도록 식기를 그대로 두거나 식사를 직접 표시하게 한다.

74 상황별 요양보호기술 │ 표준페이지 : 597

치매 대상자가 환각이 있는 경우 요양보호사의 돕기 방법은?

① 그건 사실이 아니라고 확실하게 말해준다.
② 대상자가 느끼는 감정을 이해하고 수용해준다.
③ 대상자의 말에 반응하지 않고 무시한다.
④ 다른 요양보호사와 귓속말을 하면서 뒷담화를 한다.
⑤ 요양보호사를 의심대상으로 두는 것이 불쾌하다고 명확하게 말한다.

ADVICE 대상자의 감정을 수용해주는 것이 필요하다.

75 상황별 요양보호기술 │ 표준페이지 : 608

요양보호사가 치매 대상자에게 다음과 같이 말을 하는 이유는?

> 좋은 아침입니다. 저는 요양보호사 甁입니다.

① 현재를 알려주는 것
② 고향의 익숙함을 전달하는 것
③ 과거 회상을 유도하는 것
④ 경청을 하는 것
⑤ 폭력적인 행동을 방지하기 위한 것

ADVICE 현재 아침임을 알려주고 자신이 누구인지를 밝힌다.

76 상황별 요양보호기술 │ 표준페이지 : 674

쇼크가 발생한 경우 다리를 올리는 자세가 적절하지 않을 수 있는 질환은?

① 관절염　　　　② 감기
③ 심부전　　　　④ 치통
⑤ 소화불량

ADVICE 심부전이 있다면 앉은 자세가 호흡을 더 편하게 할 수 있다.

부분 기도폐쇄 상태에서 요양보호사가 곁에 있어야 하는 이유로 옳은 것은?

① 등을 세게 두드리기 위해서
② 물을 먹이기 위해서
③ 식사를 위해서
④ 갑자기 상황이 변할 수 있으므로
⑤ 구토를 유발시키기 위해서

ADVICE 이물질이 나오지 않은 경우 상황이 급변할 수 있으므로 요양보호사가 옆에서 대기한다.

●○○
78　상황별 요양보호기술　│　표준페이지 : 669

결핵에 걸린 사람과 접촉한 것이 확인되었다면 적절한 행동은?

① 사람들이 많은 장소에 간다.
② 집에서 휴식을 취한다.
③ 결핵노출검사를 받는다.
④ 물을 많이 마신다.
⑤ 해열제를 복용한다.

ADVICE 결핵노출검사를 받는 것이 중요하다.

●○○
79　상황별 요양보호기술　│　표준페이지 : 681

심실세동을 제거하기 위해 사용하는 장비는?

① 산소통
② 혈압계
③ 인공호흡기
④ 심장초음파기계
⑤ 자동심장충격기

ADVICE 심장의 심실에서 이상 신호가 발생하면 제거할 수 있는 장비는 자동심장충격기이다.

●○○
80　상황별 요양보호기술　│　표준페이지 : 683

자동심장충격기 사용 순서로 올바른 것은?

> ㉠ 자동심장충격기를 켠다.
> ㉡ 심장충격을 시행한다.
> ㉢ 패드를 부착한다.
> ㉣ 심장리듬을 분석한다.
> ㉤ 즉시 심폐소생술을 한다.

① ㉠ → ㉢ → ㉣ → ㉡ → ㉤
② ㉠ → ㉡ → ㉢ → ㉤ → ㉣
③ ㉡ → ㉢ → ㉠ → ㉣ → ㉤
④ ㉢ → ㉤ → ㉣ → ㉡ → ㉠
⑤ ㉤ → ㉠ → ㉡ → ㉣ → ㉢

ADVICE ㉠ 전원을 켜고 ㉢ 대상자에게 패드를 부착한다. ㉣ 심장리듬을 분석하고 ㉡ 심장충격을 진행한 후에 ㉤ 즉시 심폐소생술을 한다.

ANSWER　71.④　72.①　73.⑤　74.②　75.①　76.③　77.④　78.③　79.⑤　80.①

필 기

1 요양보호 대상자 이해 | 표준교재 페이지 : 21

노년기의 특성에서 사회적 특성에 해당하는 것은?

① 자신감이 줄면서 조심성이 증가한다.

② 뼈와 근육이 위축된다.

③ 노화가 비가역적으로 진행된다.

④ 친구관계가 소원해지면서 유대감이 줄어든다.

⑤ 타인에게 의존도가 증가한다.

ADVICE 사회적 특성에는 역할 상실, 경제적 빈곤, 유대감의 상실, 사회적 관계 위축이 있다.

2 요양보호 대상자 이해 | 표준교재 페이지 : 98

다음과 같은 사례의 시설대상자가 보장받아야 하는 권리는?

> 유씨 할머니는 병원진료를 다녀오면 식사 시간이 지나서 시설에 도착하여 식은 밥을 먹어야 했다. 유씨 할머니는 따뜻한 식사를 요구하고 싶지만 까다로워 보일 것 같아 얘기를 하지 않는다.

① 기호품 사용에 관한 자기 결정의 권리

② 서비스에 대한 개인적 견해를 표현하고 해결을 요구할 권리

③ 시설 정보에 대한 접근성을 보장받을 권리

④ 사생활에 대한 권리

⑤ 존엄한 존재로 대우받을 권리

ADVICE 불만과 고충을 자유롭게 표현하여 제도적인 장치를 마련할 수 있도록 해야 한다.

3 요양보호 대상자 이해 | 표준교재 페이지 : 114

다음 사례에 해당하는 노인학대는?

> 강씨 할머니의 아들은 할머니가 걸음이 늦는다고 밀치고, 행동이 느리다고 발길질을 하여 넘어뜨렸다.

① 자기방임

② 신체적 학대

③ 정서적 학대

④ 유기

⑤ 경제적 학대

ADVICE 힘을 이용하여 노인의 신체에 고통을 유발하는 행위는 신체적 학대이다.

4 요양보호 대상자 이해 | 표준교재 페이지 : 68

다음과 같은 상황에 요양보호사의 대처는?

> 대상자의 혈압이 높아서 목욕을 할 수 없는 상황임을 설명하였음에도 대상자와 가족들이 목욕을 해야 한다고 요양보호사에게 말한다.

① 대상자의 증상을 관찰하고 간호사와 상의한다.

② 대상자에게 따뜻한 물로 목욕을 시킨다.

③ 가족들과 함께 짧은 시간 안에 목욕을 마무리한다.

④ 대상자 건강을 위해 할 수 없다고 강력하게 거부한다.

⑤ 요구를 무시하고 다른 요양서비스를 제공한다.

ADVICE 가족을 설득했음에도 목욕을 요청한다면 대상자의 상태를 관찰하고 시설장이나 간호사와 상의하여 조치한다.

요양보호에서 인간다움 케어를 위한 실전원칙은?

① 일어서려고 하지 않는 노인을 계속 눕혀둔다.

② 움직이지 않는다면 세수도 눕혀서 시킨다.

③ 손바닥 전체를 이용하여 접촉하며 힘을 받쳐준다.

④ 대상자가 대답이 없으면 큰 소리로 말을 한다.

⑤ 걷는 속도가 느리다면 휠체어에 태운다.

ADVICE 접촉할 때에는 피부와 넓은 면적이 닿도록 한다.

●○○

6 요양보호 대상자 이해 | 표준교재 페이지 : 17

노화의 긍정적인 측면은?

① 뼈와 근육이 빠지면서 등이 굽어진다.

② 의사소통에 신중하고 조심스러워 실수가 적다.

③ 사고력이 젊은 사람에 비해 월등하게 높아진다.

④ 충동성이 높아진다.

⑤ 단기 의욕이 강해진다.

ADVICE 의사소통에서 신중하고 조심스럽기에 실수가 적고 사고력도 젊은 사람보다 뒤지지 않는다.

●○○

7 요양보호 대상자 이해 | 표준교재 페이지 : 18

노인의 건강한 노화를 위한 것은?

① 좋아하는 음식 위주로 섭취한다.

② 뇌에 자극을 주지 않는다.

③ 영양보조식품은 섭취하지 않는다.

④ 외부활동을 줄여 신체건강을 유지한다.

⑤ 자원봉사나 여가활동에 참여한다.

ADVICE 자원봉사나 여가활동 등을 통해서 사회적 관계를 유지하고 생산적인 활동을 하는 것이 건강한 노화를 위해 필요하다.

●○○

8 요양보호 대상자 이해 | 표준교재 페이지 : 62

노인장기요양인정 신청에서 진행한 욕구평가 내용을 바탕으로 서비스의 목표를 설정하는 단계는?

① 서비스 신청 및 상담

② 서비스 제공 계획 수립

③ 서비스 이용 계약 체결

④ 서비스 제공

⑤ 모니터링

ADVICE 서비스 제공 계획 수립 단계에서 평가내용을 바탕으로 서비스 목표를 설정한다.

●●○

9 요양보호 대상자 이해 | 표준교재 페이지 : 123

요양보호사의 윤리적 태도로 적절한 것은?

① 대상자 인권을 비평한다.

② 관리책임자의 지시보다 요양보호사의 직관대로 행동한다.

③ 효율적이고 안전한 업무를 위해 지식과 기술을 공부한다.

④ 대상자의 부적절한 태도에 고함으로 제지한다.

⑤ 대상자를 위에서 내려다본다.

ADVICE 요양보호사는 자기계발로 업무를 효율적이고 안전하게 진행할 수 있도록 한다.

●○○

10 요양보호 대상자 이해 | 표준교재 페이지 : 50

노인성 질병에 해당하는 것은?

① 골반 골절   ② 급성 호흡기 감염

③ 요로감염   ④ 화농성 중이염

⑤ 뇌경색증

ADVICE 질병명 및 질병코드는 「통계법」 제22조에 따라 고시된 한국표준질병·사인분류에 따라 정해진다. 치매, 뇌혈관성 질환, 파킨슨병 등이 해당된다. 진전의 경우는 보건복지부가 정하여 고시하는 범위가 해당한다.

ANSWER 1.④ 2.② 3.② 4.① 5.③ 6.② 7.⑤ 8.② 9.③ 10.⑤

11 요양보호 대상자 이해 | 표준교재 페이지 : 33

요양보호 실천을 위한 접촉하기 원칙은?

① 대상자와 접촉할 때에는 피부 넓은 면적이 닿도록 만진다.

② 좁게 잡으면 대상자 피부에 가해지는 압력이 낮아진다.

③ 대상자의 몸은 손가락만 잡는다.

④ 손끝을 이용하여 접촉부위를 최소화한다.

⑤ 위에서 누르는 힘을 주면서 잡는다.

ADVICE 대상자와 접촉할 때에는 손바닥 전체를 이용하여 감싸듯이 넓은 부위로 만져야 한다. 붙잡거나 당기지 않고 밑에서 받쳐주는 힘을 주는 것이 좋다.

12 요양보호 대상자 이해 | 표준교재 페이지 : 42

다음에서 설명하는 노인복지사업의 유형은?

> 시·군·구에서 사업을 주체한다. 공동생활공간을 운영하면서 혼자 사는 노인의 고독사나 자살을 예방하는 것을 목적으로 한다.

① 노인복지관

② 노인요양시설

③ 독거노인, 장애인 응급안전안심서비스

④ 독거노인 공동생활홈 서비스

⑤ 노인보호전문기관

ADVICE 독거노인 공동생활홈 서비스는 시·군·구에서 주체하여 독거노인의 공동체 형성을 목적으로 한다.

13 노화와 건강증진 | 표준교재 페이지 : 255

노인에게 금지되는 운동은?

① 수영 　　　② 고정식 자전거

③ 배드민턴 　　④ 걷기

⑤ 스트레칭

ADVICE 빠르게 방향을 바꾸어야 하는 배드민턴, 스쿼시, 테니스 등은 금지한다.

14 요양보호 대상자 이해 | 표준교재 페이지 : 47

지역노인보호전문기관의 설치목적은?

① 노인인권보호 관련 정책 제안

② 피해노인가족 관련자와 관련 기관에 대한 상담

③ 노인학대 분쟁사례 조정으로 중앙노인학대사례판정위원회 운영

④ 지역노인보호전문기관 상담원의 심화교육

⑤ 지역노인보호전문기관 관리

ADVICE 「노인복지법」 제39조의5에 따라서 피해노인가족 관련자와 관련 기관에 대한 상담은 지역노인보호전문기관의 설치목적에 해당한다.

15 요양보호 대상자 이해 | 표준교재 페이지 : 52

노인장기요양보험에서 장기요양인정 등급판정에 대한 설명으로 옳은 것은?

① 대상자는 방문조사가 완료되면 신청서, 의사소견서, 조사결과서를 공단에 제출한다.

② 등급판정위원회는 대상자의 거주지에 방문하여 방문조사를 한다.

③ 자격요건을 충족하고 6개월 이상 혼자 일상생활 수행이 어려운 경우 수급자로 판정한다.

④ 등급판정은 신청서를 제출하고 1년 이내에 완료한다.

⑤ 대리 신청을 한 경우 공단에서는 인정신청을 거절한다.

ADVICE 방문조사가 완료되면 공단에서는 심의에 필요한 자료를 등급판정위원회에 제출하고, 등급판정위원회는 부득이한 사유가 없는 경우 30일 이내에 등급판정을 완료한다.

16 요양보호 대상자 이해 | 표준교재 페이지 : 64

노인장기요양보험의 표준서비스에서 신체활동지원에 해당하는 것은?

① 신체기능의 증진
② 의사소통 도움
③ 인지행동 변화 관리
④ 입욕준비
⑤ 간호관리 및 응급서비스

ADVICE 신체활동지원에는 세면도움, 구강청결 도움, 몸단장, 식사도움, 머리감기 도움, 이동 도움, 신체기능의 유지·증진 등이 있다.

17 노화와 건강증진 | 표준교재 페이지 : 222

노인의 우울증과 치매에 대한 설명으로 옳은 것은?

① 우울증은 질문을 하면 어떻게 해서든 답변을 하려고 한다.
② 우울증은 기억력에 문제가 있다고 호소한다.
③ 치매는 과거에 정신과적 병력이 있는 경우가 많이 있다.
④ 치매는 급격하게 진행된다.
⑤ 우울증과 치매는 둘 다 우울감이 먼저 나타난다.

ADVICE 우울증은 질문에 대한 답변을 피하고 기억력에 문제가 있음을 호소한다. 치매는 정신과적 병력이 없는 경우가 많고, 서서히 진행된다.

18 노화와 건강증진 | 표준교재 페이지 : 271

50세 이상에게 매년 1회 접종해야 하는 예방접종은?

① 독감
② 파상풍
③ 디프테리아
④ 대상포진
⑤ 폐렴구균

ADVICE 독감은 매년 1회 접종해야 하는 예방접종이다.

19 노화와 건강증진 | 표준교재 페이지 : 254

노화에 따른 운동문제로 적절한 것은?

① 관절이 뻣뻣해지면서 관절 가동 범위가 줄어든다.
② 자극에 민감해지면서 균형능력이 발달한다.
③ 폐활량이 늘어나면서 숨이 쉽게 찬다.
④ 신체 조정능력이 늘어나면서 잘 넘어지게 된다.
⑤ 심장 근육이 두꺼워지면서 심장근의 힘이 증가한다.

ADVICE 뻣뻣해진 관절은 움직이는 범위를 줄여서 움직임에 제한이 생긴다.

20 노화와 건강증진 | 표준교재 페이지 : 215

다음에서 설명하는 질환은?

> • 혼탁해진 수정체에 빛이 들어가지 못하면서 시력장애가 발생한다.
> • 눈동자에 백태가 낀다.

① 안구건조증
② 각막염
③ 황반변성
④ 녹내장
⑤ 백내장

ADVICE 수정체가 혼탁해져 빛이 들어가지 못해서 시력장애가 나타나고, 눈동자에 백태가 끼는 것은 백내장에 해당한다.

21 노화와 건강증진 | 표준교재 페이지 : 178

결핵균이 폐에 들어가 염증을 일으키는 질환이 발병하는 원인은?

① 설사
② 과체중
③ 유전병
④ 약물 중독
⑤ 대장암

ADVICE 결핵균이 호흡기로 감염되어 발생하는 폐결핵은 알코올, 약물 중독, 면역력 저하, 스테로이드 사용 등이 원인이다.

ANSWER 11.① 12.④ 13.③ 14.② 15.③ 16.① 17.② 18.① 19.① 20.⑤ 21.④

22 노화와 건강증진 | 표준교재 페이지 : 197

남성 노인에게 전립선 비대증이 나타나는 요인은?

① 남성호르몬 감소
② 여성호르몬 감소
③ 신장기능 장애
④ 식욕 저하
⑤ 철분 흡수 장애

ADVICE 남성호르몬이 감소하고 여성호르몬이 증가하면서 호르몬 불균형으로 나타난다.

• ○ ○

23 노화와 건강증진 | 표준교재 페이지 : 200

다음에서 설명하는 질환은?

> • 병상에 장기간 누워있는 대상자에게 빈번하게 발생
> • 후두부, 등, 허리, 어깨 등 바닥면과 접촉되는 피부에서 괴사가 발생

① 옴 　　　　② 머릿니
③ 대상포진 　④ 피부 건조증
⑤ 욕창

ADVICE 장기간 와상상태에 있는 경우 발생한다. 후두부, 등, 허리 등 바닥면과 접촉되는 피부가 혈액을 공급받지 못해서 괴사된다.

• ○ ○

24 노화와 건강증진 | 표준교재 페이지 : 217

당뇨병의 관련 요인에 해당하는 것은?

① 기억력 감소
② 유전
③ 영양결핍
④ 건선
⑤ 근육질량 증가

ADVICE 과식, 비만, 운동 부족, 스트레스, 유전이 당뇨병 관련 요인이 된다.

• • ○

25 노화와 건강증진 | 표준교재 페이지 : 215

백내장 대상자에게 혼탁해지는 부위는?

① 각막
② 동공
③ 수정체
④ 눈꺼풀
⑤ 눈의 흰자

ADVICE 수정체가 혼탁해져 빛이 들어가지 못해서 시력장애가 발생한다.

• ○ ○

26 노화와 건강증진 | 표준교재 페이지 : 214

녹내장 대상자가 일상생활에서 지켜야 하는 것은?

① 목을 꽉 조이는 복장을 입고 지낸다.
② 담배는 하루 한 갑만 핀다.
③ 물구나무서기와 같은 운동을 한다.
④ 윗몸일으키기와 같은 운동은 피한다.
⑤ 고개 숙인 자세를 장시간 유지한다.

ADVICE 머리에 피가 몰리거나 복압이 올라가는 운동은 안압이 상승하므로 피한다.

• ○ ○

27 노화와 건강증진 | 표준교재 페이지 : 203

대상포진을 일으키는 것은?

① 수두 바이러스
② 추운 날씨
③ 소화불량
④ 호르몬 불균형
⑤ 노화

ADVICE 대상포진은 수두 바이러스에 의해서 생기는 질환이다.

욕창 대상자가 주로 괴사되는 부위는?

① 식도
② 후두부 피부
③ 코 주변의 피부
④ 위
⑤ 발가락

ADVICE 욕창은 바닥면과 접촉하는 피부가 주로 괴사된다.

호흡기계가 노화하면서 근골격계에 나타나는 증상은?

① 키가 줄어든다.
② 근육피로가 적어진다.
③ 근육경련을 자주 경험한다.
④ 등뼈가 굽는다.
⑤ 고관절이 골절된다.

ADVICE 호흡기계 노화로 산소를 유용하게 사용하지 못하면서 근육경련과 근육피로를 자주 경험한다.

심부전의 증상으로 적절한 것은?

① 소변량 증가
② 심한 갈증
③ 식욕 증가
④ 심한 호흡곤란
⑤ 상처 회복 지연

ADVICE 심부전은 식욕 상실, 현기증, 기침, 호흡곤란이 나타난다.

파킨슨병의 운동증상에 해당하는 것은?

① 환각 증상
② 성기능 장애
③ 불안정한 자세
④ 기면증
⑤ 야간뇨

ADVICE 운동증상에는 떨림, 느려진 행동, 경직, 불안정한 자세가 있다.

치매의 중기단계 특징 및 증상은?

① 일상생활에 약간의 도움만 있으면 되는 상태이다.
② 환각이나 망상 증상이 심해진다.
③ 불안 증상이 완화된다.
④ 누워서 아무런 반응을 하지 않는 상태이다.
⑤ 가끔 시간을 헷갈린다.

ADVICE 중기에는 일상생활에 상당한 도움이 필요한 상태이다.

치매의 특징으로 적절한 것은?

① 경험한 일에 일부 중 사소한 것을 잊는다.
② 중요하지 않은 일을 잊어버린다.
③ 생리적으로 나타나는 뇌의 현상이다.
④ 힌트를 주거나 집중해서 생각해도 기억을 거의 하지 못한다.
⑤ 일상생활에 큰 지장이 없다.

ADVICE 치매는 뇌의 질환으로 경험한 사건 전체나 중요한 일을 잊어버린다.

ANSWER 22.① 23.⑤ 24.② 25.③ 26.④ 27.① 28.② 29.③ 30.④ 31.③ 32.② 33.④

고관절 골절의 관련 요인을 모두 고른 것은?

> ㉠ 골다공증
> ㉡ 저체중
> ㉢ 낙상
> ㉣ 고체중
> ㉤ 영유아

① ㉠, ㉣
② ㉡, ㉤
③ ㉠, ㉡, ㉢
④ ㉢, ㉣, ㉤
⑤ ㉡, ㉢, ㉣, ㉤

ADVICE 골다공증, 저체중, 낙상, 고령 등이 고관절 골절의 관련 요인이다.

천식에 대한 설명으로 옳은 것은?

① 항생제 치료를 해야 한다.
② 음식물이 기도로 넘어가면서 발생한다.
③ 전염성이 높아 비말을 통해 전파된다.
④ 화농성 가래가 분비된다.
⑤ 갑자기 기후가 변화하는 경우 증상이 악화된다.

ADVICE 갑작스러운 온도변화는 기도를 자극하여 증상을 악화시킨다.

실 기

식사를 할 때 사레를 예방하는 방법으로 적절한 것은?

① 침대를 90도로 높여서 식사를 하게 한다.
② 마른 음식이나 잘 부서지는 음식을 제공한다.
③ 배와 가슴 부위를 압박하지 않도록 옷을 느슨하게 한다.
④ 균형 잡힌 식사를 한다.
⑤ 대상자의 턱을 올려 밥을 먹게 한다.

ADVICE 옷을 느슨하게 입혀서 압박감이 느껴지지 않게 한다.

식사 자세에 대한 설명으로 옳은 것은?

① 편마비 대상자는 마비가 있는 쪽이 밑으로 가야 한다.
② 대상자가 의자에 앉으면 식탁의 높이가 가슴과 배꼽 사이에 위치하게 한다.
③ 침대에서 움직이기 어려운 경우 침대를 눕힌 채로 식사를 제공한다.
④ 침대에 걸터앉은 경우 발이 바닥에 닿지 않도록 한다.
⑤ 팔받침이 없는 의자에서 식사를 제공한다.

ADVICE 가슴과 배꼽 사이에 식탁이 위치하게 한다.

●○○
38 요양보호와 생활지원 | 표준페이지 : 370

안약 투여 시 멸균 솜으로 눈을 닦는 방향으로 옳은 것은?

① 눈 안쪽에서 바깥쪽으로 닦아준다.
② 눈두덩이 위에 올려둔다.
③ 눈꺼풀 위쪽에서 아래쪽으로 닦아준다.
④ 눈 전체를 비벼서 닦아준다.
⑤ 눈의 위쪽과 아래쪽을 동시에 닦아준다.

ADVICE 멸균 솜으로 눈 안쪽에서 바깥쪽으로 닦는다.

●○○
39 요양보호와 생활지원 | 표준페이지 : 372

간호사가 주사 바늘을 제거한 후 요양보호사의 올바른 행동은?

① 알코올 솜으로 주사 부위를 피가 멎을 때까지 비빈다.
② 1 ～ 2분간 알코올 솜으로 지그시 누른다.
③ 누르지 않고 반창고만 붙여준다.
④ 5분 이상 강하게 압박한다.
⑤ 지혈이 되지 않아도 간호사에게 알릴 필요는 없다.

ADVICE 바늘을 제거한 후에는 1 ～ 2분간 알코올 솜으로 지그시 누르고, 절대 비비지 않는다.

●○○
40 요양보호와 생활지원 | 표준페이지 : 375

화장실 이용 중 대상자의 낙상사고를 예방하기 위한 요양보호사의 올바른 태도는?

① 처음부터 대상자를 전적으로 돕는다.
② 손을 뻗으면 닿을 수 있는 위치에 있다가 필요하면 즉각 개입한다.
③ 대상자를 멀리서 지켜본다.
④ 화장실로 혼자 이동도록 격려한다.
⑤ 밤에 환경을 어둡게 조성한다.

ADVICE 손을 뻗으면 닿을 위치에서 바라보고 있다.

●○○
41 요양보호와 생활지원 | 표준페이지 : 387

유치도뇨관을 삽입하고 있는 대상자를 돕는 방법으로 옳은 것은?

① 대상자의 보행을 제한한다.
② 심하게 당겨지지 않게 주의한다.
③ 연결관이 꺾이게 유지한다.
④ 소변주머니는 방광보다 높게 둔다.
⑤ 소변량과 색깔은 중요하지 않다.

ADVICE 유치도뇨관을 강제로 빼면 요도점막이 손상되므로 심하게 당겨지지 않게 주의해야 한다.

●○○
42 요양보호와 생활지원 | 표준페이지 : 398

칫솔질 시 혈액응고장애가 있는 대상자를 도울 때의 주의 사항은?

① 잇몸에서 치아 쪽으로 강하게 문질러야 한다.
② 치약을 사용하지 않아야 한다.
③ 칫솔질을 하지 않고 입안 헹구기로 대체한다.
④ 출혈 가능성이 있으므로 치실은 사용하지 않는다.
⑤ 옆으로 누운 자세에서 칫솔질을 한다.

ADVICE 출혈 가능성이 있으므로 치실 사용은 하지 않는다.

●○○
43 요양보호와 생활지원 | 표준페이지 : 405

물을 사용할 수 없을 때 머리를 감기는 방법은?

① 머리에 오일을 바르고 마무리 한다.
② 분무기를 사용하여 소량의 물로 감긴다.
③ 물티슈로만 머리를 감긴다.
④ 머리를 감기지 않는다.
⑤ 드라이샴푸를 사용한다.

ADVICE 물을 사용할 수 없을 때는 물 없이 사용 가능한 드라이샴푸를 사용한다.

ANSWER 34.③ 35.⑤ 36.③ 37.② 38.① 39.② 40.② 41.② 42.④ 43.⑤

머리를 손질할 때 주의사항은?

① 마비 대상자의 의사와 상관없이 머리를 짧게 밀어 유지한다.
② 빗질을 하지 않는다.
③ 머리카락이 엉키면 잘라낸다.
④ 빗질을 할 때 머리를 세게 잡아당기지 않는다.
⑤ 머리를 대상자에게 보여주지 않는다.

ADVICE 머리를 세게 잡아당겨 불편함을 느끼지 않게 한다.

머리 손질하기 순서로 적절한 것은?

> ㉠ 대상자에게 머리 모양을 확인하게 한다.
> ㉡ 대상자 어깨에 수건을 덮고 안경을 제거한다.
> ㉢ 모발 끝 쪽으로 빗어준다.
> ㉣ 대상자 기호에 따라 머리를 손질한다.

① ㉠ → ㉡ → ㉢ → ㉣
② ㉡ → ㉢ → ㉣ → ㉠
③ ㉡ → ㉠ → ㉣ → ㉢
④ ㉢ → ㉡ → ㉠ → ㉣
⑤ ㉢ → ㉠ → ㉣ → ㉡

ADVICE ㉡ 어깨에 수건을 덮어 안경을 제거한 후에 ㉢ 머리를 빗어준다. 그리고 ㉣ 기호에 따라 머리를 손질하고 ㉠ 대상자에게 머리 모양을 확인하게 한다.

회음부 청결 방법으로 적절한 것은?

① 고온의 물을 뿌려준다.
② 마른 수건으로만 닦는다.
③ 비누를 사용하지 않는다.
④ 물수건으로 회음부를 앞쪽에서 뒤쪽으로 닦는다.
⑤ 병원에 가서 닦는다.

ADVICE 회음부 앞쪽에서 뒤쪽으로 닦아준다.

몸씻기 도움 방법으로 적절한 것은?

① 목욕 마무리 후 물기를 다 닦기 전에 움직이지 않게 한다.
② 욕실 온도는 18℃로 유지한다.
③ 물의 온도는 50℃로 유지한다.
④ 목욕의자에서 몸통 → 발 순서로 물을 적신다.
⑤ 손톱을 사용하여 두피 마사지를 한다.

ADVICE 미끄러질 수 있으므로 물기를 닦고 움직이게 한다.

더러워진 시트를 벗긴 후 가장 먼저 수행해야 할 순서는?

① 시트를 벗긴 후 바로 새 시트부터 깐다.
② 시트는 한쪽만 고정한다.
③ 시트는 매트리스에서 뜨지 않도록 네 방향을 한 번에 넣는다.
④ 시트 여분은 모두 침대 밖으로 늘어뜨린다.
⑤ 매트리스 위의 부스러기와 먼지를 제거한다.

ADVICE 더러워진 시트를 벗긴 다음에는 먼지와 부스러기를 먼저 제거해야 한다.

올바른 신체정렬 방법으로 적절한 것은?

① 요양보호사의 무릎 높이에서 몸을 잡고 보조한다.
② 대상자와 가까이에 붙어서 보조한다.
③ 양발은 딱 붙이고 서서 대상자를 지지한다.
④ 무릎은 펴고 중심을 높인다.
⑤ 동작은 빠르고 크게 하면서 보조한다.

ADVICE 대상자와 멀어지면 신체 손상 위험도가 증가한다.

50 요양보호와 생활지원 | 표준페이지 : 442

다음 자세를 하는 목적으로 적절한 것은?

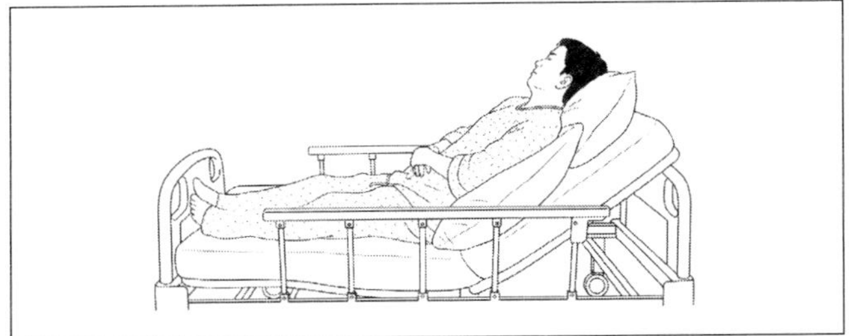

① 휴식을 취할 때

② 둔부 압력을 피할 때

③ 위관 영양을 할 때

④ 관장을 할 때

⑤ 등근육을 쉬게 할 때

ADVICE 숨이 차거나, 얼굴을 씻거나, 식사나 위관 영양을 할 때 반 앉은 자세를 한다.

●○○

51 요양보호와 생활지원 | 표준페이지 : 448

휠체어 이동 돕기 시 주의사항으로 적절한 것은?

① 움직일 때에는 잠금장치를 한다.

② 팔걸이는 제거하고 사용한다.

③ 비위관이나 유치도뇨관이 당겨지지 않게 한다.

④ 하반신 마비 대상자의 경우는 탑승하지 않는다.

⑤ 대상자 혼자서 이동하도록 한다.

ADVICE 비위관이나 유치도뇨관이 당겨지거나 움직이지 않도록 주의하면서 휠체어로 이동한다.

●○○

52 요양보호와 생활지원 | 표준페이지 : 419

침상 목욕에서 얼굴을 닦을 때 가장 먼저 닦아야 하는 부위는?

① 눈　　　　　② 코

③ 뺨　　　　　④ 입주위

⑤ 귀

ADVICE '눈 → 코 → 뺨 → 입주위 → 이마 → 귀 → 목' 순으로 닦는다.

●○○

53 요양보호와 생활지원 | 표준페이지 : 477

배설 장애 대상자의 질병 및 건강 상황을 평가하기 위한 질문은?

① 배설장소까지 이동거리가 어떤가요?

② 어떤 옷을 입고 있나요?

③ 요양보호사가 배설도움 경험과 기술을 갖추었나요?

④ 현재 먹고 있는 약이 있나요?

⑤ 배설에서 요양보호사의 어떤 것이 부담스러운가요?

ADVICE 병력, 복용 중인 약, 실금에 의한 피부문제 유무에 대한 질문이 필요하다.

●○○

54 요양보호와 생활지원 | 표준페이지 : 498

복지용구 침대를 선정할 때 고려해야 하는 사항은?

① 수액병 거치대는 분리되어 있어야 한다.

② 등 부위는 움직이지 않고 고정되어 있어야 한다.

③ 다리 부분의 높낮이를 조절할 수 있어야 한다.

④ 높낮이 작동 손잡이는 머리맡에 위치해야 한다.

⑤ 침대 난간은 오른쪽에만 부착되어 있어야 한다.

ADVICE 다리와 등 부위의 높낮이를 조절할 수 있어야 한다.

●○○

ANSWER　44.④　45.②　46.④　47.①　48.⑤　49.②　50.③　51.③　52.①　53.④　54.③

자동차에서 휠체어로 대상자를 옮길 때의 절차에 대한 설명으로 적절한 것은?

① 자동차에 비스듬하게 휠체어를 놓는다.
② 휠체어 잠금장치를 풀고 대상자를 옮긴다.
③ 대상자의 엉덩이를 지지하면서 자동차 밖으로 내린다.
④ 두 팔로 휠체어를 잡고 앉게 한다.
⑤ 머리 먼저 자동차 밖으로 꺼낸다.

ADVICE 자동차에 비스듬하게 휠체어를 둔다.

침 분비가 감소된 대상자의 식사관리에 대한 요양보호사의 발언으로 적절한 것은?

① "소화에 도움이 되도록 조금씩 섭취하세요."
② "촉촉하게 조리된 음식을 제공할게요."
③ "건강상에 문제가 있는 것 같아요."
④ "병원에 방문하는 것을 권장해요."
⑤ "바삭한 식감의 말린 과자를 먹어보세요."

ADVICE 침 분비가 감소한 경우 국물이나 촉촉한 재료를 제공하는 것이 좋다.

변비를 예방하기 위해 섭취해야 하는 급원식품은?

① 갈비
② 삼겹살
③ 돼지고기
④ 고구마
⑤ 햄

ADVICE 변비예방을 위해 섬유소가 풍부한 식이섬유를 섭취해야 한다.

고혈압 대상자가 충분히 섭취해야 하는 영양소는?

① 동물성 지방
② 칼슘
③ 나트륨
④ 단순당질
⑤ 포화지방산

ADVICE 칼슘, 칼륨, 단백질 섭취를 충분히 하는 것이 좋다.

고혈압 대상자가 선택하면 좋은 식품은?

① 된장
② 정어리
③ 오징어
④ 새우
⑤ 호박

ADVICE 젓갈류, 된장, 가공식품, 새우, 오징어, 정어리는 피하는 것이 좋다.

변비 대상자의 식사관리로 적절한 것은?

① 수분 섭취를 줄인다.
② 배가 고플 때에만 식사를 한다.
③ 화장실 가기 전에 따뜻한 음료를 마신다.
④ 비타민 D와 칼슘 섭취를 늘린다.
⑤ 햄, 소시지는 변비 완화에 도움이 된다.

ADVICE 따뜻한 음료를 마시면 속이 편하게 풀어지기 때문에 도움이 된다.

61 요양보호와 생활지원 | 표준페이지 : 541

냉장 · 냉동식품 보관에 대한 설명으로 옳은 것은?

① 냉동보관하면 유통기한이 지나도 된다.

② 냉동보관하면 수분기가 많아진다.

③ 조리음식과 날음식은 같은 용기에 보관한다.

④ 냉장고는 빽빽하게 채워서 보관한다.

⑤ 문 쪽은 안쪽보다 온도 변화가 심하다.

ADVICE 냉장고 문 쪽이 온도 변화가 크다. 오래 보관해야 하는 식품은 안쪽에 보관한다.

●○○

62 요양보호와 생활지원 | 표준페이지 : 547

침구의 선택 및 정리방법으로 적절한 것은?

① 감염대상자는 베개를 매일 교체한다.

② 베개는 습기를 흡수하는 재질이어야 한다.

③ 시트는 주름이 생기게 정리한다.

④ 매트리스는 아주 푹신한 것으로 선택한다.

⑤ 두껍고 무거운 이불은 피한다.

ADVICE 가볍고 따뜻한 이불을 선택한다.

●○○

63 요양보호와 생활지원 | 표준페이지 : 552

의복에 다음과 같은 표시가 있는 경우 그 의미는?

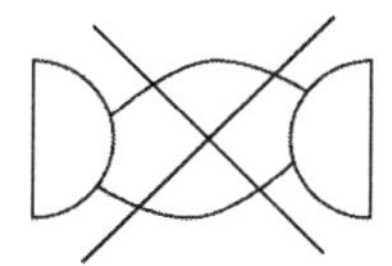

① 물세탁하면 안 됨

② 손으로 약하게 짜야 함

③ 짜면 안 됨

④ 드라이클리닝 불가능

⑤ 손세탁만 불가능

ADVICE 탈수를 할 때 짜면 안 된다는 표시이다.

●○○

64 요양보호와 생활지원 | 표준페이지 : 551

옷을 세탁하기 위해 삶을 때 설명으로 적절한 것은?

① 행주를 삶으면 살균 효과가 있다.

② 옷을 봉투에 넣고 용기에 바닥에 두고 끓인다.

③ 색이 빠지는 옷은 절대 삶지 않는다.

④ 삶고 나서 세탁기에 돌린다.

⑤ 옷은 반드시 뚜껑을 열고 삶는다.

ADVICE 행주나 속옷, 걸레 등을 삶으면 얼룩도 잘 빠지고 살균 효과가 있다.

●○○

65 요양보호와 생활지원 | 표준페이지 : 529

GI가 낮은 식품으로 적절한 것은?

① 흰 식빵　　　② 수박

③ 밥　　　　　④ 우유

⑤ 찐 감자

ADVICE 고GI 음식으로는 밥, 떡, 찐 감자, 흰 식빵, 수박 등이 있다.

●○○

66 요양보호와 생활지원 | 표준페이지 : 555

외출동행 방법으로 적절한 것은?

① 외출 시 반드시 가족을 동반한다.

② 반드시 간호사를 동반하여 외출한다.

③ 계단을 오를 때에는 계단을 두 개씩 오르며 이동한다.

④ 도보 시에는 보폭을 작게 한다.

⑤ 외출동행 후에는 대상자 가족에게 인계하고 바로 퇴근한다.

ADVICE 도보 시에는 보폭을 작게 하여 천천히 이동한다.

ANSWER 55.① 56.② 57.④ 58.② 59.⑤ 60.③ 61.⑤ 62.⑤ 63.③ 64.① 65.④ 66.④

67 요양보호와 생활지원 | 표준페이지 : 561

계단을 안전하게 조성하기 위한 것은?

① 계단 주변에는 안전손잡이를 설치하지 않는다.
② 가장자리에 고무를 덧대어 붙인다.
③ 계단은 일직선으로 오르내리게 만든다.
④ 계단 주변에는 조명을 설치하지 않는다.
⑤ 계단의 높이를 높게 만든다.

ADVICE 가장자리에 고무를 덧대어 미끄럼을 방지한다.

●○○

68 상황별 요양보호기술 | 표준페이지 : 573

다음 사례에서 치매가족이 느끼는 부담은?

> 대상자를 돌보고 가사, 경제활동, 자녀양육까지 다양한 역할을 하면서 피로도가 상승한다.

① 가족관계의 부정적 변화
② 정서적 부담
③ 신체적 부담
④ 사회활동 제한
⑤ 경제적 부담

ADVICE 역할을 수행하면서 신체적인 피로가 상승하여 신체적인 부담이 증가한다.

●○○

69 상황별 요양보호기술 | 표준페이지 : 583

치매 대상자 식사 중에 요양보호사가 돕는 방법은?

① 판단력이 흐리더라도 물은 직접 따르게 한다.
② 숟가락은 부드럽고 가벼운 것으로 제공한다.
③ 입안에 음식이 있어도 떠서 먹인다.
④ 물은 유리잔에 마시게 한다.
⑤ 한 가지 음식을 다 먹은 후에 다른 음식을 내어준다.

ADVICE 혼란을 예방하기 위해서 한 번에 한 음식만 제공한다.

●○○

70 상황별 요양보호기술 | 표준페이지 : 585

치매 대상자의 배설을 돕는 방법으로 적절한 것은?

① 설사를 하는 경우는 금식을 한다.
② 뒤처리는 요양보호사가 손동작으로 직접 보여주면서 따라하게 한다.
③ 실금을 한 경우는 야단을 친다.
④ 오전에는 수분 섭취를 제한한다.
⑤ 정해진 시간에 화장실을 이용하도록 강요한다.

ADVICE 뒤처리는 요양보호사가 손동작으로 어떻게 하는지 시범을 보여준다.

●○○

71 상황별 요양보호기술 | 표준페이지 : 589

치매 대상자의 운동을 돕는 방법으로 적절한 것은?

① 매일 다른 시간대에 운동을 한다.
② 굽이 높은 신발을 신고 운동을 한다.
③ 가장 간편한 운동은 등산이다.
④ 대상자가 즐거워하는 운동을 한다.
⑤ 요양보호사가 억지로 운동을 강요한다.

ADVICE 대상자가 즐겁다고 생각하는 운동을 한다.

●○○

72 상황별 요양보호기술 | 표준페이지 : 594

치매 대상자의 음식 섭취에 관한 정신행동장애 증상으로 적절한 것은?

① 밥을 먹고 나서도 식사를 계속 요구한다.
② 매번 전에 먹은 것과 다른 음식을 달라고 요구한다.
③ 어제보다 밥 양이 적다고 투덜거린다.
④ 새로운 음식을 맛보고 싶어 한다.
⑤ 직접 요리를 만들어보겠다고 한다.

ADVICE 밥을 먹고서 계속 식사를 요구한다.

73 상황별 요양보호기술 | 표준페이지 : 597

치매 대상자의 망각과 환각을 돕는 방법으로 적절한 것은?

① 간호사와 귓속말로 대상자의 병에 대해 이야기한다.
② 잃어버린 물건은 없다고 논리적으로 설득한다.
③ 잃어버렸다고 말하는 물건을 함께 찾아본다.
④ 물건을 찾으면 훈계를 하면서 숨기지 말라고 교육한다.
⑤ 방을 어둡게 유지하여 차분하게 한다.

ADVICE 감정을 이해하고 수용하면서 함께 문제를 해결하는 것이 중요하다.

74 상황별 요양보호기술 | 표준페이지 : 598

치매 대상자가 파괴적인 행동을 하는 경우 돕는 방법은?

① 진정된 후 왜 그렇게 행동했는지 물어본다.
② 파괴적인 행동을 해도 참여하고 있는 활동을 끝까지 마무리하게 한다.
③ 신체를 구속한다.
④ 심술을 부리지 말라고 훈계한다.
⑤ 한 번에 한 가지씩 단순한 말로 설명한다.

ADVICE 혼돈을 느끼지 않도록 한 번에 한 가지 이야기를 한다.

75 상황별 요양보호기술 | 표준페이지 : 605

치매 대상자와 언어적 의사소통을 하는 방법으로 옳은 것은?

① 유행어를 알려준다.
② 실수를 하면 바로 교정을 해준다.
③ 대상자 속도에 맞추고 반응을 할 때까지 기다린다.
④ 비협조적으로 행동하는 경우에는 무시한다.
⑤ 어린아이를 대하듯이 유아어를 사용하면서 이야기를 한다.

ADVICE 치매 대상자 대부분 동작이 느리고 말과 행동이 일치하지 않으므로 이를 이해하고 대상자의 속도에 맞춘다.

76 요양보호와 생활지원 | 표준페이지 : 472

이동변기를 사용할 때 주의사항은?

① 변기통을 떼고 나서 사용한다.
② 좌변기 시트 위에 올라간다.
③ 네 개의 다리가 지면에 고정되어 있는지 확인한다.
④ 쪼그려 앉을 수 있도록 높이를 낮춰서 사용한다.
⑤ 이동변기의 오른쪽 팔걸이만 지지하고 일어선다.

ADVICE 다리가 바닥에 단단히 고정되어 있어야 한다.

77 상황별 요양보호기술 | 표준페이지 : 650

가족들이 아무도 없는 상황에서 임종을 발견한 경우 요양보호사의 적절한 대처는?

① 환경을 정리하고 퇴근을 한다.
② 가족들을 모시러 나간다.
③ 시설장과 가족들에게 신속하게 알린다.
④ 대상자의 의복을 정리한다.
⑤ 경찰에 신고를 한다.

ADVICE 시설장과 가족들에게 빠르게 알려주고 그 자리를 떠나지 않는다.

ANSWER 67.② 68.③ 69.⑤ 70.② 71.④ 72.① 73.③ 74.⑤ 75.③ 76.③ 77.③

치매 대상자에게 다음과 같은 문제가 있는 경우 적절한 의사소통 방법은?

> 요양보호사 : 어르신, 식사 시간입니다.
>
> 대상자 : 식사..

① 대상자와 마주보면서 이야기한다.
② 응답하지 않는다면 말을 하지 않는다.
③ 대상자는 모든 것을 들을 수 없다고 가정한다.
④ 대상자의 말에 반응을 하지 않는다.
⑤ 높고 차갑게 말을 한다.

ADVICE 치매 말기에 해당한다. 상대방의 말을 그대로 따라하는 상태이다.

임종 대상자의 신체 · 정신적 변화에 대한 요양보호로 적절한 것은?

① 통증을 호소해도 약물처방을 제공하지 않는다.
② 호흡이 불규칙해지면 담요를 덮어준다.
③ 소변량이 증가하면 임종신호로 해석한다.
④ 환자에게 자신의 종교적 신념을 알려주고 설득한다.
⑤ 특별히 말하지 않아도 손을 잡아주는 신체 접촉을 한다.

ADVICE 신체 접촉을 통해 대상자가 편안함을 느낄 수 있다.

심부전이 있는 대상자가 쇼크 증상으로 호흡곤란을 호소할 때, 옳은 자세는?

① 다리를 높이고 눕히는 자세
② 편안히 앉아서 호흡하는 자세
③ 허리와 고개를 숙이는 자세
④ 똑바로 누워서 머리만 낮춘 자세
⑤ 조금씩 걸으며 몸을 움직이기

ADVICE 편안히 앉아서 호흡하는 것이 좋다.

15회분 기출동형 모의고사

```
필 기
```

●●○

1 요양보호 대상자 이해 | 표준교재 페이지 : 21

노년기에 의존성이 증가하면서 나타나는 것은?

① 중추신경조직의 퇴화로 다른 사람에게 의존한다.
② 창조적인 업적을 남기려고 한다.
③ 과거를 회상하는 시간이 늘어난다.
④ 주변 사람들에게 적대적으로 대한다.
⑤ 매사 융통성이 줄어든다.

ADVICE 신체적 기능 저하, 역할의 상실, 중추신경조직 퇴화로 다른 사람에게 의존하게 된다.

●○○

2 요양보호 대상자 이해 | 표준교재 페이지 : 17

노화의 긍정적인 측면에 대한 것으로 옳은 것은?

① 수준 높은 동기부여로 직무 수행
② 신속하고 도전적인 의사결정
③ 빠른 속도로 인한 많은 실수
④ 중요한 정보 추출 능력이 떨어짐
⑤ 젊은 사람보다 창의적인 능력이 탁월함

ADVICE 일상적으로 균형 유지가 가능하며 안정적이다. 동기부여를 통해서 직무를 수행할 수 있으며 의사결정에도 신중하여 실수가 적다.

●○○

3 요양보호 대상자 이해 | 표준교재 페이지 : 47

노인보호전문기관에 해당하는 시설은?

① 양로시설
② 재가노인복지시설
③ 중앙노인보호전문기관
④ 노인공동생활가정
⑤ 노인요양공동생활가정

ADVICE 「노인복지법」 제39조의5에 따라 노인전문기관에는 중앙노인보호전문기관, 지역노인보호전문기관이 있다.

●○○

4 요양보호 대상자 이해 | 표준교재 페이지 : 20

다음과 같은 상황에서 노인에게 나타난 문제적인 특성으로 가장 적절한 것은?

> 연씨 할아버지는 최근에 불면증이 심해졌다. 오전에 했던 일도 잘 기억하지 못하고 모든 일에 의욕이 없는 현상이 나타나고 있다. 또한 가족들에게 적대적으로 행동을 하고 타인을 비난하는 행동이 늘어났다.

① 신체적 특성
② 심리적 특성
③ 경제적 특성
④ 의존적 특성
⑤ 사회적 특성

ADVICE 우울증 경향이 높아진 심리적 특성에 해당한다.

ANSWER 78.① 79.⑤ 80.② / 1.① 2.① 3.③ 4.②

다음과 같은 상황에 요양보호사의 대처는?

> 대상자가 머리가 길고 지저분함에도 머리를 자르지 않겠다고 요양보호사에게 말한다.

① 머리를 잘라야 한다고 말하고 자른다.
② 대상자의 의사를 존중하고 머리를 묶거나 핀으로 정리한다.
③ 다른 활동을 하느라 신경 쓰지 않을 때 몰래 자른다.
④ 가족들에게 대상자의 행동을 알린다.
⑤ 요양서비스에 포함되어 있으므로 잘라야 한다고 설득한다.

ADVICE 거울을 보여주며 머리를 잘라야 한다고 동기유발을 하거나 자르는 것을 강하게 거부한다면 억지로 자르려고 하지 않는다.

다음에서 설명하는 노인학대 유형은?

> 노인의 임금과 연금을 가로채고, 노인의 동의 없이 부동산 명의를 강제로 변경하였다. 또한 노인의 돈을 일상생활에서 자유롭게 사용하지 못하게 한다.

① 유기
② 정서적 학대
③ 경제적 학대
④ 방임
⑤ 신체적 학대

ADVICE 노인의 자산을 동의 없이 사용하거나 부당하게 착취하는 것은 경제적 학대이다.

시설급여의 특징으로 옳은 것은?

① 의료 · 간호 · 요양서비스를 종합적으로 제공받는다.
② 평소에 생활하는 환경에서 지낼 수 있다.
③ 사생활이 존중된다.
④ 개인 중심으로 생활할 수 있다.
⑤ 가족과 함께 지낼 수 있다.

ADVICE 시설급여는 의료 · 간호 · 요양서비스를 종합적으로 제공받으나 개인 중심의 생활이 어렵다.

요양보호 실천을 위한 요양보호사의 긍정적인 사례는?

① 식사시간을 정확하게 이행하기 위해서 대상자를 서둘러 기상시킨다.
② 화장실에서 소변을 보면 힘들기 때문에 대상자에게 간이변기를 사용하게 한다.
③ 몸에서 냄새가 나니까 목욕을 하라고 옷을 벗긴다.
④ 반찬을 먹일 때 나물이 아삭해 보인다고 눈높이에서 보여주며 말한다.
⑤ 대상자를 만질 때 손가락으로 잡는다.

ADVICE 봐야 할 것을 눈높이에서 보여주면서 대화해 대상자의 기분을 좋게 해준다.

장기요양등급 판정 결과 치매환자의 예상되는 등급은?

① 1등급
② 2등급
③ 3등급
④ 4등급
⑤ 5등급

ADVICE 치매환자의 경우 장기요양 5등급 또는 장기요양 인지지원 등급에 해당한다.

10 요양보호 대상자 이해 | 표준교재 페이지 : 93

다음과 같은 상황에 시설노인에게 해야 하는 서비스는?

> 민씨 할아버지는 시설 종사자들이 없을 때 동료 노인을 때리고 발로 찬다. 동료 노인들은 해코지가 무서워서 참고 있다. 종사자들은 민씨 할아버지 습관이 고쳐지지 않고 덕분에 시설이 조용해진다며 방관하고 있다.

① 노인의 문화적 차이를 존중하여 프로그램을 기획한 서비스를 제공한다.
② 종사자의 능력개발을 위해 직무훈련의 기회를 부여한다.
③ 민씨 할어버지의 신체를 억제하여 동료 노인과 분리한다.
④ 민씨 할아버지의 정보통신기기 사용을 제한한다.
⑤ 동료 노인의 권리가 침해받았기에 회복과 구제에 적극적으로 조치를 한다.

ADVICE 모든 노인은 존엄한 존재로 대우받아야 할 권리가 있다. 피해 노인들의 권리 회복과 구제 조치를 강구해야 한다.

11 요양보호 대상자 이해 | 표준교재 페이지 : 62

노인장기요양인정 절차에서 대상자의 기능상태평가와 욕구평가가 이루어지는 단계는?

① 서비스 신청 및 상담
② 서비스 제공 계획 수립
③ 서비스 이용 계약 체결
④ 서비스 제공
⑤ 모니터링

ADVICE 대상자의 기능상태평가와 욕구평가는 서비스 제공 계획 수립 단계에서 진행한다.

12 요양보호 대상자 이해 | 표준교재 페이지 : 64

노인장기요양보험에서 표준서비스를 바르게 연결한 것은?

① 신체활동지원 – 식사준비 및 청소 등과 같은 서비스를 제공한다.
② 일상생활지원 – 머리를 단장시키고 손ㆍ발톱을 깎아준다.
③ 정서지원 – 의사소통에 도움을 주고 대상자를 위로한다.
④ 인지관리지원 – 목욕 설비를 갖춘 장비로 목욕을 제공한다.
⑤ 방문목욕 – 행동변화 감소에 도움을 준다.

ADVICE 말벗, 의사소통 지원 등이 정서지원에 해당한다.

13 요양보호 대상자 이해 | 표준교재 페이지 : 22

생애주기에 대한 설명으로 옳은 것은?

① 개인의 출생에서부터 노년기까지의 과정을 의미한다.
② 사람은 공통적인 발달상을 가지고 있지 않다.
③ 발달의 순서는 연령대와 관련이 있다.
④ 정체성 위기는 치료를 요하는 상태이다.
⑤ 발달과정에서 개인은 단 한 가지 역할만을 수행한다.

ADVICE 출생에서부터 사망까지 전 과정을 생애주기라 한다. 입학, 졸업, 결혼, 은퇴 등 인간의 변화 시기에 따라 공통적인 발달상이 있다. 그 발달의 순서는 연령대와 깊은 관계가 있다.

ANSWER 5.② 6.③ 7.① 8.④ 9.⑤ 10.⑤ 11.② 12.③ 13.③

노인의 겪는 4고와 관련이 없는 것은?

① 건강의 악화

② 소득의 감소

③ 안전에 대한 욕구

④ 창업을 통한 생업활동

⑤ 여가생활의 감소

ADVICE 4고에는 병고(病苦), 빈고(貧苦), 고독고(孤獨苦), 무위고(無爲苦)가 있다. 이와 연관되는 것에는 노인의 건강 및 소득, 안전의 욕구, 여가의 욕구가 있다.

노인부양을 통한 요양보호에 대한 설명으로 옳은 것은?

① 요양보호사는 24시간 가능한 모든 서비스를 담당할 수 있어야 한다.

② 돌봄 인력에는 공식적 인력과 비공식적 인력을 모두 포함한다.

③ 요양보호 과정에서 간호사는 비공식적으로 돌봄 인력에 참여하여 간호처치를 한다.

④ 불가피하게 가족에게 돌봄을 제공받는다면 정부에서 돌봄을 제공할 수 없다.

⑤ 요양보호사는 가족의 역할을 대체하는 것이다.

ADVICE 돌봄 인력은 요양보호사, 간호사 등과 같은 공식적인 인력과 배우자, 가족, 이웃 등과 같은 비공식적 인력을 모두 포함한 것을 의미한다.

당뇨병 대상자에게 나타나는 증상은?

① 물을 마시지 않음　② 소변량이 줄음

③ 입맛이 사라짐　④ 체중의 증가

⑤ 기력의 증가

ADVICE 소변량이 늘고, 물을 자주 마시고, 식사를 많이 하고, 체중이 감소하며 무기력이 나타난다.

요양보호 실천을 위한 말하기 원칙은?

① 대상자가 졸고 있다면 말을 하지 않는다.

② 혼자 지내는 대상자가 졸고 있을 때 소리 없이 들어가서 조용히 말을 한다.

③ 치매 대상자에게는 말을 걸지 않는다.

④ 대상자 행동에 '하지 말라'는 말이 아닌 긍정형 문장으로 이야기한다.

⑤ 봐야 할 것은 보여주지 않고 말을 한다.

ADVICE 대상자의 행동을 저지해야 할 때에는 하지 말라는 부정적인 명령투가 아니라 다른 행동으로 전환할 수 있도록 긍정형으로 이야기한다.

노인 우울증의 주요 증상은?

① 우울감이 공격적으로 드러난다.

② 불안 증상은 나타나지 않는다.

③ 불면 증상이 흔하다.

④ 매사 즐거움이 과도하게 많다.

⑤ 관심 없던 것에 관심을 가진다.

ADVICE 표면적으로 특별한 증상이 나타나지 않는다. 불안, 불면 증상이 흔하게 나타나며 신체적으로 두통이나 소화불량 등이 나타난다.

60세 이상에게 10년마다 1회 접종하면 되는 예방접종은?

① 코로나　② 파상풍

③ 대상포진　④ A형 간염

⑤ 홍역

ADVICE 파상풍, 디프테리아, 백일해는 10년마다 1회 접종하면 된다.

●○○
20 노화와 건강증진 | 표준교재 페이지 : 215

백내장 주요 증상에 해당하는 것은?

① 심한 통증
② 눈의 충혈
③ 가려움
④ 눈부심
⑤ 작열감

ADVICE 백내장은 색 구별 능력이 저하하며, 동공이 백색으로 혼탁해진다. 밝은 불빛에 눈부심, 시력저하 등이 주요하게 나타난다.

●○○
21 노화와 건강증진 | 표준교재 페이지 : 216

노인성 난청 발생에 관련된 요인은?

① 운동 부족
② 동맥경화증
③ 스테로이드 약물
④ 독감
⑤ 과식

ADVICE 동맥경화증, 대사 이상과 스트레스, 장기간 소음 노출이 관련 요인에 해당한다.

●○○
22 노화와 건강증진 | 표준교재 페이지 : 176

천식이 악화되는 관련 요인에 해당하는 것은?

① 비염
② 폐기능 증가
③ 폐렴구균 백신
④ 점액 분비량 감소
⑤ 뜨거운 물로 세탁한 침구류

ADVICE 비염, 감기, 흥분, 꽃가루, 대기오염, 기후변화, 폐기능 감소가 악화 요인이다.

●○○
23 노화와 건강증진 | 표준교재 페이지 : 266

금연을 하고 시간 경과에 따라 나타나는 신체적 변화로 옳은 것은?

① 2분 뒤 : 기대 수명이 10년 증가한다.
② 8시간 뒤 : 심장병 발병 위험이 절반으로 감소한다.
③ 24시간 뒤 : 심장발작 위험성이 감소한다.
④ 2주 뒤 : 혈액순환이 저하한다.
⑤ 3개월 이상 : 정자 수가 감소하고 혈중 일산화탄소가 증가한다.

ADVICE 24시간이 경과하면 심장발작 위험성이 낮아진다.

●○○
24 노화와 건강증진 | 표준교재 페이지 : 242

치매 대상자의 치료로 적절한 것은?

① 우울증이 있어도 항우울 약물은 복용하지 않는다.
② 많은 사람과 접촉하는 사회활동을 한다.
③ 배드민턴이나 테니스 같은 운동을 한다.
④ 단순하고 구조화된 환경을 제공한다.
⑤ 사고가 발생해도 스스로 해결하도록 유도한다.

ADVICE 환경을 개선하여 단순하고 구조화된 안정적인 환경을 제공한다.

●○○
25 노화와 건강증진 | 표준교재 페이지 : 243

기억력 장애 증상에 해당하는 것은?

① 중요한 물건은 잘 간수한다.
② 짧은 글을 읽으면 거의 다 기억한다.
③ 새로 소개받은 사람 이름을 잘 기억한다.
④ 기억력이 저하된 것을 주변 사람은 알아차리지 못한다.
⑤ 익숙하지 않은 환경에서 길을 잃는다.

ADVICE 중요한 물건을 잊어버리기도 하고 짧은 글을 보아도 잘 기억하지 못한다.

ANSWER 14.④ 15.② 16.④ 17.④ 18.③ 19.② 20.④ 21.② 22.① 23.③ 24.④ 25.⑤

노인 우울증의 특징은?

① 신체증상이 나타나지 않는 편이다.
② 겉으로 잘 들어나지 않는다.
③ 신체활동이 과도하게 늘어난다.
④ 스트레스 저항력이 증가한다.
⑤ 새로운 것에 관심을 가진다.

ADVICE 노인의 우울감은 겉으로 잘 드러나지 않는다.

심부전 치료 및 예방 방법은?

① 금식
② 약물 복용 제한
③ 고콜레스테롤 식이
④ 운동 제한
⑤ 독감 예방

ADVICE 심부전의 경우 폐렴과 독감을 예방해야 한다.

빈혈 대상자가 비타민 C와 철분제를 함께 복용하는 이유는?

① 호흡곤란 완화
② 발작 예방
③ 출혈 방지
④ 철분의 흡수 도움
⑤ 심장 수축력 증가

ADVICE 철분의 흡수에 도움이 되기 위해서 철분제와 비타민 C를 복용한다.

수면 관리를 위한 방법으로 적절한 것은?

① 카페인이 함유된 음식은 오후에 마신다.
② 저녁에는 과식을 하지 않는다.
③ 취침시간을 최대한 길게 잡는다.
④ 수면제를 규칙적으로 복용한다.
⑤ 낮잠을 자면서 수면량을 채운다.

ADVICE 저녁에 과식을 하면 숙면이 어려워진다.

노인의 약물 복용 원칙에 해당하는 것은?

① 불면증이 심한 경우 편의점에서 수면제를 구입하여 먹는다.
② 약과 술을 함께 복용한다.
③ 증상이 비슷한 다른 사람의 약을 복용하지 않는다.
④ 증상이 없다면 약을 복용하지 않고 즉시 중단한다.
⑤ 진료 후에 이전 처방약을 함께 복용한다.

ADVICE 증상이 비슷하더라도 타인의 약을 복용하지 않는다.

위염에 대한 설명으로 옳은 것은?

① 증상이 심해지면 음식을 뜨겁게 해서 먹는다.
② 심한 두통과 어지럼증이 나타난다.
③ 식도가 타는 것 같은 자극이 있다.
④ 알코올 섭취는 증상에 영향이 없다.
⑤ 치아에 문제가 있어 음식물을 잘 씹지 못하는 경우 발생할 수 있다.

ADVICE 잘 씹지 못하고 삼키면 증상이 나타날 수 있다.

●○○

32 노화와 건강증진 | 표준교재 페이지 : 245

뇌졸중 환자의 좌측 뇌가 손상된 경우 나타나는 증상은?

① 좌측 손에 마비 증상이 나타난다.

② 상대방의 말을 이해하지 못한다.

③ 쌕쌕거리는 호흡음이 들린다.

④ 피를 토하는 기침을 한다.

⑤ 배에 복수가 찬다.

ADVICE 좌측 뇌가 손상되면 우측마비가 나타나며, 말을 잘하지 못하거나 이해하지 못하는 언어장애가 발생한다.

●○○

33 노화와 건강증진 | 표준교재 페이지 : 164

노화에 따라 소화기계에 나타나는 특성은?

① 위액 분비가 저하되면서 소화능력이 떨어진다.

② 췌장에서 소화효소가 과도하게 생산된다.

③ 직장 벽이 탄력적으로 변한다.

④ 약물의 대사능력이 좋아진다.

⑤ 맛을 느끼는 세포 수가 늘어나서 미각이 예민해진다.

ADVICE 위액 분비가 저하되고 위액 산도가 저하되면서 소화능력이 떨어진다.

●○○

34 노화와 건강증진 | 표준교재 페이지 : 171

변비 대상자의 치료 및 예방에 대한 설명으로 옳은 것은?

① 변의가 생기면 화장실을 참게 한다.

② 우유를 섭취하지 않는다.

③ 동물성 지방이 다량 포함된 음식을 먹는다.

④ 밤에 물 마시는 것을 줄인다.

⑤ 배변환경을 편안하게 조성한다.

ADVICE 편안한 환경에서 배변을 하도록 한다.

●○○

35 노화와 건강증진 | 표준교재 페이지 : 178

폐결핵에 대한 설명으로 옳은 것은?

① 인플루엔자 바이러스에 의해 발생한다.

② 언어장애가 발생한다.

③ 혈액성 가래가 나타난다.

④ 운동실조증이 나타나면서 거동이 어려워진다.

⑤ 우측 편마비가 나타난다.

ADVICE 결핵균에 의해 발생하는 것으로 점액성 · 화농성 · 혈액성 가래가 나타난다.

실 기

●●○

36 요양보호와 생활지원 | 표준페이지 : 363

스스로 식사가 가능한 대상자에게 식사 도움을 제공하는 절차는?

① 신맛이 강하게 나는 음식을 제공한다.

② 식사 전에 '아에이오우' 운동을 한다.

③ 상체가 약간 눕혀지도록 앉힌다.

④ 적당량씩 밥을 떠먹여준다.

⑤ 말을 걸어서 먹는 속도를 조절한다.

ADVICE 식사 전에 씹는 기능과 삼키는 기능을 제공하기 위해서 '아에이오우' 운동을 한다.

ANSWER 26.② 27.⑤ 28.④ 29.② 30.③ 31.⑤ 32.② 33.① 34.⑤ 35.③ 36.②

37 요양보호와 생활지원 | 표준페이지 : 368

알약 복용 도움 시 원칙으로 적절한 것은?

① 알약 개수가 많은 경우에는 2 ~ 3번 나누어서 복용한다.
② 약병에 직접 손을 넣어서 꺼낸다.
③ 침대에 누운 자세로 알약을 먹게 한다.
④ 삼키기 어려워하는 경우 알약을 분쇄하여 제공한다.
⑤ 알약을 먹고 나서 물을 마시지 않는다.

ADVICE 알약이 개수가 많다면 나누어서 복용한다.

38 요양보호와 생활지원 | 표준페이지 : 371

안약 투여 시 멸균 솜이나 거즈를 대야 하는 부위는?

① 윗눈꺼풀 윗부분
② 아랫눈꺼풀 밑부분
③ 눈 안쪽 코 근처
④ 눈 바깥쪽 관자놀이 근처
⑤ 눈동자 바로 위

ADVICE 안약 투여 시 아랫눈꺼풀(하안검) 밑부분에 멸균 솜이나 거즈를 대어준다.

39 요양보호와 생활지원 | 표준페이지 : 372

주사 바늘을 제거한 후 주사 부위를 비비지 않아야 하는 이유는?

① 주입 속도가 빨라지기 때문에
② 피멍이 들 수 있기 때문에
③ 감염 위험이 높아지기 때문에
④ 약물의 흡수를 방해하기 때문에
⑤ 통증이 심해지기 때문에

ADVICE 바늘을 제거한 후 주사 부위를 비비면 피멍이 들 수 있다.

40 요양보호와 생활지원 | 표준페이지 : 375

대상자의 화장실 안전 환경 조성 방법으로 옳은 것은?

① 화장실 바닥에 물기가 약간 있게 한다.
② 응급 벨은 손이 닿지 않는 곳에 설치한다.
③ 화장실까지 가는 길에 넘어질 우려가 있는 물건을 치운다.
④ 밤에는 화장실 표시등을 꺼둔다.
⑤ 변기 옆에 손잡이를 설치하지 않는다.

ADVICE 화장실까지 가는 길에 불필요한 물건이나 발에 걸려 넘어질 우려가 있는 물건을 치운다.

41 요양보호와 생활지원 | 표준페이지 : 398

치약의 양과 치약을 짜는 방법으로 적절한 것은?

① 솔 위에 올린 듯이 치약을 길게 짠다.
② 치약의 양을 최대한 많이 올린다.
③ 칫솔모 사이에 끼어 들어가게 한다.
④ 칫솔모 위에 덩어리를 소분하여 얹힌다.
⑤ 치약을 입안에 짜서 넣고 칫솔 위에는 올리지 않는다.

ADVICE 칫솔모 위에 눌러 짜서 솔 사이에 들어가게 한다.

42 요양보호와 생활지원 | 표준페이지 : 400

의치 손질 방법으로 적절한 것은?

① 아랫니 의치는 전용도구로 제거해야 한다.
② 윗니 의치는 상하로 움직이면서 빼낸다.
③ 의치는 물로 가볍게 세척한다.
④ 위쪽 의치를 끼울 때에는 좌우로 움직이면서 밀어 넣는다.
⑤ 아랫니 의치는 엄지를 입안에 향하게 하여 눌러서 넣는다.

ADVICE 윗니 의치를 제거할 때 상하로 움직이면서 천천히 빼낸다.

43 요양보호와 생활지원 | 표준페이지 : 407

손발 청결 돕기 시, 손톱과 발톱을 자르는 올바른 방법은?

① 손톱을 다 자르고 난 후에만 손을 닦는다.
② 예리한 가위로 살 안쪽도 함께 자른다.
③ 손톱은 최대한 바짝 자른다.
④ 손톱은 둥글게, 발톱은 일자로 자른다.
⑤ 발톱은 자르지 않고 표면만 갉아낸다.

ADVICE 손톱은 둥글게 자르고 발톱은 일자로 잘라야 한다.

● ○ ○

44 요양보호와 생활지원 | 표준페이지 : 412

목욕 돕기를 할 때 주의사항은?

① 몸을 씻기고 난 후에 소변을 보게 한다.
② 혈압이 상승한 경우 목욕을 시킨다.
③ 물의 온도는 차갑게 유지한다.
④ 물기는 실온에서 마르도록 닦지 않는다.
⑤ 목욕 돕기 시 욕실 문은 잠그지 않는다.

ADVICE 목욕 돕기를 할 때 만일의 사태에 유의하여 문을 잠그지 않는다.

● ○ ○

45 요양보호와 생활지원 | 표준페이지 : 417

통 목욕 돕기를 마무리하고 확인해야 하는 것은?

① 피부와 두피 건조 상태
② 욕실 온도
③ 물의 온도
④ 통 목욕에 소요된 시간
⑤ 욕실 바닥의 청소 상태

ADVICE 통 목욕 돕기를 하고 나서 두발이나 피부가 충분히 건조되었는지 확인하고 상처나 염증이 없는지 살펴본다.

● ○ ○

46 요양보호와 생활지원 | 표준페이지 : 414

몸 씻기 도움 시 몸을 헹굴 때 목욕의자에서 물을 적시는 순서로 적절한 것은?

㉠ 몸통	㉡ 발
㉢ 다리	㉣ 팔

① ㉠ → ㉣ → ㉢ → ㉡
② ㉡ → ㉢ → ㉣ → ㉠
③ ㉡ → ㉢ → ㉠ → ㉣
④ ㉢ → ㉡ → ㉣ → ㉠
⑤ ㉣ → ㉠ → ㉢ → ㉡

ADVICE '발 → 다리 → 팔 → 몸통' 순서로 물을 적신다.

● ○ ○

47 요양보호와 생활지원 | 표준페이지 : 423

침상 정리 시 주의사항은?

① 주름이 지도록 관리한다.
② 세탁은 1년에 한 번씩 한다.
③ 면제품 침구를 사용하지 않는다.
④ 침대 주위에 필요물건을 쌓아둔다.
⑤ 침구를 햇볕에 잘 말린다.

ADVICE 침구는 정기적으로 세탁하고 햇볕에 잘 말린다.

● ○ ○

48 요양보호와 생활지원 | 표준페이지 : 446

반좌위에서 발의 올바른 자세는?

① 발바닥을 세워서 발목 변형을 예방한다.
② 발바닥을 앞으로 밀어 바닥에 붙인다.
③ 발바닥을 바깥으로 완전히 눕힌다.
④ 발등으로만 지지하게 한다.
⑤ 발은 공중에 뜨게 둔다.

ADVICE 반좌위에서는 발바닥을 세워 발목 변형을 예방해야 한다.

ANSWER 37.① 38.② 39.② 40.③ 41.③ 42.② 43.④ 44.⑤ 45.① 46.② 47.⑤ 48.①

49 요양보호와 생활지원 | 표준페이지 : 443

해당 자세를 하는 목적으로 적절한 것은?

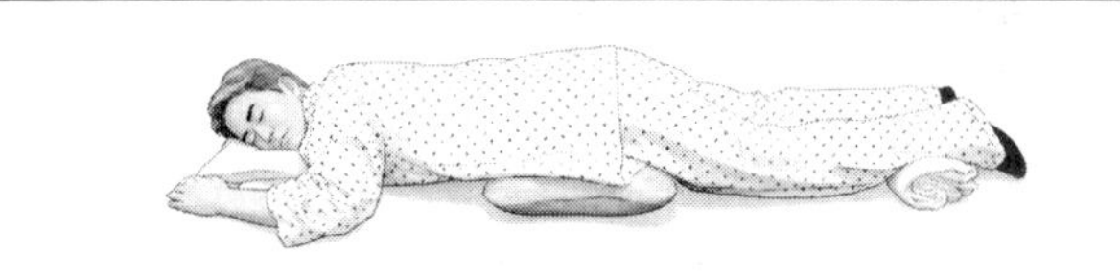

① 등 근육을 쉬게 할 때
② 관장을 할 때
③ 위관 영양을 할 때
④ 식사를 할 때
⑤ 잠을 자거나 쉴 때

ADVICE 등에 상처가 있거나 등 근육을 쉬게 할 때의 자세이다.

50 요양보호와 생활지원 | 표준페이지 : 436

체위변경을 하는 주된 이유로 옳은 것은?

① 대상자가 지루하지 않게 하기 위해서만
② 보호자의 스트레스를 줄이기 위해
③ 욕창을 예방하기 위해
④ 약 복용량을 줄이기 위해
⑤ 병실을 깨끗이 보이게 하기 위해

ADVICE 체위변경은 호흡기능과 폐확장 촉진, 관절 움직임 유지, 부종 · 혈전 · 욕창 · 피부괴사 예방, 고정된 자세로 인한 통증 감소를 위해 시행된다.

51 요양보호와 생활지원 | 표준페이지 : 475

간이변기에서 확인하는 소변 정상 소견은?

① 탁한 소변
② 냄새가 강한 소변
③ 혈액이 섞인 소변
④ 호박색 소변
⑤ 1일 2L의 소변

ADVICE 1일 소변량은 1.5 ～ 2L가 정상이다.

52 요양보호와 생활지원 | 표준페이지 : 448

휠체어 선택 시 주의사항으로 적절한 것은?

① 몸집보다 큰 것으로 맞춘다.
② 바퀴의 잠금장치가 안정적으로 부착되어 있어야 한다.
③ 타이어 공기압이 빠져 있어야 한다.
④ 발 받침대는 제거된 것을 선택한다.
⑤ 사용 전에 팔걸이를 제거한다.

ADVICE 바퀴의 잠금장치, 팔걸이, 핸들, 발 받침대 등이 안정적으로 부착되어 있어야 한다.

53 요양보호와 생활지원 | 표준페이지 : 472

이동변기 사용 시 주의사항으로 적절한 것은?

① 시트 위에 올라서서 소변을 보게 한다.
② 다리 바퀴의 가동범위를 확인한다.
③ 무겁기 때문에 발 찧음 사고를 주의한다.
④ 덮개에 기대지 않게 해야 한다.
⑤ 대상자가 앉으면 무릎이 완전히 펴지는 높이로 조절한다.

ADVICE 무게가 가볍기 때문에 덮개에 기대거나 한쪽 손잡이만 잡고 일어서서는 안 된다.

54 요양보호와 생활지원 | 표준페이지 : 476

배설장애 대상자에게 기저귀를 적용하기 전에 확인해야 하는 상황은?

① 배설용구 구입의사가 있는가?
② 시설장이 착용을 지시하였는가?
③ 가족들이 착용을 원하는가?
④ 요양보호사가 더 편리한 방법인가?
⑤ 어떤 방법으로 배설을 하고 있는가?

ADVICE 어디서 어떤 방법으로 배설하는지, 자립도, 가정환경 수정 여부, 사용하는 용구, 흘림이나 오염 여부 등을 확인한다.

침대의 조작 방법에 대한 설명으로 적절한 것은?

① 높낮이 작동 손잡이를 오른쪽으로 회전하면 등판과 다리판이 올라간다.
② 높낮이 작동 손잡이를 왼쪽으로 회전하면 난간이 올라간다.
③ 바퀴의 고정은 상시 풀어두고 있어야 고장 위험이 줄어든다.
④ 높낮이 작동은 수동으로 진행한다.
⑤ 바퀴 페달을 누르면 바퀴 전부가 잠궈진다.

ADVICE 높낮이 작동 손잡이를 오른쪽으로 돌리면 등판과 다리판이 올라가고, 왼쪽으로 돌리면 내려간다.

●○○

56 요양보호와 생활지원 │ 표준페이지 : 514

식사관리에서 고려사항으로 적절한 것은?

① 갈증이 없다면 수분은 제공하지 않는다.
② 배고픔을 느낄 때만 식사를 제공한다.
③ 영양섭취에 따라 영양보충제를 섭취한다.
④ 고혈압 약을 먹는 경우 무기질을 보충하는 식단을 제공한다.
⑤ 이뇨제를 먹는 경우 비타민 B6을 보충하는 식단을 제공한다.

ADVICE 영양섭취 상태에 따라서 영양보충제를 섭취한다.

●○○

57 요양보호와 생활지원 │ 표준페이지 : 516

동물성 포화지방을 예방하기 위해 제한적으로 사용해야 하는 급원 식품은?

① 브로콜리　　② 고등어
③ 삼겹살　　④ 등 푸른 생선
⑤ 미역

ADVICE 삼겹살, 갈비, 꽃등심 등은 동물성 포화지방이 많이 포함되어 있다.

●○○

58 요양보호와 생활지원 │ 표준페이지 : 515

다음 특징에 해당하는 영양소는?

> • 근육, 피부 등 신체 구성
> • 호르몬 구성
> • 체중 1kg당 1g 섭취로 근육 증가에 도움

① 식이섬유
② 지질
③ 탄수화물
④ 단백질
⑤ 무기질

ADVICE 근육, 피부, 호르몬의 구성은 단백질에 해당한다.

●○○

59 요양보호와 생활지원 │ 표준페이지 : 515

우리나라 고령자가 과잉으로 섭취하는 영양소는?

① 나트륨
② 비타민 A
③ 비타민 C
④ 리보플라빈
⑤ 칼슘

ADVICE 고령자가 과잉 섭취하는 영양소는 나트륨이다.

●○○

60 요양보호와 생활지원 │ 표준페이지 : 528

영양밀도를 높이는 조리법으로 적절한 것은?

① 염분이 풍부한 식재료를 활용한다.
② 나물을 삶은 뒤 으깬 두부를 넣는다.
③ 생선은 기름에 바싹 튀겨서 제공한다.
④ 샐러드 드레싱으로 마요네즈를 사용한다.
⑤ 설탕, 물엿, 꿀 등을 음식에 많이 첨가한다.

ADVICE 나물을 삶고 두부를 넣어 단백질을 섭취하게 한다.

ANSWER 49.① 50.③ 51.⑤ 52.② 53.④ 54.⑤ 55.① 56.③ 57.③ 58.④ 59.① 60.②

61 요양보호와 생활지원 | 표준페이지 : 529

다음 중 당뇨병 대상자가 적게 먹어야 하는 고GI 식품은?

① 찐 감자
② 보리밥
③ 우유
④ 고구마
⑤ 요거트

ADVICE 고GI 식품으로 밥, 떡, 찐 감자, 흰 식빵, 수박 등이 있다.

●○○

62 요양보호와 생활지원 | 표준페이지 : 531

고혈압 대상자를 위한 조리방법으로 적절한 것은?

① 튀기기
② 삶기
③ 절이기
④ 졸이기
⑤ 볶기

ADVICE 기름과 나트륨을 적게 사용하는 삶기 방법을 사용해야 한다.

●○○

63 요양보호와 생활지원 | 표준페이지 : 534

변비 완화에 도움이 되는 식품은?

① 과일주스
② 과일통조림
③ 흰쌀밥
④ 배추
⑤ 술

ADVICE 채소류, 곡류, 콩류, 과일류, 해조류, 견과류, 유제품이 변비 완화에 도움이 된다.

●○○

64 요양보호와 생활지원 | 표준페이지 : 534

골다공증 대상자의 식사관리로 적절한 것은?

① 고GI 식품 위주로 섭취한다.
② 탄산음료, 카페인은 식전에 마신다.
③ 김치, 젓갈류 위주의 식단을 한다.
④ 식물성 단백질 섭취를 제한한다.
⑤ 단백질을 과다하게 섭취하지 않는다.

ADVICE 단백질을 과다하게 섭취하지 않고 식물성 단백질 위주로 섭취한다.

●○○

65 요양보호와 생활지원 | 표준페이지 : 547

이불을 선택하고 정리할 때 주의사항으로 적절한 것은?

① 무거운 소재의 이불이 좋다.
② 이불커버는 까칠한 소재가 좋다.
③ 햇볕의 자외선에 이불을 말린다.
④ 건조는 오후 10시에 하는 것이 좋다.
⑤ 담요는 일 년에 한 번 교체한다.

ADVICE 자외선에 의한 살균효과가 있다.

●○○

66 요양보호와 생활지원 | 표준페이지 : 555

병원동행 방법으로 적절한 것은?

① 병원에 즉흥적으로 방문한다.
② 신분증을 가진 대상자 가족을 반드시 동반한다.
③ 대상자가 진료를 볼 때에는 밖에 나가서 대기한다.
④ 약 복용에 대해 약사에게 듣고 대상자에게 알려준다.
⑤ 진료비 거스름돈은 요양보호사가 가진다.

ADVICE 약사에게 약 복용법과 관련 정보를 상세히 물어봐서 대상자에게 알려준다.

쾌적한 주거환경을 조성하기 위한 방법은?

① 계절 관계없이 창문은 항상 열어둔다.

② 실내온도는 여름에 18℃가 가장 쾌적하다.

③ 밤에는 침대 머리 근처에 조명을 켜둔다.

④ 햇볕이 잘 들어오지 않는 곳이어야 한다.

⑤ 습도 조절에 신경쓴다.

ADVICE 습도를 적절히 유지하기 위해서 적정온도 조절이 중요하다.

다음 사례에서 치매가족이 느끼는 부담은?

> 치매 대상자의 가족 간에 의사소통이 부족하여 치매 대상자를 부양하는 방법에 갈등이 생긴다.

① 가족관계의 부정적 변화

② 정서적 부담

③ 신체적 부담

④ 사회활동의 제한

⑤ 경제적 부담

ADVICE 치매 대상자를 부양하는 방법에 이견이 생기면서 갈등이 발생할 수 있다.

치매 대상자의 식사를 요양보호사가 돕는 방법은?

① 식사를 하지 않는다고 하면 음식을 치운다.

② 섭취한 음식의 종류와 양을 기록한다.

③ 식사를 하지 않아 체중이 감소하면 지켜본다.

④ 체중 감소에 원인이 발견되지 않은 경우 대상자가 좋아하는 음식만 제공한다.

⑤ 처방된 비타민은 주지 않는다.

ADVICE 섭취한 식사 정보는 정확하게 기록해야 한다.

치매 대상자의 목욕 돕기에 대한 설명으로 옳은 것은?

① 물을 거부하면 왜 싫어하느냐며 소리친다.

② 욕조시설이 없다면 물수건으로만 닦는다.

③ 물 온도를 미리 확인한다.

④ 대상자를 욕조에 넣어두고 목욕 물품을 준비한다.

⑤ 욕조에 혼자 들어가게 한다.

ADVICE 치매 대상자는 뜨거움과 차가움에 대한 판단력이 흐리기 때문에 미리 확인한다.

치매 대상자의 운동 돕기 기본원칙은?

① 대상자의 운동기능은 평가하지 않는다.

② 운동량은 한 번에 늘리고 점차 줄인다.

③ 운동은 심장 근처에 있는 근육부터 한다.

④ 혈압이 있다면 수영을 권유한다.

⑤ 집 주위를 산책할 수 있다면 다양한 운동이 가능하다.

ADVICE 집 주위를 산책할 정도의 수행능력이 있다면 다양한 운동을 권유할 수 있다.

생명을 위협하고 응급처치가 필요한 출혈량은?

① 100mL   ② 200mL

③ 300mL   ④ 500mL

⑤ 1L

ADVICE 성인은 5L 가량 혈액이 있으며 1L 이상 출혈이 발생하면 생명이 위험해진다.

ANSWER 61.①   62.②   63.④   64.⑤   65.③   66.④   67.⑤   68.①   69.②   70.③   71.⑤   72.⑤

치매 대상자의 반복적인 행동 증상에 해당하는 것은?

① 다른 사람이 싸우면 이성적으로 싸움을 중재한다.

② 시설 주변을 빗자루로 깔끔하게 청소한다.

③ 물건을 깔끔하게 정리한다.

④ 서랍 안에 물건을 꺼내어 헝클어 놓는 것을
반복한다.

⑤ 요양보호사의 업무상 문제를 해결하고 싶어 한다.

ADVICE　서랍 안에 물건을 꺼내고 헝클어 놓길 반복한다.

치매 대상자가 망상과 환각이 있는 경우 해야 하는 적절한 말은?

① "그 물건은 제가 훔치지 않았다고 몇 번을 말
해요?"

② "잃어버린 물건은 저랑 같이 찾아봐요."

③ "매번 이걸 내가 훔쳤다고 말하는데 왜 저러
는지 몰라."

④ "제가 물건 찾으면 혼날 줄 아세요."

⑤ "물건 여기 있잖아요. 잊어버리지 말고 잘 챙
기세요."

ADVICE　치매 대상자를 비난하거나 훈계하지 않는다.

식사 준비 기본원칙으로 적절한 것은?

① 식단은 대상자 가족과 협의하여 정한다.

② 대상자가 좋아하는 음식, 잘 먹지 않는 음식
을 기록한다.

③ 대상자의 가족 식사도 함께 준비한다.

④ 식재료 구매는 요양보호사가 재량껏 결정한다.

⑤ 남은 식재료는 요양보호사가 챙긴다.

ADVICE　대상자의 음식 호불호, 소화하기 어려운 음식 등
을 기록한다.

혈액, 체액, 분비물, 배설물 등 오염된 물질이 침구류나 옷 등에 묻었을 때 대처 방법으로 옳은 것은?

① 고무장갑은 착용하지 않는다.

② 손세탁만 한다.

③ 혈액이 묻은 깨진 유리는 일반쓰레기로 처리
한다.

④ 오염이 심각한 경우 즉시 버린다.

⑤ 혈액이 바닥에 쏟아졌을 경우, 표백제와 물을
1:9로 혼합하여 신속하게 닦는다.

ADVICE　혈액이나 체액이 바닥에 쏟아졌을 경우, 표백제
(락스)와 물을 1:9로 혼합한 용액을 사용한다.

치매 대상자에게 다음과 같은 요양보호사의 언어적 의사소통법이 잘못된 이유는?

> 이제 어르신 요리는 맛이 없으니까 음식 만들지 마세요.

① 대상자에게 현재 시간을 말하지 않았다.

② 잘못에 대해 질책하는 말을 했다.

③ 한 번에 한 가지씩 말을 하지 않았다.

④ 부적절한 명사를 사용했다.

⑤ 손짓이나 발짓을 사용하지 않았다.

ADVICE　꾸중이나 질책은 우울감을 유발한다.

●○○
78 상황별 요양보호기술 | 표준페이지 : 673

기도폐색이 발생한 대상자의 특징적인 행동은?

① 목을 조르는 듯한 자세를 취한다.

② 손으로 머리를 감싼다.

③ 양손으로 배를 누른다.

④ 바닥에 누워서 몸을 흔든다.

⑤ 무릎을 꿇고 주저앉는다.

ADVICE 목이 막혀서 손으로 목을 조르는 듯한 자세를 한다.

●○○
79 상황별 요양보호기술 | 표준페이지 : 675

대량출혈 상황에서 요양보호사의 기본 태도로 옳은 것은?

① 대상자를 겁주어 경각심을 높인다.

② 대상자에게 상황설명 없이 조용한 태도를 유지한다.

③ 출혈부위는 최대한 바라보지 않는다.

④ 신속하지만 침착한 태도를 유지한다.

⑤ 혼자서 지혈과 간호처치를 한다.

ADVICE 119 구급대에 신고를 하고 신속하면서 침착한 태도를 유지한다.

●○○
80 상황별 요양보호기술 | 표준페이지 : 652

임종 대상자의 권리로 적절한 것은?

① 치료를 거부할 수 없다.

② 가족들이나 지인을 만나면 안 된다.

③ 연명의료를 시작하지 않는다는 문서를 작성할 수 있다.

④ 사생활을 공개해야 할 의무가 있다.

⑤ 가족의 허락을 통해 호스피스에 입원해야 한다.

ADVICE 사전연명의료의향서로 연명치료를 하지 않을 수 있다.

ANSWER 73.④ 74.② 75.② 76.⑤ 77.② 78.① 79.④ 80.③

16회분

기출동형 모의고사

필 기

●○○

1 요양보호 대상자 이해 | 표준교재 페이지 : 21

친근한 사물에 애착심이 생기게 되는 노년기의 특성은?

① 경제적 특성　　② 사회적 특성

③ 신체적 특성　　④ 성과적 특성

⑤ 심리적 특성

ADVICE 심리적 특성에 의해서 친근한 사물에 애착심이 생긴다.

●●○

2 요양보호 대상자 이해 | 표준교재 페이지 : 45

노인의료복지시설에 해당하는 것은?

① 노인복지주택

② 노인공동생활가정

③ 양로시설

④ 노인복지관

⑤ 노인요양시설

ADVICE 노인의료복지시설에는 노인요양시설, 노인요양공동생활가정이 있다.

●○○

3 요양보호 대상자 이해 | 표준교재 페이지 : 53

장기요양 5등급 점수는?

① 30점　　　　　② 48점

③ 55점　　　　　④ 65점

⑤ 80점

ADVICE 장기요양 5등급 인정점수는 45점 이상 51점 미만이다.

●○○

4 요양보호 대상자 이해 | 표준교재 페이지 : 97

다음과 같은 사례에서 시설대상자가 보장받아야 하는 권리는?

> 치매가 있는 최씨 할아버지의 통장을 시설에서 관리하고 있다. 첫째 아들이 통장이 필요하다고 하여 내어주었는데, 둘째 아들이 동의 없이 통장을 내어주었다고 항의한다.

① 사회적 관계에 참여할 권리

② 퇴소 후 거주지를 선택할 권리

③ 존엄한 존재로 대우받을 권리

④ 개인 소유의 재산을 스스로 관리할 권리

⑤ 개별화된 서비스를 제공받고 선택할 수 있는 권리

ADVICE 개인의 금전에 대한 권리를 임의로 타인에게 양도하거나 처분해서는 안 된다.

●○○

5 요양보호 대상자 이해 | 표준교재 페이지 : 70

다음과 같은 상황에 요양보호사의 대처는?

> 변비를 앓고 있는 대상자가 관장이 필요하다며 요양보호사에게 관장을 해달라고 요청한다.

① 제공할 수 없다고 정중히 거절한다.

② 대상자에게 직접 관장을 시행한다.

③ 의료행위에 해당되므로 의료진과 상의한다.

④ 변비약을 제공한다.

⑤ 음식을 먹을 때 제대로 씹고 삼키는지 확인한다.

ADVICE 관장은 요양서비스에 포함되지 않는 의료행위이므로 의료진과 상의를 하고, 배변 활동이 원활할 수 있게 배꼽 주위를 마사지한다.

다음에서 설명하는 노인학대 유형은?

> 노인이 원치 않음에도 강제적으로 성관계를 시도하거나 강요하며, 신체를 빗대어 수치심을 주는 언행을 일삼는다.

① 경제적 학대　　② 성적 학대
③ 자기방임　　　④ 방임
⑤ 유기

ADVICE 성적 수치심 유발 행위, 성희롱 등은 노인 의사를 반하는 성적 학대이다.

재가급여의 특징으로 옳은 것은?

① 긴급 상황에 신속한 대응이 가능하다.
② 사생활 보호가 존중되지 못한다.
③ 간호서비스가 제공되지 않는다.
④ 단체생활을 중심으로 생활한다.
⑤ 익숙한 환경에서 지낼 수 있다.

ADVICE 재가급여는 익숙한 환경에서 지내며, 사생활이 존중된다.

시설급여에 해당하는 것은?

① 방문요양　　　② 노인요양시설
③ 단기보호　　　④ 주·야간보호
⑤ 방문간호

ADVICE 시설급여는 장기요양기관에 장기간 입소한 수급자에게 제공되는 장기요양급여이다.

인간다움 케어에서 대상자를 대하는 실전원칙은?

① 만남 준비단계에서 가족에게만 방문을 알린다.
② 케어 준비단계에서 대상자 가족과 정보교류를 통해 관계를 만든다.
③ 지각의 연결단계에서 요양보호사가 행복을 느낄 수 있는 돌봄을 시행한다.
④ 감정의 고정단계에서 대상자에게 요양보호를 강제하여 시행한다.
⑤ 재회의 약속단계에서는 다음 만남을 기약한다.

ADVICE 실전원칙으로 만남의 준비, 케어의 준비, 지각(감각)의 연결, 감정의 고정, 재회의 약속이 있다.

인간다움 케어를 실천하기 위한 4가지 원칙이 아닌 것은?

① 대면하기　　　② 말하기
③ 접촉하기　　　④ 일어서게 하기
⑤ 억제대 하기

ADVICE 핵심 사항으로 대면하기, 말하기, 접촉하기, 일어서게 하기가 있다.

노인의 건강한 노화를 위한 것은?

① 독서나 암기연습을 통해 뇌에 자극을 주어 기억력을 유지한다.
② 유도, 클라이밍 등의 신체활동을 즐긴다.
③ 혼자 있는 시간을 늘리며 적응한다.
④ 가족과 연락을 줄인다.
⑤ 국가의 장기요양 및 돌봄 서비스를 거부한다.

ADVICE 뇌에 지속적으로 자극을 주면서 기억력과 인지력을 유지한다.

ANSWER　1.⑤　2.⑤　3.②　4.④　5.③　6.②　7.⑤　8.②　9.⑤　10.⑤　11.①

시·군·구 보건소가 사업의 주체가 되며, 지역주민의 인지건강 상태에 따라 요구되는 다양한 서비스를 맞춤형으로 제공하는 곳은?

① 독거노인 공동생활홈 서비스
② 노인복지관
③ 노인실명 예방사업
④ 치매안심센터
⑤ 노인교실

ADVICE 치매안심센터는 인지건강 상태에 따라 다양한 서비스를 제공한다.

●○○
13 요양보호 대상자 이해 | 표준교재 페이지 : 51

장기요양인정 신청의 절차로 옳은 것은?

> ㉠ 등급판정
> ㉡ 인정신청
> ㉢ 방문조사

① ㉠ → ㉢ → ㉡
② ㉡ → ㉢ → ㉠
③ ㉡ → ㉠ → ㉢
④ ㉢ → ㉡ → ㉠
⑤ ㉢ → ㉠ → ㉡

ADVICE ㉡ 인정신청, ㉢ 방문조사, ㉠ 등급판정 절차로 진행된다.

●●○
14 요양보호 대상자 이해 | 표준교재 페이지 : 62

노인장기요양서비스 이용절차 중 서비스 제공 계획 수립에서 대상자에게 하는 평가는?

① 지적능력평가　　② 요양등급 평가
③ 총괄평가　　　　④ 욕구평가
⑤ 자가평가

ADVICE 대상자의 기능상태평가와 욕구평가를 진행한다.

●○○
15 요양보호 대상자 이해 | 표준교재 페이지 : 56

장기요양기관이 현저히 부족한 지역에서 가족이 방문요양에 상당한 장기요양급여를 받은 경우 지급되는 현금급여는?

① 가족요양비
② 요양병원간병비
③ 특례요양비
④ 시설급여
⑤ 재가급여

ADVICE 장기요양기관이 현저히 부족한 지역이어서 가족이 방문요양에 상당한 장기요양급여를 받은 경우 지급되는 현금급여는 가족요양비에 해당한다.

●○○
16 노화와 건강증진 | 표준교재 페이지 : 210

피부 질환이 있는 대상자에게 해야 하는 요양보호사의 활동은?

① 대상포진이 있는 것 같다고 대상자에게 알려준다.
② 피부를 건조하게 유지한다.
③ 피부염이 발생한 경우 스테로이드 약물을 발라준다.
④ 욕창이 있는 경우 식사량을 줄인다.
⑤ 자세를 고정시켜 피부의 마찰을 줄인다.

ADVICE 습한 경우 상처가 잘 생기기 때문에 건조하게 유지하고 욕창 방지를 위해 자세를 자주 변경시킨다.

●○○
17 노화와 건강증진 | 표준교재 페이지 : 271

60세 이상이 1회 접종만 해도 되는 예방접종은?

① 독감　　　　　　② 파상풍
③ 디프테리아　　　④ 대상포진
⑤ 폴리오

ADVICE 대상포진, 폐렴구균은 1회만 접종해도 된다.

●●○

18 노화와 건강증진 | 표준교재 페이지 : 273

폭염에 의해 다음과 같은 증상이 있는 경우 예상되는 질환은?

> • 직장온도가 40℃가 넘는다.
> • 땀은 나지 않지만 피부는 뜨겁다.
> • 심한 두통을 호소한다.

① 열발진　　　　② 열성부종
③ 열경련　　　　④ 일사병
⑤ 열사병

ADVICE 직장온도가 40℃를 넘는 것은 열사병의 특징 중에 하나이다.

●○○

19 노화와 건강증진 | 표준교재 페이지 : 216

노인성 난청의 증상은?

① 저주파에서 난청을 느낀다.
② 평형감각이 저하된다.
③ 소리에 예민해진다.
④ 남성의 목소리를 잘 이해하지 못한다.
⑤ 소음이 있는 곳에서는 대화가 원활하다.

ADVICE 스, 츠, 프, 흐와 같은 고주파수에서의 청력이 먼저 떨어진다.

●○○

20 노화와 건강증진 | 표준교재 페이지 : 184

동맥경화증의 증상으로 적절한 것은?

① 알레르기
② 요실금
③ 전립선 비대증
④ 신부전
⑤ 하지 조직의 괴사

ADVICE 혈액순환이 감소하면서 하지 조직이 괴사한다.

●○○

21 노화와 건강증진 | 표준교재 페이지 : 176

천식 대상자의 치료 및 예방 방법은?

① 운동하기 30분 전에 기관지 확장제를 흡입하면 호흡곤란이 예방된다.
② 처방받은 약물은 증상이 완화되면 투여하지 않는다.
③ 벽난로를 매일 켜둔다.
④ 온도변화가 심한 곳에서 기관지를 자극한다.
⑤ 독감 백신 예방접종은 하지 않는다.

ADVICE 운동하기 전에 기관지 확장제를 흡입하면 호흡곤란이 예방될 수 있다.

●○○

22 노화와 건강증진 | 표준교재 페이지 : 264

노인의 약물복용 원칙에 대한 설명으로 옳은 것은?

① 장용 코팅제는 분쇄해 복용해야 약효가 증가한다.
② 서방제는 분할하면 부작용이 증가한다.
③ 분할선이 있는 약은 분쇄가 불가하다.
④ 삼킴장애가 있다면 약물을 쪼개서 복용한다.
⑤ 약 복용을 잊어버린 경우 다음 복용 시간에 2배로 복용한다.

ADVICE 서방제는 분할하여 투약하면 부작용이 나타나고 장용 코팅제를 분할하여 투약하면 약효가 저하한다. 분할선이 있는 약만 쪼개거나 분쇄해서 복용할 수 있다.

●○○

23 노화와 건강증진 | 표준교재 페이지 : 267

절주 방법으로 적절한 것은?

① 불면증 증상이 있는 경우 극복을 위해 마신다.
② 한 잔만 마시자는 생각을 한다.
③ 암 예방을 위해서는 한두 잔의 술도 제한한다.
④ 집 안에 손이 닿지 않는 곳에 술을 둔다.
⑤ 빈속에 술을 마신다.

ADVICE 한 두 잔의 술도 제한해야 절주를 할 수 있다.

ANSWER 12.④　13.②　14.④　15.①　16.②　17.④　18.⑤　19.②　20.⑤　21.①　22.②　23.③

노인 우울증의 치료 및 예방 방법은?

① 일상생활이 어려운 정도의 우울은 수면시간을 늘린다.
② 대상자의 분노가 과도하다는 것을 알려준다.
③ 관심을 주지 않고 혼자 있게 놔둔다.
④ 자살 위험이 높으므로 집중관찰 치료가 필요하다.
⑤ 스스로 극복할 수 있도록 한다.

ADVICE 우울증은 스스로 극복이 어렵기 때문에 지속적인 관심과 지지가 필요하다.

치매에 나타나는 특징은?

① 긴 시간 동안 병이 진행된다.
② 발병은 급격하게 나타난다.
③ 과거에 정신과적 병력이 있는 경우가 많다.
④ 질문을 하면 모른다고 답한다.
⑤ 우울이 먼저 오고 난 이후에 기억력 저하가 나타난다.

ADVICE 치매는 긴 시간 동안 서서히 발병한다.

당뇨병 약물요법에 대한 설명으로 옳은 것은?

① 신체적인 증상이 없다면 복용하지 않는다.
② 약물은 증상에 따라 늘리고 줄인다.
③ 약물요법을 하면서 식이요법과 운동을 병행한다.
④ 혈당조절이 원활하지 않다면 약물 복용을 중단하고 식이요법만 시행한다.
⑤ 인슐린 주사약은 반드시 입으로 복용한다.

ADVICE 당뇨병은 식이요법과 운동을 병행해야 약물치료 효과를 얻을 수 있다.

바닥면과 접촉되는 욕창 대상자의 피부가 괴사되는 원인은?

① 약해진 소화기관
② 원활하지 못한 혈액공급
③ 건조한 피부
④ 옴 진드기에 오염
⑤ 머릿니의 흡혈

ADVICE 바닥면에 접촉하는 피부에 혈액이 원활하게 공급되지 않기 때문이다.

금주에 대한 설명으로 옳은 것은?

① 우울이나 불면이 있는 경우 소량 섭취한다.
② 음주를 권하는 환경에 자주 방문한다.
③ 목표를 위해서 음주일지를 작성한다.
④ 공복에 소량의 음주를 한다.
⑤ 안주는 지방질이 많은 음식을 섭취한다.

ADVICE 음주일지를 기록하여 음주량을 파악한다.

치매 돌봄에 대한 설명으로 옳은 것은?

① 끊임없이 도움을 주어야 하는 병으로 본다.
② 명확하게 의사소통을 하지 못한다면 똑바로 말하라고 알려준다.
③ 아픈 부위를 명확하게 말하라고 대상자의 눈을 보고 말한다.
④ 대상자가 혼자 할 수 있는 범위는 스스로 하게 한다.
⑤ 섬망에 의한 질환이라고 대상자에게 알려준다.

ADVICE 대상자가 혼자 할 수 있는 것은 스스로 하도록 유도한다.

30 노화와 건강증진 | 표준교재 페이지 : 186

빈혈 대상자에게 부족한 것은?

① 적혈구

② 백혈구

③ 혈소판

④ 포도당

⑤ 인슐린

ADVICE 적혈구나 헤모글로빈이 부족하다.

●○○

31 노화와 건강증진 | 표준교재 페이지 : 195

요실금에 대한 설명으로 옳은 것은?

① 난소가 작아지면서 나타난다.

② 호흡곤란 증상이 동반된다.

③ 파킨슨병 약물의 부작용으로 나타날 수 있다.

④ 남성에게는 발병하지 않는다.

⑤ 방광 저장능력이 증가하면서 나타난다.

ADVICE 파킨슨병, 당뇨병 등의 약물 부작용으로 나타날 수 있다.

●○○

32 노화와 건강증진 | 표준교재 페이지 : 175

폐렴에 대한 설명으로 옳은 것은?

① 과거 폐렴 병력이 있다면 재발하는 경우가 대부분이다.

② 무증상에 해당한다.

③ 기관지가 얇아지면서 산소가 과도하게 흡수되어 나타난다.

④ 예방접종이 존재하지 않는다.

⑤ 세균성 폐렴은 항생제 치료가 필요하다.

ADVICE 세균성 폐렴은 항생제 치료가 필요하다.

●○○

33 노화와 건강증진 | 표준교재 페이지 : 247

뇌졸중 전구증상으로 옳은 것은?

① 기침을 하면서 피를 토한다.

② 눈이 갑자기 보이지 않는다.

③ 피부에 띠 모양 물집이 올라온다.

④ 키가 줄어들고 등이 굽는다.

⑤ 고관절에 골절이 발생한다.

ADVICE 팔다리 마비, 어눌한 말, 한쪽으로 넘어지는 증상, 어지럼증, 시야장애, 심한 두통, 의식장애가 뇌졸중 전구증상이다.

●○○

34 노화와 건강증진 | 표준교재 페이지 : 227

치매 대상자에게 야간섬망이 심각하게 나타난 경우 요양보호사의 대처방법은?

① 방의 온도를 춥게 유지한다.

② 조명을 어둡게 한다.

③ 간호사에게 보고한다.

④ 억제대로 몸을 고정한다.

⑤ 가족에게 수술이 필요하다고 말을 한다.

ADVICE 방을 밝게 하고 실내온도를 따뜻하게 하면 진정되지만, 증상이 심한 경우 간호사에게 보고한다.

●○○

35 노화와 건강증진 | 표준교재 페이지 : 224

섬망에 대한 설명으로 옳은 것은?

① 증상이 서서히 나타난다.

② 만성적인 질환에 해당한다.

③ 초기에는 사람을 잘 알아보지 못한다.

④ 주의 집중에는 큰 영향이 없다.

⑤ 수면 양상에는 큰 영향이 없다.

ADVICE 섬망은 초기에 사람을 잘 알아보지 못한다.

1회분
2회분
3회분
4회분
5회분
6회분
7회분
8회분
9회분
10회분
11회분
12회분
13회분
14회분
15회분
16회분
17회분
18회분
19회분
20회분

ANSWER 24.④ 25.① 26.③ 27.② 28.③ 29.④ 30.① 31.③ 32.⑤ 33.② 34.③ 35.③

실 기

식사를 스스로 하기 어려운 대상자에게 식사를 돕는 절차로 옳은 것은?

① 편마비 대상자에게 건강한 쪽에서 음식물을 제공한다.

② 음식을 삼키지 않았더라도 규칙적으로 제공한다.

③ 빨대로 물을 마시는 경우 최대한 식도 가까이 넣어준다.

④ 숟가락을 위쪽에서 제공한다.

⑤ 음식물은 숟가락이 가득 차게 뜬다.

ADVICE 편마비 대상자는 건강한 쪽에서 음식을 제공한다.

요양보호사가 경구 투약을 돕는 과정에서 대상자의 안전을 위해 취해야 할 가장 적절한 자세는?

① 머리를 낮추고 엎드린 자세

② 일어서 있는 자세

③ 투약하는 동안 누운 자세

④ 상체를 세운 반좌위 자세

⑤ 앉아서 턱을 가슴에 붙인 자세

ADVICE 반좌위는 대상자가 약을 쉽게 삼키고 흡인의 위험을 최소화할 수 있다.

안약 투여 시 대상자가 바라봐야 하는 방향은?

① 요양보호사를 바라본다.

② 바닥을 바라본다.

③ 천장을 바라본다.

④ 눈을 감는다.

⑤ 고개를 옆으로 돌린다.

ADVICE 안약 투여 시 대상자가 천장을 보도록 한다.

간호사가 바늘을 제거한 후 일정 시간 이상 눌러도 지혈이 되지 않을 경우 취해야 할 조치는?

① 대상자에게 지혈될 때까지 계속 누르도록 지시한다.

② 다른 알코올 솜을 가져와 교체하여 준다.

③ 간호사에게 알린다.

④ 주사 부위를 비벼서 지혈되게 한다.

⑤ 대상자를 일으켜 세운다.

ADVICE 일정 시간 이상 눌러도 지혈이 되지 않으면 간호사에게 알린다.

휠체어를 사용하는 대상자를 도울 때 올바른 행동은?

① 휠체어에 앉아 있을 때 잠금장치를 풀어둔다.

② 발 받침대는 항상 내려둔다.

③ 휠체어 이동 중 팔걸이에 옷을 걸어둔다.

④ 휠체어에서 내릴 때 잠금장치를 건다.

⑤ 옷을 휠체어 바퀴 위에 올려둔다.

ADVICE 휠체어를 타거나 휠체어에서 내릴 때, 휠체어에 앉아 있을 때 휠체어 잠금장치를 걸어 낙상사고를 예방한다.

요양보호사가 해야 하는 유치도뇨관의 소변주머니 관리에 대한 설명으로 적절한 것은?

① 대상자가 불편해하면 유치도뇨관을 교환한다.

② 주기적으로 방광세척을 진행한다.

③ 소변주머니는 아랫배보다 위로 가게 한다.

④ 유치도뇨관을 적용할 때 움직이면 안 된다는 것을 설명한다.

⑤ 유치도뇨관이 막히거나 꼬여있지 않은지 확인한다.

ADVICE 유치도뇨관이 막히거나 꼬여있으면 불편감이 발생한다.

연하장애가 있는 대상자의 입안을 닦아낼 때 주의 사항은?

① 칫솔을 사용하여 입안을 깊숙이 닦아낸다.
② 머리를 높게 하여 양치액을 삼키지 않게 한다.
③ 치아만 닦아낸다.
④ 염증이 있는 경우에는 하지 않는다.
⑤ 가능한 한 요양보호사가 모든 것을 해줘야 한다.

ADVICE 머리를 높게 하여 양치액을 삼키지 않도록 해준다.

칫솔질의 시간 기준으로 옳은 것은?

① 매 식사 후 10분 이내에 3분간 한다.
② 식사 전 10분 이내에만 한다.
③ 아침 기상하고 한 번만 한다.
④ 점심 식사 전에만 한다.
⑤ 잠자기 전과 매 식사 후 30분 이내에 한다.

ADVICE 칫솔질은 잠자기 전과 매 식사 후 30분 이내에 3분간 하도록 한다.

의치 세척 방법으로 적절한 것은?

① 끓는 물에 넣어서 삶는다.
② 표백제에 담근다.
③ 주방세제를 사용해서는 안 된다.
④ 의치 바닥 사이는 닦지 않는다.
⑤ 의치 세정제를 사용한다.

ADVICE 의치 세정제를 사용하고, 주방세제를 대체하여 사용할 수도 있다.

손과 발을 따뜻한 물에 10 ~ 15분간 담가두는 주된 목적은?

① 악취나 무좀을 예방
② 손톱을 잘 자르기 위함
③ 혈액순환을 촉진
④ 피부 각질이 생기는 것을 촉진
⑤ 피부 상처 방지

ADVICE 혈액순환을 촉진하고 이물질을 제거하기 위함이다.

손톱을 자르고 나서 손톱 거스러미에 분비물이 보이는 경우 요양보호사가 해야 하는 것은?

① 소독약을 바른다.
② 간호사에게 보고한다.
③ 붕대를 감아준다.
④ 하루 정도 상태를 지켜본다.
⑤ 따뜻한 물로 손을 씻겨준다.

ADVICE 피부에 분비물이 나타나는 경우 간호사에게 보고한다.

면도 돕기 방법에 대한 설명으로 적절한 것은?

① 면도 전에 차가운 물수건을 덮어둔다.
② 면도 중에 수시로 면도기를 물로 씻어낸다.
③ 콧수염을 자르고 턱밑을 자른다.
④ 면도 후에 깎이지 않은 부분은 자르지 않는다.
⑤ 아무것도 바르지 않은 피부에 면도를 한다.

ADVICE 수시로 면도기를 닦아낸다.

ANSWER 36.① 37.④ 38.③ 39.③ 40.④ 41.⑤ 42.② 43.⑤ 44.⑤ 45.③ 46.② 47.②

48 요양보호와 생활지원 | 표준페이지 : 420

침상 목욕 후 확인사항으로 가장 적절한 것은?

① 상처 여부는 침상 목욕을 시행한 다음날 확인
한다.

② 관절 움직임은 목욕 중에만 관찰한다.

③ 사생활 보호를 위해 특이사항을 관리자에게
알리지 않는다.

④ 만족 여부를 가족들에게만 물어본다.

⑤ 두발이나 피부가 충분히 건조되었는지 확인한다.

ADVICE 마지막 확인은 피부 건조, 상처·염증, 관절운동
이상, 불편사항 확인 등이 포함된다.

49 요양보호와 생활지원 | 표준페이지 : 443

해당 자세를 취하는 목적은?

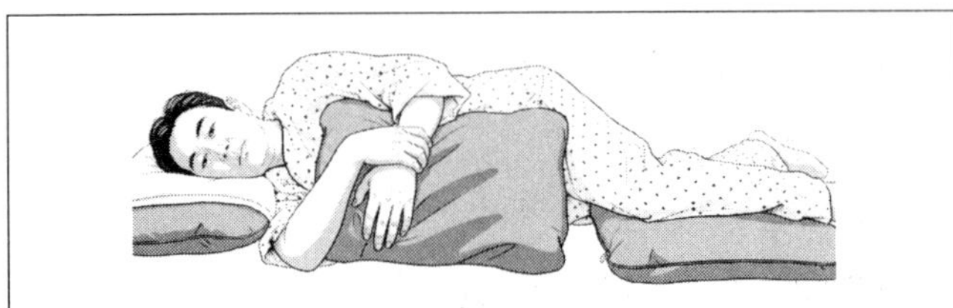

① 관장을 할 때

② 호흡곤란이 있을 때

③ 회음부 씻기를 할 때

④ 등근육을 쉬게 해줄 때

⑤ 어깨에 압력을 피할 때

ADVICE 둔부에 압력을 피하거나 관장할 때 하는 측위에
해당한다.

50 요양보호와 생활지원 | 표준페이지 : 446

앙와위에 대한 설명으로 가장 알맞은 것은?

① 천장을 보고 똑바로 누운 자세이다.

② 옆으로 누운 자세이다.

③ 무릎을 꿇고 엎드린 자세이다.

④ 의자에 앉아 있는 자세이다.

⑤ 상체와 하체를 비스듬히 세운 자세이다.

ADVICE 앙와위는 천장을 보고 똑바로 누운 자세로, 다른
체위의 기본이 되는 자세이다.

51 요양보호와 생활지원 | 표준페이지 : 456

휠체어에서 이동변기로 이동하는 방법으로 적절한 것은?

① 마비된 다리에 힘을 주게 하여 이동시킨다.

② 휠체어 발 받침대에 대상자 발을 올려둔다.

③ 이동변기와 휠체어를 나란히 둔다.

④ 건강한 쪽 손으로 변기 손잡이를 잡게 한다.

⑤ 요양보호사는 대상자가 스스로 일어나도록 뒤
에서 지켜본다.

ADVICE 대상자의 건강한 손으로 변기 손잡이를 잡게 하
고, 요양보호사는 무릎을 대상자 앞에 두고 무릎과 허리
를 지지해 준다.

52 요양보호와 생활지원 | 표준페이지 : 463

보행 돕기 시 주의사항으로 적절한 것은?

① 혼자 일어나기 어려워하더라도 걷기를 시도하
게 한다.

② 보행 초기에는 보행기를 이용하여 걷게 한다.

③ 지팡이 끝에 고무는 닳아 있어야 한다.

④ 스스로 걷지 않도록 최대한 도와준다.

⑤ 보행기나 지팡이를 사용하지 않고 스스로 걷
게 한다.

ADVICE 보행 초기에는 보행기와 지팡이를 사용하여 걷는다.

53 요양보호와 생활지원 | 표준페이지 : 472

이동변기 복지용구 사용에 대한 설명으로 옳은 것은?

① 대상자의 발이 땅에 닿지 않도록 높이를 조절한다.
② 이동변기에 팔걸이와 등받이가 없어야 한다.
③ 소독약으로 소독할 수 있는 재질이어야 한다.
④ 자동으로 오물을 비울 수 있어야 한다.
⑤ 실외에 보관한다.

ADVICE 소독약으로 소독이 가능한 재질이어야 한다.

54 요양보호와 생활지원 | 표준페이지 : 477

배설 용구를 선정하는 과정에서 대상자의 배설행위 표현을 파악하기 위한 질문은?

① 요의와 변의를 느끼는 대상자에게 어떤 도움을 줄 수 있는가?
② 대상자가 어떤 용구를 사용하는가?
③ 배설 도움 경험과 기술을 얼마나 갖추었는가?
④ 배설 장애에 대한 응급간호 방법을 익혔는가?
⑤ 실금에 대한 해박한 의료지식을 가지고 있는가?

ADVICE 배설행위 표현을 파악하기 위해서 요의나 변의, 배설장소, 사용하는 배설 용구 등의 현황을 묻고 평가한다.

55 요양보호와 생활지원 | 표준페이지 : 498

침대 사용 중 주의사항으로 적절한 것은?

① 이동할 때 오른쪽 난간은 내려둔다.
② 잠금장치를 잠근 상태에서 안전하게 이동한다.
③ 침대난간을 잡고 침대를 이동한다.
④ 높낮이 작동 손잡이 주변에 공간을 확보해 둔다.
⑤ 침대에서 내려갈 때 침대난간에 몸을 지탱하게 한다.

ADVICE 높낮이 작동 손잡이 주변 공간은 충분히 확보되어 이동이 편안해야 한다.

56 요양보호와 생활지원 | 표준페이지 : 516

콜레스테롤을 예방하기 위해서 제한적으로 사용해야 하는 주요 급원 식품은?

① 곱창
② 고등어
③ 생선간유
④ 메추리알
⑤ 우유

ADVICE 곱창, 간, 삼겹살, 오리고기 등은 콜레스테롤이 높다.

57 요양보호와 생활지원 | 표준페이지 : 525

식사 준비 기본원칙으로 적절한 것은?

① 식단은 요양보호사가 모두 정한다.
② 혼자 사는 대상자에게 일주일치 식사를 준비해둔다.
③ 식재료 구매내역은 대상자와 상의하고 결정한다.
④ 대상자 가족의 식사를 함께 준비한다.
⑤ 식재료를 구입하고 남은 돈은 요양보호사가 갖는다.

ADVICE 구매내역은 대상자와 상의하여 결정하고, 구입한 영수증과 거스름돈은 대상자에게 전달한다.

58 요양보호와 생활지원 | 표준페이지 : 528

노인이 먹기 쉽도록 조리하는 방법은?

① 부드러운 식재료 대신 단단한 식재료로 대체한다.
② 사태나 양지를 튀겨서 제공한다.
③ 튀김옷 반죽을 두껍게 한다.
④ 단단한 콩류는 자르지 않고 사용한다.
⑤ 육류는 결 반대 방향으로 잘라 사용한다.

ADVICE 육류는 결 반대 방향으로 자르고, 단단한 식재료는 작게 자른다.

ANSWER 48.⑤ 49.① 50.① 51.④ 52.② 53.③ 54.② 55.④ 56.① 57.③ 58.⑤

고혈압 대상자의 식사관리에서 적게 섭취해야 하는 것은?

① 소금에 절인 생선
② 두부
③ 살코기 위주의 고기
④ 등 푸른 생선
⑤ 저지방 우유

ADVICE 소금에 절여서 나트륨이 높아진 음식은 적게 섭취한다.

변비 대상자의 식사관리로 적절한 것은?

① 식사에 채소반찬은 포함하지 않는다.
② 현미보다 흰쌀이 더 좋다.
③ 생과일보다 과일주스로 마신다.
④ 발효 유제품의 섭취를 줄인다.
⑤ 적당한 운동과 적절한 휴식을 취한다.

ADVICE 적당한 운동과 휴식, 충분한 수분 섭취는 변비 완화에 도움이 된다.

다음은 골다공증 대상자가 자주 챙겨먹는 식품이다. 어떤 영양소를 위한 것인가?

우유, 멸치, 뱅어포, 해조류

① 비타민 C   ② 철
③ 나트륨   ④ 칼슘
⑤ 콜레스테롤

ADVICE 골다공증 대상자는 칼슘과 비타민 D를 자주 섭취해야 한다. 우유, 멸치 등은 칼슘이 풍부한 식품이다.

달걀을 보관하는 방법으로 적절한 것은?

① 찬물에 넣어서 냉장보관한다.
② 씻지 않고 전용 용기에 냉장보관한다.
③ 씻은 후에 실온보관을 한다.
④ 사오자마자 냉동보관을 한다.
⑤ 밀폐용기에 담아 실온에 보관한다.

ADVICE 달걀은 씻지 않고 전용 용기에 담아서 냉장으로 보관한다.

시트의 선택 및 관리 방법으로 적절한 것은?

① 시트에 주름이 생기지 않도록 유지한다.
② 시트의 폭은 매트리스보다 작은 것으로 한다.
③ 시트 소재에 재봉선이 있는 것으로 선택한다.
④ 시트는 일 년에 한 번 교환한다.
⑤ 시트 교환 중에는 창문을 열어두지 않는다.

ADVICE 시트에 주름이 생기지 않도록 관리해야 한다.

다음과 같은 건조 표시가 의미하는 것은?

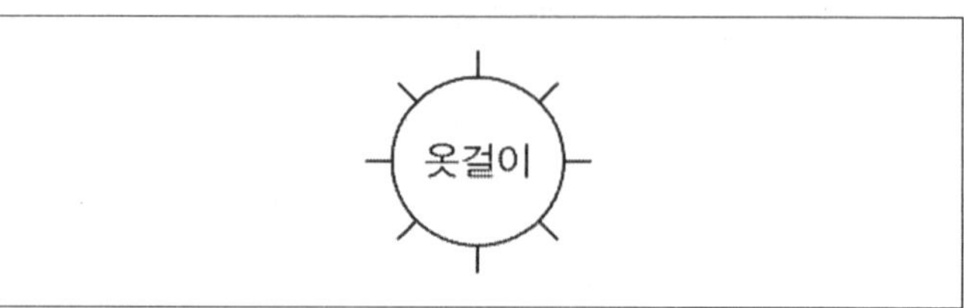

① 뉘어서 건조
② 그늘에서 건조
③ 햇볕에 건조
④ 세탁기 사용 금지
⑤ 탈수 금지

ADVICE 햇볕에서 옷걸이에 걸어 건조하라는 표시이다.

●○○

65 요양보호와 생활지원 | 표준페이지 : 555

병원동행을 대행하고 나서 해야 할 일은?

① 외출 일정을 계획하고 준비 물품을 챙긴다.
② 다음 예약한 진료 일정을 알려준다.
③ 의사의 진단사항을 상세하게 받아 적는다.
④ 병원의 위치를 확인하고 교통편을 계획한다.
⑤ 신분증을 미리 챙겨둔다.

ADVICE 다음 예약 일정을 알려주고, 외출복을 정리한다.

●○○

66 요양보호와 생활지원 | 표준페이지 : 562

쾌적한 주거환경 조성을 위한 설명으로 옳은 것은?

① 높은 실내습도를 유지한다.
② 방 안에 창문은 최소 4시간 이상 열어둔다.
③ 난방은 전체를 하지 않고 일부만 한다.
④ 실내온도는 바깥과 온도 차이가 크지 않게 한다.
⑤ 보청기를 사용한다면 큰 소리가 나는 곳에서 쉬게 한다.

ADVICE 실내온도는 실외온도와 차이가 크지 않아야 한다.

●○○

67 상황별 요양보호기술 | 표준페이지 : 575

치매 대상자 가족에게 역할 부담이 높아지면서 가족들 사이에서 비난과 갈등이 발생한다. 이때 가족 부담의 완화를 위한 방법은?

① 가족들간 돌봄 분담
② 전문가를 통한 지원과 협조
③ 주 돌봄자의 퇴사
④ 사회적 접촉 단절
⑤ 대상자 가족의 여가활동 제한

ADVICE 전문가의 지원과 협조로 상황이 악화되지 않고 가족 부담이 줄어든다.

●○○

68 상황별 요양보호기술 | 표준페이지 : 583

치매 대상자의 식사를 돕는 방법은?

① 음식은 뜨겁게 제공한다.
② 물은 유리잔에 마시게 한다.
③ 식사를 하지 않아서 체중이 감소하면 의료진에게 알린다.
④ 큰 소리의 음악을 식사 중에 틀어준다.
⑤ 식사는 대상자가 원할 때에만 준다.

ADVICE 식사를 하지 않아 체중이 감소한 경우에는 의료진에게 알려야 한다.

●○○

69 상황별 요양보호기술 | 표준페이지 : 585

치매 대상자의 배설 돕기 기본 원칙은?

① 대소변을 잘 가렸으면 칭찬을 한다.
② 실금을 한 경우에는 야단을 친다.
③ 낮에는 기저귀를 사용한다.
④ 고무줄 바지는 입히지 않는다.
⑤ 화장실은 최대한 보이지 않는 곳에 배정한다.

ADVICE 대소변을 잘 가리면 칭찬을 하고, 실금을 하면 괜찮다고 해준다.

●○○

70 상황별 요양보호기술 | 표준페이지 : 587

누워서 지내는 치매 대상자의 구강위생 관리 방법으로 적절한 것은?

① 구강위생을 시행하지 않는다.
② 입안에 물이 가득 차도록 부어준다.
③ 스스로 칫솔질을 하도록 유도한다.
④ 껌을 씹게 한다.
⑤ 칫솔로 치아와 잇몸을 닦아준다.

ADVICE 칫솔로 치아와 잇몸을 닦아주고, 입안에 따뜻한 물을 넣어 헹구고 뱉어내게 한다.

ANSWER 59.① 60.⑤ 61.④ 62.② 63.① 64.③ 65.② 66.④ 67.② 68.③ 69.① 70.⑤

71 상황별 요양보호기술 | 표준페이지 : 589

치매 대상자에게 운동이 중요한 이유는?

① 약물 복용이 줄어든다.
② 치매의 증상이 점차 완화된다.
③ 기억력이 향상된다.
④ 관절이 굳는 것을 방지한다.
⑤ 시력장애 완화에 도움이 된다.

ADVICE 치매가 진행될수록 근육이 굳어진다. 그것을 완화하기 위해 운동이 중요하다.

●○○

72 상황별 요양보호기술 | 표준페이지 : 595

치매 대상자의 수면장애를 돕는 기본원칙은?

① 며칠간 잠을 재우지 않는다.
② 낮에 산책과 야외활동을 한다.
③ 낮잠을 많이 자게 한다.
④ 밤에 잠을 자지 않도록 말을 걸어준다.
⑤ 오후에 술을 마시게 한다.

ADVICE 산책과 야외활동을 통해서 낮잠을 자지 않게 한다.

●○○

73 상황별 요양보호기술 | 표준페이지 : 596

치매 대상자가 배회를 하는 이유는?

① 가족에 대한 섭섭함
② 요양보호사를 찾기 위해서
③ 정서적 불안
④ 약물 중독 증상
⑤ 더부룩함

ADVICE 정서적 불안, 기억력 상실, 배고픔 등이 원인이다.

●○○

74 상황별 요양보호기술 | 표준페이지 : 599

치매 대상자의 파괴적인 행동 특징은?

① 빈번하게 나타나지 않는다.
② 오랜 시간 지속된다.
③ 행동을 중지하지 않는다.
④ 증상이 말기가 될수록 더욱 심해진다.
⑤ 수면 중에 자주 나타난다.

ADVICE 난폭한 행동은 빈번하게 나타나지 않는다.

●○○

75 상황별 요양보호기술 | 표준페이지 : 606

치매 대상자와의 언어적 의사소통 방법으로 적절한 것은?

① 어린 사람들이 쓰는 말을 사용한다.
② 대상자가 처음 들어보는 낯선 어휘를 사용하여 말을 한다.
③ 대상자가 답을 하지 못하는 경우 '왜?'라는 질문을 한다.
④ 눈을 마주치지 않은 채로 말한다.
⑤ 접근할 땐 자신이 누구인지 알려준다.

ADVICE 대상자에게 접근할 땐 현재를 알려주면서 자신이 누구인지 밝힌다.

●○○

76 상황별 요양보호 기술 | 표준교재 페이지 : 585

치매 대상자가 짐을 싸다가 다시 풀어 놓기를 반복할 때 대처방법으로 옳은 것은?

① 관심을 주며 같이 행동한다.
② 몸을 압박하며 행동을 저지한다.
③ 손을 붙들고 단호하게 타이른다.
④ 잘못된 행동임을 고지하고 교정시킨다.
⑤ 단순하게 할 수 있는 일자리를 제공한다.

ADVICE 콩 고르기, 나물 다듬기, 빨래 개기 등 단순하게 할 수 있는 일거리를 제공한다.

77 상황별 요양보호기술 | 표준페이지 : 651

사별 전 대상자의 가족 요양보호에서 옳은 행동은?

① 가족들이 교대로 곁에 있게 한다.

② 대상자를 혼자 있게 한다.

③ 가족의 방문을 제한한다.

④ 사진이나 영상촬영을 엄격히 금지한다.

⑤ 불필요한 이야기를 나누지 못하게 한다.

ADVICE 대상자가 불안해할 수 있으므로 가족들이 교대로 곁에 있도록 한다.

●○○

78 상황별 요양보호기술 | 표준페이지 : 651

대상자와 사별 후에 가족이 분노 반응을 보일 때 적절한 요양보호사의 태도는?

① 즉시 병원에 연락하여 입원조치를 한다.

② 장례부터 치르라고 재촉한다.

③ 감정표현을 하기 전에 자리를 피한다.

④ 경찰에 신고한다.

⑤ 반응을 경청해 주고 판단하지 않는다.

ADVICE 분노가 나타나는 것이 자연스러운 것이므로 경청해 준다.

●○○

79 상황별 요양보호기술 | 표준페이지 : 673

의식이 있고 스스로 숨을 쉬는 부분 기도폐쇄 대상자에게 옳은 조치는?

① 손가락을 넣어 이물질을 꺼낸다.

② 물을 마시게 한다.

③ 강하게 기침을 하도록 격려한다.

④ 등을 세게 두드려 준다.

⑤ 신속하게 하임리히법을 시행한다.

ADVICE 의식이 있는 경우에는 강하게 기침을 하게 한다.

●○○

80 상황별 요양보호기술 | 표준페이지 : 675

출혈량이 많은 경우 적절한 응급조치는?

① 물을 많이 마시게 한다.

② 손가락으로 상처를 깊숙이 누른다.

③ 출혈부위에 온찜질을 한다.

④ 수건으로 출혈부위를 압박한다.

⑤ 피가 흐르게 둔다.

ADVICE 수건이나 깨끗한 옷으로 출혈부위를 압박한다.

1회분
2회분
3회분
4회분
5회분
6회분
7회분
8회분
9회분
10회분
11회분
12회분
13회분
14회분
15회분
16회분
17회분
18회분
19회분
20회분

ANSWER 71.④ 72.② 73.③ 74.① 75.⑤ 76.⑤ 77.① 78.⑤ 79.③ 80.④

필 기

1   요양보호 대상자 이해 | 표준교재 페이지 : 23

생애주기에서 노년기에 경험하는 것은?

① 신뢰 대 불신
② 통합 대 절망
③ 자율 대 의심
④ 주도성 대 죄의식
⑤ 정체감 대 역할혼돈

ADVICE 생애주기 노년기에는 통합 대 절망을 느끼게 된다.

2   요양보호 대상자 이해 | 표준교재 페이지 : 50

다음 중 장기요양급여 대상자는?

① 60세 이상인 자
② 60세 미만이지만 노인성 질병을 가진 자
③ 65세이며 알츠하이머에서의 치매를 앓고 있는 자
④ 60세이며 골절상을 입은 자
⑤ 55세이며 우울증을 앓고 있는 자

ADVICE 장기요양급여 대상자는 65세 이상인 자 또는 65세 미만이지만 노인성 질병(치매, 뇌혈관 질환, 파킨슨 병 등)을 가진 자에 해당한다.

3   요양보호 대상자 이해 | 표준교재 페이지 : 69

다음과 상황에 요양보호사가 해야 하는 대처방안은?

> 대상자는 더러워진 기저귀를 교환해야 하는 것을 거부한다.

① 대상자가 기저귀 교환을 요청할 때까지 기다린다.
② 대상자의 의사는 신경쓰지 않고 신속하게 기저귀를 벗긴다.
③ 거부하는 이유를 파악하여 신뢰감을 얻도록 한다.
④ 최대한 대상자와 접촉을 하지 않도록 손가락으로 만진다.
⑤ 수급자 가족에게 기저귀 교환을 해달라고 한다.

ADVICE 거부하는 이유를 파악하고 부드러운 표현을 사용하여 유도한다.

4   요양보호 대상자 이해 | 표준교재 페이지 : 93

다음과 같은 사례에서 시설대상자가 보장받아야 하는 권리는?

> 김씨 할머니는 외부에서 시설 방문을 위해 자신의 방에 맘대로 들어와 사진을 찍으며 본인을 구경하고 나가는 것이 불쾌하다.

① 노인학대를 받지 않을 권리
② 신체구속을 받지 않을 권리
③ 질 높은 보건의료서비스를 받을 권리
④ 개인 소유물을 스스로 관리할 권리
⑤ 사생활과 비밀보장에 대한 권리

ADVICE 입소 노인의 개인정보를 수집하고 활용하기 전에는 목적을 충분히 설명하고 동의를 구해야 한다.

노인 학대 중 방임에 해당하는 것은?

① 허락 없이 노인 명의로 은행에서 대출을 받는다.
② 죽이겠다고 협박한다.
③ 낯선 장소에 버린다.
④ 경제능력 없는 노인의 기본적인 생존을 위한 생활비를 중단한다.
⑤ 거취결정에서 노인을 배제한다.

ADVICE 방임은 부양 의무자의 책임이나 의무를 거부하거나 불이행하여 노인에게 의식주나 의료를 제공하지 않는 것이다.

●○○
6　요양보호 대상자 이해 | 표준교재 페이지 : 55

재가급여에서 장기요양요원이 수급자 가정을 방문하여 가사활동을 지원하는 것은?

① 방문목욕　　　　② 방문요양
③ 방문간호　　　　④ 주간보호
⑤ 단기보호

ADVICE 재가급여에는 방문요양, 방문목욕, 방문간호, 주 · 야간보호, 단기보호, 기타 재가급여가 있다.

●○○
7　요양보호 대상자 이해 | 표준교재 페이지 : 37

도움이 필요한 모든 국민에게 복지, 보건, 의료, 교육 등의 분야에서 인간다운 생활을 보장하고 상담, 재활 등을 통하여 삶의 질을 향상시키도록 지원하는 제도는?

① 사회서비스　　　② 공공부조
③ 사회보험　　　　④ 산업재해보상보험
⑤ 고용보험

ADVICE 도움이 필요한 사람에게 다양한 활동 지원을 하는 개별서비스는 사회서비스에 해당한다.

●○○
8　요양보호 대상자 이해 | 표준교재 페이지 : 37

초고령 사회는 전체인구 대비 65세 노인인구가 몇 % 인가?

① 5% 미만　　　　② 7% 이상 14% 미만
③ 15% 이상　　　　④ 14% 이상 20% 미만
⑤ 20% 이상

ADVICE 초고령 사회는 전체인구 대비 65세 이상 노인인구가 20% 이상인 국가이다.

●●○
9　요양보호 대상자 이해 | 표준교재 페이지 : 26

노년기 가족관계 변화에 대한 특성은?

① 고부갈등이 사라진다.
② 형제자매 간에 경쟁심이 늘어난다.
③ 부부는 자녀가 독립하며 빈 둥지 증후군을 경험한다.
④ 노인과 자녀가 함께 거주하는 대가족 형태가 나타난다.
⑤ 손자녀 양육으로 부정적인 자아가 형성된다.

ADVICE 자녀가 독립하면서 빈 둥지 증후군을 경험하며 노인 부모와 자녀가 근거리에 거주하는 수정확대가족이 나타난다.

●●○
10　요양보호 대상자 이해 | 표준교재 페이지 : 19

노년기의 특성으로 옳은 것은?

① 뼈와 근육이 확장되고 피하지방이 증가한다.
② 우울경향이 크게 감소한다.
③ 사회적으로 활동이 늘어나며 사회적 관계가 늘어난다.
④ 창조적인 업적을 통해 유산을 남기려고 한다.
⑤ 신체적으로 다른 사람에게 의존하게 된다.

ADVICE 노년기에는 죽음을 인식하고 삶을 살았다는 흔적을 남기고자 한다.

ANSWER　1.②　2.③　3.③　4.⑤　5.④　6.②　7.①　8.⑤　9.③　10.④

●○○
11 요양보호 대상자 이해 | 표준교재 페이지 : 77

요양보호사 준수 사항에 해당하는 것은?

① 대상자에게 흡인을 진행한다.
② 동행할 때 부축하다가 넘어진 경우 대상자에게 사과하고 마무리한다.
③ 대상자 가족과 의견이 상충되면 관리책임자에게 보고한다.
④ 대상자의 개인정보나 사생활을 간호사에게 알린다.
⑤ 응급상황에 의사에게 보고가 어렵다면 직접 응급처치를 진행한다.

ADVICE 대상자 가족과 의견대립이 있다면 관리책임자에게 보고하여 해결한다.

●○○
12 요양보호 대상자 이해 | 표준교재 페이지 : 81

요양보호사에게 요구가 금지되는 행위는?

① 수급자의 몸 씻기 도움
② 수급자 가족을 위한 관공서 업무 지원
③ 수급자가 용변을 본 후에 뒤처리
④ 병원 방문 시 부축하여 동행
⑤ 수급자를 위한 음식물 조리

ADVICE 「노인장기요양보험법」 제28조의2에 따라 수급자 가족만을 위한 행위는 금지업무이다.

●○○
13 요양보호 대상자 이해 | 표준교재 페이지 : 22

노년기의 사회적 특성은?

① 퇴직연금으로 인해 경제적으로 풍요롭다.
② 시간의 여유로 친척들과 자주 만난다.
③ 사회적 관계가 넓어진다.
④ 새로운 기술을 사용하는 것에 즐거움을 느낀다.
⑤ 젊은 세대에게 뒤처지면서 상실감을 경험한다.

ADVICE 사회적으로 젊은 세대에게 뒤처지면서 상실감과 고립감을 경험한다.

●○○
14 노화와 건강증진 | 표준교재 페이지 : 204

대상포진에 대한 설명으로 옳은 것은?

① 물집이 생기기 전부터 감기기운이 있다.
② 물집이 나타나면 심한 가려움증을 유발한다.
③ 커다란 물집이 원형 모양으로 나타난다.
④ 수두를 앓았던 경험이 없는 경우 발생한다.
⑤ 물집이 나타나고 전신 쇠약감 이외에 특별한 증상은 없다.

ADVICE 대상포진이 발생하면 물집이 발생하기 전부터 심한 통증이 있다.

●○○
15 노화와 건강증진 | 표준교재 페이지 : 216

노인성 난청의 치료 및 예방 방법은?

① 청력이 감소된 것은 약물을 통해 완화된다.
② 보청기를 이용한다.
③ 소음이 있는 곳에서 대화를 한다.
④ 고음으로 대화를 한다.
⑤ 장기간 소음에 노출시킨다.

ADVICE 청력을 복구하는 치료는 없다. 보청기를 이용하며 소음이 없는 장소에서 대화한다.

●○○
16 노화와 건강증진 | 표준교재 페이지 : 217

노화에 따른 내분비계의 특성은?

① 노화에 따라 뇌하수체의 변화가 크다.
② 인슐린에 민감성이 높아진다.
③ 공복혈당이 감소한다.
④ 갑상선 크기가 줄어든다.
⑤ 기초대사율이 증가한다.

ADVICE 뇌하수체나 부신은 노화에 따라 변화가 적다. 갑상선 크기가 줄어들면서 갑상선 호르몬 분비량이 감소한다.

17 노화와 건강증진 │ 표준교재 페이지 : 218

당뇨병 증상으로 옳은 것은?

① 상처 치유 지연　② 감각 민감
③ 소화불량　④ 기면증
⑤ 거식증

ADVICE 당뇨병은 다음증, 다뇨증, 다식증, 체중 감소, 상처 치유 지연 등이 특징적으로 나타난다.

●○○

18 노화와 건강증진 │ 표준교재 페이지 : 176

천식 증상으로 적절한 것은?

① 무증상
② 점액 분비량 감소
③ 쌕쌕거리는 호흡음
④ 화농성 가래
⑤ 고열 및 오심

ADVICE 쌕쌕거리는 호흡, 기침, 점액 분비량 증가, 기도경련 등이 있다.

●○○

19 노화와 건강증진 │ 표준교재 페이지 : 177

천식 치료를 위한 기관지 확장제 사용법으로 옳은 것은?

① 사용 전에 뚜껑을 흔들지 않는다.
② 사용 전에 고개를 숙이고 숨을 참는다.
③ 심호흡을 하면서 1회 용량이 흡인되도록 흡인기를 누른다.
④ 흡인하고 약이 빨리 돌 수 있도록 숨을 헐떡인다.
⑤ 사용 후에 흡인기를 닦지 않는다.

ADVICE 심호흡을 하고 흡인기에 1회 분량이 흡인될 수 있도록 기관지 확장제를 누른다.

●○○

20 노화와 건강증진 │ 표준교재 페이지 : 184

동맥경화증의 증상으로 적절한 것은?

① 저혈압
② 의식장애
③ 지남력 저하
④ 손 떨림
⑤ 쌕쌕거리는 호흡음

ADVICE 불면증, 언어장애, 의식장애, 혈액순환 감소로 인한 하지 조직의 괴사가 발생한다.

●○○

21 노화와 건강증진 │ 표준교재 페이지 : 269

알코올 금단증상이 나타난 경우 관리법은?

① 금단증상이 나타나면 술을 한 모금만 마신다.
② 단백질 섭취를 제한한다.
③ 스트레스를 받는 활동을 한다.
④ 수면의 양을 줄인다.
⑤ 비타민을 공급한다.

ADVICE 적절한 영양공급과 비타민 공급이 필요하다.

●○○

22 노화와 건강증진 │ 표준교재 페이지 : 272

폭염에 대응하여 온열질환을 피하기 위한 안전수칙은?

① 야외에서 현기증, 두통이 나타나면 시원한 장소에서 휴식을 취한다.
② 한낮에 밭일을 한다.
③ 식사는 배가 부르도록 푸짐하게 먹는다.
④ 메스꺼움이 발생하면 물을 마시지 않는다.
⑤ 꽉 끼는 옷차림으로 외출을 한다.

ADVICE 폭염에 의한 온열질환을 피하기 위해 헐렁한 옷을 입고 야외에 나가며 밥은 가볍게 섭취하는 것이 필요하다.

ANSWER　11.③　12.②　13.⑤　14.①　15.②　16.④　17.①　18.③　19.③　20.②　21.⑤　22.①

노인의 약물복용 원칙으로 옳은 것은?

① 분할선이 있는 약은 분쇄할 수 없다.
② 진료 전에는 복용 중인 약물을 알리지 않는다.
③ 처방전은 쌓아두지 않고 바로바로 버린다.
④ 단골 약국을 지정하여 다닌다.
⑤ 증상이 비슷한 가족의 처방약을 복용한다.

ADVICE 단골 약국을 지정하여 다니는 것이 좋다.

한랭질환 예방수칙으로 적절한 것은?

① 외출할 때 얇은 옷을 입는다.
② 추운 날에는 가급적 야외활동을 하지 않는다.
③ 야외에서 몸이 떨리거나 어눌한 말투가 나타나면 휴식을 취한다.
④ 귀나 손가락의 피부가 누런 회색으로 변하면 차가운 수건을 적용한다.
⑤ 실내외에서는 운동을 하지 않는다.

ADVICE 추운 날에는 외출을 자제하며 외출 시에는 옷을 따뜻하게 챙겨 입는다.

치매 약물 부작용으로 나타나는 증상은?

① 잦은 배변활동
② 고관절 골절
③ 기립성 저혈압
④ 녹내장
⑤ 노인성 자반

ADVICE 부작용으로 인지기능 감퇴, 기립성 저혈압, 안절부절못함, 변비 등이 나타난다.

다음에서 설명하는 질환은?

> 혈중 포도당 수치를 조절하는 인슐린이 분비되지 않아서 나타난다. 혈중에 포도당 수치가 상승하면서 소변에 당이 섞여 나온다.

① 빈혈
② 욕창
③ 폐렴
④ 요실금
⑤ 당뇨병

ADVICE 당뇨병은 인슐린에 대한 신체의 저항성으로 소변에 당이 섞여 나오는 것이다.

다음에서 설명하는 욕창의 단계는?

> 뼈와 근육까지 괴사가 진행되었다.

① 0단계
② 1단계
③ 2단계
④ 3단계
⑤ 4단계

ADVICE 뼈와 근육까지 괴사된 것은 4단계에 해당한다.

욕창 증상을 초기에 대처하는 방법은?

① 미지근한 수건으로 찜질을 하고 물기를 닦아낸다.
② 바닥면에 접촉되는 피부를 습하게 유지한다.
③ 상처 부위에 파우더를 바른다.
④ 실내온도를 최대한 춥게 유지한다.
⑤ 햇볕이 피부에 닿지 않도록 한다.

ADVICE 욕창 부위를 미지근한 수건으로 찜질하고 물기를 잘 닦아낸다.

29 노화와 건강증진 | 표준교재 페이지 : 186

빈혈 대상자가 적혈구나 헤모글로빈이 부족해서 원활히 공급받지 못하는 것은?

① 이산화탄소
② 산소
③ 포도당
④ 수분
⑤ 아미노산

ADVICE 적혈구나 헤모글로빈이 부족하여 혈액이 부족하기 때문에 산소를 원활히 공급받지 못한다.

●○○

30 노화와 건강증진 | 표준교재 페이지 : 187

고혈압이나 동맥경화증 대상자가 철저하게 관찰해야 하는 질환은?

① 비염
② 변비
③ 설사
④ 빈혈
⑤ 뇌졸중

ADVICE 처방약을 규칙적으로 복용하면서 뇌졸중 발생을 관찰해야 한다.

●○○

31 노화와 건강증진 | 표준교재 페이지 : 187

빈혈 대상자가 어지럼증을 느끼면 그 자리에 주저앉도록 유도하는 이유는?

① 혈액순환 촉진
② 낙상 방지
③ 심근경색 예방
④ 불안 완화
⑤ 뇌졸중 예방

ADVICE 어지럼증을 느끼면 주저앉게 하여 낙상을 예방한다.

●○○

32 노화와 건강증진 | 표준교재 페이지 : 162

노화에 따른 노인성 질환의 특성으로 옳은 것은?

① 초기 진단이 매우 쉬운 편이다.
② 기존 질병명으로 정확하게 구분된다.
③ 원인이 불명확한 만성 퇴행성 질환이 대부분이다.
④ 질환이 단독으로 발생한다.
⑤ 약물에 둔감하여 약물의 양을 늘려야 한다.

ADVICE 노인성 질환의 경우는 원인을 알 수 없는 만성 퇴행성 질환이 많다.

●○○

33 노화와 건강증진 | 표준교재 페이지 : 244

뇌졸중 대상자에 대한 설명으로 옳은 것은?

① 쉬면서 갑자기 자세를 바꾸는 것을 피한다.
② 초기에는 척추에 통증이 생기면서 움직임이 제한된다.
③ 치매 후유증으로 발생한다.
④ 완치 후에 재발되지 않는다.
⑤ 뇌경색 약은 증상이 없다면 중단해도 된다.

ADVICE 뇌졸중 대상자는 갑작스러운 자세 변경을 하지 않는 것이 좋다.

●○○

34 노화와 건강증진 | 표준교재 페이지 : 170

설사 대상자에 대한 설명으로 옳은 것은?

① 고섬유소 음식을 자주 섭취한다.
② 지사제를 장기간 복용해야 한다.
③ 배변량과 배변 횟수가 줄어든다.
④ 물을 충분히 마셔서 탈수를 예방한다.
⑤ 몸을 차갑게 유지한다.

ADVICE 배변 횟수 증가로 수분량이 금방 빠지기 때문에 수분 섭취를 늘린다.

1회분 2회분 3회분 4회분 5회분 6회분 7회분 8회분 9회분 10회분 11회분 12회분 13회분 14회분 15회분 16회분 17회분 18회분 19회분 20회분

ANSWER 23.④ 24.② 25.③ 26.⑤ 27.⑤ 28.① 29.② 30.⑤ 31.② 32.③ 33.① 34.④

전립선 비대증에 대한 설명으로 옳은 것은?

① 복부 내 압력이 증가하면서 소변이 누출되는 것이다.

② 노화에 따라 남성호르몬이 증가하여 발생한다.

③ 기침을 하거나 달리기를 하면 소변이 흘러나온다.

④ 소변이 자주 마렵고 참는 것이 어렵다.

⑤ 일주일 이상 소변이 나오지 않는다.

ADVICE 남성에게만 있는 전립선이 비대해지면서 발생한다.

| 실 기 |

연하 능력이 없고 의식장애가 있는 대상자에게 비위관으로 제공하는 식사는?

① 경관 유동식　　② 저작 도움식

③ 연하 도움식　　④ 일반식

⑤ 경구 유동식

ADVICE 비위관을 통해 제공하는 것은 경관 유동식에 해당한다.

요양보호사가 대상자에게 경구약 투약을 돕기 전, 가장 먼저 수행해야 하는 단계는?

① 준비된 약의 용량 확인

② 대상자가 입으로 약을 삼킬 수 있는지 확인

③ 투약절차 설명

④ 대상자의 자세를 반좌위로 변경

⑤ 약 포장지에 대상자의 이름을 확인

ADVICE 정확한 대상자를 확인하는 것은 핵심적인 초기 단계이다.

안약 용액을 투여해야 하는 정확한 위치는?

① 윗눈꺼풀의 중앙

② 아랫눈꺼풀의 중앙

③ 눈동자 바로 위

④ 눈의 안쪽

⑤ 눈썹 위쪽

ADVICE 아랫눈꺼풀을 아래로 부드럽게 당겨 노출된 결막낭에 투여한다.

주사 주입과 관련하여 요양보호사가 반드시 인지해야 할 사항은?

① 주사 부위에 통증이 있으면 마사지를 한다.

② 요양보호사는 주사 주입 속도를 조절할 수 있다.

③ 요양보호사는 주사 바늘을 제거할 수 있다.

④ 수액 병이 심장보다 낮아도 주입 속도만 일정하면 문제가 없다.

⑤ 주사 주입은 의료인의 고유영역이므로 요양보호사는 주사 주입을 하지 않는다.

ADVICE 요양보호사는 주사 주입을 하지 않는다.

스스로 할 수 없는 여성 대상자의 배설 후 뒤처리 방법으로 옳은 것은?

① 닦지 않고 속옷을 바로 입힌다.

② 음부는 앞쪽에서 뒤쪽으로 닦는다.

③ 강한 물로 세척한다.

④ 휠체어에 앉힌 후 여성의 음부를 닦는다.

⑤ 스스로 닦는 것을 지켜본다.

ADVICE 스스로 할 수 없는 경우 음부를 앞쪽에서 뒤쪽으로 닦는다.

**모든 약물을 보관할 때 지켜야 할 일반적인 주의
사항으로 옳은 것은?**

① 유효기간이 지난 약물은 모아두었다가 한 번
　에 폐기한다.
② 약이 변질되어도 색깔이나 냄새에 변화가 없
　으면 사용 가능하다.
③ 치매 대상자의 약은 약상자에 잠금장치를 할
　필요 없다.
④ 햇빛이 잘 드는 곳에 보관하여 약의 습기를
　제거한다.
⑤ 모든 약물은 치매 대상자나 아동의 손이 닿지
　않는 곳에 보관한다.

ADVICE 모든 약물은 치매 대상자나 아동의 손에 닿지 않
는 곳에 보관한다.

**편마비 대상자를 화장실로 이동하기 위해 휠체어
로 도울 때 놓는 위치로 옳은 것은?**

① 마비된 쪽에 휠체어를 두고 이동시킨다.
② 건강한 쪽에 휠체어를 두고, 침대 난간에 30
　~ 45° 비스듬히 붙인다.
③ 침상 멀리 휠체어를 두고 대상자 스스로 걸어
　가서 휠체어에 앉게 한다.
④ 화장실은 스스로 걸어서 이동하게 한다.
⑤ 발 받침대를 내려두고 휠체어에 태운다.

ADVICE 편마비의 경우 건강한 쪽에 휠체어를 두고, 침대
난간에 빈틈없이 붙이거나, 30 ~ 45°로 비스듬히 붙인다.

**시설장이나 간호사에게 대상자의 소변 상태를 보
고해야 하는 경우는?**

① 소변의 색이 옅다.
② 소변 냄새가 나지 않는다.
③ 푸른빛의 소변이 나온다.
④ 거품이 거의 나지 않는다.
⑤ 소변이 투명하고 맑다.

ADVICE 푸른빛 소변의 경우 시설장이나 간호사에게 보고
한다.

유치도뇨관의 관리 방법으로 적절한 것은?

① 불편해하면 유치도뇨관을 강제로 제거한다.
② 소변주머니 배출구를 열고 잠그는 것은 간호
　사의 업무이다.
③ 소변의 색이 탁해진 경우 수분량을 늘리게 한다.
④ 소변주머니는 아랫배보다 밑으로 가게 든다.
⑤ 침대에서 움직이지 않고 누워있게 한다.

ADVICE 소변주머니는 아랫배보다 밑에 가게 둬야 한다.

침상배설을 돕는 방법으로 적절한 것은?

① 배설 시에는 음악을 틀어놓는다.
② 스스로 침대에서 내려오도록 지켜본다.
③ 차가운 변기 위에 대상자를 앉힌다.
④ 배설이 마무리되면 마른 수건으로 회음부를
　닦는다.
⑤ 간이변기 위에 오랜 시간 앉혀둔다.

ADVICE 배설 시에 심리적 안정을 위해 음악을 틀어둔다.

ANSWER　35.④　36.①　37.⑤　38.②　39.⑤　40.②　41.⑤　42.②　43.③　44.④　45.①

46 요양보호와 생활지원 | 표준페이지 : 407

손·발톱 청결을 돕는 준비방법 순서로 옳은 것은?

> ㉠ 요양보호사 자신을 소개한다.
> ㉡ 필요물품을 준비하고 협조를 요청한다.
> ㉢ 절차를 설명하고 수행한다.
> ㉣ 손을 물로 씻는다.

① ㉠ → ㉡ → ㉢ → ㉣
② ㉡ → ㉠ → ㉣ → ㉢
③ ㉡ → ㉣ → ㉢ → ㉠
④ ㉢ → ㉡ → ㉠ → ㉣
⑤ ㉣ → ㉡ → ㉠ → ㉢

ADVICE ㉣ 손을 먼저 씻고 나서 ㉡ 필요물품을 준비한다. 협조와 동의를 구한 후 ㉠ 요양보호사를 소개한다. 그 이후에 ㉢ 절차를 설명하고 수행한다.

47 요양보호와 생활지원 | 표준페이지 : 410

세면 도움 방법으로 적절한 것은?

① 안경은 관리대상에 해당하지 않는다.
② 눕힌 상태의 얼굴을 물수건으로 닦인다.
③ 눈은 바깥쪽에서 안쪽으로 닦아준다.
④ 수건에 따뜻한 물을 적셔서 얼굴을 닦는다.
⑤ 귀 입구는 의료기관에서만 닦는다.

ADVICE 수건을 따뜻한 물로 적셔서 얼굴을 닦아준다.

48 요양보호와 생활지원 | 표준페이지 : 420

침상 목욕을 마무리할 때 올바른 절차는?

① 깨끗한 옷을 갈아입히기 전에 일어서게 한다.
② 사용했던 목욕수건으로 전신을 닦아 마무리한다.
③ 피부색이 변한 경우에는 등 마사지를 한다.
④ 창문을 열어 빠르게 건조시킨다.
⑤ 따뜻한 우유나 온수를 마시도록 제공한다.

ADVICE 마무리 단계에서는 깨끗한 옷 착용 → 물·우유 제공 → 휴식 제공이 필요하다.

49 요양보호와 생활지원 | 표준페이지 : 442

휴식을 취하거나 잠을 잘 때 취하는 자세로 가장 적절한 것은?

①
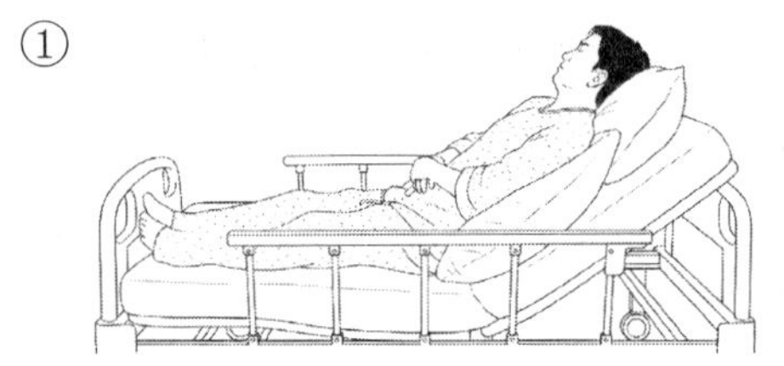

②
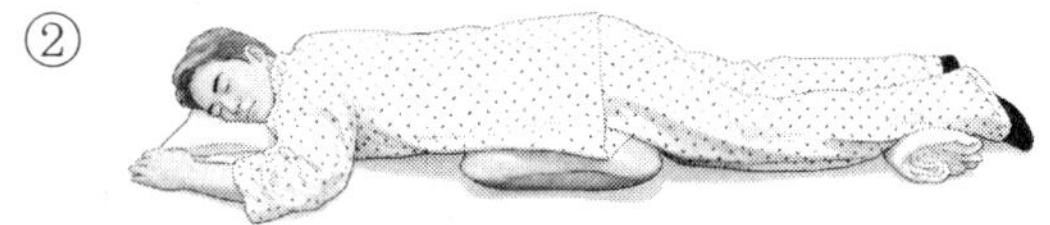

③
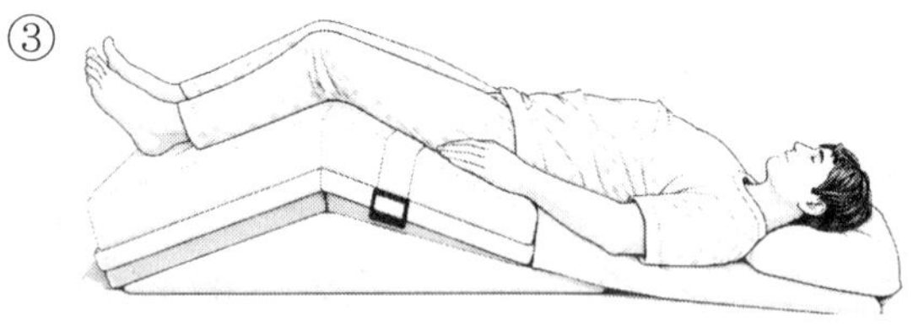

④
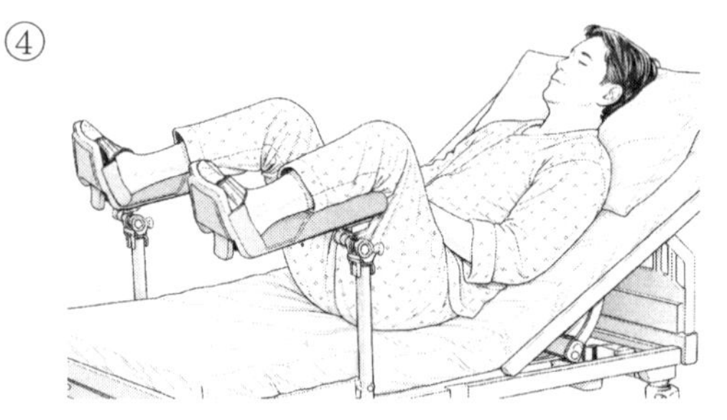

⑤
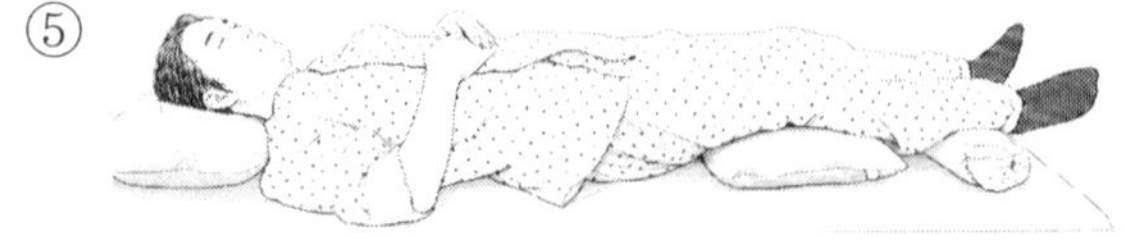

ADVICE 휴식을 취하거나 잠을 잘 때는 앙와위로 바로 누운 자세를 취한다.

●○○
50　요양보호와 생활지원 | 표준페이지 : 438

다음 그림의 자세에서 나타나는 정상반응은?

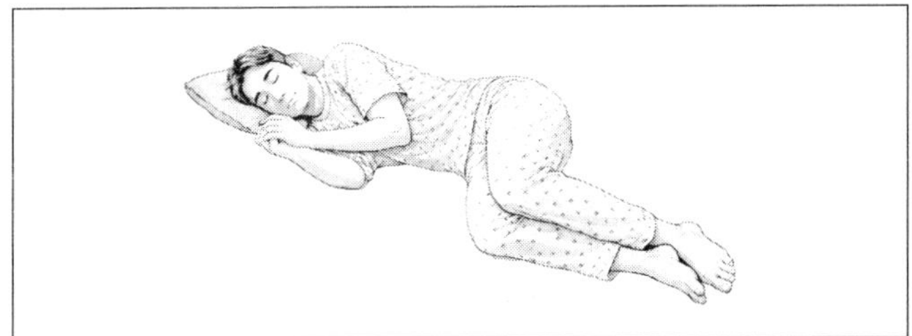

① 마비 대상자는 불편해한다.
② 무릎관절이 모두 굽혀진다.
③ 엉덩관절이 펴진다.
④ 발목이 꺾일 수 있다.
⑤ 호흡곤란을 유발한다.

ADVICE 무릎관절과 엉덩관절이 굽혀진다. 마비 대상자가 편안하다고 여기는 자세이다.

●○○
51　요양보호와 생활지원 | 표준페이지 : 460

침대에서 휠체어로 이동하는 기본절차에 대한 설명으로 적절한 것은?

① 대상자에게는 이동할 것이라는 말을 하지 않는다.
② 옮기기 전에 휠체어 바퀴를 고정하고 발 받침대를 접어둔다.
③ 마비된 손으로 침대 바닥을 지지하게 한다.
④ 발 간격은 최대한 좁게 하고 발은 바닥에서 띄워둔다.
⑤ 휠체어에 앉히고 양 팔을 만세 자세로 유지하게 한다.

ADVICE 옮기기 전에 휠체어 바퀴를 고정한다.

●○○
52　요양보호와 생활지원 | 표준페이지 : 446

앙와위로 체위를 변경하기 전 침대 상태로 옳은 것은?

① 상판을 세운다.
② 발 쪽만 올린다.
③ 침대를 수평으로 한다.
④ 침대 난간 양쪽을 올린다.
⑤ 침대를 기울인다.

ADVICE 앙와위는 침대를 수평으로 맞추는 것이 기본이다.

●○○
53　요양보호와 생활지원 | 표준페이지 : 440

하반신 마비 대상자의 상체를 일으킬 때 주의사항은?

① 일으키기 전에 먼저 수행절차를 설명한다.
② 대상자와 멀리 떨어져서 선다.
③ 대상자가 일어나길 바라는 방향의 반대로 몸을 돌린다.
④ 손을 짚지 않고 일어나게 한다.
⑤ 무릎을 절대로 꺾지 않고 일으켜 세운다.

ADVICE 수행하기 전에 일어날 것에 대해서 설명을 한다.

●○○
54　요양보호와 생활지원 | 표준페이지 : 493

미끄럼방지 용품에 대한 설명으로 적절한 것은?

① 건조한 바닥 위에 매트를 설치한다.
② 습기가 있는 곳에서는 사용하지 않는다.
③ 욕창을 예방하는 데 효과적이다.
④ 낙상 위험군에게 금기이다.
⑤ 신체 계측을 근거하여 높낮이를 조작한다.

ADVICE 건조한 바닥 위에 매트를 설치하여 미끄럼을 방지한다.

ANSWER　46.⑤　47.④　48.⑤　49.⑤　50.②　51.②　52.③　53.①　54.①

침대 사용 후에 보관 및 관리 방법으로 적절한 것은?

① 프레임은 보관 전에 물로 세척하여 말린다.
② 고온 살균을 진행한다.
③ 온도가 낮은 곳에 보관해야 한다.
④ 습기가 있는 곳에서 보관한다.
⑤ 사용하지 않을 때 높낮이를 가장 낮은 위치에 둔다.

ADVICE 높낮이를 가장 낮은 위치에 두어서 보관한다.

장보기 시 식재료 구매 수칙으로 적절한 것은?

① 대상자 가족의 필요물품도 함께 구매한다.
② 구매목록은 요양보호사만 확인한다.
③ 식재료 구매 시 대상자는 데리고 가지 않는다.
④ 필요량만 구매한다.
⑤ 냉장보관 식품은 구매하지 않는다.

ADVICE 식재료는 필요량만 구입한다.

음식 조리 시 고려사항은?

① 음식을 짜게 조리한다.
② 건조하고 수분을 흡수하는 재료로 조리한다.
③ 식재료 크기를 작거나 부드럽게 조리한다.
④ 향미가 나는 식재료를 사용하지 않는다.
⑤ 한 번에 다량의 음식을 조리한다.

ADVICE 치아에 문제가 있으므로 식재료를 작거나 부드럽게 조리해야 한다.

영양소별 급원식품에 대한 설명으로 적절한 것은?

① 고령자에게 가장 부족한 영양소는 나트륨이다.
② 나이가 들어도 탄수화물의 필요량은 변하지 않는다.
③ 지질이 풍부한 식품은 변비를 예방한다.
④ 두부나 생선과 같은 단백질 함량이 높은 음식을 제공한다.
⑤ 간에 가장 많이 있는 영양소는 식이섬유이다.

ADVICE 나이가 들어도 단백질 필요량은 변하지 않기 때문에 두부나 생선 등과 같은 단백질이 풍부한 음식을 섭취해야 한다.

당뇨병 대상자가 비교적 자유롭게 섭취 가능한 식품은?

① 케이크   ② 가당연유
③ 딸기우유   ④ 콜라
⑤ 뉴슈가

ADVICE 저열량 감미료인 뉴슈가는 비교적 자유롭게 섭취 가능하다.

다음과 같은 음식을 먹는 고혈압 대상자는 어떠한 영양소를 보충하기 위한 것인가?

유제품, 저지방 우유, 색이 진한 녹색 채소, 뼈째 먹는 생선

① 나트륨   ② 칼륨
③ 칼슘   ④ 탄수화물
⑤ 지질

ADVICE 칼슘을 충분히 섭취하기 위한 급원식품이다.

●○○

61 요양보호와 생활지원 | 표준페이지 : 534

칼슘보충제를 복용 중인 대상자에게 변비가 나타난 경우 적절한 식사관리는?

① 흰쌀밥 위주로 섭취한다.

② 수분 섭취를 충분히 한다.

③ 과일은 생보다는 주스로 섭취한다.

④ 해조류 섭취를 제한한다.

⑤ 요구르트를 마시지 않는다.

ADVICE 칼슘보충제를 먹으면 변비가 발생하기 쉽다. 식이섬유와 수분을 충분히 섭취한다.

●○○

62 요양보호와 생활지원 | 표준페이지 : 516

다음은 골다공증 대상자가 매일 먹는 음식이다. 어떤 영양소를 위한 급원식품인가?

> 정어리, 참치, 달걀, 효모

① 비타민 D

② 칼륨

③ 나트륨

④ 식이섬유

⑤ 지질

ADVICE 골다공증 대상자에게 좋은 비타민 D가 풍부하다.

●○○

63 요양보호와 생활지원 | 표준페이지 : 539

채소류를 보관하는 방법으로 적절한 것은?

① 고구마는 흐르는 물로 닦아서 햇볕이 드는 따뜻한 곳에 보관한다.

② 감자는 적당한 크기로 잘라서 밀폐용기에 넣어 냉장보관한다.

③ 우거지는 데친 후에 실온보관을 한다.

④ 씻지 않은 채소를 냉동보관한다.

⑤ 이물질이나 흙을 제거하고 밀폐용기에 담아 보관한다.

ADVICE 겉에 묻은 흙과 이물질 등을 제거하고 보관한다.

●○○

64 요양보호와 생활지원 | 표준페이지 : 548

베개의 선택 및 관리 방법은?

① 습기를 흡수하는 재질이어야 한다.

② 깃털처럼 푹신한 베개를 선택한다.

③ 목침은 혈액순환에 도움이 된다.

④ 메밀껍질로 만들어진 베개가 좋다.

⑤ 척추와 머리가 직각이 되는 높이의 베개를 선택한다.

ADVICE 메밀껍질로 만들어진 베개가 좋은 편이다.

●○○

65 요양보호와 생활지원 | 표준페이지 : 548

매트리스 선택 및 관리 방법은?

① 탄력성이 적어야 한다.

② 단단한 소재가 적합하다.

③ 햇볕에 노출시키지 않는다.

④ 신체지지력이 적고 매우 푹신해야 좋다.

⑤ 땀을 많이 흘린 경우에는 버린다.

ADVICE 단단하고 탄력성이 있는 소재가 적합하다.

●○○

66 요양보호와 생활지원 | 표준페이지 : 552

다음 건조표시가 의미하는 것은?

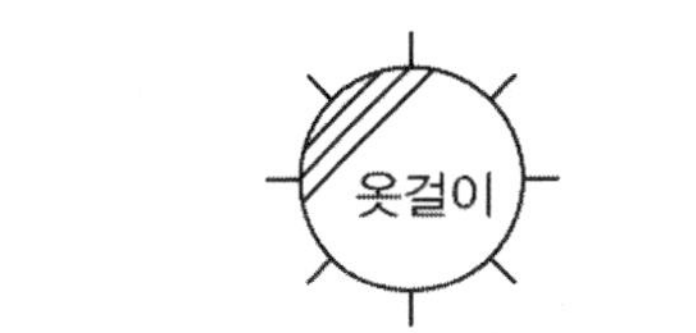

① 자연건조 금지

② 햇볕에서 건조

③ 그늘에서 건조

④ 뉘어서 건조

⑤ 세탁기 사용 금지

ADVICE 그늘에서 옷걸이에 걸어 건조하라는 것이다.

ANSWER 55.⑤ 56.④ 57.③ 58.④ 59.⑤ 60.③ 61.② 62.① 63.⑤ 64.④ 65.② 66.③

외출동행 방법에 대한 설명으로 옳은 것은?

① 외출에 필요한 준비물은 가족들에게 챙기게 한다.
② 차량에서 내릴 때 몸을 밀착시켜 안전하게 오르내리게 한다.
③ 차량을 승차할 때는 스스로 오르도록 돕지 않는다.
④ 외출동행 후에는 교통정보를 숙지한다.
⑤ 도보 시 보폭은 넓게 한다.

ADVICE 차량에서 오르내릴 때에는 요양보호사와 몸을 밀착시켜서 이동을 안전하게 돕는다.

쾌적한 주거환경 조성을 위한 방법은?

① 겨울에는 실내 난방이 필요하다.
② 대상자가 땀을 흘려도 실내온도는 유지한다.
③ 자연채광이 눈에 닿도록 조성한다.
④ 대상자 가족의 건강상태를 염두에 둔다.
⑤ 대상자 가족의 희망사항만을 고려한다.

ADVICE 겨울에는 실내 난방으로 온도를 조절한다.

치매 대상자의 일상생활에서 사고가 자주 발생하는 이유는?

① 식사 시간을 엄격하게 지킨다.
② 상황을 이성적으로 분석한다.
③ 지나치게 기억을 잘한다.
④ 예전 방식을 계속 고집한다.
⑤ 시각이 예민해진다.

ADVICE 치매가 진행이 되고 나서도 예전에 했던 방식을 고집하면서 사고가 발생한다.

치매 대상자의 식사를 돕는 방법으로 적절한 것은?

① 식탁에 비닐 식탁보나 식탁용 매트를 깔아둔다.
② 숟가락은 크기가 최대한 작은 것을 제공한다.
③ 열 가지 이상으로 상차림 반찬을 구성한다.
④ 즐겨 먹지 않던 음식을 제공한다.
⑤ 식사도구는 매일 다른 것을 준다.

ADVICE 음식을 손으로 먹거나 흘릴 수 있으므로 식탁 위에 비닐 식탁보나 매트를 깔아둔다.

치매 대상자의 의복 착용의 특징은?

① 계절에 맞는 옷을 선택해서 입는다.
② 속옷이 더러우면 찝찝하다며 갈아입혀 달라고 한다.
③ 소유한 옷으로 자신만의 패션스타일을 요청한다.
④ 다양한 액세서리로 꾸미려고 한다.
⑤ 상황에 적절한 옷을 선택하기 어려워한다.

ADVICE 상황, 시간, 장소에 맞는 옷을 선택하기 어려워한다.

치매 대상자가 배회를 하는 경우 돕는 방법은?

① 억제대를 착용하여 움직이지 못하게 한다.
② 치매 안심센터나 경찰서 등에 협조를 구한다.
③ 돌아다니면 큰일 난다고 겁을 준다.
④ 텔레비전을 큰 소리로 틀어둔다.
⑤ 집 안을 어둡게 유지한다.

ADVICE 배회하는 경우 실종방지를 위해 관련 기관에 미리 협조를 구한다.

치매 대상자의 석양증후군 특징은?

① 아침만 되면 침대를 뛰어 오른다.

② 저녁에는 기절하듯이 잠이 든다.

③ 낮에는 유순하다.

④ 저녁보다 낮에 증상이 심하다.

⑤ 주의집중 기간이 점차 길어진다.

ADVICE 저녁이 되면 충동적으로 행동을 한다.

파괴적인 행동을 하는 치매 대상자를 대하는 원칙은?

① 심술을 부리는 행동임을 알고 적절하게 훈계를 한다.

② 복잡한 말로 설명을 한다.

③ 경찰서에 협조를 구한다.

④ 진정되면 난폭한 행동을 상기시키지 않는다.

⑤ 대상자의 관심을 천천히 다른 곳에 유도한다.

ADVICE 행동이 진정되면 난폭한 행동을 다시 언급하지 않는다.

치매 대상자와 언어적인 의사소통을 하는 방법으로 올바른 것은?

① 불편을 호소하면 대응하지 않는다.

② 대상자가 실수를 해도 자존심 상하는 말을 하지 않는다.

③ 높은 음조로 빠르게 말한다.

④ 어린아이 대하듯이 이야기한다.

⑤ 그 사람, 저거, 거기 등의 대명사를 사용하여 말을 한다.

ADVICE 실수를 하더라도 존중을 하면서 긍정적으로 말한다.

치매 초기 단계 의사소통 방법은?

① 과거의 긍정적인 기억을 회상하게 돕는다.

② 높은 톤으로 빠르게 말한다.

③ 외래어나 약어로 된 단어를 사용한다.

④ 대상자가 응답하기 전에 말을 한다.

⑤ 간접적인 언어로 표현한다.

ADVICE 과거 긍정적인 기억을 회상하게 돕는다.

부분 기도폐쇄 시 절대로 해서는 안 되는 행동은?

① 옆에서 상태를 꾸준히 지켜본다.

② 긴장하지 않도록 편안하게 유도를 한다.

③ 119에 신고를 할 것을 고려한다.

④ 기침을 하게 하고 지켜본다.

⑤ 물을 마시게 한다.

ADVICE 물을 마시면 이물질이 더 내려가게 하므로 해서는 안 된다.

출혈부위를 압박할 때 적절한 행동은?

① 맨손으로 상처부위를 만진다.

② 출혈부위를 노출시키지 않는다.

③ 출혈이 멈출 때까지 출혈부위를 누른다.

④ 지혈했던 패드를 새로운 패드로 교체한다.

⑤ 출혈부위를 압박하지 않는다.

ADVICE 출혈이 멈출 때까지 옷이나 수건으로 상처를 압박해야 한다.

ANSWER 67.② 68.① 69.④ 70.① 71.⑤ 72.② 73.③ 74.④ 75.② 76.① 77.⑤ 78.③

79 상황별 요양보호기술 | 표준페이지 : 675

대상자의 적은 출혈이 멈춘 경우에 해야 하는 것은?

① 강하게 문질러서 주변 혈액을 닦는다.
② 상처 부위에 드레싱을 실시한다.
③ 물로 씻은 후에 그대로 둔다.
④ 주변을 압박하여 혈류를 차단한다.
⑤ 걸어 다니라고 이야기한다.

ADVICE 출혈이 멈추면 상처 부위를 드레싱한다.

80 상황별 요양보호기술 | 표준페이지 : 651

대상자와 사별을 한 가족에게 도움이 될 수 있는 활동은?

① 일기나 글을 쓰는 것이 도움이 된다고 알려준다.
② 혼자 해결하도록 놔둔다.
③ 요양보호사의 업무와 무관한 일이다.
④ 감정표현을 하지 말아달라고 부탁한다.
⑤ 애도는 비정상 반응이라고 말한다.

ADVICE 일기나 글쓰기 등이 애도에 도움이 된다.

기출동형 모의고사

필 기

1 요양보호 대상자 이해 | 표준교재 페이지 : 22

노년기에 사회적으로 역할 상실을 겪는 대표적인 사건은?

① 손자녀의 출산
② 은퇴
③ 유대감 상실
④ 학위 수료
⑤ 여가생활

ADVICE 노년기에 사회적으로 역할 변화가 생기는 사건은 은퇴에 해당한다.

2 요양보호 대상자 이해 | 표준교재 페이지 : 20

노년기에 조심성이 증가하는 원인에 해당하는 것은?

① 일에 대한 애착의 상실
② 지각 능력의 감퇴
③ 자신감 증가
④ 시청각 능력 증가
⑤ 융통성 감소

ADVICE 시청각 · 지각 능력의 감퇴, 일의 결과를 중시하는 태도, 자신감 감퇴 등으로 조심성이 증가한다.

3 요양보호 대상자 이해 | 표준교재 페이지 : 20

노년기에 우울증 경향이 증가한 노인에게 나타나는 특성은?

① 타인을 과도하게 칭찬한다.
② 주변 사람에게 적대적으로 대한다.
③ 결단이나 행동이 빨라진다.
④ 가역적으로 노화가 진행된다.
⑤ 외향성이 증가하여 바깥 활동이 늘어난다.

ADVICE 우울증 경향이 증가하면 불면증, 식욕부진, 체중 감소 등의 신체증상을 경험하고 타인에게 적대적으로 대한다.

4 요양보호 대상자 이해 | 표준교재 페이지 : 78

요양보호사의 금지행위는?

① 급여제공자료 작성
② 시설급여비용 청구
③ 비밀누설
④ 대상자 신체 정보를 의료진에 전달
⑤ 업무범위 이외의 요양서비스 거부

ADVICE 요양보호사는 노인학대, 수급자 유인 알선행위, 본인부담금 면제 및 감경, 비밀누설, 부당수급 관련 행위, 급여제공자료 거짓 작성 등이 금지된다.

ANSWER 79.② 80.① / 1.② 2.② 3.② 4.③

노인학대 행위에 해당하는 것은?

① 움직이기를 거부하는 노인을 움직이도록 유도하는 것
② 노인을 이용하여 구걸을 하는 것
③ 노인에게 급여된 물품을 노인을 위해 사용하는 것
④ 식사를 거부하는 노인에게 식사를 제공하는 것
⑤ 보호를 거부하는 노인의 기본적인 보호를 제공하는 것

ADVICE 「노인복지법」 제39조의9에 따라 노인을 이용하여 구걸을 하는 행위는 노인학대에 해당한다.

다음과 같은 상황에 요양보호사의 대처는?

> 대상자에게 제공되는 치료식이 맛이 없다고 요양보호사에게 불평하며 다른 식단을 요청한다.

① 제공할 수 없음을 설명하고 정중하게 거절한다.
② 가족들에게 대상자의 불평에 대해서 항의한다.
③ 시설장에게 요양보호사 증원을 요청한다.
④ 제공되는 음식이 치료에 도움 되는 것이니 먹으라고 설득한다.
⑤ 대상자가 만족감을 느낄 수 있도록 간이나 재료를 조절한다.

ADVICE 대상자의 의견을 확인하고 취향에 맞는 음식을 만들거나 간 혹은 재료를 조정한다. 필요에 따라 영양사나 간호사와 연계한다.

다음에서 설명하는 노인학대 유형은?

> 노인의 가족은 노인과 접촉을 기피하며 쳐다보지도 않고 무시하고 있다.

① 정서적 학대　　② 경제적 학대
③ 유기　　　　　④ 성적 학대
⑤ 방임

ADVICE 비난, 모욕, 위협, 협박 등을 통해서 노인에게 정서적으로 고통을 주는 것은 정서적 학대이다.

지역노인들이 자율적으로 친목도모 · 취미활동 · 공동작업장 운영 및 각종 정보교환과 기타 여가활동을 할 수 있도록 하는 장소를 제공함을 목적으로 하는 시설은?

① 노인공동생활가정
② 노인복지주택
③ 양로시설
④ 경로당
⑤ 노인요양시설

ADVICE 경로당에 대한 설명이다.

고령이나 노인성 질병 등의 사유로 일상생활을 혼자 수행하기 어려운 노인에게 장기요양급여에 관한 사항을 규정하여 노후의 생활 안정을 도모하는 사회복지는?

① 국민연금보험　　② 사회서비스
③ 국민건강보험　　④ 공공부조
⑤ 사회보험

ADVICE 노인장기요양보험은 사회보험에 해당한다.

●○○

10 요양보호 대상자 이해 | 표준교재 페이지 : 27

노인부양의 해결 방안으로 옳은 것은?

① 노인이 노년의 삶을 책임질 수 있도록 연금이나 보험으로 삶을 대비한다.
② 젊은 세대에게 국민연금을 거둬들이지 않는다.
③ 기초연금을 약화한다.
④ 노인의 여가활동을 제한한다.
⑤ 노인 돌봄은 가족이 전담한다.

ADVICE 노인 부양 문제는 재정적·신체적·심리적인 지원이 필요하다.

●○○

11 요양보호 대상자 이해 | 표준교재 페이지 : 25

노년기 부부관계의 변화에 대한 설명으로 옳은 것은?

① 점잖아지면서 성적 관심이 사라진다.
② 퇴직으로 인해 가정에서 역할이 변화한다.
③ 부부사이에 죽음에 대한 생각을 하지 않는다.
④ 노부부는 서로 다른 취미를 가져야 한다.
⑤ 자녀가 독립하면서 자신감이 생긴다.

ADVICE 퇴직으로 가정 내에서 역할의 변화가 생긴다.

●○○

12 요양보호 대상자 이해 | 표준교재 페이지 : 25

노년기 조부모와 손자녀의 관계에 대한 설명으로 적절한 것은?

① 노부부, 자녀부부, 손자녀가 함께 사는 거주형태가 늘어나고 있다.
② 조부모 역할에 쉽게 적응하지 못하고 어려워한다.
③ 손자녀를 순수한 애정으로 감싸줄 수 있다.
④ 조부모에 의해 손자녀에게 부정적인 자아 형성이 나타난다.
⑤ 노년기에 우울과 경직성을 향상시킨다.

ADVICE 손자녀는 노부부에게 활력과 탄력을 제공한다.

●○○

13 요양보호 대상자 이해 | 표준교재 페이지 : 37

사회보험제도에 대한 설명으로 옳은 것은?

① 아동, 청소년, 장애인 대상별로 서비스를 나누어서 제공한다.
② 사회참여에 지원하기 위한 개별적인 서비스이다.
③ 생활이 어려운 자만을 보장하는 제도이다.
④ 실업자에게 생활에 필요한 급여를 제공한다.
⑤ 금전적으로 지원을 하지 않는다.

ADVICE 사회보험에 국민건강보험, 고용보험, 국민연금보험, 산업재해보상보험, 노인장기요양보험이 있다.

●○○

14 요양보호 대상자 이해 | 표준교재 페이지 : 64

신체활동을 지원하는 표준서비스에 해당하는 것은?

① 의사소통 도움
② 입욕 시 이동 보조
③ 응급처치
④ 물리치료
⑤ 체위변경

ADVICE 세면 도움, 구강청결 도움, 식사 도움, 몸단장, 옷 갈아입기 도움 등이 있다.

●○○

15 요양보호 대상자 이해 | 표준교재 페이지 : 77

요양보호사가 준수해야 하는 것은?

① 서비스 제공을 위해 대상자가 특별히 싫어하는 행동을 한다.
② 서비스 제공 전에 대상자에게 내용을 충분히 설명한다.
③ 대상자 상태와 관계없이 기계적으로 서비스를 제공한다.
④ 서비스 중 예상치 못한 사고가 발생하면 혼자서 수습한다.
⑤ 비위관 삽입 또는 욕창관리를 한다.

ADVICE 서비스 제공 전에는 대상자에게 서비스 내용을 충분히 설명한다.

ANSWER 5.② 6.⑤ 7.① 8.④ 9.⑤ 10.① 11.② 12.③ 13.④ 14.⑤ 15.②

비뇨기계에 질환이 있는 대상자에게 해야 하는 요양보호사의 활동은?

① 대상자에게 요실금이 있으니 병원을 가라고 알려준다.
② 배뇨 조절을 어려워한다면 기저귀를 착용하게 한다.
③ 밤잠을 설치는 경우 요실금인지 긴박뇨인지 원인을 관찰한다.
④ 배뇨 문제를 스스로 해결하지 못하면 방 곁에서 계속 지켜보며 실수를 방지한다.
⑤ 소변주머니를 사용하게 한다.

ADVICE 밤에 계속 깨는 경우에는 관찰을 해서 원인을 확인한다.

욕창을 예방하는 방법은?

① 휠체어에서 3시간마다 자세를 변경한다.
② 도넛베개를 사용한다.
③ 억제대를 사용하여 움직임을 방지한다.
④ 더러워진 옷이나 시트는 신속하게 교체한다.
⑤ 피부를 촉촉하고 유분감 있게 유지한다.

ADVICE 한 부위에 지속적으로 압박이 가해지지 않도록 휠체어에서는 1시간마다 체위를 변경한다. 피부는 건조하게 유지하고 주변을 청결하게 한다.

세균성 폐렴의 치료제로 미생물로 만들어내는 물질을 사용하는 약제는?

① 소화제　　　　② 인슐린
③ 진통제　　　　④ 항생제
⑤ 항진균제

ADVICE 미생물이 만드는 항생물질로 된 약제인 항생제는 세균성 폐렴 치료에 사용한다.

열탈진을 앓고 있는 대상자에게 필요한 응급조치는?

① 에어컨이 있는 곳에서 휴식을 취하게 한다.
② 수분 섭취를 제한한다.
③ 뜨거운 수건을 몸에 대어준다.
④ 근육 마사지를 해준다.
⑤ 체온 상승이 없다면 신경쓰지 않는다.

ADVICE 서늘한 곳에서 휴식을 하게 하고 시원한 물로 샤워를 하게 한다. 열탈진은 체온이 크게 상승하지 않으므로 증상이 지속되면 의료기관에 간다.

당뇨병 대상자의 식이요법은?

① 반찬은 짭짤하게 먹는다.
② 저콜레스테롤 식이를 한다.
③ 육류 위주 식단을 세운다.
④ 청량음료를 자주 마신다.
⑤ 하루 1회만 식사한다.

ADVICE 고섬유질·저콜레스테롤 위주로 균형 있는 식이를 하며 음식은 싱겁게 먹는다.

근력과 근지구력을 강화하는 운동은?

① 풍선치기
② 아령 운동
③ 정적인 균형운동
④ 태권도
⑤ 농구

ADVICE 일정 이상의 저항인 아령을 가지고 운동하는 것은 근력과 근지구력 강화에 도움이 된다.

●○○
22 노화와 건강증진 | 표준교재 페이지 : 177

다음은 천식 치료에 사용되는 기관지 확장제 사용 순서이다. ㉠에 들어가는 것은?

> • 뚜껑을 열고 기관지 확장제를 흔든다.
> • 마개를 입에 물고 심호흡을 한 뒤 1회 용량이 흡입되도록 흡인기를 누른다.
> • (㉠)
> • 다음까지 1분가량 기다린다.

① 3초간 심호흡을 하고 호흡을 멈춘 뒤 천천히 내쉰다.
② 흡인기 통을 세척한다.
③ 입을 헹군다.
④ 병원에서 처방받은 천식 약을 복용한다.
⑤ 뜨거운 수건을 목에 대어 준다.

ADVICE 흡인기를 통해 약물이 들어가면 심호흡을 해서 깊이 들이마신 후 숨을 참고 천천히 내쉰다.

●○○
23 노화와 건강증진 | 표준교재 페이지 : 184

동맥경화증 증상으로 적절한 것은?

① 기면증   ② 우울증
③ 언어장애   ④ 각막염
⑤ 폐렴

ADVICE 불면증, 언어장애, 협심증, 의식장애, 하지 조직의 괴사 등이 발생한다.

●○○
24 노화와 건강증진 | 표준교재 페이지 : 176

천식 질환에서 만성 염증이 나타나는 부위는?

① 심장   ② 폐포
③ 식도   ④ 코
⑤ 기도

ADVICE 천식은 기도에 나타난 만성 염증성 질환이다.

●○○
25 노화와 건강증진 | 표준교재 페이지 : 171

변비가 발생하는 관련 요인은?

① 저잔여식이 섭취
② 저작능력 증가
③ 지나치게 많은 운동량
④ 복부근육의 증가
⑤ 대장반사 증가

ADVICE 대장반사 저하, 복부근육 감소, 운동량 부족, 저작능력 감소가 변비의 관련 요인에 해당한다.

●○○
26 노화와 건강증진 | 표준교재 페이지 : 170

설사 대상자에게 해야 하는 치료 및 예방은?

① 장기간 지사제를 복용한다.
② 몸을 차갑게 유지한다.
③ 수분 섭취를 줄인다.
④ 음식물 섭취량을 줄인다.
⑤ 고섬유소 음식 위주로 섭취한다.

ADVICE 장운동을 늘리는 고섬유소 음식은 피하는 것이 좋다. 또한 지사제는 짧은 기간 사용해야 한다.

●○○
27 노화와 건강증진 | 표준교재 페이지 : 274

다음 증상이 나타나는 질환은?

> • 강한 한파로 인해 피하조직이 손상
> • 노출된 손가락, 발가락 등 말단부위의 피부 색이 창백해짐

① 저체온증   ② 동상
③ 열경련   ④ 열탈진
⑤ 봉와직염

ADVICE 강한 한파에 노출되면서 피하조직이 손상되는 것은 동상에 해당한다.

ANSWER   16.③   17.④   18.④   19.①   20.②   21.②   22.①   23.③   24.⑤   25.①   26.④   27.②

치매 대상자에게 나타날 수 있는 증상은?

① 지남력 증가

② 요실금

③ 아토피성 피부염

④ 건선

⑤ 폐암

ADVICE 요실금, 변실금, 영양실조, 경련 등이 나타난다.

욕창 대상자에게 하는 치료 및 예방으로 적절한 것은?

① 자세는 최대한 변경하지 않고 유지한다.

② 무릎 사이에 베개를 끼워 넣는다.

③ 도넛베개를 천골부위에 적용한다.

④ 뜨거운 물주머니를 욕창부위에 올려둔다.

⑤ 물기 묻은 피부를 밀어내듯이 마른 수건으로 닦아낸다.

ADVICE 마찰을 방지하고 뼈를 보호하기 위해 무릎 사이에 베개를 넣는다.

노인성 질환에 의해서 질환이 치유된 이후에 일상생활 수행능력이 저하된 경우 나타나는 것은?

① 의존상태가 되어 와상상태가 될 수 있다.

② 영적인 측면으로 접근하여 치유한다.

③ 평범한 일상생활을 보낼 수 있다.

④ 고강도 운동을 할 수 있게 된다.

⑤ 위험 요인에 대한 노출이 적어진다.

ADVICE 노인성 질환으로 일상생활 수행능력이 저하되면 질환이 치유되더라도 와상상태가 될 수 있다.

소화기계에서 대장의 역할로 적절한 것은?

① 소화관에 소화효소를 분비한다.

② 섭취한 음식을 잘게 부순다.

③ 소화된 음식물의 수분을 흡수하여 항문으로 이동시킨다.

④ 소화효소와 섞인 음식물을 소장으로 보낸다.

⑤ 염산을 분비하여 세균을 살균한다.

ADVICE 대장 내에서는 소장에서 내려온 음식물을 항문까지 이동시킨다. 또한 소화된 음식물의 수분을 흡수하고 대변형태로 굳힌다.

다음의 증상이 특징인 신경퇴행성 질환은?

> 안정 시 떨림, 행동이 느려짐, 경직, 자세불안정의 운동증상이 나타난다.

① 골다공증　　　　② 파킨슨병

③ 척추골절　　　　④ 퇴행성 관절염

⑤ 치매

ADVICE 파킨슨병은 안정 시 떨림, 행동이 느려짐, 경직, 자세불안정의 운동증상이 특징적이다.

만성 기관지염 대상자에게 나타나는 증상은?

① 수면량의 증가

② 혈액성 가래

③ 흉막염 합병증

④ 식욕 증가

⑤ 점진적인 호흡곤란

ADVICE 심한 기침과 가래 끓는 기침이 나타나고 점진적으로 호흡곤란이 심화된다. 또한 점액성의 화농성 가래가 나타난다.

대장암 대상자가 해야 하는 식사는?

① 차가운 음식을 먹는다.

② 동물성 식품 섭취를 늘린다.

③ 하루에 1잔의 생수만 마신다.

④ 음식을 싱겁게 먹는다.

⑤ 가공식품을 주기적으로 섭취한다.

ADVICE 싱겁게 먹고 영양소를 골고루 섭취하는 것이 좋다.

●○○
35 노화와 건강증진 | 표준교재 페이지 : 183

고혈압 대상자의 관리법으로 적절한 것은?

① 체중을 늘린다.

② 음식을 짭짤하게 먹는다.

③ 저지방 유제품을 많이 먹는다.

④ 운동은 최대 월 1회 한다.

⑤ 지방산과 지방이 포함된 음식을 먹는다.

ADVICE 고혈압 대상자 관리에는 체중 관리, 염분 섭취 줄이기, 규칙적인 생활, 적절한 운동, 절주, 금연이 있다.

실 기

●○○
36 요양보호와 생활지원 | 표준페이지 : 370

안약 용액을 투여해야 할 적절한 높이는?

① 1 ～ 2cm 높이

② 5 ～ 7cm 높이

③ 10cm 이상의 높이

④ 약병이 눈에 닿을 정도의 높이

⑤ 눈높이와 같은 높이

ADVICE 안약 용액을 1 ～ 2cm 높이에서 투여한다.

●○○
37 요양보호와 생활지원 | 표준페이지 : 353

다양한 식품으로 균형 잡힌 식생활을 하기 위한 설명으로 옳은 것은?

① 음식을 조리할 때는 염분이 높게 조리한다.

② 기름이 많은 육식 부위 위주로 섭취한다.

③ 우유를 하루에 1회 분량 섭취한다.

④ 절인 채소반찬을 꾸준히 섭취한다.

⑤ 물은 하루에 한 잔 이하로 마신다.

ADVICE 우유와 유제품에는 단백질, 비타민, 칼슘 등이 있으므로 꾸준히 섭취한다.

●●○
38 요양보호와 생활지원 | 표준페이지 : 368

요양보호사가 대상자의 경구 투약을 돕는 방법으로 옳은 것은?

① 침상머리를 높여 대상자에게 반좌위를 취하게 한다.

② 사레 방지를 위해 최소한의 물만 제공한다.

③ 약을 먹다가 기침을 하면 투약을 중단하고 간호사에게 보고한다.

④ 투약이 모두 끝난 후에는 대상자에게 물품정리를 요청한다.

⑤ 대상자에게 투약 절차를 설명하는 것은 대상자의 불안감을 높일 수 있으므로 생략한다.

ADVICE 경구 투약 시 흡인 위험을 줄이고 약을 삼키기 쉽도록 침상머리를 높이고 반좌위를 취한다.

ANSWER 28.② 29.② 30.① 31.③ 32.② 33.⑤ 34.④ 35.③ 36.① 37.③ 38.①

귀약 투여를 돕는 방법으로 적절한 것은?

① 귀약을 차갑게 유지한다.
② 치료할 귀를 아래쪽에 오게 한다.
③ 약물이 잘 들어가도록 귀의 윗부분을 후상방으로 잡아당긴다.
④ 귀에서 넘치도록 약물을 점적한다.
⑤ 약을 점적 후에 귀를 털어낸다.

ADVICE 귀에 약물이 잘 들어가도록 후상방으로 귀의 윗부분을 잡아당겨야 한다.

치매 대상자의 약 보관 방법으로 가장 적절한 것은?

① 대상자의 눈에 잘 띄는 곳에 두어 복용 시간을 인지시킨다.
② 실온 보관을 위해 햇빛이 잘 드는 창가에 둔다.
③ 유효기간이 지난 약이라도 함부로 폐기하지 않는다.
④ 안전한 곳에 보관하고 가능하면 약상자에 잠금장치를 한다.
⑤ 대상자가 쉽게 꺼낼 수 있도록 침대 옆에 둔다.

ADVICE 치매 대상자의 약은 안전한 곳에 보관하고 가능하면 약상자에 잠금장치를 한다.

손 청결 돕기를 마친 후 요양보호사가 최종적으로 확인해야 할 사항은?

① 손톱을 바짝 잘랐는지 확인한다.
② 손바닥이 건조한지 확인한다.
③ 발진이 나타나는지 온몸을 살펴본다.
④ 일어설 수 있는지 확인한다.
⑤ 손톱이 살 안쪽에 심하게 파고들었는지 관찰한다.

ADVICE 손톱이 살을 파고들었는지, 이상이 없는지 확인한다.

마비 대상자의 화장실 이동을 돕는 방법에 대한 설명으로 적절한 것은?

① 휠체어는 침상을 마주보게 붙인다.
② 마비 대상자의 팔다리를 펼치고 몸을 끌어 침상 끝으로 이동시킨다.
③ 침상 중앙에 다리를 뻗게 하여 앉힌다.
④ 두 발이 침상머리 위에 닿게 한다.
⑤ 감싸 안아서 일으켜 세운 뒤에 몸을 회전시켜서 휠체어에 앉힌다.

ADVICE 감싸 안고 일으켜 세워서 휠체어에 앉힌다.

요양보호사가 화장실 밖에서 기다릴 때 올바른 행동은?

① 화장실 문을 닫아 대상자의 사생활을 완전히 보호한다.
② 화장실에서 최대한 멀리 떨어져서 대기한다.
③ 대상자에게 말을 걸어 상태를 살핀다.
④ 호출기가 작동하는지 확인하기 위해 대상자에게 호출기를 누르도록 한다.
⑤ 대상자가 배설을 마친 후 나올 때까지 문 앞에서 기다린다.

ADVICE 중간중간 대상자에게 말을 걸어 상태를 살핀다.

44 요양보호와 생활지원 | 표준페이지 : 377

시설장이나 간호사에게 대상자의 소변 상태를 보고해야 하는 경우는?

① 소변이 맑고 투명하다.

② 소변 냄새가 약하다.

③ 거품이 적다.

④ 소변의 색이 연하다.

⑤ 소변이 탁하거나 뿌옇다.

ADVICE 대상자의 소변이 탁하거나 뿌옇다면 시설장이나 간호사에게 보고해야 한다.

45 요양보호와 생활지원 | 표준페이지 : 380

침상에서 배설 후 대상자의 피부를 관리하는 방법으로 옳은 것은?

① 물티슈로 회음부를 앞에서 뒤로 닦고 마른 수건으로 물기를 닦는다.

② 마른 수건으로만 물기를 닦아준다.

③ 대상자가 허리를 들지 못하면 바로 눕힌 상태에서 닦는다.

④ 화장실로 데려가서 목욕을 시킨다.

⑤ 물티슈로 물기가 남게 닦는다.

ADVICE 물티슈로 앞에서 뒤로 잘 닦아준 후, 물기가 남아 있으면 피부 손상을 일으킬 수 있으므로 마른 수건으로 물기를 닦아 준다.

46 요양보호와 생활지원 | 표준페이지 : 409

세면을 도울 때 주의사항으로 적절한 것은?

① 귓바퀴를 닦아내지 않는다.

② 의료기관에서 귀지를 제거한다.

③ 눈은 바깥쪽에서 안쪽으로 닦아낸다.

④ 코 안은 닦지 않는다.

⑤ 스스로 할 수 있더라도 최대한 지원한다.

ADVICE 귀지는 의료기관에서 제거하는 것이 안전한다.

47 요양보호와 생활지원 | 표준페이지 : 419

침상 목욕 시 등과 둔부를 닦을 때의 올바른 절차는?

① 바로 누운 상태에서 등을 닦는다.

② 옆으로 눕혀 등→둔부 순으로 닦는다.

③ 척추 부위는 가볍게 스치듯 닦는다.

④ 둔부는 닦지 않는다.

⑤ 신체적 접촉을 최소화한다.

ADVICE 등과 둔부는 옆으로 눕게 한 뒤 등→둔부 순으로 닦는다.

48 요양보호와 생활지원 | 표준페이지 : 433

편마비 대상자에게 상의를 갈아입힐 때 적절한 기본절차는?

① 옷을 입을 때에는 건강한 팔을 먼저 끼운다.

② 단추가 달린 상의는 단추를 풀지 않고 벗긴다.

③ 앞이 벌어진 상의는 반드시 요양보호사가 확실하게 벗긴다.

④ 마비된 쪽의 팔을 잡아당기지 않는다.

⑤ 옷 입는 과정에 일체 도움을 주지 않고 지켜만 본다.

ADVICE 마비된 쪽은 스스로 벗을 수 있도록 당기지 않는다.

ANSWER 39.③ 40.④ 41.⑤ 42.⑤ 43.③ 44.⑤ 45.① 46.② 47.② 48.④

1회분
2회분
3회분
4회분
5회분
6회분
7회분
8회분
9회분
10회분
11회분
12회분
13회분
14회분
15회분
16회분
17회분
18회분
19회분
20회분

49 요양보호와 생활지원 | 표준페이지 : 442

대상자가 얼굴을 씻거나 위관 영양을 할 때 주로 하는 자세는?

① 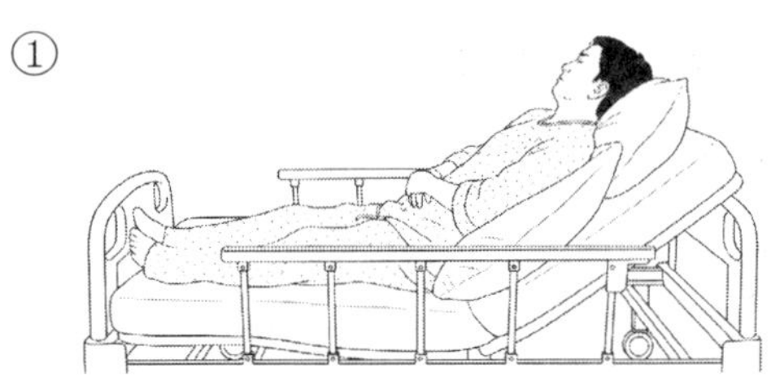

② 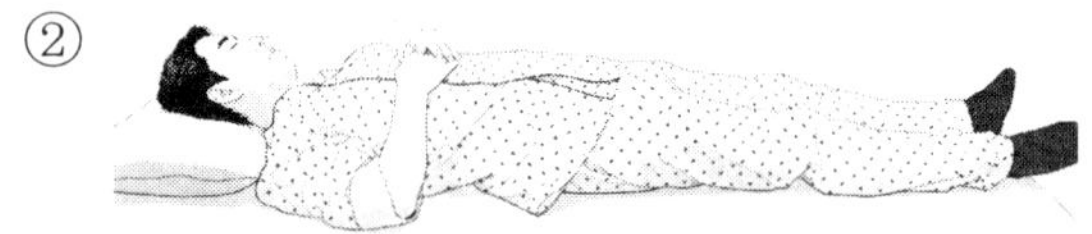

③ 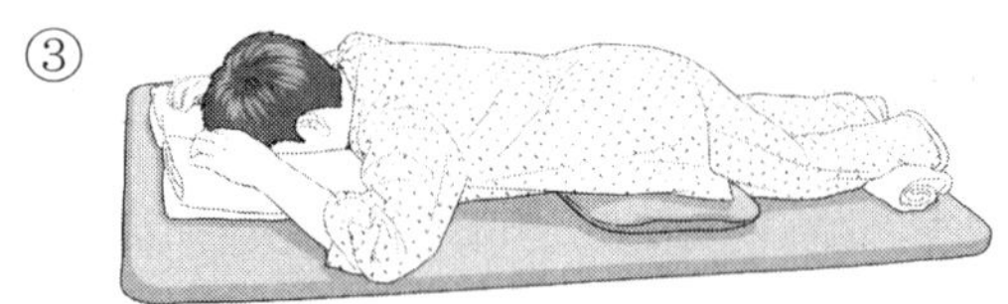

④ 

⑤ 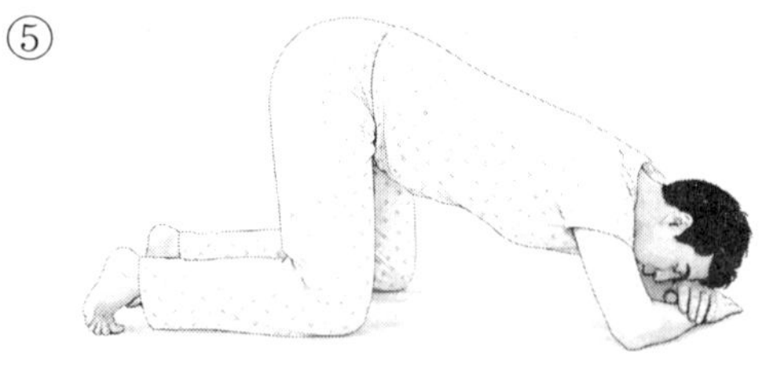

ADVICE 숨차거나, 얼굴을 씻거나, 식사 또는 위관 영양 시에는 반좌위를 취한다.

50 요양보호와 생활지원 | 표준페이지 : 437

다음 그림의 운동이 신체안정에 도움을 주는 것은?

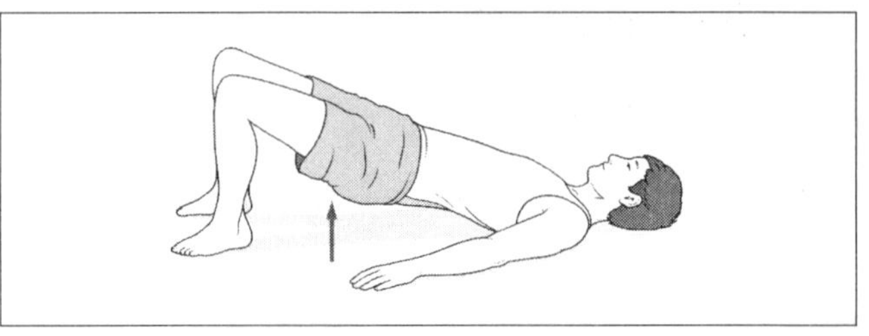

① 얼굴 씻기　　　② 위관 영양
③ 휴대용 변기 사용　　　④ 알약 복용
⑤ 유치도뇨관 적용

ADVICE 누워서 엉덩이를 들어 올리는 자세는 휴대용 변기 사용, 침대 위에서의 이동, 보행 시 도움을 준다.

51 요양보호와 생활지원 | 표준페이지 : 466

앙와위로 돌릴 때 상체를 움직이는 방법으로 옳은 것은?

① 머리만 잡고 돌린다.
② 허리만 잡고 돌린다.
③ 어깨와 엉덩이를 잡고 돌린다.
④ 팔만 잡아당긴다.
⑤ 이불만 당겨 돌린다.

ADVICE 앙와위로 돌릴 때는 어깨와 엉덩이를 잡고 통나무 굴리듯이 몸 전체를 함께 돌려 눕힌다.

52 요양보호와 생활지원 | 표준페이지 : 527

음식 조리 시 고려사항은?

① 질긴 음식 위주로 조리한다.
② 가능한 짜지 않게 조리한다.
③ 딱딱한 음식을 준비한다.
④ 향미가 나지 않는 식재료를 사용한다.
⑤ 향신료를 사용하지 않는다.

ADVICE 짠맛을 잘 느끼지 못하므로 짜지 않게 음식을 조리한다.

●○○
53 요양보호와 생활지원 | 표준페이지 : 467

보행 돕기 시 보행기 사용 방법으로 적절한 것은?

① 두 다리가 모두 약한 경우 사용하지 않는다.

② 팔꿈치가 30° 구부러지도록 조절한다.

③ 맨발로 이용한다.

④ 요양보호사는 앞장서서 걸어간다.

⑤ 혼자 보행기를 사용할 수 있더라도 보행기는 근처에 두지 않는다.

ADVICE 팔꿈치를 30° 구부러지게 유지한다.

●○○
54 요양보호와 생활지원 | 표준페이지 : 465

보행 돕기 시 계단을 오르내릴 때 주의사항은?

① 혼자서 일어나는 것이 무리 없는 경우에 시도한다.

② 슬리퍼를 신고 이동하게 한다.

③ 반드시 대상자의 어깨를 부축하면서 오르내린다.

④ 내려갈 때에는 건강한 쪽 다리를 먼저 내린다.

⑤ 지팡이는 사용하지 않게 한다.

ADVICE 계단 오르내리기는 거동에 무리가 없을 때 시도한다.

●○○
55 요양보호와 생활지원 | 표준페이지 : 459

한쪽 다리가 불편한 대상자를 바닥에서 휠체어로 이동할 때 기본절차로 적절한 것은?

① 불편한 다리 쪽에 휠체어를 나란히 둔다.

② 타기 전에 바퀴의 고정 장치를 풀어둔다.

③ 발 받침대를 펴둔 상태에서 앉혀야 한다.

④ 휠체어로 옮겨줄 것임을 설명한 뒤에 시행한다.

⑤ 앉힐 때 대상자가 휠체어 팔걸이를 잡지 못하게 한다.

ADVICE 휠체어에 옮겨줄 것을 미리 설명한 뒤에 절차를 시행해야 한다.

●○○
56 요양보호와 생활지원 | 표준페이지 : 499

다음과 같은 침대 4장 상판의 특징은?

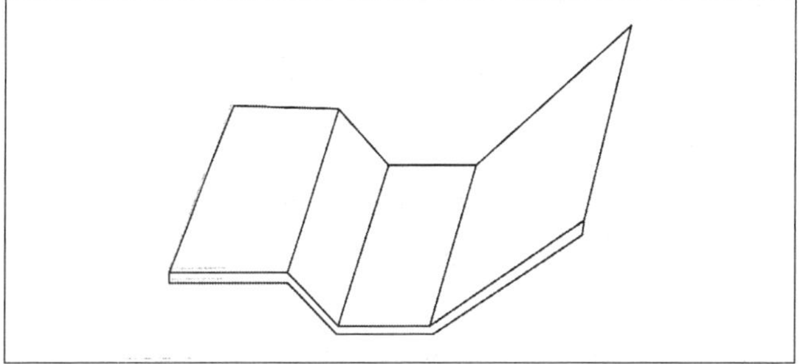

① 무릎을 올리는 것이 불가능하다.

② 대퇴부, 하퇴부, 등받이로 구분된다.

③ 무릎을 올리고 걸터앉으면 골반이 기울어진다.

④ 등을 올리고 걸터앉으면 낙상위험이 높아진다.

⑤ 등을 올리고 걸터앉으면 안정적이다.

ADVICE 4장 상판은 등받이, 엉덩이 받이, 대퇴부, 하퇴부로 구분된다. 엉덩이 받이가 있어 걸터앉을 때 안정적이다.

●○○
57 요양보호와 생활지원 | 표준페이지 : 499

안전한 침대 사용법으로 적절한 것은?

① 침대 난간 고정 볼트를 풀어둔다.

② 침대바퀴는 항상 풀어둔다.

③ 식탁을 사용하지 않을 때에는 분리해 둔다.

④ 침대 주변에 생활용품을 두지 않는다.

⑤ 대상자가 침대 위에 있을 때 난간을 항상 올려둔다.

ADVICE 난간을 항상 올려두어 낙상을 예방한다.

ANSWER   49.①   50.③   51.③   52.②   53.②   54.①   55.④   56.⑤   57.⑤

58 요양보호와 생활지원 | 표준페이지 : 526

음식 조리 방법으로 적절한 것은?

① 채소는 씻지 않고 바로 조리를 한다.
② 오랜 시간 음식을 가열한다.
③ 식품은 적은 물로 빠르게 씻는다.
④ 질긴 식재료는 절단하지 않는다.
⑤ 한정된 재료를 사용하여 조리한다.

ADVICE 씻는 과정에서 수용성 비타민이 손실되기도 한다. 그러므로 식품은 적은 물로 빠르게 씻긴다.

59 요양보호와 생활지원 | 표준페이지 : 531

고혈압 대상자의 변비 예방과 수축기 혈압 감소에 도움이 되는 영양소는?

① 칼슘
② 나트륨
③ 동물성 지방
④ 탄수화물
⑤ 식이섬유

ADVICE 변비 예방과 수축기 혈압 감소에 도움을 주기 위해서 식이섬유를 섭취한다.

60 요양보호와 생활지원 | 표준페이지 : 534

변비 대상자의 식사관리에 대한 설명으로 적절한 것은?

① 음식을 씹지 않고 삼키게 한다.
② 식사를 규칙적으로 하게 한다.
③ 화장실에 가기 전에는 차가운 음료를 마시게 한다.
④ 흰죽을 자주 제공한다.
⑤ 수분 섭취를 제한한다.

ADVICE 식사는 규칙적으로 하는 것이 도움된다.

61 요양보호와 생활지원 | 표준페이지 : 516

다음 중 골다공증 대상자가 충분히 섭취하면 좋은 비타민 D가 풍부한 음식은?

① 새우
② 오징어
③ 갈비
④ 삼겹살
⑤ 정어리

ADVICE 비타민 D가 풍부한 음식은 생선류, 간유, 달걀, 효모, 버섯 등이 있다.

62 요양보호와 생활지원 | 표준페이지 : 539

포장되지 않은 두부를 보관하는 방법은?

① 뜨거운 물에 담아서 실온보관한다.
② 찬물에 넣고 냉장보관한다.
③ 두부만 밀폐용기에 넣어 냉동보관한다.
④ 먹을 만큼 자른 후 비닐 팩에 넣어 냉장보관한다.
⑤ 흐르는 물로 닦은 후 물기를 제거하고 냉장보관한다.

ADVICE 두부는 찬물에 넣어서 냉장보관을 한다.

63 요양보호와 생활지원 | 표준페이지 : 548

베개의 선택 및 정리 방법에 대한 설명으로 적절한 것은?

① 솜 베개는 경추곡선 유지에 도움이 된다.
② 베개는 1개 이상 준비하지 않는다.
③ 감염대상자 베개는 커버를 씌워서 매일 교환한다.
④ 돌 베개는 근육에 도움이 된다.
⑤ 베개 폭은 어깨보다 30cm 작은 것으로 한다.

ADVICE 감염대상자는 베개에 커버를 씌워서 매일 갈아준다.

다음 건조표시가 의미하는 것은?

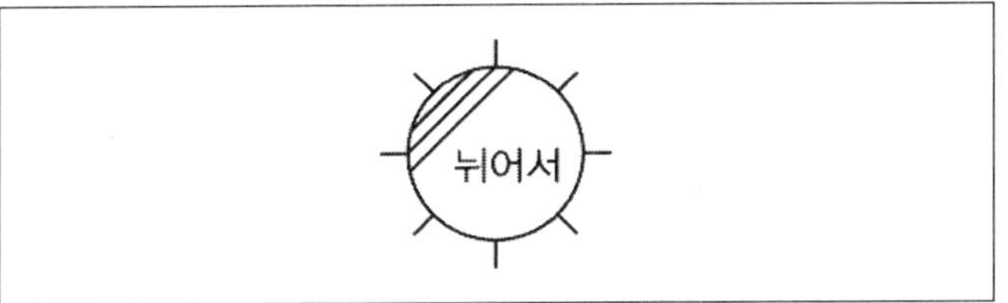

① 손세탁만 가능
② 옷걸이에 걸어서 건조
③ 햇볕에서 건조
④ 그늘막에 세워서 건조
⑤ 수평으로 늘어놓아서 건조

ADVICE 뉘어서 그늘에서 건조하라는 표시이다.

일상업무 대행에 대한 설명으로 옳은 것은?

① 일상업무 대행이 원활하게 이루어지고 있음을 대상자에게 수시로 알려준다.
② 대상자의 일상업무 대행은 요양보호사의 업무가 아니라고 거절한다.
③ 대행 후 대상자가 불만족하면 가족에게 전달한다.
④ 대상자 가족의 사적인 업무도 함께 처리한다.
⑤ 대상자에게 대행에 대한 수수료를 요구한다.

ADVICE 신뢰감 형성을 위해서 업무를 대행하는 것이 원활하게 되고 있음을 수시로 확인시켜준다.

쾌적한 주거환경 조성을 위한 조명 설치방법은?

① 배설물을 치울 때에는 간접 조명을 사용한다.
② 계단에는 무릎 아래에 있는 보조등을 설치한다.
③ 가구에 점멸등을 설치하지 않는다.
④ 눈에 바로 직사광선이 닿을 수 있도록 조명을 설치한다.
⑤ 화장실 조명은 야간에 반드시 꺼둔다.

ADVICE 계단에 보조등을 설치하면 계단 높이를 확인할 수 있다.

치매가족에게 공감을 하는 의사소통 기법은?

① "당신의 이야기를 진심으로 들어줄 수 없어요."
② "이거는 누구나 할 수 있는 일입니다."
③ "그렇게 하시면 안 돼요."
④ "업무가 많아서 힘이 드셨군요."
⑤ "왜 이렇게 하신 건가요."

ADVICE 상대의 관점을 이해하고 공감하는 자세를 취한다.

치매 대상자의 일상생활에서 사고가 자주 발생하는 이유는?

① 개방성이 높아진다.
② 변화에 지나치게 잘 적응한다.
③ 새로운 일을 배우는 데에 문제가 있다.
④ 다양한 사람을 만나려고 외출을 자주 한다.
⑤ 새로운 방식을 시도하려고 한다.

ADVICE 상황을 분석하거나 평가하지 못하고, 새로운 일을 배우는 데에 어려움이 있다.

ANSWER 58.③ 59.⑤ 60.② 61.⑤ 62.② 63.③ 64.⑤ 65.① 66.② 67.④ 68.③

치매 대상자의 식사 돕기에 대한 설명으로 옳은 것은?

① 대상자가 버린 음식을 주워 먹는다면 지켜본다.
② 식사할 때 감독과 보호를 하지 않는다.
③ 플라스틱보다 유리제품을 주로 사용한다.
④ 간장이나 양념을 식탁 위에 여러 개 올려둔다.
⑤ 묽은 음식에도 사레가 자주 걸리면 걸쭉한 액체 음식을 제공한다.

ADVICE 묽은 음식이 사레가 자주 걸리면 걸쭉한 액체 음식으로 제공한다.

치매 대상자의 배설 돕기에 대한 기본 원칙은?

① 화장실은 대상자의 방과 먼 곳에 배정한다.
② 화장실을 찾기 어렵게 한다.
③ 배설기록지에 배설시간이나 양을 기록한다.
④ 벨트를 착용하거나 단추 있는 바지를 입힌다.
⑤ 바퀴 달린 변기는 야간에만 사용한다.

ADVICE 배설기록지에 기록을 하여 배설 습관을 파악한다.

치매 대상자의 구강위생 관리에 대한 설명으로 옳은 것은?

① 누워서 지내는 경우에 시행하지 않는다.
② 편마비가 있다면 음식물이 한쪽에 모여 있는지 확인한다.
③ 의치는 24시간 동안 착용하게 한다.
④ 양치한 물을 뱉지 않으면 등을 두들긴다.
⑤ 양치질을 거부하면 강제로 입을 벌려 칫솔질을 한다.

ADVICE 편마비가 있다면 감각 없는 쪽에 음식물이 모여 있을 수 있다.

치매 대상자의 옷 입기를 돕는 방법으로 적절한 것은?

① 입을 옷을 바구니에 담아서 제공한다.
② 옷 입기를 거부하면 옷을 입히지 않는다.
③ 단추 대신에 부착용 접착천으로 여미는 옷을 선택한다.
④ 자신의 옷이 아니라 하면 틀렸다고 말해준다.
⑤ 앞뒤를 구분하지 못할 때 엄하게 가르쳐 준다.

ADVICE 접착천으로 옷을 여미며 편하게 갈아입도록 한다.

배회를 하는 치매 대상자를 돕는 방법으로 적절한 것은?

① 음식을 제공하지 않는다.
② 화장실을 가지 못하게 한다.
③ 가족과 만남을 막는다.
④ 단순한 일거리를 준다.
⑤ 낮잠을 많이 자게 한다.

ADVICE 단순한 일거리를 하면서 배회증상이 줄어들게 한다.

석양증후군을 앓는 치매 대상자를 돕는 방법은?

① 밤 시간에 활발하게 활동하도록 한다.
② 신체적으로 구속을 한다.
③ 해질 녘에는 방 안에 혼자 둔다.
④ 좋아하는 반려동물과 즐거운 시간을 보내게 한다.
⑤ 방 안에 조명을 모두 꺼둔다.

ADVICE 좋아하는 일거리를 주거나 반려동물과 즐거운 시간을 보내게 한다.

치매 대상자와 언어적인 의사소통을 하는 방법으로 올바른 것은?

① 낮은 음조로 천천히 차분하게 말한다.
② 대상자가 의심을 한다면 부정하고 설득한다.
③ 말뜻을 이해 못해도 반복적으로 말하지 않는다.
④ 한 번에 여러 가지 말을 한다.
⑤ 대상자가 걷고 있을 때 말을 건다.

ADVICE 낮은 음조로 천천히 속도에 맞춰서 말한다.

치매 말기 단계에 나타나는 의사소통의 특징은?

① 발음이 정확하다.
② 말이 없어진다.
③ 사용하는 어휘의 수가 점차 늘어난다.
④ 발음이 점차 정확해진다.
⑤ 상대방에게 요구가 많아진다.

ADVICE 말이 없어지고 상대방의 말을 그대로 따라한다.

자동심장충격기 사용에 대한 설명으로 옳은 것은?

① 정상적으로 호흡하지만 호흡을 불편해하면 시행한다.
② 패드 부착 부위에 이물질은 제거한다.
③ 심장리듬을 분석 중이라는 음성이 나오면 심폐소생술을 한다.
④ 심장충격을 할 때 대상자의 손을 잡아준다.
⑤ 심장충격을 실시하고 나서 손을 대지 않고 119 구급대를 기다린다.

ADVICE 패드 부착 부위에는 이물질을 제거한 다음에 붙여야 한다.

경미한 화상을 입은 경우 적절한 응급처치는?

① 상처부위 위에 온수를 뿌려준다.
② 상처 주변에 된장을 바른다.
③ 멸균 드레싱을 한다.
④ 얼음을 상처 위에 올려둔다.
⑤ 핸드크림을 발라준다.

ADVICE 상처부위에 멸균 드레싱을 실시한다.

대상자가 낙상을 하여 몸을 스스로 움직이지 못하는 경우 취해야 하는 조치는?

① 해열제를 제공한다.
② 몸을 움직이지 못하도록 억제한다.
③ 대상자가 스스로 움직이게 유도한다.
④ 다리를 올리고 눕혀둔다.
⑤ 손상 부위의 액세서리를 벗겨낸다.

ADVICE 골절이 예상되므로 손상 부위에 액세서리를 미리 벗겨낸다.

다음 중 심폐소생술 단계에서 가장 먼저 해야 하는 것은?

① 가슴압박 30회 실행
② 인공호흡 실시
③ 환자를 옆으로 눕힘
④ 대상자의 반응 확인
⑤ 자동심장충격기 사용

ADVICE 대상자가 안전한지, 반응이 있는지 확인하는 것이 가장 먼저이다.

ANSWER 69.⑤ 70.③ 71.② 72.③ 73.④ 74.④ 75.① 76.② 77.② 78.③ 79.⑤ 80.④

필 기

1   요양보호 대상자 이해 | 표준교재 페이지 : 38

노인 본인의 소득과 함께 지역사회 지원으로 건강서비스를 이용할 수 있어야 한다는 노인복지 원칙은?

① 독립의 원칙   ② 참여의 원칙

③ 보호의 원칙   ④ 자아실현의 원칙

⑤ 존엄의 원칙

ADVICE 노인은 일할 기회를 얻을 수 있어야 하고 다른 소득을 얻을 독립의 기회를 가질 수 있어야 한다.

2   요양보호 대상자 이해 | 표준교재 페이지 : 46

재가노인복지시설에 해당하는 것은?

① 양로시설

② 노인요양시설

③ 노인요양공동생활가정

④ 복지용구지원서비스

⑤ 노인복지관

ADVICE 재가노인복지시설에는 방문요양서비스, 주 · 야간보호서비스, 단기보호서비스, 방문목욕서비스, 재가노인지원서비스, 방문간호서비스, 복지용구지원서비스가 있다.

3   요양보호 대상자 이해 | 표준교재 페이지 : 53

장기요양 3등급의 인정점수는?

① 95점   ② 80점

③ 70점   ④ 55점

⑤ 50점

ADVICE 장기요양 3등급 인정점수는 75점 미만 60점 이상이다.

4   요양보호 대상자 이해 | 표준교재 페이지 : 64

노인장기요양보험 표준서비스에서 신체활동지원에 해당하는 표준서비스는?

① 의사소통 도움

② 입욕 준비

③ 응급서비스

④ 화장실 이용하기

⑤ 신체 · 인지기능 향상프로그램

ADVICE 「노인장기요양보험법 시행규칙」의 급여제공 기록지를 기준으로 신체활동지원에 해당하는 것은 세면 도움, 구강청결 도움, 식사 도움, 몸단장, 옷갈아 입기 도움, 머리감기 도움, 몸 씻기 도움, 화장실 이용하기, 이동 도움, 체위변경, 신체기능의 유지 · 증진이다.

5   요양보호 대상자 이해 | 표준교재 페이지 : 45

치매 · 중풍 등 노인성 질환으로 도움이 필요한 노인을 입소시켜 급식 · 요양 등의 편의를 제공하는 목적의 시설은?

① 재가노인복지시설

② 노인요양시설

③ 양로시설

④ 노인복지주택

⑤ 노인복지관

ADVICE 「노인복지법」 제34조에 따라 노인요양시설에 해당한다.

6 요양보호 대상자 이해 | 표준교재 페이지 : 73

다음과 같은 상황에 요양보호사의 대처는?

> 쓰레기를 버릴 때 분리배출을 해야 한다고 설명하였으나 대상자는 설명대로 시행하지 않는다.

① 분리배출이 되지 않은 쓰레기는 정리하지 않는다.
② 분리배출함 위에 그림을 표시하여 쉽게 버릴 수 있도록 돕는다.
③ 가족들에게 분리배출이 되지 않은 쓰레기는 정리하지 않겠다고 알린다.
④ 시설장에게 상황을 알린다.
⑤ 서문으로 쓰레기 배출방법을 작성하여 대상자에게 전달한다.

ADVICE 분리배출을 잘할 수 있는 여건을 만들고 분리배출함 위에 직관적으로 확인 가능한 단어나 그림을 표시한다.

7 요양보호 대상자 이해 | 표준교재 페이지 : 81

요양보호사에게 요구가 금지되는 행위는?

① 대상자의 말벗
② 가족을 위한 관공서 업무지원
③ 대상자 의류 세탁
④ 대상자의 능력을 발휘하는 동기 유발
⑤ 학대 당하는 대상자 입장을 옹호

ADVICE 「노인장기요양보험법」에 따라 요양보호사에게 수급자 가족만을 위한 행위, 수급자 또는 그 가족을 지원하는 행위, 수급자 일상생활에 지장이 없는 행위는 요구가 금지된다.

8 요양보호 대상자 이해 | 표준교재 페이지 : 87

다음에서 설명하는 노인의 인권영역은?

> 노인복지시설에서 생활하는 노인은 장애나 가족상황에 따라서 차별받지 않고 평등한 처우를 받아야 한다.

① 소통권
② 건강권
③ 주거권
④ 경제권
⑤ 존엄권

ADVICE 대한민국 헌법 제10조에 따라 존엄한 존재로 대우받을 존엄권에 해당한다.

9 요양보호 대상자 이해 | 표준교재 페이지 : 95

다음 사례에서 시설노인이 보장받지 못한 권리는?

> 박씨 할머니는 시설에서 파마를 하면 머리가 상하여 봉사자에게 불평한다. 봉사자는 시설에서 저렴한 것을 사용해서 어쩔 수 없다고 말한다.

① 질 높은 생활서비스를 받을 권리
② 신체구속을 받지 않을 권리
③ 차별을 받지 않을 권리
④ 노인 스스로 퇴소를 결정할 권리
⑤ 개인 소유물을 스스로 관리할 권리

ADVICE 건강한 생활을 위한 질 높은 생활서비스 및 보건의료서비스를 받을 권리로 개인의 선호와 기능에 따라 편의를 조정해야 한다.

ANSWER 1.① 2.④ 3.③ 4.④ 5.② 6.② 7.② 8.⑤ 9.①

●○○

10 요양보호 대상자 이해 | 표준교재 페이지 : 111

다음에서 설명하는 노인학대 유형은?

> 노인의 가족들은 스스로 독립하기 어려운 노인에게 연락을 두절하거나 왕래를 하지 않는다.

① 정서적 학대
② 성적 학대
③ 경제적 학대
④ 유기
⑤ 자기방임

ADVICE 스스로 독립이 어려운 노인을 격리하거나 방치하는 것은 유기에 해당한다.

●○○

11 요양보호 대상자 이해 | 표준교재 페이지 : 19

노년기의 신체적인 특성으로 적절한 것은?

① 질병이 발생하면 서서히 진행된다.
② 만성질환이 잘 나타나지 않는다.
③ 적응력이 떨어지면서 일상생활이 어려워질 수 있다.
④ 급진적으로 일어나는 진행성 과정이다.
⑤ 뼈와 근육이 이완되면서 몸이 펴진다.

ADVICE 잔존능력이 저하되면서 적응력이 떨어진다.

●○○

12 요양보호 대상자 이해 | 표준교재 페이지 : 25

노년기에 가족관계의 변화로 적절한 것은?

① 손자녀가 탄생하며 우울증 경향이 증가한다.
② 부부가 대부분의 시간을 떨어져 지내게 된다.
③ 가정일은 한 사람이 전담하게 된다.
④ 노부부는 자녀가 독립하면 빈 둥지 증후군이 나타난다.
⑤ 며느리나 사위에게 동조성이 강화된다.

ADVICE 자녀가 독립하면서 빈 둥지 증후군을 경험한다.

●○○

13 요양보호 대상자 이해 | 표준교재 페이지 : 20

노년기에 나타나는 심리적 특성은?

① 수용성이 생기면서 새로운 것을 쉽게 받아들인다.
② 새로운 방식을 배우는 것을 즐긴다.
③ 다가오는 죽음을 극도로 두려워한다.
④ 결단과 행동이 신속해진다.
⑤ 사회적 활동이 감소하고 타인과 만남을 피한다.

ADVICE 내향성이 증가하면서 타인과 만남을 줄인다.

●○○

14 노화와 건강증진 | 표준교재 페이지 : 198

도뇨관을 이용한 소변 배출로 예방되는 질환은?

① 방광염
② 치질
③ 신부전
④ 심정지
⑤ 요실금

ADVICE 도뇨관으로 소변을 배출하면 소변이 정체되지 않아서 방광염을 예방한다.

●○○

15 노화와 건강증진 | 표준교재 페이지 : 274

강한 한파에 노출되면서 피부가 손상되는 질환은?

① 저체온증
② 심근경색
③ 열발진
④ 동상
⑤ 열성부종

ADVICE 한파에 노출되면서 피부나 피하조직이 손상되는 것은 동상에 해당한다.

16 노화와 건강증진 | 표준교재 페이지 : 219

당뇨병 대상자의 운동요법은?

① 땀이 흠뻑 나는 고강도 운동을 매일 한다.
② 공복운동을 통해 혈당을 낮춘다.
③ 혈압이 높은 경우 혈압 조절 후에 운동을 한다.
④ 혈당이 오르기 시작할 때 움직이지 않는다.
⑤ 혈당이 300mg/dl이면 운동을 시작한다.

ADVICE 혈당이 조절되지 않으면 의사와 상의 후에 운동하고 쉬운 운동을 꾸준히 하는 것이 중요하다. 혈압이 높은 경우는 혈압 조절 후에 운동을 한다.

17 노화와 건강증진 | 표준교재 페이지 : 166

위궤양 증상으로 적절한 것은?

① 설사
② 변비
③ 대상포진
④ 두통
⑤ 속쓰림

ADVICE 위궤양 증상으로는 속쓰림, 상복부 불편감, 소화불량이 있다. 심해지면 위출혈, 위천공, 위협착이 나타난다.

18 노화와 건강증진 | 표준교재 페이지 : 175

만성 기관지염이 있는 대상자의 기관지 자극이 늘어나는 환경은?

① 따뜻한 기후
② 건조한 기후
③ 습기가 많은 기후
④ 온도 변화가 없는 곳
⑤ 공기오염이 적은 지역

ADVICE 차갑거나 습기 많은 기후, 온도 변화가 큰 곳은 기관지 자극을 증가시킨다.

19 노화와 건강증진 | 표준교재 페이지 : 175

폐렴 발생의 관련 요인은?

① 간염
② 위염
③ 두통
④ 근육통
⑤ 기도 이물질

ADVICE 폐렴은 폐 조직에 염증이 생기는 것으로 음식물, 침 등의 이물질이 기도로 넘어가는 흡인성 폐렴이 발생 요인에 해당한다.

20 노화와 건강증진 | 표준교재 페이지 : 183

고혈압 완화에 좋은 운동법에 대한 설명은?

① 속옷에 땀이 배일 정도의 강도로 한다.
② 숨이 전혀 차지 않도록 한다.
③ 하루 5분만 걷기를 하면 충분하다.
④ 수영, 등산은 피해야 하는 운동이다.
⑤ 움직임을 엄격하게 제한한다.

ADVICE 걷기, 조깅, 등산, 수영 등은 고혈압에 좋은 운동으로 속옷에 땀이 배일 정도의 강도로 한다.

21 노화와 건강증진 | 표준교재 페이지 : 184

다음에서 설명하는 질환은?

> • 동맥 혈관 안에 지방이 축적된다.
> • 혈관에 지방이 축적되고 혈관이 좁아지면서 혈액 흐름에 문제가 생긴다.

① 폐렴
② 동맥경화증
③ 위궤양
④ 악성 빈혈
⑤ 골다공증

ADVICE 동맥 혈관 내부에 지방이 축적되면서 혈류를 방해하는 것은 동맥경화증에 해당한다.

ANSWER 10.④ 11.③ 12.④ 13.⑤ 14.① 15.④ 16.③ 17.⑤ 18.③ 19.⑤ 20.① 21.②

노인에게 빈혈이 발생한 경우 적용해야 하는 치료 및 예방은?

① 고콜레스테롤 식단을 한다.
② 출혈 문제가 발생하면 상태를 지켜본다.
③ 철분 섭취를 줄인다.
④ 철분제와 비타민 C를 같이 복용한다.
⑤ 비타민 B 투여량을 늘린다.

ADVICE 노인에게 발생하는 빈혈은 대부분 철분 부족으로 생기기 때문에 철분제와 비타민 C를 함께 복용한다.

추운 겨울 혈관이 수축되고 혈압이 상승되면서 증가하는 질환은?

① 뇌졸중
② 요실금
③ 위염
④ 열성부종
⑤ 퇴행성 관절염

ADVICE 추운 날씨로 뇌졸중이나 심근경색이 빈번하게 발생한다.

더운 날씨에 의해서 발생하는 질환은?

① 낙상
② 뇌졸중
③ 열발진
④ 심근경색
⑤ 동상

ADVICE 열발진은 온열질환에 해당한다.

치매 대상자에게 동반될 수 있는 질환은?

① 대상포진
② 대장암
③ 위암
④ 맹장염
⑤ 섬망

ADVICE 치매 대상자는 뇌 질환, 정신 기능 저하, 섬망, 낙상 등이 동반되어 나타난다.

욕창 대상자의 침대 시트에 주름을 펴는 이유는?

① 대상자가 상쾌한 기분을 유지하기 위해서
② 주름에 의해 욕창이 잘 생기므로
③ 대상자의 상처를 잘 살펴보기 위해서
④ 대상자의 이동을 편하게 하기 위해서
⑤ 뼈를 보호하기 위해서

ADVICE 주름에 의해서 욕창이 더 잘 생기기 때문이다.

다음의 역할을 하는 소화기계의 기관은?

> • 주머니 모양으로 생겨 음식물을 일시적으로 저장한다.
> • 소화효소를 분비하여 음식을 잘게 부순다.
> • 음식물을 적당한 속도로 소장에 보낸다.

① 췌장
② 위
③ 대장
④ 식도
⑤ 구강

ADVICE 위는 주머니 모양으로 생겼으며, 소화효소를 분비하여 음식물을 잘게 부순다.

●○○

28 노화와 건강증진 | 표준교재 페이지 : 188

퇴행성 관절염은 뼈를 보호해주는 무엇이 닳아서 발생하는 상태인가?

① 정맥
② 모세혈관
③ 근육
④ 연골
⑤ 동맥

ADVICE 뼈를 보호하는 연골이 닳아서 관절에 염증성 변화가 나타난 상태이다.

●○○

29 노화와 건강증진 | 표준교재 페이지 : 190

골다공증 대상자에게 나타나는 증상은?

① 발목 통증
② 키가 늘어남
③ 잦은 척추 골절
④ 발목이 굽음
⑤ 소화 장애

ADVICE 허리 통증, 작아지는 키, 등과 허리 굽음, 잦은 골절이 나타난다.

●○○

30 노화와 건강증진 | 표준교재 페이지 : 202

욕창 대상자에게 파우더를 사용해서는 안 되는 이유는?

① 환경이 금방 더러워진다.
② 낙상의 위험이 증가한다.
③ 화상위험이 있다.
④ 피부를 건조하게 만든다.
⑤ 피부 땀구멍을 막는다.

ADVICE 피부를 자극하고 땀구멍을 막기 때문에 파우더 사용을 금지한다.

●○○

31 노화와 건강증진 | 표준교재 페이지 : 201

욕창 2단계에 해당하는 피부의 상태는?

① 표피에 생긴 홍반이 30분 이내에 사라지지 않는다.
② 피하조직에 괴사가 나타난다.
③ 피부에 변화는 없지만 열감이 있다.
④ 피부가 벗겨지면서 물집이 생긴다.
⑤ 관절과 근막에 괴사가 나타난다.

ADVICE 욕창 2단계는 표피와 진피를 포함한 피부에 부분적으로 손상이 나타난다.

●●○

32 노화와 건강증진 | 표준교재 페이지 : 213

녹내장의 증상으로 옳은 것은?

① 시야가 넓어진다.
② 어둠에 빠르게 적응을 한다.
③ 색깔 변화를 인식하기 어려워진다.
④ 수정체가 백색으로 혼탁해진다.
⑤ 통증 없이 시력이 저하한다.

ADVICE 녹내장은 시야가 좁아지고 어두움 적응에 장애가 생긴다. 색깔 변화를 인식하기 어려워하며 각막이 혼탁해진다.

●○○

33 노화와 건강증진 | 표준교재 페이지 : 220

노화에 따른 심리·정신적 특성은?

① 조심성 감소
② 삶의 회고시간 증가
③ 독립성 증가
④ 외향성 증가
⑤ 경직성 감소

ADVICE 조심성, 경직성, 내형성, 의존성, 삶의 회고시간이 증가한다.

ANSWER 22.④ 23.① 24.③ 25.⑤ 26.② 27.② 28.④ 29.③ 30.⑤ 31.④ 32.③ 33.②

다음 증상에 해당하는 욕창의 단계는?

> 근막, 근육에서부터 뼈까지 조직에 손상이 나타난다.

① 욕창 증상 아님　　② 1단계
③ 2단계　　④ 3단계
⑤ 4단계

ADVICE 뼈와 근육까지 손상된 것은 욕창 4단계이다.

욕창 대상자에게 해야 하는 요양보호사의 활동은?

① 욕창의 단계를 평가하여 가족에게 알린다.
② 약물을 직접 정하여 대상자에게 복용하게 한다.
③ 상처부위에 간호처치를 시행한다.
④ 두피, 머리, 목, 사지의 피부를 꼼꼼하게 관찰한다.
⑤ 체위를 변경하지 않고 유지한다.

ADVICE 피부상태를 꼼꼼하게 관찰하여 의료기관에 알린다.

실 기

식사 도움을 주는 대상자의 사례 및 질식을 예방하기 위한 것은?

① 눈으로 음식을 볼 수 있는 위치에서 음식을 준다.
② 많은 양을 한 번에 제공한다.
③ 식사하는 대상자에게 계속 말을 건다.
④ 신맛이 강한 음식으로 식욕을 돋운다.
⑤ 유과나 뻥튀기를 간식으로 제공한다.

ADVICE 대상자 눈높이에서 눈으로 음식을 볼 수 있도록 하여 제공한다.

올바른 식사자세로 적절한 것은?

① 의자 끝에 걸터앉게 한다.
② 팔꿈치를 올릴 수 있게 의자를 당겨준다.
③ 발바닥이 땅에 닿지 않게 한다.
④ 등받이가 없는 의자에서 식사한다.
⑤ 목과 가슴 사이에 식탁이 오게 한다.

ADVICE 팔꿈치를 편안하게 올릴 수 있도록 의자를 당겨준다.

경관영양을 하는 경우는?

① 파킨슨병 대상자
② 고관절 골절 대상자
③ 의식이 없는 대상자
④ 당뇨병 대상자
⑤ 고지혈증 대상자

ADVICE 의식이 없거나, 음식을 먹기 힘들 정도로 얼굴 · 목 · 머리에 부상이 있거나, 마비 또는 연하곤란이 있는 경우 경관영양을 한다.

연하곤란 증상으로 적절한 것은?

① 소변에서 포도당이 검출된다.
② 뼈에서 부러지는 소리가 난다.
③ 수면 중에 호흡곤란이 나타난다.
④ 음식을 삼킨 직후 기침을 한다.
⑤ 이틀 이상 배변을 하지 못한다.

ADVICE 잘 씹지 못하고 음식을 삼키는 것이 불편하다. 음식을 자주 흘리거나, 음식을 삼킨 직후 기침을 하기도 한다.

●○○

40 요양보호와 생활지원 | 표준페이지 : 368

요양보호사가 투약을 돕기 전, 반드시 확인해야 할 대상자의 신체적 상태로 옳은 것은?

① 최근 섭취한 음식의 종류
② 오늘 아침 체중
③ 혈압 및 맥박 수치
④ 지난밤 수면 시간
⑤ 오심이나 구토 여부

ADVICE 오심이나 구토가 있을 경우 경구 투약을 진행하기 어렵다.

●○○

41 요양보호와 생활지원 | 표준페이지 : 371

안연고를 짜 넣어야 하는 정확한 부위는?

① 윗눈꺼풀(상안검) 위에
② 아래 결막낭 위에
③ 눈동자(각막) 중앙에
④ 눈꺼풀 바깥쪽에
⑤ 눈썹 아래쪽에

ADVICE 아랫눈꺼풀(하안검)을 잡아당겨서 노출된 아래 결막낭 위에 연고를 넣는다.

●○○

42 요양보호와 생활지원 | 표준페이지 : 373

알약을 변질 없이 보관하는 방법으로 옳은 것은?

① 다른 용기에 옮겨 담아 보관한다.
② 뚜껑을 열어 보관한다.
③ 강한 직사광선을 쬐게 한다.
④ 냉장고에 넣어 저온으로 보관한다.
⑤ 건조한 곳에 보관한다.

ADVICE 알약은 원래의 약용기에 넣어 건조한 곳에 보관해야 습기가 차지 않는다.

●○○

43 요양보호와 생활지원 | 표준페이지 : 377

시설장이나 간호사에게 대상자의 대변 상태를 보고해야 하는 경우는?

① 대변의 형태가 굳고 딱딱하다.
② 대변의 색이 황금색이다.
③ 대변이 선홍빛이거나 검붉다.
④ 대변이 굳어 변비 증상을 보인다.
⑤ 대변에 점액질이 섞여 나오지 않는다.

ADVICE 대변에 피가 섞여 나와 선홍빛이거나 검붉다면 시설장이나 간호사에게 보고해야 한다.

●○○

44 요양보호와 생활지원 | 표준페이지 : 385

기저귀를 교체하여 피부를 닦고 난 후 새 기저귀를 채우는 순서로 옳은 것은?

> ㉠ 바로 눕히고 기저귀의 테이프를 붙인다.
> ㉡ 옆으로 누운 상태에서 새 기저귀를 둔부 밑에 댄다.
> ㉢ 새 기저귀로 둔부를 감싼다.
> ㉣ 기저귀가 뭉치지 않도록 잘 펴서 마무리한다.

① ㉠ → ㉡ → ㉢ → ㉣
② ㉡ → ㉢ → ㉠ → ㉣
③ ㉢ → ㉡ → ㉠ → ㉣
④ ㉣ → ㉡ → ㉢ → ㉠
⑤ ㉠ → ㉢ → ㉡ → ㉣

ADVICE ㉡새 기저귀를 둔부 밑에 두고 ㉢둔부를 감싼 후 ㉠테이프를 붙인다. 마지막으로 ㉣기저귀를 펴서 마무리 한다.

회음부 청결을 위해서 취해야 하는 자세는?

① 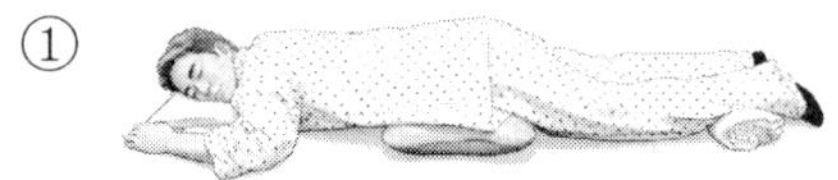

② 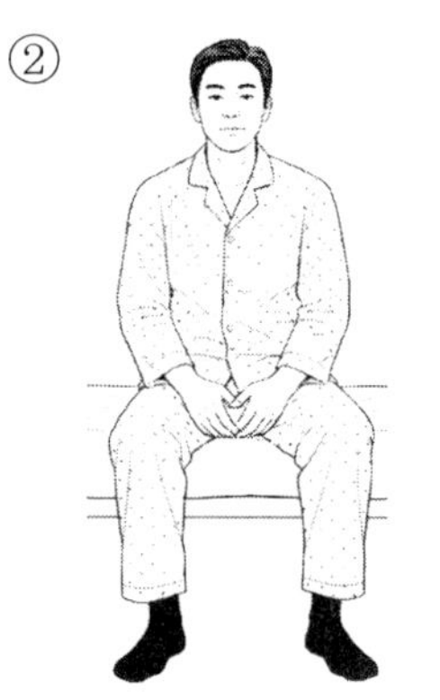

③ 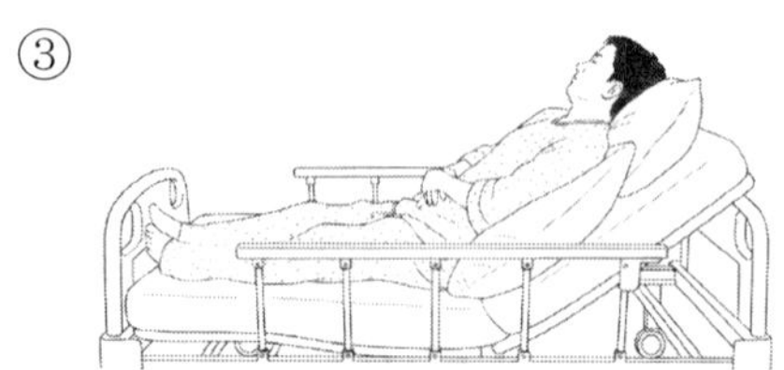

④ 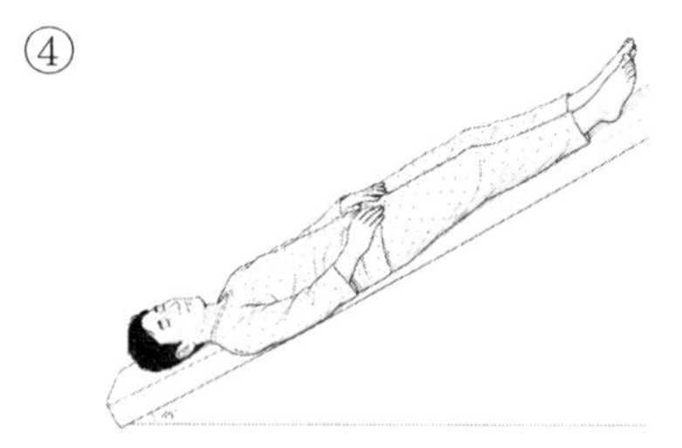

⑤ 

ADVICE 회음부 청결을 도울 때 누워서 무릎을 세운 자세를 취하게 한다.

침상에서 배변 시 대상자가 배에 힘을 주기 쉽도록 취하게 해야 할 자세는?

① 침대를 올려주고 자세를 취하게 한다.
② 침대를 낮추어 평평하게 한다.
③ 옆으로 돌려 눕힌 자세를 취하게 한다.
④ 침대 가장자리에 걸터앉힌 자세를 취하게 한다.
⑤ 앙와위(바로 누운 자세)를 유지하게 한다.

ADVICE 침대를 올려주어 대상자가 배에 힘을 주기 쉬운 자세를 취하게 한다.

세면 시 부위별 닦는 순서로 적절한 것은?

① 뺨 → 입 주위 → 이마 → 귀 → 목 → 눈
② 이마 → 귀 → 목 → 뺨 → 입 주위 → 코
③ 입 주위 → 이마 → 눈 → 코 → 뺨 → 귀 → 목
④ 눈 → 코 → 뺨 → 입 주위 → 이마 → 귀 → 목
⑤ 귀 → 목 → 입 주위 → 이마 → 눈 → 코

ADVICE '눈 → 코 → 뺨 → 입 주위 → 이마 → 귀 → 목' 순서로 닦아낸다.

면도 돕기 시 주의사항은?

① 면도 후에는 로션을 살살 두드려 바른다.
② 면도날은 90° 각도를 유지한다.
③ 전기면도기는 피부에 상처를 잘 만든다.
④ 피부를 주름지게 만들어서 면도한다.
⑤ 빠른 속도로 한 번에 면도를 한다.

ADVICE 면도 후에 피부에 자극이 가지 않도록 로션을 발라준다.

목욕 돕기 시 주의사항으로 적절한 것은?

① 욕실 손잡이를 붙이고 미끄럼방지매트를 깔아 둔다.
② 몸을 씻은 후에 에어컨 아래에서 몸을 말리게 한다.
③ 몸 씻기 시간은 1시간 이상 꼼꼼하게 진행한다.
④ 목욕 후에 얼음물을 제공한다.
⑤ 바람이 들어오는 공간에서 목욕을 한다.

ADVICE 미끄럼방지를 위해서 욕실 환경을 관리한다.

침상 목욕 시 복부 닦기 방법으로 적절한 것은?

① 배꼽을 중심으로 시계 방향으로 닦는다.
② 복부는 간호사가 닦아야 한다.
③ 가슴을 중심으로 반시계 방향으로 닦는다.
④ 차가운 물로 닦아준다.
⑤ 비누를 많이 사용해 강하게 문지른다.

ADVICE 복부는 배꼽 중심 시계방향으로 닦아 장운동을 촉진한다.

편마비 대상자가 하의를 갈아입을 때 기본절차로 적절한 것은?

① 일으켜 세울 때 등 뒤에서 겨드랑이를 잡아 올린다.
② 바지를 입을 때 뒤로 넘어지지 않도록 주의한다.
③ 고개는 뒤로 젖히고 바지를 당겨 입는다.
④ 마비된 손으로 건강한 다리에 있는 바지를 당겨 벗는다.
⑤ 바지를 입을 때 마비된 다리를 먼저 끼운다.

ADVICE 바지는 마비된 다리를 먼저 끼우도록 돕는다.

하반신 마비 대상자의 상체를 일으키는 절차에 대한 설명으로 적절한 것은?

① 자고 있을 때 말없이 다가가서 일으켜 세운다.
② 일으키기 전에 양쪽 무릎을 굽혀준다.
③ 팔을 잡아당겨서 일으켜 세운다.
④ 적당히 일어나면 무릎을 펴지도록 한다.
⑤ 대상자와 최대한 멀리 서서 도움을 준다.

ADVICE 일으키기 전에 양쪽 무릎을 굽혀주거나 편안하게 둔다.

침대에서 휠체어로 이동할 때 방법으로 적절한 것은?

① 발 간격은 최대한 좁게 오므리도록 한다.
② 마비된 손으로 침대 바닥을 지지하게 한다.
③ 침대 아래로 다리를 내릴 때 어깨에서 손을 떼지 않는다.
④ 실내화는 벗기고 휠체어로 이동시킨다.
⑤ 양발은 공중에 떠 있도록 하여 침대에서 일으 킨다.

ADVICE 대상자가 뒤로 넘어가지 않도록 어깨에서 손을 떼지 않는다.

수동휠체어 사용 시 주의사항으로 적절한 것은?

① 볼트는 헐겁게 유지해야 한다.
② 공기압은 아주 낮게 유지해야 한다.
③ 잠금장치는 대상자가 앉아있을 때만 잠궈 둔다.
④ 사용하지 않을 때에는 평평한 지면 위에 두어야 한다.
⑤ 보관할 때는 펴둔 상태로 한다.

ADVICE 사용하지 않을 때에는 평평한 지면에 두고 잠금장치를 잠궈 둬야 한다.

ANSWER 45.⑤ 46.① 47.④ 48.① 49.① 50.① 51.⑤ 52.② 53.③ 54.④

성인용 보행기의 사용 시 주의사항은?

① 앞바퀴 가동범위가 적절한지 확인한다.
② 접었다가 펼 수 없다.
③ 쿠션을 단단하고 거칠하게 유지한다.
④ 이물질이 없는 장소에서만 사용한다.
⑤ 한 번에 두 사람이 사용하게 한다.

ADVICE 앞바퀴의 가동범위와 안정성을 적절하게 확인한다.

샐러드 조리법의 특징은?

① 설탕을 사용하여 버무리면 입맛을 돋운다.
② 플레인 요거트를 샐러드 소스로 이용한다.
③ 고기와는 곁들여서 조리하지 않는다.
④ 생채로 먹으면 지용성 영양소를 흡수한다.
⑤ 채소는 씻지 않고 조리한다.

ADVICE 식초나 소스로 무치면 입맛을 살려주고, 플레인 요거트를 소스로 넣어 먹으면 영양소를 보충할 수 있다.

영양소 섭취 기준에 대한 설명으로 적절한 것은?

① 단백질을 먹을수록 근육이 감소한다.
② 변비 예방을 위해 탄수화물을 충분하게 섭취한다.
③ 당류는 과잉 섭취하지 않게 한다.
④ 지질은 콜레스테롤을 유발하므로 섭취하지 않는다.
⑤ 비타민 C는 권장 섭취량이 정해져 있지 않다.

ADVICE 지질은 식물성 지방을 섭취하는 것이 좋고, 당류는 과잉 섭취하지 않아야 한다.

고혈압 대상자의 나트륨 배설을 돕고 세동맥을 확장하는 급원식품은?

① 김치　　　　　② 명란젓
③ 소기름　　　　④ 햄
⑤ 감자

ADVICE 나트륨 배설과 세동맥 확장에 도움되는 영양소는 칼륨이다. 칼륨이 많은 것은 감자에 해당한다.

변비 대상자의 식사관리로 적절한 것은?

① 칼슘보충제를 제공한다.
② 통곡류 위주의 식단을 한다.
③ 식사는 흰쌀 죽으로 한다.
④ 운동을 제한한다.
⑤ 물은 하루에 1잔만 마신다.

ADVICE 변비의 예방과 관리를 위해서 수분과 식이섬유를 충분히 섭취한다.

골다공증 대상자가 충분히 섭취해야 하는 영양소를 모두 고른 것은?

> ㉠ 칼슘
> ㉡ 비타민 A
> ㉢ 비타민 D
> ㉣ 나트륨
> ㉤ 칼륨

① ㉠, ㉤　　　　　② ㉠, ㉢
③ ㉡, ㉢　　　　　④ ㉡, ㉤
⑤ ㉢, ㉤

ADVICE 골다공증 대상자는 칼슘과 비타민 D를 풍부하게 섭취하는 것이 좋다.

식중독 예방을 위한 과일류 보관방법으로 적절한 것은?

① 바나나는 실온에 보관한다.
② 흙은 제거하지 않고 냉장보관한다.
③ 열대과일은 반드시 냉장보관을 한다.
④ 수박은 이물질만 제거하고 통으로 냉동보관한다.
⑤ 파인애플은 냉동으로 보관한다.

ADVICE 파인애플, 멜론, 바나나 등의 열대과일은 실온에 보관한다.

리넨류 시트에 대한 관리 및 정리 방법으로 적절한 것은?

① 시트는 두 장으로 매트리스를 덮을 수 있어야 한다.
② 시트 교환 중에는 창문을 닫아둔다.
③ 시트의 색은 검정색이 가장 좋다.
④ 침구는 반듯하고 팽팽하게 편다.
⑤ 소재가 두껍고 재봉선이 있는 것을 욕창 대상자에게 적용한다.

ADVICE 침구에 주름이 생기지 않도록 반듯하고 팽팽하게 펴준다.

세탁을 할 때 기본원칙은?

① 세탁물은 종류 관계없이 한 번에 세탁한다.
② 옷에서 실금이나 하혈을 발견한 경우 세탁시간을 늘린다.
③ 수선이 필요한 경우 세탁을 하고 수선을 맡긴다.
④ 세탁방법은 요양보호사의 습관대로 진행한다.
⑤ 세탁물에 알맞은 세제를 선택한다.

ADVICE 세탁물에 알맞은 세제를 선택하여 세탁한다.

의복에 커피가 묻은 경우 얼룩을 제거하는 방법은?

① 발견하자마자 세탁기에 돌린다.
② 두꺼운 솔로 문질러 지워낸다.
③ 찬물로 닦아낸다.
④ 식초와 주방세제를 1:1로 섞어서 제거한다.
⑤ 물에 10분 정도 담가둔 후에 세탁한다.

ADVICE 식초와 주방세제를 1:1로 섞어서 얼룩부분을 문지르거나 탄산수에 10분 정도 담가둔다.

다음 건조표시가 의미하는 것은?

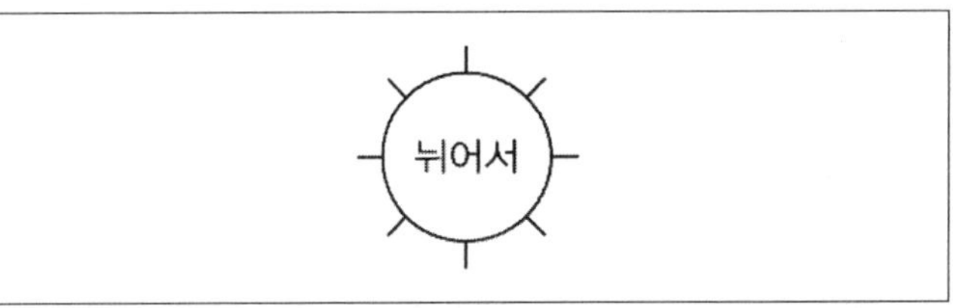

① 손세탁만 가능
② 옷걸이에 걸어서 건조
③ 중성세제만 사용 가능
④ 그늘에서 건조
⑤ 뉘어서 햇볕에 건조

ADVICE 뉘어서 햇볕에서만 건조하라는 표시이다.

치매 대상자가 인지기능 개선제를 복용하는 이유는?

① 악화를 지연
② 망상 개선
③ 수면 각성주기장애 개선
④ 우울 개선
⑤ 병의 완치

ADVICE 인지기능 개선제는 병의 완치보다 악화를 지연하는 인지증상 개선 목적의 약물이다.

ANSWER 55.① 56.② 57.③ 58.⑤ 59.② 60.② 61.① 62.④ 63.⑤ 64.④ 65.⑤ 66.①

67 요양보호와 생활지원 | 표준페이지 : 557

대상자에게 정보를 제공하는 방법으로 적절한 것은?

① 정보 조사는 직접 하게 한다.
② 정보를 구하는 방법을 다양하게 찾아본다.
③ 대상자 가족의 특성을 고려하여 전달한다.
④ 대상자가 이해하지 못하면 알려주지 않는다.
⑤ 추가 정보를 원하는 경우 가족들에게 인계한다.

ADVICE 대상자가 원하는 정보가 있다면 다양하게 정보를 찾아본다.

68 요양보호와 생활지원 | 표준페이지 : 561

화장실의 환경을 안전하게 조성하기 위한 방법은?

① 욕실에는 문턱을 설치한다.
② 출입문의 폭은 최대한 좁게 한다.
③ 냉수만 나오면 된다.
④ 사용 후에 바닥의 물기를 깨끗하게 닦는다.
⑤ 문은 쉽게 깨지는 재질로 선택한다.

ADVICE 물기를 잘 닦아서 낙상을 예방한다.

69 상황별 요양보호기술 | 표준페이지 : 576

치매가족과 의사소통할 때 적절한 말은?

① "그 정도는 저도 할 수 있습니다."
② "이 정도로 힘들다 투덜대지 마세요."
③ "화를 내서서 분위기가 악화되었고, 저는 속 상함을 느꼈습니다."
④ "선생님이 이렇게 해서 악화된 겁니다."
⑤ "이렇게 했는데도 안 되면 포기하세요."

ADVICE 나 – 메시지 표현법이다. '네가 어떠한 행동을 해서 어떠한 결과가 생겼고 나는 어떠한 감정을 느꼈다' 이다.

70 상황별 요양보호기술 | 표준페이지 : 581

치매 대상자의 일상생활 돕기 기본원칙은?

① 차갑고 냉정하게 대한다.
② 즉흥적인 행동을 하게 한다.
③ 습관적으로 하던 일은 하게 한다.
④ 대상자 상태가 변하면 가족에게 항의한다.
⑤ 아무 일도 못 하게 모든 것을 해준다.

ADVICE 남아있는 기능을 최대한 살리기 위해 하던 일은 하게 해준다.

71 상황별 요양보호기술 | 표준페이지 : 582

치매 대상자의 일상생활에서 사고가 자주 발생하는 이유는?

① 새로운 방식을 즉흥적으로 하려고 한다.
② 소리를 예민하게 듣는다.
③ 요양보호사만 찾는다.
④ 가족들에게 지나치게 의존적이다.
⑤ 상황을 분석하거나 평가하지 못한다.

ADVICE 상황 분석이나 평가를 적절하게 하지 못한다.

72 상황별 요양보호기술 | 표준페이지 : 582

치매 대상자의 식사 돕기에 대한 설명으로 옳은 것은?

① 음식은 대상자가 쉽게 접근할 수 있는 장소에 보관한다.
② 식사시간은 요양보호사가 원하는 때로 한다.
③ 그릇은 사발보다는 접시를 사용한다.
④ 씹는 것을 잊어버린 경우 잘 저민 고기를 갈아서 제공한다.
⑤ 졸려하는 경우에는 걸쭉한 액체 음식을 제공한다.

ADVICE 씹는 것을 잊어버린 경우에는 음식을 갈아서 제공한다.

●○○
73 상황별 요양보호기술 | 표준페이지 : 584

치매 대상자에게 나타나는 배설문제에 동반되는 행동은?

① 큰 소리로 노래를 부른다.
② 배설을 하는 방법을 잊어버린다.
③ 더러운 변기에서는 배설하지 않는다.
④ 부끄러움에 배변을 참는다.
⑤ 행동이 급격하게 빨라진다.

ADVICE 배설을 하는 방법을 잊어버린다.

●○○
74 상황별 요양보호기술 | 표준페이지 : 587

치매 대상자의 구강위생을 돕는 방법으로 적절한 것은?

① 양치질을 거부하면 시키지 않는다.
② 양칫물을 뱉지 않으면 마시게 한다.
③ 거울을 보고 칫솔질을 하게 한다.
④ 의치는 대상자 스스로 닦게 한다.
⑤ 세척효과가 높은 성인용 치약을 사용한다.

ADVICE 거울을 보면서 칫솔질을 하게 하고, 옆에서 한 동작씩 시범을 보여준다.

●○○
75 상황별 요양보호기술 | 표준페이지 : 605

치매 대상자와 하는 언어적인 의사소통으로 올바른 사례는?

① "사람을 의심하시고 그러면 안 돼요, 직접 잘 찾아보고 다시 말해주세요."
② "이거 좋아하지?"
③ "오늘 점심 반찬은 뭐였죠?"
④ "완전 대박 멋있으세요."
⑤ "아침 8시네요. 아침식사 하세요."

ADVICE 현재를 인지할 수 있도록 알려준다.

●○○
76 상황별 요양보호기술 | 표준페이지 : 611

치매 중기 단계에서 의사소통 문제는?

① 사용하는 어휘의 수가 늘어난다.
② 시제 사용이 정확하다.
③ 명칭에 대한 기억력만은 선명하다.
④ 불특정 다수를 지칭하는 용어를 많이 사용한다.
⑤ 한마디 말도 하지 않는다.

ADVICE 사용하는 어휘의 수가 줄면서 불특정 다수를 지칭하는 용어를 많이 사용한다.

●○○
77 상황별 요양보호기술 | 표준페이지 : 673

질식이 발생한 대상자에게 나타나는 증상은?

① 갑작스럽게 심한 기침을 한다.
② 심호흡을 자주 내쉰다.
③ 대량 출혈이 발생한다.
④ 심근경색이 나타나면서 의식을 잃는다.
⑤ 의식이 과하게 각성한다.

ADVICE 기침을 갑작스럽게 심하게 하면서 목을 쥐며 괴로워한다.

●○○
78 상황별 요양보호기술 | 표준페이지 : 674

급성 저혈압 대상자에게 나타나는 증상은?

① 피부가 붉게 상기된다.
② 손발이 차가워진다.
③ 혈압이 증가한다.
④ 맥박이 감소한다.
⑤ 증상이 지속될수록 평온해진다.

ADVICE 급성 저혈압 대상자는 손발이 차가워지면서 혈압은 감소하고 맥박은 증가한다. 피부는 하얗거나 파랗게 된다.

ANSWER 67.② 68.④ 69.③ 70.③ 71.⑤ 72.④ 73.② 74.③ 75.⑤ 76.④ 77.① 78.②

출혈이 발생한 대상자에 대한 요양보호사의 조치는?

① 출혈부위 주변을 마사지한다.

② 출혈부위를 물로 씻어낸다.

③ 몸을 일으켜 세워서 걸어 다니게 한다.

④ 출혈부위에 봉합을 진행한다.

⑤ 지혈을 하면서 대상자를 안심시킨다.

ADVICE 출혈이 발생한 경우에는 대상자가 불안과 공포를 느낄 것이므로 안심시키면서 지혈을 한다.

경련이 발생한 대상자에게 119 구급대가 오기 전까지 요양보호사가 해야 하는 조치는?

① 움직이지 못하도록 몸을 압박한다.

② 따뜻한 차를 마시게 한다.

③ 방 안에 혼자 있게 한다.

④ 경련이 발생한 시간을 적어둔다.

⑤ 15분 이내에 멈추므로 조치할 필요 없다.

ADVICE 경련은 15분 이내에 멈추므로 발생시간을 기록해 둔다.

20회분 기출동형 모의고사

필 기

1 요양보호 대상자 이해 | 표준교재 페이지 : 22

생애주기에 대한 설명으로 옳은 것은?

① 유아기, 청년기, 노년기 3단계로 나뉜다.
② 위기와 변화를 반복하며 경험하는 것이다.
③ 노년기는 생산성을 경험하는 시기이다.
④ 단계마다 정체성 위기를 경험하는 것은 위험한 상태이다.
⑤ 단계별 순서는 문화와 관계가 깊다.

ADVICE 노년기는 통합과 절망을 경험하는 시기이다.

2 요양보호 대상자 이해 | 표준교재 페이지 : 26

노인 부모가 자녀의 근거리에서 거주하면서 상호작용을 하는 가족 형태는?

① 조손가족
② 핵가족
③ 수정확대가족
④ 한부모가족
⑤ 대가족

ADVICE 자녀가 노인 부모 근거리에 거주하면서 서로 상호작용을 하는 가족형태는 수정확대가족이다.

3 요양보호 대상자 이해 | 표준교재 페이지 : 45

노인주거복지시설에 해당하는 것은?

① 노인공동생활가정
② 경로당
③ 노인교실
④ 노인요양공동생활가정
⑤ 노인요양시설

ADVICE 노인주거복지시설에는 양로시설, 노인공동생활가정, 노인복지주택이 있다.

4 요양보호 대상자 이해 | 표준교재 페이지 : 107

정서적 노인 학대에 해당하는 것은?

① 의사표현 능력이 없는 노인의 재산을 가로챈다.
② 노인이 희망하는 재산 사용을 이유 없이 제한한다.
③ 스스로 식사가 힘든 노인을 방치한다.
④ 노인이 친지를 만나거나 연락하는 것을 방해한다.
⑤ 식사를 거부하는 노인에게 식사를 하게 설득한다.

ADVICE 비난, 모욕, 위협 등의 행위를 통해서 정서적으로 고통을 주는 것이다.

5 요양보호 대상자 이해 | 표준교재 페이지 : 63

매슬로의 욕구단계에서 가장 상위인 욕구로 삶의 보람과 자기만족을 느끼는 단계는?

① 생리적 욕구
② 사랑의 욕구
③ 안전의 욕구
④ 자아실현의 욕구
⑤ 존경의 욕구

ADVICE 자아실현의 욕구는 5단계 상위 욕구로 자기만족과 삶의 보람을 느끼는 단계이다.

6 요양보호 대상자 이해 | 표준교재 페이지 : 71

다음과 같은 상황에 요양보호사의 대처는?

> 마비가 된 대상자가 누워있는 상태로 식이를 하겠다고 요구한다.

① 사례가 들리지 않도록 천천히 식사를 하도록 돕는다.
② 마비가 없는 쪽 어깨에 베개를 받치고 마비가 있는 쪽에 앉아서 음식물을 제공한다.
③ 의료기관에 연계한다.
④ 누워서 먹으면 안 되니 앉으라고 강요한다.
⑤ 욕창이 발생할 수 있는 위험에 대해서 설명하고 앉아 먹도록 설득한다.

ADVICE 마비가 있는 쪽 어깨에 베개를 받치고, 마비 없는 쪽에서 사례가 들리지 않도록 식사를 천천히 제공한다.

● ○ ○

7 요양보호 대상자 이해 | 표준교재 페이지 : 78

요양보호사의 역할은?

① 수급자 유인 알선자
② 수급자 본인부담금 면제자
③ 수급자 가족의 생업 지원자
④ 수급자 가족의 입장 옹호자
⑤ 숙련된 수발자

ADVICE 요양보호사는 숙련된 수발자, 정보 전달자, 관찰자, 상담자, 동기 유발자, 옹호자 역할을 한다.

● ○ ○

8 요양보호 대상자 이해 | 표준교재 페이지 : 91

시설노인이 입소 계약 단계에서 보장받아야 하는 권리는?

① 사생활을 보장받는 것
② 노인학대를 받지 않는 것
③ 신체구속을 받지 않는 것
④ 개별화된 서비스를 선택하는 것
⑤ 시설 운영 전반에 관한 정보를 제공받는 것

ADVICE 시설에서 제공되는 서비스 내용, 입소 절차 등 시설 내 생활에 대한 전반적인 정보를 대상자 특성에 맞게 설명하거나 공지해야 한다.

● ○ ○

9 요양보호 대상자 이해 | 표준교재 페이지 : 45

노인여가복지시설에 해당하는 것은?

① 노인교실
② 양로시설
③ 노인공동생활가정
④ 노인요양시설
⑤ 노인요양공동생활가정

ADVICE 「노인복지법」에 따라 노인복지관, 경로당, 노인교실이 해당한다.

● ○ ○

10 요양보호 대상자 이해 | 표준교재 페이지 : 53

심신의 기능 상태 장애로 일상생활에서 전적으로 다른 사람의 도움이 필요한 자의 장기요양 등급은?

① 1등급 ② 2등급
③ 3등급 ④ 4등급
⑤ 5등급

ADVICE 심신의 기능 상태 장애로 일상생활에서 전적으로 다른 사람의 도움이 필요한 자는 장기요양 인정 점수 95점 이상으로 장기요양 1등급에 해당한다.

11 요양보호 대상자 이해 | 표준교재 페이지 : 92

다음 상황에 해당하는 시설노인에게 필요한 서비스는?

> 송씨 할아버지는 입소 전에 침대에서 생활했다. 하지만 시설에서는 낙상의 위험으로 침대에서 잠을 자는 것을 반대하여 바닥 생활을 하는데 잠이 오지 않고 자고 일어나면 몸이 개운하지 않다.

① 종사자의 인권 존중의 의무로 노인이 인권교육을 받도록 노력해야 한다.
② 실현 가능성 없는 개별화된 서비스의 요구를 단호하게 거절해야 한다.
③ 시설에서 안전하고 가정과 같은 환경을 제공해야 한다.
④ 노인에게 문화활동에 참여할 기회를 부여해야 한다.
⑤ 안전을 위해서 신체활동을 제한해야 한다.

ADVICE 노인에게는 가정과 비슷하게 안락하고 안전한 생활 환경을 제공받을 권리가 있다.

●○○

12 요양보호 대상자 이해 | 표준교재 페이지 : 49

장기요양보험사업을 관장하는 주체는?

① 시 · 군 · 구
② 국민건강보험공단
③ 장기요양기관의 장
④ 보건복지부 장관
⑤ 요양보호사

ADVICE 「노인장기요양보험법」 제7조에 따라 장기요양보험사업은 보건복지부 장관이 관장한다.

●○○

13 요양보호 대상자 이해 | 표준교재 페이지 : 76

요양보호사가 준수해야 할 3가지 기본원칙에 따른 급여제공에 해당하는 업무는?

① 사생활 침해가 되더라도 수급자에게 급여를 제공한다.
② 급여제공계획에 없는 급여내용도 다양하게 제공한다.
③ 매뉴얼보다 보호자의 요청에 따라 급여를 제공한다.
④ 건강관리를 통해 근골격계 질환을 예방한다.
⑤ 응급 조치가 필요한 상황에는 임의로 판단하여 빠르게 조치한다.

ADVICE 위생적인 복장 착용, 요양보호사의 건강관리, 학대 신고의무 등이 권리와 책임에 따른 급여제공의 업무내용에 해당한다.

●●○

14 요양보호 대상자 이해 | 표준교재 페이지 : 81

요양보호사에게 금지되는 업무는?

① 이동에 도움
② 수급자가 운영하는 가게를 청소
③ 화장실 사용 도움
④ 청소 및 주변 정돈
⑤ 입욕 시 이동을 보조

ADVICE 수급자의 생업을 지원하는 행위는 금지업무이다.

●●○

15 요양보호 대상자 이해 | 표준교재 페이지 : 81

소외되고 차별받는 대상자를 지지하고 편을 들어주는 것에 해당하는 요양보호사의 역할은?

① 옹호자　　　　② 동기유발자
③ 관찰자　　　　④ 말벗
⑤ 정보 전달자

ADVICE 대상자가 소외되거나 차별받지 않도록 편들고 지지한다.

ANSWER 6.① 7.⑤ 8.⑤ 9.① 10.① 11.③ 12.④ 13.④ 14.② 15.①

빈혈에 의한 신체기관별 증상으로 옳은 것은?

① 중추신경계 – 뇌경색
② 피부증상 – 설염
③ 심혈관계 증상 – 서맥
④ 소화기 증상 – 위궤양
⑤ 비뇨생식계 증상 – 성욕 증가

ADVICE 빈혈이 있는 경우 피부가 창백해지고 설염이 발생한다.

욕창 증상을 초기에 대처하는 방법은?

① 차가운 물수건을 욕창부위에 대어준다.
② 욕창부위를 밀듯이 힘을 실어 닦는다.
③ 뜨거운 물수건을 대어 마사지를 한다.
④ 햇볕이 닿지 않도록 감싼다.
⑤ 욕창부위를 미지근한 바람으로 건조시킨다.

ADVICE 습하지 않도록 욕창부위를 건조시켜준다.

폭염에 의해서 팔, 다리 근육에 경련이 나타나는 온열질환은?

① 열탈진
② 폐렴구균
③ 열경련
④ 동상
⑤ 열발진

ADVICE 폭염으로 근육에 경련이 나타나는 것은 열경련에 해당한다.

절주를 위한 방법으로 적절한 것은?

① 주변 사람에게 절주에 대한 것은 비밀로 한다.
② 음주 대신 할 수 있는 활동을 즐긴다.
③ 오늘까지만 마시자는 생각으로 가볍게 마신다.
④ 가족들과 있을 때만 마시겠다고 다짐한다.
⑤ 참기 힘들 때에는 공복에 한두 잔만 마신다.

ADVICE 음주 대신 할 수 있는 대체 활동을 통해 음주에 대한 마음을 조절한다.

급성 위염의 관련 요인에 해당하는 것은?

① 골반 근육 약화
② 만성 신부전
③ 호르몬 부족
④ 치아의 탈락
⑤ 칼슘 섭취 부족

ADVICE 충치나 치아의 탈락으로 음식을 잘 씹지 못하는 경우, 약물 섭취, 과식, 부패한 음식 등이 급성 위염의 요인이 될 수 있다.

퇴행성 관절염의 증상으로 적절한 것은?

① 고열
② 낮아지는 골밀도
③ 무릎 관절의 변형
④ 고혈압
⑤ 시력장애

ADVICE 관절부위에 통증, 운동장애, 관절의 변형이 나타난다.

퇴행성 관절염 관련 요인에 해당하는 것은?

① 골절
② 무리한 운동
③ 저체중
④ 낙상
⑤ 관절조직의 퇴화

ADVICE 관절조직이 퇴화하고 연골 탄력성이 저하하면서 발생한다.

당뇨병 대상자의 발 관리 원칙은?

① 차가운 얼음주머니로 찜질을 한다.
② 발에 물이 닿지 않도록 한다.
③ 발을 건조하지 않게 유지한다.
④ 양말을 착용하지 않는다.
⑤ 발톱은 둥글게 자른다.

ADVICE 너무 차갑거나 뜨거운 곳에 노출하지 않도록 하고 발톱은 일자로 잘라야 한다.

폐렴의 증상에 해당하는 것은?

① 두통
② 하복부 통증
③ 요실금
④ 신부전
⑤ 고혈압

ADVICE 두통, 가벼운 감기 증상, 고열, 화농성 가래, 마른 기침이 나타난다.

우울증과 치매의 특성에 대한 설명으로 옳은 것은?

	우울증	치매
①	단기기억이 심하게 저하된다.	단기/장기 기억이 동등하게 저하된다.
②	긴 시간	짧은 시간
③	서서히 발병	빠른 발병
④	인지기능 저하가 일관되게 나타난다.	인지기능 저하의 편차가 크다.
⑤	기억력에 장애가 있다고 호소한다.	기억력에 문제가 없다고 주장한다.

ADVICE 우울증은 기억력 장애를 호소하지만 치매는 기억력에 문제가 없다고 주장한다.

고혈압 관리법으로 적절한 것은?

① 저지방 유제품을 자주 먹는다.
② 운동을 제한하고 심장에 자극을 주지 않는다.
③ 정상보다 높게 체중을 늘린다.
④ 지방산이 많은 음식 위주로 섭취한다.
⑤ 매일 하루 한 병의 음주만 한다.

ADVICE 정상 체중 유지, 저지방 식단, 염분 섭취 줄이기, 규칙적인 신체활동, 절주를 통해 고혈압을 관리한다.

ANSWER 16.② 17.⑤ 18.③ 19.② 20.④ 21.③ 22.⑤ 23.③ 24.① 25.⑤ 26.①

골다공증 대상자에게 적용하는 치료 및 예방은?

① 칼슘 섭취를 줄인다.
② 비타민 D를 섭취한다.
③ 운동을 하지 않는다.
④ 수술치료를 한다.
⑤ 혈압약을 먹는다.

ADVICE 칼슘 섭취, 비타민 D 섭취를 꾸준히 한다. 또한 호르몬 치료가 필요하다.

구리와 타우린이 많이 포함되어 콜레스테롤 수치를 낮춰주고 빈혈 예방에 좋은 음식은?

① 붉은 살코기
② 두부
③ 달걀노른자
④ 굴
⑤ 시금치

ADVICE 굴은 구리와 타우린이 많아 콜레스테롤 수치를 낮춰준다.

요실금의 관련 요인이 되는 것은?

① 위염
② 폐렴
③ 결핵
④ 요로감염
⑤ 질염

ADVICE 요도기능이 약화되거나 요로감염에 의해서 요실금이 발생한다.

노화에 따라 청각에 나타나는 특성은?

① 내이도에 건조증이 증가한다.
② 귀지에 의해서 외이도가 폐쇄될 수 있다.
③ 고막이 얇아진다.
④ 음의 전달능력이 증가한다.
⑤ 작은 소리도 민감하게 듣는다.

ADVICE 고막이 두꺼워지고, 외이도에 건조증이 증가한다.

급성 인플루엔자 바이러스의 감염 매개체는?

① 머릿니
② 감염자 신체 접촉
③ 감염자 비말
④ 모기
⑤ 수두 바이러스 병력

ADVICE 급성 인플루엔자는 감염자의 비말을 통해 전파된다.

노화에 따라 여성 노인에게 나타나는 비뇨 · 생식기계 특성은?

① 남성호르몬이 감소한다.
② 전립선 비대를 경험한다.
③ 질의 수축력 저하로 질염 발생이 빈번하다.
④ 방공기능이 좋아진다.
⑤ 요실금은 나타나지 않는다.

ADVICE 질의 수축력이 저하하면서 질염이 빈번하게 발생한다.

●○○
33 노화와 건강증진 | 표준교재 페이지 : 199

노화에 따라 피부계에 나타나는 특성은?

① 여성 노인은 음부의 털이 늘어난다.
② 남성 노인은 수염이 늘어난다.
③ 입가 털이 줄어든다.
④ 상처회복이 지연된다.
⑤ 유분기가 많아 눈꺼풀이 올라간다.

ADVICE 상처회복이 지연되고 궤양이 쉽게 발생한다.

●○○
34 노화와 건강증진 | 표준교재 페이지 : 240

치매 대상자에게 나타나는 수면장애 패턴은?

① 한번 잠들면 12시간 이상 수면을 한다.
② 밤에 얕은 잠을 자고 자주 배회한다.
③ 수면패턴의 변화는 나타나지 않는다.
④ 하루에 2시간만 수면하고 이후에는 잠에 들지 않는다.
⑤ 일상생활을 하다가 갑자기 잠에 든다.

ADVICE 밤에 얕은 잠을 자기 때문에 자주 깬다. 이 영향으로 낮잠이 늘어난다.

●○○
35 노화와 건강증진 | 표준교재 페이지 : 245

뇌졸중 환자의 후유증에 대한 설명으로 옳은 것은?

① 갑작스럽게 치매가 발생한다.
② 호흡곤란으로 숨을 제대로 쉬지 못한다.
③ 욕창이 발생한다.
④ 당뇨병이 발생한다.
⑤ 혈압의 등락이 심해진다.

ADVICE 뇌졸중의 후유증으로 혈관성 치매가 나타날 수 있다.

실 기

●●○
36 요양보호와 생활지원 | 표준페이지 : 360

마비가 있는 대상자에게 하는 식사 도움 방법으로 적절한 것은?

① 숟가락을 위쪽에서 입으로 가져간다.
② 침대를 눕힌 상태에서 제공한다.
③ 마비가 없는 건강한 쪽에 음식물을 넣는다.
④ 바르게 눕힌 자세에서 고개만 돌려 식사를 준다.
⑤ 음식의 온도를 뜨겁게 한다.

ADVICE 마비가 없는 쪽에서 음식물을 넣어준다.

●○○
37 요양보호와 생활지원 | 표준페이지 : 365

경관영양 대상자를 돕는 방법으로 적절한 것은?

① 영양액이 역류하는 경우 비위관을 잠그고 간호사에게 알린다.
② 영양액을 뜨겁게 준비한다.
③ 대상자를 왼쪽으로 눕혀준다.
④ 영양액은 위장보다 낮은 위치에 걸어둔다.
⑤ 비위관에서 영양액이 새는 경우 제거한다.

ADVICE 비위관이 빠지거나 새는지 관찰하고 대상자가 토하거나 청색증이 나타나면 비위관의 튜브를 잠근 후 바로 시설장이나 간호사 등에게 알린다.

●○○
38 요양보호와 생활지원 | 표준페이지 : 371

안연고 투여 후 대상자에게 지시해야 할 행동은?

① 튜브를 깨끗이 닦고 뚜껑을 닫도록 한다.
② 눈을 감고 안구를 움직이게 한다.
③ 눈꺼풀 밖으로 나온 연고를 닦아내도록 한다.
④ 눈을 크게 뜨고 깜빡이게 한다.
⑤ 즉시 물과 비누로 손을 씻는다.

ADVICE 대상자에게 눈을 감고 안구를 움직이게 하여 연고가 고루 퍼지게 한다.

ANSWER 27.② 28.④ 29.④ 30.② 31.③ 32.③ 33.④ 34.② 35.① 36.③ 37.① 38.②

요양보호사가 투약 돕기의 일반적 원칙에 따라 올바르게 행동한 것은?

① 대상자에게 처방된 약의 유효기간이 지났더라도 복용하도록 돕는다.
② 약물 투약을 거부하는 대상자에게는 다음에 복용하도록 임의로 결정한다.
③ 대상자에게 투약 후 평소와 다른 이상반응이 나타나는지 관찰하지 않는다.
④ 정확한 약물, 대상자, 용량, 투여경로, 투여시간을 확인한다.
⑤ 약물 투여 시기를 놓쳤다면 다음 시기에 맞춰 투약한다.

ADVICE 투약 돕기의 일반적 원칙은 정확한 약물, 정확한 대상자, 정확한 용량, 정확한 투여경로, 정확한 시간에 해당한다.

안연고 투여 후 튜브 입구를 관리하는 방법은?

① 멸균 솜으로 닦고 뚜껑을 닫도록 한다.
② 마른 거즈로 닦고 뚜껑을 닫는다.
③ 사용한 멸균거즈로 닦고 뚜껑을 닫는다.
④ 멸균하지 않은 물티슈로 닦는다.
⑤ 바로 뚜껑을 닫는다.

ADVICE 튜브 입구를 멸균수나 생리식염수에 적신 멸균 솜으로 닦고 뚜껑을 닫는다.

요양보호사가 수액의 주사주입을 돕는 방법으로 적절한 것은?

① 주사 부위가 붉은 경우는 주사바늘을 제거한다.
② 의복을 갈아입힐 때에는 수액을 제거한다.
③ 주사바늘을 제거하면 피부를 비비지 않는다.
④ 수액병은 심장 아래에 유지한다.
⑤ 정맥주입은 빠른 속도를 유지한다.

ADVICE 간호사가 바늘을 제거하고 나면 알콜올 솜으로 지그시 누르기만 한다.

가루약을 먹일 때 사용하는 숟가락 관리 방법으로 옳은 것은?

① 소독약을 가루약과 섞어 먹인다.
② 물기가 있는 숟가락을 사용하여 가루약을 먹인다.
③ 숟가락에 이물질이 있어도 무방하다.
④ 숟가락이 더러우면 시럽을 약간 묻혀 닦아낸 후 사용한다.
⑤ 물기가 없는 깨끗한 숟가락을 사용한다.

ADVICE 물기가 없는 깨끗한 숟가락을 사용해야 한다.

시럽제를 보관할 때 가장 먼저 따라야 할 기준은?

① 시럽을 다른 병에 옮겨 담는다.
② 색이나 냄새가 변한 경우 흔들어서 먹인다.
③ 약용기째 빨아 먹인다.
④ 약병에 쓰인 보관방법에 따라 보관한다.
⑤ 뚜껑을 열어서 보관한다.

ADVICE 약병에 쓰인 보관방법에 따라 보관한다.

●○○
44 요양보호와 생활지원 | 표준페이지 : 379

침상 배설 돕기의 기본 원칙으로 옳은 것은?

① 배변 시 소리를 자세하게 듣는다.

② 대상자가 호소할 때만 배변을 도와준다.

③ 배변 후 앞에서 뒤로 닦아 요로감염을 예방한다.

④ 복부 마사지는 하지 않는다.

⑤ 참지 못하고 실수한 경우 기저귀를 채울 것이라 경고한다.

ADVICE 배변 후 뒤처리할 때에는 앞에서 뒤로 닦아 요로감염을 예방한다.

●○○
45 요양보호와 생활지원 | 표준페이지 : 385

침상에서 기저귀를 교환할 때, 다음 제시된 절차의 순서로 옳은 것은?

> ㉠ 면덮개를 이불 위에 덮은 후 이불을 다리 아래로 접어 내린다.
> ㉡ 대상자에게 절차를 설명하고, 스크린이나 커튼을 친다.
> ㉢ 물과 비누로 손을 씻는다.
> ㉣ 손 소독제로 손을 깨끗이 한 후 일회용 장갑을 착용한다.

① ㉠ → ㉡ → ㉢ → ㉣

② ㉡ → ㉢ → ㉠ → ㉣

③ ㉢ → ㉠ → ㉡ → ㉣

④ ㉢ → ㉡ → ㉣ → ㉠

⑤ ㉣ → ㉢ → ㉡ → ㉠

ADVICE '㉢ 손 씻기 → ㉡ 절차 설명 및 커튼 치기 → ㉣ 장갑 착용(손 소독 후) → ㉠ 면덮개 사용 및 이불 내리기' 순서이다.

●○○
46 요양보호와 생활지원 | 표준페이지 : 405

남성 대상자의 회음부를 닦는 올바른 방법은?

① 음경 윗부분만 닦아준다.

② 음경의 겹치는 부분과 음낭의 뒷면도 닦는다.

③ 항문 쪽에서 회음부 방향으로 닦아낸다.

④ 마른 수건으로 닦아낸다.

⑤ 비눗물을 묻히지 않고 물로만 닦는다.

ADVICE 수건으로 음경을 잡아 올려서 겹치는 부분과 음낭의 뒷면도 꼼꼼히 닦는다.

●○○
47 요양보호와 생활지원 | 표준페이지 : 408

여성 노인이 회음부 청결을 유지하지 않으면 나타나는 질병은?

① 방광염

② 전립선 비대증

③ 퇴행성 관절염

④ 갑상선저하증

⑤ 신장결석

ADVICE 회음부 관리를 하지 않는 경우 방광염이나 요로감염이 발생할 수 있다.

●○○
48 요양보호와 생활지원 | 표준페이지 : 413

목욕 돕기 시 주의사항으로 적절한 것은?

① 목욕은 완전히 오픈된 장소에서 시행한다.

② 스스로 할 수 있더라도 모든 일을 다 해준다.

③ 목욕 시간은 20 ~ 30분 이내에 마무리한다.

④ 기분이 불쾌하거나 몸이 피로해도 목욕은 반드시 해야 한다고 설득한다.

⑤ 목욕 도중에 자주 차가운 물을 뿌려준다.

ADVICE 빠르게 진행하여 수급자가 지치지 않게 한다.

침상 목욕 시 팔과 손을 닦는 올바른 방법은?

① 손끝에서 겨드랑이 방향으로 닦는다.
② 마른 수건만 사용하여 닦는다.
③ 더러워지기 쉬운 어깨를 잘 닦아준다.
④ 손바닥 위주로 닦고 손가락은 닦지 않는다.
⑤ 씻을 때 비닐장갑을 착용한다.

ADVICE 팔은 손끝(말초) → 겨드랑이(중심부) 방향으로 닦아 정맥혈이 심장으로 흐르도록 돕는다.

똑바로 누워있어 체위변경이 필요한 대상자가 수액을 하고 있는 경우 상의를 갈아입히는 방법으로 적절한 것은?

① 수액을 맞고 있는 팔을 먼저 벗긴다.
② 수액은 소매 안에서 밖으로 빼낸다.
③ 옷을 벗기면 수액은 바닥에 내려둔다.
④ 수액은 마비가 있는 팔에 맞는다.
⑤ 마비된 쪽 팔을 가장 먼저 벗긴다.

ADVICE 건강한 팔 쪽의 소매를 먼저 벗긴다.

침대에서 체위를 변경할 때 주의사항으로 적절한 것은?

① 팔을 당겨서 일으켜 세운다.
② 몸을 잡고 체위를 변경할 때에는 관절 밑부분을 지지한다.
③ 체위변경은 하루에 한 번만 진행한다.
④ 욕창이 발생한 경우 체위를 변경하지 않는다.
⑤ 방의 온도를 28℃ 이상으로 유지한다.

ADVICE 몸을 잡고 체위변경을 하는 경우 관절 밑에 부분을 지지해야 한다.

휠체어에서의 올바른 자세는?

① 얼굴은 옆을 향하고 있다.
② 몸은 왼쪽으로 기울어져 있다.
③ 발 받침대 위에 발을 올려둔다.
④ 의자 끝에 걸쳐서 앉는다.
⑤ 몸을 팔걸이에 기대어 앉는다.

ADVICE 발 받침대에 발을 올리고, 얼굴은 앞쪽을 향하여 유지한다.

편마비 대상자의 하의 갈아입기 기본절차 설명으로 적절한 것은?

① 대상자를 일으켜 세우고 다리는 강한 힘을 사용하여 아래로 당긴다.
② 마비된 다리를 올려서 바지를 벗게 한다.
③ 건강한 다리에 바지를 먼저 끼울 수 있도록 도와준다.
④ 마비된 쪽 다리는 스스로 입도록 도와준다.
⑤ 대상자 다리 사이에 발을 넣고 팔을 목에 두른 다음에 허리를 잡고 일으켜 세운다.

ADVICE 일으켜 세울 때에는 발을 다리 사이에 넣고 팔을 요양보호사 목에 두르게 한다. 이후에 허리를 잡고서 대상자를 일으켜 세운다.

침대 사용 시 주의사항으로 적절한 것은?

① 이동할 때에는 양쪽 측면 난간을 올린다.
② 사용 후에는 습기가 있는 곳에 보관한다.
③ 등판 작동손잡이를 빠르게 작동시킨다.
④ 잠금장치를 잠그고 이동한다.
⑤ 침대 난간 설치 시 칸막이 사이에 손을 넣는다.

ADVICE 낙상방지를 위해 이동할 때에는 양쪽 난간을 올려야 한다.

수동휠체어 사용 시 주의사항으로 적절한 것은?

① 휠체어에서 내릴 때에는 잠금장치를 풀어둔다.

② 타이어는 비를 맞으면서 사용해도 된다.

③ 잠금장치는 자의적으로 조작할 수 없다.

④ 대상자의 신체 계측에 따라서 휠체어를 조작할 수 있다.

⑤ 휠체어 타이어를 엄지손가락으로 힘껏 눌렀을 때 0.5cm 정도 들어가면 공기압이 낮은 상태이다.

ADVICE 대상자의 신체 계측에 근거하여 적절하게 휠체어를 조작할 수 있어야 한다.

목욕리프트에 대한 설명으로 적절한 것은?

① 높낮이는 수동으로 조절되어야 한다.

② 대상자 무게를 지탱할 수 있어야 한다.

③ 팔이 불편한 대상자 목욕에 편리하다.

④ 물 밖에서 사용한다.

⑤ 요양보호사가 직접 들어서 옮겨야 한다.

ADVICE 물속에서 사용한다. 그러므로 녹이 슬지 않아야 하며, 대상지를 안정적으로 지탱해줘야 한다.

튀기기 조리방법에 대한 설명으로 적절한 것은?

① 저온에 장시간 조리하는 것이다.

② 영양소가 손실되는 조리방법이다.

③ 재료에 수분이 증발한다.

④ 오래 튀길수록 바삭해진다.

⑤ 기름이나 물을 사용하지 않는다.

ADVICE 재료에 수분이 증발하면서 바삭해진다.

식사관리를 할 때 고려사항으로 적절한 것은?

① 간식을 제공하지 않는다.

② 식사를 매일 다른 시간에 진행한다.

③ 영양보충제는 섭취를 제한한다.

④ 체내 대사작용에 영향을 주는 약물 투약을 금지한다.

⑤ 수시로 물을 마시게 한다.

ADVICE 수시로 물을 마시게 하여 수분을 보충한다.

고혈압 대상자가 가급적 먹지 않는 것이 좋은 음식은?

① 버섯

② 녹황색 채소

③ 젓갈

④ 저자방 우유

⑤ 현미밥

ADVICE 젓갈, 기름 많은 쇠고기, 가공식품 등은 가급적 먹지 않는 것이 좋다.

변비 대상자의 식사관리로 적절한 것은?

① 물은 하루에 2잔 정도 마신다.

② 떠먹는 요거트는 제한한다.

③ 복숭아 통조림을 매번 간식으로 먹는다.

④ 호두, 땅콩 등의 견과류 섭취를 늘린다.

⑤ 흰쌀밥의 섭취를 늘린다.

ADVICE 견과류와 해조류 섭취를 늘리면 도움이 된다.

ANSWER 49.① 50.① 51.② 52.③ 53.⑤ 54.① 55.④ 56.② 57.③ 58.⑤ 59.③ 60.④

골다공증 대상자의 식사관리로 적절한 것은?

① 뱅어포를 자주 먹는다.
② 콩, 두부의 섭취를 피한다.
③ 비타민 A의 섭취를 늘린다.
④ 절임음식 위주로 먹는다.
⑤ 식후에 탄산음료를 마신다.

ADVICE 칼슘이 풍부한 뱅어포는 골다공증에 도움이 된다.

**식중독 예방을 위해 생선류를 보관하는 방법으로
적절한 것은?**

① 내장을 제거하고 실온에 보관한다.
② 이물질만 제거한 후 냉장보관한다.
③ 사오자마자 물 안에 넣어둔다.
④ 해동시킨 후 냉장보관한다.
⑤ 흐르는 물로 씻어서 냉동보관한다.

ADVICE 내장을 제거한 후에 흐르는 물로 깨끗이 닦아서
냉장 또는 냉동보관을 한다.

**의복에 땀이 많이 묻어 얼룩이 생긴 경우 제거하
는 방법은?**

① 겨드랑이 얼룩이 심한 경우 찬물에 1시간 정
  도 담가둔다.
② 수건에 끼워 두드려 땀을 수건에 옮긴 후 세
  제로 세탁한다.
③ 더운물로만 헹군 후 햇볕에 말린다.
④ 화장솜으로 문질러서 닦아낸다.
⑤ 버터를 묻힌 후에 물로 닦아낸다.

ADVICE 빠르게 땀이 묻은 부위를 수건으로 닦아내고 세
제로 세탁한다. 땀 얼룩이 심한 경우 과탄산소다와 주방
세제를 1:1 넣어 담가둔 후 헹군다.

건조하기 방법에 대한 설명으로 옳은 것은?

① 흰색 면직물을 그늘에서 건조한다.
② 합성섬유 의류는 햇볕에서 말린다.
③ 색상이 있는 의류는 그늘에서 말린다.
④ 니트류는 옷걸이에 걸어서 말린다.
⑤ 청바지는 지퍼를 닫아두고 말린다.

ADVICE 색상이 있거나 합성섬유 의류의 경우는 햇볕에서
말리면 변색될 수 있다. 그늘에서 말려야 한다.

외출동행에 대한 설명으로 옳은 것은?

① 대상자의 개인물품을 잃어버리지 않도록 관리
  한다.
② 대상자 안전은 가족들에게 맡긴다.
③ 가족이 지나치게 요구해도 최대한 수용한다.
④ 외출은 즉흥적으로 결정하고 나간다.
⑤ 어디를 가더라도 시설장이나 간호사를 동반하
  여 외출한다.

ADVICE 외출을 하면서 대상자의 물품이 분실되지 않도록
요양보호사가 잘 관리한다.

**안전한 주거환경을 조성하기 위한 방법으로 적절
한 것은?**

① 거실 출입문에는 문턱을 만든다.
② 현관 근처에는 의자를 놓아둔다.
③ 거실 바닥에 전기코드를 늘어뜨려 놓는다.
④ 화장실은 실외에 위치해야 한다.
⑤ 가스레인지는 대상자 손이 닿지 않게 한다.

ADVICE 신발을 신고 벗을 때 넘어지지 않고 앉아서 갈아
신도록 설치해 둔다.

쾌적한 주거환경을 조성하기 위한 방법으로 적절한 것은?

① 조명은 특정한 부분만 아주 밝게 유지한다.
② 낮은 습도를 유지한다.
③ 실내온도는 실외온도와 유사하게 유지한다.
④ 가구에는 문을 여닫을 때 작동하는 점멸등을 장착한다.
⑤ 자연채광이 눈에 바로 닿도록 한다.

ADVICE 어두운 곳에서 가구 문을 열 때 자동으로 점등되어 안전사고를 예방할 수 있다.

청결한 주거환경을 조성하기 위한 원칙은?

① 문이 삐걱거리면 문을 떼어낸다.
② 요양보호사의 기준에 따라 주변을 정돈한다.
③ 가스레인지로 인한 화재를 주의한다.
④ 더러운 물건은 바로바로 버린다.
⑤ 청소도구는 대상자의 침대 주변에 둔다.

ADVICE 가스레인지, 난방기구 등에 의한 화재에 주의한다.

치매 대상자의 인지기능 개선제의 목적은?

① 인지증상 개선
② 우울 완화
③ 불안 감소
④ 수면장애 완화
⑤ 공격성 완화

ADVICE 인지기능 개선제는 인지증상을 개선하는 목적으로 투여한다.

치매 대상자의 식사 돕기에 대한 설명으로 적절한 것은?

① 식사를 하지 않으려 하면 바로 치운다.
② 의치가 잘 고정되어 있더라도 제거하고 식사를 한다.
③ 양념은 다섯 가지 이상 식탁 위에 올려둔다.
④ 입에 음식이 가득 들어가게 한다.
⑤ 식사 중에는 조용한 음악을 틀어준다.

ADVICE 안전한 식사분위기를 위해 조용한 음악을 들어준다.

치매 대상자가 화장실을 가고 싶을 때 보이는 비언어적인 신호는?

① 잠을 잔다.
② 바지 뒷부분을 움켜잡는다.
③ 겉옷을 계속 껴입으려고 한다.
④ 사람이 많은 장소로 가려고 한다.
⑤ 웃음이 많아진다.

ADVICE 바지 뒷부분을 움켜잡거나 옷을 벗으려고 한다.

치매 대상자가 변을 만지는 이유는?

① 사람들을 놀래기 위해서이다.
② 가지고 놀려는 것이다.
③ 적절한 처리방법을 모르기 때문이다.
④ 냄새가 나기 때문이다.
⑤ 불만을 표출하기 위해서이다.

ADVICE 어떻게 처리를 해야 하는 것인지 모르기 때문에 만지는 것이다.

ANSWER 61.① 62.⑤ 63.② 64.③ 65.① 66.② 67.④ 68.③ 69.① 70.⑤ 71.② 72.③

치매 대상자의 구강위생을 돕는 기본원칙은?

① 의치가 맞지 않으면 요양보호사가 교정을 한다.
② 뻣뻣한 칫솔을 사용하여 강하게 닦아낸다.
③ 치약은 세척효과가 높은 성인용 치약으로 사용한다.
④ 편마비가 있다면 물로만 가볍게 헹군다.
⑤ 의치는 하루 6시간 정도는 제거한다.

ADVICE 의치 제거는 잇몸에 무리가 가지 않도록 하기 위함이다.

치매 대상자의 안전과 사고 예방법으로 적절한 것은?

① 방은 사생활이 보호되도록 잘 가려둔다.
② 화장실 바닥은 물기가 항상 있어야 한다.
③ 욕실은 문턱을 높게 만들어둔다.
④ 온수파이프는 절연체로 감싸준다.
⑤ 깨지기 쉬운 물건은 싱크대에 올려둔다.

ADVICE 화상을 예방하기 위해서 절연체로 온수파이프를 감싼다.

치매 대상자와 하는 언어적인 의사소통으로 올바른 사례는?

① "보청기 하니까 잘 들리세요?"
② "저기 위에 이 물건 올려두세요."
③ "화장실 또 가시려구요?"
④ "이렇게 하지 말라고 했잖아요."
⑤ "어르신 완전 차도남이네요."

ADVICE 보조기기를 착용했는지 마주보면서 확인을 한다.

치매 초기 단계의 의사소통 문제는?

① 말수가 크게 줄어든다.
② 사람의 이름을 부르는 것은 쉬워한다.
③ 사용하는 어휘의 수가 점차 줄어든다.
④ 발음이 부정확해서 말을 이해하기 어렵다.
⑤ 미래 이야기를 자주 한다.

ADVICE 사용하는 어휘의 수가 줄어들고 물건 이름을 부르기 어려워한다.

급성 저혈압이 발생할 때 적절한 응급조치는?

① 물을 주면서 안심하게 한다.
② 눕힌 후에 발 아래에 베개를 받친다.
③ 하임리히법을 시행한다.
④ 주변에 날카로운 물건을 치워둔다.
⑤ 손발을 찬물에 담근다.

ADVICE 혈액량이 부족하여 발생하므로 다리를 올려서 눕히면 피가 흐르는 데에 도움이 된다.

실수로 락스를 삼킨 대상자에게 요양보호사가 우선적으로 해야 하는 조치는?

① 등을 두들겨서 락스를 뱉어내게 한다.
② 억지로 토를 하게 만든다.
③ 물을 많이 마시게 한다.
④ 119에 신고를 한다.
⑤ 하임리히법을 시행한다.

ADVICE 독성물질을 마신 경우에는 바로 119에 신고하는 것이 가장 중요하다.

79 상황별 요양보호기술 | 표준페이지 : 682

자동심장충격기를 사용할 때 패드 부착위치로 적절한 것은?

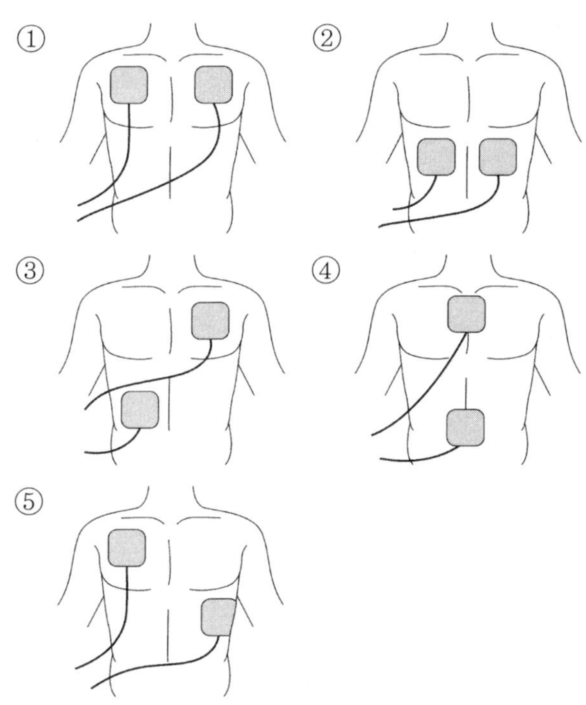

ADVICE 패드1은 오른쪽 빗장뼈 아래, 패드2는 왼쪽 젖꼭지 아래 중간 겨드랑이선에 부착한다.

80 상황별 요양보호기술 | 표준페이지 : 677

피부의 진피 전층과 피하조직까지 손상된 화상을 입은 대상자에게 요양보호사가 우선적으로 해야 하는 조치는?

① 신속하게 병원으로 후송한다.

② 기름이나 된장을 발라준다.

③ 얼음을 상처부위에 적용한다.

④ 멸균드레싱을 하고 상태를 지켜본다.

⑤ 다리를 위로 올리고 눕혀둔다.

ADVICE 3도 전층 화상에 해당한다. 이때에는 신속하게 병원으로 후송해야 한다.

ANSWER 73.⑤ 74.④ 75.① 76.③ 77.② 78.④ 79.⑤ 80.①

1회분 2회분 3회분 4회분 5회분 6회분 7회분 8회분 9회분 10회분 11회분 12회분 13회분 14회분 15회분 16회분 17회분 18회분 19회분 20회분

가볍게! 빠르게! 확인하는 용어사전 시리즈

가볍게! 빠르게! 한눈에 보는
부동산용어
사전
◆ 공기업 / 언론사 / 기업체 / 공무원 채용대비에 필요한 용어 수록
◆ 분야별 구성으로 최신·중요 시사용어 총 1262개 수록
◆ 자가진단 TEST 및 십자말 풀이, 파트별 실력 점검 퀴즈로 이해도와 응용력 강화
◆ 한눈에 확인할 수 있는 시리즈 상식을 통해 폭넓은 지식 확장
SEOWONGAK (주)서원각

가볍게! 빠르게! 한눈에 보는
시사용어
사전 1262
◆ 공기업 / 언론사 / 기업체 / 공무원 채용대비에 필요한 시사용어 수록
◆ 분야별 구성으로 최신·중요 시사용어 총 1262개 수록
◆ 자가진단 TEST 및 십자말 풀이, 파트별 실력 점검 퀴즈로 이해도와 응용력 강화
◆ 한눈에 확인할 수 있는 시리즈 상식을 통해 폭넓은 지식 확장
SEOWONGAK (주)서원각

가볍게! 빠르게! 한눈에 보는
경제용어
사전
◆ 공기업 / 언론사 / 기업체 / 공무원 채용대비에 필요한 용어 수록
◆ 분야별 구성으로 최신·중요 시사용어 총 1262개 수록
◆ 자가진단 TEST 및 십자말 풀이, 파트별 실력 점검퀴즈로 이해도와 응용력 강화
◆ 한눈에 확인할 수 있는 시리즈 상식을 통해 폭넓은 지식 확장
SEOWONGAK (주)서원각

시사용어사전 | 경제용어사전 | 부동산용어사전

시사용어사전
매일 접하는 각종 기사와 정보! 공기업/언론사/기업체/공무원 채용을 준비하는 수험생과
현대인이 꼭 알아야 할 최신 시사상식을 쏙쏙 뽑아 이해하기 쉽도록 영역별로 정리

경제용어사전
주요 경제용어는 거의 다 실었다! 금융권/공기업/언론사/기업체/공무원 채용을 준비하기 전에,
경제 공부를 시작하기 전에 읽어보면 경제가 쉬워지도록 사전식으로 구성

부동산용어사전
부동산에 대한 이해를 높이고 부동산의 개발과 활용, 투자 및 부동산 용어 학습에도
적극적으로 이용할 수 있는 교재, 공인중개사 출제용어도 수록

자격증

한번에 따기 위한 서원각 교재

한 권에 준비하기 시리즈 / 기출문제 정복하기 시리즈를 통해 자격증 준비하자!